伟大复兴之路

经济学人眼中的中国发展70年

张晖明　王弟海——主编

复旦大学出版社

序　言

从 1949 年到 2019 年,中华人民共和国已经走过了整整 70 年。经过这 70 年的发展,中国社会经济等各方面都取得了巨大成就,已经由一个经过多年战争的一穷二白的落后国家一跃而成为全球经济总量第二的经济大国,中国社会面貌也发生了翻天覆地的变化。70 年来,中国人民在中国共产党的领导下,为探索适合自己国情的经济体制和经济发展道路,经历了多阶段的探索历程,不断积累形成了中国特色的社会主义理论,开拓了一条民族复兴的中国特色社会主义发展道路。

一、探索中国特色社会主义建设的四阶段

概括起来说,中国 70 年的发展历程分为改革开放前后两个大的发展时期。在这里,我们以经济增长发展为主线,尝试将 70 年的发展分四个阶段加以描述:

第一阶段是新民主主义建设中的经济恢复时期和新民主主义建设向社会主义建设转变的过渡时期。中华人民共和国刚成立时,经历多年战争,中国可谓是千疮百孔,民不聊生,经济极其落后。1949 年中国工农业总产值仅为 466 亿元,其中工业总产值比重占 30%,重工业总产值占工农业总产值的比重仅为 7.9%[①];国民收入总值为 358 亿元,人均国民收入仅为 66.29 元,粮食产量 1.1 亿吨,人均量只有 208 千克,钢产量 15.8 万吨,人均量只有 300 克。1949

---

① 林毅夫、蔡昉和李周,《中国的奇迹:发展战略与经济改革》,上海三联书店和上海人民出版社,1994 年,第 30 页。

年全国工业总产值只有 1936 年的 60%,其中现代工业在国内 GDP 占比不到 15%①。按照安格斯·麦迪森的估算,1950 年中国国民生产总值为 189 亿元,中国 GDP 占世界 GDP 的份额仅为 4.5%,人均 GDP 仅为世界平均数的 21.2%②。因此,新中国成立后面临的首要任务是恢复经济。在接下来的三年里,新政府一是通过土地改革和接收国民政府的财产,变半殖民地半封建经济形态为新民主主义经济形态;二是采取一系列措施使国民经济迅速恢复。到 1952 年,遭受长期战争严重破坏的国民经济得到全面恢复,一些主要工农业产品的产量已超过历史的最好水平。根据《中国统计年鉴》数据,1952 年全国工业总产值为 349 亿元,较 1949 年增长 149%,职工工资比 1949 年提高 70% 左右;土地改革则使得全国 3 亿无地和少地农民无偿地获得 7 亿亩土地和其他生产资料,农民收入比 1949 年增加 30% 以上。不过,这时的经济主要还是以私营经济为主,社会主义国有经济占比很小。1952 年全国 589 亿元的国民收入总额中,个体经济占 71.8%,私人资本主义经济占 6.9%,国营经济占 19.1%,合作社经济占 1.55%,国家资本主义经济占 0.7%③。

1953—1957 年中国开始实行第一个五年计划,与此同时,开展了对生产资料所有制的社会主义改造和大规模经济建设,标志着系统建设社会主义的开始。这一时期的工作主要有两个方面:一是在经济建设方面以国家主导的计划经济为主,开始了以重工业优化发展为战略和以引进苏联先进技术为核心的工业化过程和大规模经济建设,以 156 个工程为标志的大型项目开工和完成迅速提升了我国工业发展技术水平,初步奠定了我国工业发展的基础;二是在经济制度方面,配合工业化过程和计划经济体制,我国开始对个体的农业、手工业以及私人资本主义工商业进行社会主义改造,使得经济所有制由私营

---

① 陶长期、陈伟和郭毅,《新中国成立 70 年中国工业化进程与经济发展》,《数量经济技术经济研究》,2019 年第 8 期,第 3—26 页。
② 赵德馨,《辉煌的 60 年:新中国的经济成就》,《史学月刊》,2009 年第 10 期,第 11—15 页。以下引用安格斯·麦迪森的数据均来自这一文献。
③ 李培林,《新中国 70 年社会建设和社会巨变》,《北京工业大学学报(社会科学版)》,2019 年第 7 期,第 1—10 页;王海波,《中国发展经济的基本经验——纪念新中国成立 70 周年》,《首都经济贸易大学学报》,2019 年第 1 期,第 3—14 页。

经济为主的新民主主义经济转变为社会主义公有制经济。根据《中国统计年鉴》数据,1952—1957年中国实际GDP年平均增长9.3%,其中第二产业年平均实际增长17.6%,工业年平均实际增长17.8%,第一产业和第三产业年平均实际增长4.4%和10.7%,人均GDP实际年平均增长5.8%,工业产值占GDP的比重由1952年的17.6%提高到25.4%。到1957年时,我国国民收入总额增长到908亿元;其中社会主义国营经济占比提高到33.2%,合作社经济提高到56.4%,公私合营经济提高到7.6%,个体经济下降到2.8%,私人资本主义经济已经没有了[①]。人民消费水平大幅度提高,1956年全国居民消费水平较1952年提高21.3%,其中农民消费水平提高14.6%,非农居民提高28.6%。不过,这一时期国民经济各方面仍很落后,按照安格斯·麦迪森的估算,1956年中国GDP在全球的占比为5.4%,中国人均GDP为世界平均数的24.3%。

经过三年的经济恢复和"一五"期间的社会主义改造之后,中国开始了**第二阶段**的社会主义建设的艰难探索时期。1956年由于经济冒进造成了食物短缺和就业困难;1957年反右派斗争;1958年的"大跃进"和人民公社化运动导致浮夸风和冒进现象;1959—1961年的三年困难时期;始于1958年年底的中苏交恶和之后的中苏断交和苏联逼债对经济建设可谓是雪上加霜;1962年又出现了阶级斗争扩大化[②]。尽管出现了这么多挫折,但经过1961年之后的调整,到1965年我国经济相对于1957年仍有很大增长。根据《中国统计年鉴》数据,1957—1965年中国实际GDP年平均增长5.3%,其中第二产业年平均实际增长11.5%,工业年平均实际增长12.5%,第一产业和第三产业实际年平均增长1.2%和4.8%,人均GDP实际年平均增长7.7%。就是在这一时期,我国首次提出了实现四个现代化建设的强国目标,第一次有了社会主义建设的初

---

① 李培林,《新中国70年社会建设和社会巨变》,《北京工业大学学报(社会科学版)》,2019年第7期,第1—10页;王海波,《中国发展经济的基本经验——纪念新中国成立70周年》,《首都经济贸易大学学报》,2019年第1期,第3—14页。

② 李培林,《新中国70年社会建设和社会巨变》,《北京工业大学学报(社会科学版)》,2019年第7期,第1—10页。

级目标。然而,从1966年开始,我国步入了十年的"文化大革命"时期。这一时期对中国政治、思想、经济、文化、社会建设方面都带来剧烈的冲击,有些甚至是几近灾难性的后果。中国经济在这十年期间出现激烈震荡,发展相对缓慢。根据《中国统计年鉴》数据,1967—1976年中国实际GDP年平均增长5.5%,其中第二产业年平均实际增长8.6%,工业年平均实际增长8.8%,第一产业和第三产业实际年平均增长2.3%和4.5%,人均GDP实际年平均增长3.0%。1976年粉碎"四人帮","文革"结束,之后开始了真理标准的大讨论,社会主义建设也开始进入新的旅程。

总体来看,1957—1978年这一时期的社会主义建设和经济发展可谓喜忧参半,我们取得了一定成绩,也出现了一些偏差和失误。这20年来我国发展最大的问题在于,由于采取重工业优化发展的战略片面地追求工业的发展,人民的生活水平长期得不到提高;同时,经济增长相对于周边国家和发达国家较为落后,经济总量全球占比和排名都持续下降。根据《中国统计年鉴》数据,1957—1976年我国全国职工名义工资由624元下降到575元,其中国有企业职工年平均名义工资由637元下降到605元,城镇集体企业职工年平均名义工资由571元下降到464元;农民家庭人均年名义纯收入由72.95元增加到133.57元,按照商品零售价格指数扣除价格上涨,年平均实际增加2.76%。全国居民名义消费水平由108元提高到171元,按不变价格计算年平均实际增长1.64%,其中农村居民年平均实际增长1.38%,城镇居民年平均实际增长2.31%。其他人均主要消费品(包括粮食、食用油、肉类、水产等)数量和人均拥有的生活服务量基本都在绝对下降①。按照安格斯·麦迪森的估算,1976年中国GDP总量全球占比下降到4.5%,是中国历史上最低值;1956—1978年中国GDP实际年均增长4%,同期世界GDP年均增长4.5%,这使中国GDP全球占比到4.9%,人均GDP下降到世界平均水平的22.1%。如果按照世界银

---

① 根据《中国统计年鉴》数据,1957—1978年,除了猪肉与食糖略有增加外,我国人均主要食品年消费量基本都在下降,其中粮食由203.1千克下降到195.5千克,食用油由2.42千克下降到1.6千克;牛羊肉由1.11千克下降到0.75千克,家禽由0.5千克下降到0.44千克;水产由4.34千克下降到3.42千克。

行数据,这一占比更低,1978年大概为1.8%,排名由1960年的第六位下降到1978年的第十一位。不过,我国GDP全球占比和排名下降可能同人民币贬值有关,其实这20年间我国的经济增长率并不低。根据《中国统计年鉴》数据,1957—1978年我国实际GDP年平均增长率达到6.0%,其中第二产业年平均实际增长10.9%,工业年平均实际增长11.6%,第一产业和第三产业实际年平均增长2.0%和7.3%,人均GDP实际年平均增长3.9%。正是在这一时期,我国经济上建立了独立完整的工业体系,建设了一大批重大工程项目,工业产值占GDP的比重提高到40.7%;医疗卫生领域消灭天花、霍乱、鼠疫等一些传染病,居民健康水平大大提高,人均寿命由1957年的45岁提高到1978年的67岁;科学领域取得一系列重大突破,原子弹、氢弹、战略导弹和卫星技术等国防科技的成功进一步巩固和提升了中国的硬实力和在世界政治舞台的地位;同美国、英国、日本等西方国家建交,为发展经济准备了良好的外部环境。毋庸置疑的是,这20年来的社会主义建设探索过程在经济上为后来的发展奠定了一定的物质基础,在理论上和思想上则为后来的改革开放积累了宝贵的实践经验。

第三个阶段是1978—2012年中国特色社会主义市场经济进入高速增长阶段。在全面总结新中国成立后30年的积极探索和实践经验教训的基础上,经过"解放思想"的理论清理,1978年底召开的中国共产党十一届三中全会重新明确了"全党工作重心转移到经济建设上来",确立了"改革开放"的方针。此后,拉开了以家庭联产承包责任制的改革序幕,中国开始了中国特色社会主义经济建设的新篇章。中国开始探索发展社会主义商品经济,放松对农产品买卖的国家垄断,大力发展乡镇企业;承认并允许非公有制经济的发展,设立深圳等经济特区,大量引进外资和发展对外贸易;开始探索价格双轨制和双轨制经济,实践中采取各种经济激励政策和措施调动社会各方面的积极性,实现了经济的快速增长和人民生活的显著改善。根据《中国统计年鉴》数据,家庭联产承包责任制在中国的普遍推行,使得1978—1984年中国粮食总产量年平均增长4.95%,棉花产量年平均增长19.3%,油料产量年增长14.7%,糖料产量年平均增长12.3%。根据相关资料显示,1980—1990年,中国乡镇企业增加值从285.3亿元增长到2 504.3亿元,年平均增长率为24.3%;职工就业人数从3 000万人增加到9 260万人,年平均增长11.9%;乡镇企业增加值占GDP的比重从1978年不到6%增加到1996年的26%[①]。1987年党的十三大提出中国经济建设分三步走,20世纪80年代末解决人民的温饱问题,20世纪末人民生活达到小康水平,21世纪中叶人均GDP达到中等发展国家水平的总体战略。到2050年将我国建设成为社会主义现代化强国。这是自1964年以来中国明确提出现代化的目标之后,再次明确中国现代化的具体发展路线。

1992年邓小平同志的南方谈话,从生产社会化的角度强调"计划"与"市场"这两个调节资源配置的工具手段并不是决定社会经济制度的因素,为经济体制改革深化"转轨"开路。联系改革前期引入商品货币关系的"市场取向"所取得的经验,1992年党的十四大确定了建立社会主义市场经济的改革目标。1993年十四届三中全会做出《关于建立社会主义市场经济体制的决定》,对经济体制改革的具体内容和任务进行设计安排,要求在20世纪末初步建立社会主义市场经济制度。1994年开始重点推进国有企业改革,对国有企业改革确定了"抓大放小"的指导方针。之后,国有大中型企业按照"实现政企职责分离""打破垄断、促进竞争"和"企业重组上市"三个步骤进行了公司化改制[②]。1997年党的十五大把"公有制为主体、多种所有制经济共同发展"确定为中国的基本经济制度,把非公有制经济制度确定为"中国社会主义市场经济的重要组成部分"。中国的国有经济体制改革和中国对非公有制经济发展政治上的认可,保障了中国市场经济中生产和交易主体的确立,促进了20世纪90年后期中国民营企业的快速发展,对推动中国经济增长和就业起到了极为重要的作用。根据《中国统计年鉴》数据,1997—2002年,中国民营企业年固定资产投资占比由32%上升到43%,民营企业城镇就业人数占比由33%上升到67%。

---

① 吴敬琏.《当代中国经济改革教程》,上海远东出版社,2010年,第120页。
② 同上书,第159页。

当然,这一时期的国有企业改革和国企工人下岗等因素,也使得经济增速明显下降,但市场机制的完善为下一阶段的经济再次高速增长奠定了基础。2001年之后,随着国有企业改革的完成和现代企业制度的完善,具有清晰产权的中国现代企业作为市场交易的主体,其发现市场并有效生产适应市场需求产品的积极性和能动性大大加强。社会主义市场经济体制的完善所带来的企业生产能力和效率的提高,伴随着中国加入WTO所带来的巨大世界市场,成为中国继续高速经济增长的强劲动力,推动中国迎来了新一轮高速经济增长。2002—2012年,中国每年的GDP实际增长率都在9%以上。根据世界银行数据,1978—2001年这20年间,中国净出口GDP占比仅从－0.54%上升到2.62%,外贸依存度(即进口加出口之和占GDP的比重)从9.65%提高到39.0%。2001年中国"入世"之后,净出口在GDP中的占比迅速由2001年的2.62%上升到2007年的9.23%,2008年全球金融危机之后开始下降,2012年下降到2.44%;外贸依存度在2002年当年就上升到43.1%,2006年达到最高峰65.6%,之后开始下降,2012年下降到48.1%。住房制度的改革所释放出来的由于中国居民收入水平提高而产生的对住房的强烈需求,也是2001年之后中国经济增长的主要动力之一。特别是当2008年全球金融危机之后,在中国出口下降的情况下,住房制度改革所带来房地产行业的发展更是中国经济增长的主要推动力。

总体来看,1978—2012年中国发展最大的成就是经济的高速发展和人民生活水平的显著提高,这段时间是中国历史上也是世界经济史上经济增长速度最快的时期。根据《中国统计年鉴》数据,1978—2012年中国实际GDP增长23.5倍,年平均实际增长率为9.94%,其中第二产业年平均实际增长9.9%,工业年平均实际增长9.7%,第一产业和第三产业年平均实际增长6.6%和12.0%;人均GDP年平均实际增长率为8.77%,人均消费年平均实际增长率为8.02%。城镇居民人均可支配收入年平均实际增长7.44%,城镇居民恩格尔系数由57.5%下降到36.2%;农村人均纯收入年平均实际增长7.52%,农村居民恩格尔系数由67.7%下降到39.3%。农村贫困人口发生率(按照 2010 年标准)由 1978 年的 97.5%下降到 2012 年的 10.2%。中国 GDP 总量在全球经济中的占比 2012 年上升到 11.4%,经济总量全球排名第二。中国社会经济结构也不断优化,工业化和城镇化不断加深,第二、三产业产值 GDP 占比由 1978 年的 60.0%上升到 90.6%,城镇人口占总人口比重由 17.9%上升到 52.6%。中国社会发展也取得巨大成果,科技教育、卫生健康、医疗社保、文化体育,以及中国特色社会主义理论建设等各方面都取得巨大进步。但这一期间的发展也存在一些问题,主要有三个方面:一是收入分配持续恶化,居民收入差距持续扩大,基尼系数由 1978 年的 0.2 左右上升到 2012 年的 0.47,中国由改革前收入最平等的国家进入收入差距过高的国家行列①。二是经济发展带来的环境急剧恶化,空气和水污染严重,水土流失、土地沙漠化以及水灾旱灾频繁出现,一些大中型城市雾霾现象成为常态。三是社会腐败现象严重,贪污受贿、钱权交易和以权谋私事件频发,人民对惩治腐败的呼声越来越高。

  2012 年党的十八大召开,提出全面建成小康社会和全面深化改革开放的新目标,中国特色社会主义进入了新的历史时期,我们将之称为**第四个阶段**。经济发展和国家治理态势发生重大变化。2013 年 11 月党的十八届三中全会审议通过了《中共中央关于全面深化改革若干重大问题的决定》,对经济、政治、社会、文化和生态文明"五位一体"改革发展做出全面部署,明确了"国家治理体系现代化和治理能力现代化"建设目标,加强了对于全面改革系统集成的"顶层设计",中国特色社会主义进入新的发展时期。针对中国经济发展呈现出对于经济发展方式转变的压力和要求,经济发展速度有所减缓,中国经济发展进入新常态。2015 年 10 月党的十八届五中全会召开,制订我国第十三个五年规划,提出了"创新、协调、绿色、开放、共享"的新发展理念。针对新常态下加快中国经济发展方式转变的要求,2015 年召开的中央经济工作会议进一步提出了实行"供给侧结构性改革"的工作主线,通过改革制度来改善供给侧环

---

① 王弟海,《我国收入分配格局的变迁和现状:原因、影响及其对策》,《社会科学辑刊》,2012 年第 3 期,第 121—129 页。

境、优化供给机制,大力激发微观经济主体活力,增强我国经济长期稳定发展的新动力。供给侧结构性改革的实质是要按照市场导向的要求来规范政府的权力,改革政府公共政策的供给方式,充分发挥市场在配置资源中的决定性作用。2017年10月召开党的十九大标志着中国特色社会主义进入新时代,明确提出从以往追求经济高速增长转向高质量发展,会议提出了中国第二个百年奋斗目标分两阶段实现,第一阶段是"从2020年到2035年,在全面建成小康社会的基础上,再奋斗15年,基本实现社会主义现代化",实现第一个百年目标;第二个阶段是"从2035年到本世纪中叶,在基本实现现代化的基础上,再奋斗15年,把我国建成富强民主文明和谐美丽的社会主义现代化强国"。十九大报告还指出,坚持全面深化改革是新时代坚持和发展中国特色社会主义的基本方略之一,要加快完善社会主义市场经济体制,推动形成全面改革开放新格局。从《中国统计年鉴》来看,2012—2018年期间我国GDP年平均实际增长7.1%,GDP总量全球占比由2012年的11.44%上升到16.0%。全国人均可支配收入年平均实际增长7.27%,其中农村居民可支配收入实际年平均增长7.68%,城镇居民可支配收入实际年平均增长6.32%;城乡收入之比由2.88下降到2.68;全国基尼系数从0.474下降到2017年的0.467。

二、70年来中国特色社会主义建设的主要成就

70年来的社会主义建设和发展,尽管中间经过了一些挫折和磨炼,但无论是在思想理论领域,还是在经济建设和社会发展方面,我们都取得了举世瞩目的辉煌成就。70年的探索和发展,最伟大的成就是形成了中国特色社会主义建设理论,坚定了中国人民走中国特色社会主义发展道路的信心和决心,增强了中国人民的道路自信、理论自信、制度自信和文化自信。中国特色社会主义建设理论是在我们经过70年的艰难探索和反复实践后,在"解放思想、实事求是"的思想指导下,在"摸着石头过河"的渐进改革过程中逐步形成的,是在东欧剧变、苏联解体、世界社会主义事业发展受到重大挫折的艰难环境中形成的,是在不断进行理论探讨和创新中,从"我们正在做的事情"出发,根植于社

会主义经济建设实践过程中形成的。这一中国特色社会主义建设理论首先肯定"社会主义的本质,是解放生产力,发展生产力,消灭剥削,消除两极分化,最终达到共同富裕",同时也认识到中国社会主义建设需要经历社会主义初级阶段发展的必要性,社会主义初级阶段还存在商品和货币,存在价格和市场。这一理论还认为,事物总是在变化和发展的,目前我们改革的目标是不断巩固和完善中国特色社会主义基本经济制度,以公有制为主体、多种所有制经济共同发展;以按劳分配为主体、多种分配方式并存;不断建设完善社会主义市场经济体制,推动经济高质量发展。这一理论也认识到,我国现阶段社会主要矛盾已经转化为人民日益增长的美好生活需要和不平衡不充分的发展之间的矛盾,新时代的总任务就是实现社会主义现代化和中华民族伟大复兴。

70年中国发展最显著的成就就是社会经济发展取得的巨大成功。1952—2018年,我国GDP保持了年平均8.4%的实际增长率,66年时间实际GDP增长了171倍。世界上任何一个国家在历史上的任何时期都不曾出现过这么长时间的高速增长。长期的高速经济增长使得国家综合国力显著提高,人们生活日益富裕,社会各方面都得到了显著发展。根据世界银行的数据,中国GDP总量排名由1960年的世界第6位上升到现在的全球第2位;按照当年汇率计算,我国GDP全球占比由1950年的4.5%上升到2018年的15.9%。中国农村贫困人口大量减少。根据《中国统计年鉴》数据,按照1978年国家贫困标准,中国贫困人口由1978年的2.5亿人减少到2007年0.15亿人;按照2010年国家贫困标准,中国贫困人口由1978年的7.7亿人减少到2018年0.166亿人,贫困发生率从97.5%降到1.7%。人均消费水平从1952年的80元提高到2017年的22 904元,以1952年不变价格计算约为3168元,人均消费实际年平均增长率达到5.73%。中国城乡居民的恩格尔系数分别由1978年的67.7%和57.5%下降到2018年的27.7%和30.1%,全国居民恩格尔系数为28.4%。人居民消费结构已经由改革初期的解决温饱水平转变为总体上达到小康水平,人民生活水平已经从解决吃穿问题转变为注重个性追求和享受的多层次消费①。中国的工业化和城市化不断加深,工业产值在 GDP 中的占比由 1952 年的 17.6% 提高到 2018 年的 33.9%,第一产业产值 GDP 占比由 50.5% 下降到 7.2%,第三产业产值 GDP 占比由 28.7% 提高到 52.2%。农村人口占比由 1952 年的 89.4% 下降到 40.4%。70 年来科技事业实现了跨越式发展,原子弹、氢弹早已试验成功,火箭、卫星早已升空,中国也已经成为第三个成功登上月球的国家,成为具有全球影响力的科技大国。2018 年中国国内发明专利申请量位居世界第一位,并且已经连续 8 年第一;2018 全社会研究与开发(R&D)经费和科学引文索引(SCI)论文都位居世界第二位。居民健康状况和教育水平显著上升。中国人均寿命由新中国成立前的 35 岁左右提高到 2018 的 77 岁,人均受教育年限由 1950 的 1.61 年提高到 2016 年的 9.07 年②。中国已经成为世界体育大国和强国,曾成功举办奥运会等各项世界体育大赛,近十多年来也一直是奥运会金牌获奖数第二的国家。

70 年来中国发展最令中国人民感到骄傲和自豪的是中华民族的重新崛起,中国人民成功实现了由"站起来"到"富起来"到"强起来"的转变。中国在国际社会中的地位不断提高,中国的世界大国强国地位逐渐恢复和强化,对世界的影响日益扩大和加深。中国恢复联合国安理会常任理事国的地位,是联合国五个常任理事国之一,是世界上第三个也是仅有的三个登上月球的国家之一;中国已经是世界银行和国际货币基金组织的第三大股东,其份额分别为 4.42% 和 6.39%。中国在全球的经济地位和作用也日益提高,在世界经济发展中地位举足轻重。中国经过 40 多年来的改革开放,从一个自给自足的孤立封闭型经济逐步转变为全面参与全球竞争发展的开放型经济,上海成为国际金融中心。中国经济增长对世界 GDP 增长的贡献率一直上升,1978 年中国对世界经济增长的贡献率约为 3.1%,2016 年这一贡献率达到 31.5%③。中国曾在 1998 年和 2008 年两次成功地阻止了全球金融危机的蔓延和加深,为全球经济

---

① 王弟海,《中国二元经济发展中的经济增长和收入分配》,复旦大学出版社,2019 年,第二章。
② 参见本书的第九章和第十章。
③ 王弟海,《中国二元经济发展中的经济增长和收入分配》,复旦大学出版社,2019 年,第 4 页。

的平稳发展起着重要的稳定器作用。根据世界贸易组织(WTO)2019年发布的数据,2018年中国已经是世界第一贸易大国,其进出口贸易占全球贸易比重为11.8%,全球排名第一;其中出口总额占全球出口之比为13.2%,排名第一,进口总额占全球进口之比为10.8%,排名第二。

三、本书的成因、意义和主要内容

回顾70年来的发展经历和所取得的伟大成就,每个中国人都会为之欣喜和感慨。展望未来,任何中国人都将对中华民族的伟大复兴翘首期盼。但过去的成功不一定代表未来也可以轻易成功,新的事物和新的问题总是会不断出现。认知的过程是一个不断从实践到理论再到实践的辩证过程。总结历史,把握现在,开创未来,总需要我们不断地去研究中国过去社会经济发展的成败得失。事物发展的辩证性、经济增长本身的周期性、改革进程推进的阶段性和复杂性,以及国际政治经济形势的风云变幻,都将给中国当前和未来的经济发展带来一些新的问题和挑战。一方面,作为研究中国经济问题的学者,我们有义务去研究我们正在经历的历史性的经济结构和制度结构转型过程,有责任去分析和总结我们过去70年经济发展和社会变革中所取得的众多成功经验和所经历过的一些失败挫折。只有认识了过去,才能以往鉴来,从经验中总结和提炼出中国未来更好的发展道路。另一方面,总结中国这70年社会经济发展的成功经验,把它提炼并上升到理论层次的一般规律,这既是经济学理论研究实现重大创新的学术发展机会,也是将中国经济发展经验和理论给世界其他国家提供的借鉴和交流的重要内容;也更应该是每一位经济理论工作者和社会科学研究工作者有责任也乐意去做的事情。

作为复旦大学最早成立的系所,复旦大学经济系历来重视经济学理论的建设和发展,本着"经世济民、立地顶天"的原则,密切关注中国社会经济发展的实践,积极研究中国现实问题和中国发展经验,并试图将它提升为社会主义经济建设一般规律。在历史上,复旦大学经济系曾涌现出一批对中国经济理论和社会经济发展作出过突出贡献的经济学家,如许涤新、漆琪生、蒋学模、宋承先、洪文达、张薰华、伍柏麟、洪远朋、叶世昌等。秉承历史传统，复旦大学经济系以发展经济学理论和研究中国经济现实为己任，在学校的重视支持下，2016年发起成立了"复旦大学中国特色社会主义政治经济学研究中心"，该中心已经获批成为"上海市哲学社会科学研究基地"。基地在着力推进政治经济学学科创新工作中，2018年，为了庆祝中国改革开放40周年，我们曾组织出版了《纪念改革开放40周年丛书》。2019年，值此纪念新中国成立70周年之际，为了总结中华人民共和国成立以来我国探索建设中国特色社会主义道路的历史经验，加深对我国社会发展和经济建设过程的理解，深化对我国经济发展规律的认识，同时也为更好地解决我国当前以及未来经济发展中的问题建言献策，我们组织编著出版了本书。

    本书共分为12章，分别从社会主义建设思想理论、社会经济和文化教育等方面总结了我国70年来的发展历程和所取得的成就，其内容主要包括新中国成立70年来马克思主义的中国化实践探索与"中国特色"经济理论的形成和发展，中国国有经济的主导地位及其与民营经济之共生发展关系的沿革，70年来"集体"的概念嬗变与农地集体所有制实现方式的历史演化，新中国成立以来我国农业发展的历史经验、改革成就与展望，70年来我国中央地方关系的变化过程和演变机制，中国70年来城市发展及其对劳动力市场的影响，人民币利率水平变动和利率市场化体系的形成历程，全球金融网络演化与上海国际金融中心建设，70年来中国教育和健康的发展变迁过程，中国知识产权保护体系的形成，70年来中国理论经济学的发展与演变。本书各章分别从不同的视角对中国70年来的发展进行了回顾、反思和总结。同时，对中国社会主义理论的形成过程和中国经济发展规律提出了一些新的观点和理论。相信本书能给读者理解中国70年来社会经济发展的丰富旅程和宝贵经验提供一些新的视野和思路，给大家理解中国社会未来发展及其可能面临的问题带来一些新的思考和启示。

张晖明、王弟海
2019年10月

目　录

第一章　马克思主义中国化实践探索与"中国特色"经济理论的发育
　　　　——中国社会主义实践两个大的阶段关系研究　1
　　第一节　引言　3
　　第二节　70年实践探索的"一贯性"：前三十年积累的经验和教训　4
　　第三节　70年实践探索的"一贯性"：在既有努力基础上校准新发展路向　12
　　第四节　改革开放实践催生发育中国特色社会主义政治经济学理论体系　19

第二章　国有经济的主导地位及其与民营经济之共生发展关系：社会主义市场经济之微观基础　29
　　第一节　新中国成立以来所有制关系演变的政治经济学分析框架　31
　　第二节　国有经济的主导地位是我国社会经济健康可持续发展的保障　34
　　第三节　国有与民营的共生发展关系是中国经济奇迹的微观基础　43
　　第四节　结论与展望　56

第三章　"集体"的概念嬗变与农地集体所有制的实现方式　61
　　第一节　"政府-集体-成员"视角下的农地集体所有制分析逻辑　64
　　第二节　从自然式集体到行政化集体：计划经济时期的农地制度　68

第三节　改革开放以来农地集体所有制中"集体"的复合性质　73

第四节　新时期我国农地集体所有制实现方式的演变趋向　79

第四章　新中国成立70年来的农业发展：历史经验、改革成就与展望　85

第一节　引言　87

第二节　曲折前进中的农业经济：1949—1978年　89

第三节　农业的改革与发展：1978—2019年　98

第四节　新中国农业发展70年的启示与展望　114

第五章　新中国成立70年以来的中央地方关系：测量及作用机制　123

第一节　引言　125

第二节　新中国成立以来中央地方财政关系的调整与变化　127

第三节　如何测量中国的财政分权　132

第四节　作用机制："分权的逻辑"和"指标的逻辑"　143

第五节　结论及政策性含义　147

第六章　中国城市发展及其对劳动力市场的影响　157

第一节　引言　159

第二节　中国经济增长转型和区域经济发展：全球化、经济集聚和经济政策　160

第三节　中国的城市体系调整：政策争论与问题　168

第四节　为什么提升经济增长的包容性不能限制大城市的发展？　171

第五节　结语　181

第七章　人民币利率水平变动和利率市场化体系的形成　187

第一节　中国利率政策的历史回顾　189

第二节　长期以来中国利率存在的问题　193

第三节 我国利率市场化改革 205
第四节 中国利率传导的优化和市场化改革建议 217
第五节 房贷利率和外币利率的市场化 219
第六节 中央银行利率体系和基准利率的确定 234

第八章 全球金融网络演化与上海国际金融中心建设 249
第一节 全球经济板块重构与五大国际金融中心演化 251
第二节 对全球直接投资与证券投资网络的实证分析 254
第三节 上海国际金融中心建设的历史使命与政策措施 259

第九章 中国教育发展70年：基于宏观数据的分析 271
第一节 我国教育经费支出的变化趋势和现状 273
第二节 我国各级教育发展趋势和现状 279
第三节 教育人力资本发展情况 302
第四节 主要结论和政策建议 309

第十章 中国医疗卫生健康发展70年：基于宏观数据的分析 315
第一节 我国健康医疗卫生费用的支出情况 318
第二节 我国医疗卫生资源的变化和现状 336
第三节 我国居民健康状况的变化和现状 346
第四节 本章主要结论 361

第十一章 新中国70年是如何加强知识产权保护的？ 367
第一节 经济制度环境与强化中国知识产权保护体系 369
第二节 中国在不断发展中日益强化知识产权保护的建设 374
第三节 新时代中国积极应对知识产权争端，保护知识产权愈发强健 379

第十二章　新中国 70 年理论经济学的演变与发展　389

　　第一节　社会主义计划经济时期的理论经济学(1949—1978 年)　391

　　第二节　改革开放时期理论经济学的演变与发展(1979—2019 年)　403

　　第三节　本章总结　421

第一章

马克思主义中国化实践探索与"中国特色"经济理论的发育

——中国社会主义实践两个大的阶段关系研究

张晖明　复旦大学经济学院经济学系

第一节 引 言

1776年亚当·斯密的《国民财富的性质和原因的研究》(简称《国富论》)作为"古典政治经济学"的开山之作发表,标志着政治经济学学科的确立。此后,伴随社会生产力的进步和生产的社会化发展,经济学理论研究一直是一门"显学"。古典政治经济学以其兼具"人文精神"和"科学精神",或者说兼具"价值理性"与"工具理性"的学术特质,在回答财富增长原因的同时,也对财富增长的性质进行了系统分析。马克思继承了古典政治经济学的精髓,以其创新发展了的辩证唯物主义和历史唯物主义的科学的方法论,将政治经济学理论体系推上科学的轨道,通过发现概括社会再生产经济运行中的"生产力"和"生产关系"这一对基本范畴,并揭示出它们之间的矛盾关系相互作用的机理,用以分析社会生产方式演进的一般规律,特别是全面系统地解剖了资本主义制度下社会化大生产发展的性质,指出了资本主义经济制度的内在的矛盾和矛盾演化的制度前景。以马克思主义作为指导思想理论基础的中国共产党,基于对中国基本国情的科学分析,通过"统一战线"有效整合和组织社会进步力量,将半殖民地半封建社会制度的旧中国带上社会主义发展道路。由此开创了一条在生产力相对落后国家走社会主义发展道路的新发展征程。因此,我们可以说,中国共产党带领中国人民取得革命胜利,走上社会主义道路,就是对马克思主义基本理论的自觉应用和积极创新探索。

现实社会主义在中国的实践,充满着马克思主义自身所特有的"创新"特质。依据政治经济学学科内容和研究任务加以考察,70年的历程,从国民经济恢复时期到制定国民经济发展五年计划;从如何组织农村经济到推进社会主义工业化;从"阶级斗争为纲"的"左"的认识被清理纠正到"全党工作重心转到经济建设上来";从对马克思主义经典理解应用存在的教条主义倾向到"解放思想",回到"实事求是"的思想路线;从模仿传统社会主义的计划经济的"苏联模式"到推进经济体制改革,以建设社会主义市场经济作为经济体制改革的目标模式,积极探索公有制与市场经济相结合的有效形式;从简单强调"独立自主、自力更生"而"自我封闭"到主动"对外开放",融入全球化潮流,分享"全球化红利";等等。社会主义的实践探索进程积累了丰富的经验,也不可避免存在某些不成功的地方或者说是教训。正确面对既有实践所走过的历程和经验教训,可以看到,中国共产党人总是坚守着一种信念,保持着积极进取的精神状态,贯穿其中的是对既往自身所理解和应用的马克思主义政治经济学理论不断地接受实践检验,不断探索、总结提高获取启发;不断加深对马克思主义基本原理与中国自身国情的有机结合。实践证明,正是由于我们党始终"坚持马克思主义的基本原理和贯穿其中的立场、观点、方法",从中国自身的实际出发,从对于社会主义发展阶段的科学判断出发,抓住现实社会主义运动中的主要矛盾,找准推进社会主义实践的工作重点,开辟出一条符合中国自身国情的、中国特色社会主义的发展道路,为创新马克思主义政治经济学,不断开拓马克思主义新境界,保持着"与时俱进"的创新活力和能力。

第二节 70年实践探索的"一贯性": 前三十年积累的经验和教训

中国社会主义实践的探索,始终坚持了从中国自身实际出发,以"问题"为导向,寻找马克思主义中国化,就是要将马克思主义基础理论与中国实践相结合,不断续写政治经济学新篇章。

"问题导向"是马克思主义的鲜明特点。中国共产党领导社会主义实践的进程始终坚持了问题导向。我们可以从中华人民共和国经济发展70年的历史,清楚地看到马克思主义政治经济学理论在中国的落地生根、发展演进的轨迹。从经济体制模式分析的视角进行考察,可以对中国社会主义实践进程分为前后两个大的阶段,可谓"走进""走出"传统计划经济体制。我们需要回答的问题是,前面三十年为什么会选择"传统社会主义计划经济体制"模式?选择中央政府集中控制资源的"传统的计划经济模式"对于中国经济产生什么样的影响、提供了什么经验启示?以至于今天在实践着的"走出"传统模式,以"改革、开放"方针驱动引领,推进经济体制的转轨,变革"计划"与"市场"、政府与企业、中央与地方等方面的经济关系,探索在新全球化背景下,加快工业化和经济发展步伐的路径,开辟符合中国自身实际的社会主义道路,丰富发展中国特色社会主义理论体系。一定意义上说,改革的进程就是"市场深化"的进程。从改革起步的重视商品货币关系的"市场取向"的改革,到1992年10月,中国共产党的十四大明确以建设社会主义市场经济体制作为经济体制改革的目标模式,提出"让市场在配置资源中发挥基础性作用",改革实践使我们加深了对于"处理好政府与市场的关系是经济体制改革的关键"的理解。2013年11月,中国共产党十八届三中全会通过的《中共中央关于全面深化改革若干重大问题的决定》,进一步明确提出"使市场在资源配置中起决定性作用和更好发挥政府作用"。中国特色社会主义政治经济学理论在改革实践中不断得到拓展、不断丰富发育。

中国社会主义实践进程,总是前行在积极探索"马克思主义中国化"的征途上。把前后两个阶段的实践放在这样的场景下加以考察,就能够对中国社会主义建设实践有科学的动态的认识和把握。正如习近平总书记所指出的,"我们党领导人民进行社会主义建设,有改革开放前和改革开放后两个历史时期,这是两个相互联系又有重大区别的时期,但本质上都是我们党领导人民进行社会主义建设的实践探索"①。

---

① 《习近平总书记在新进中央委员会的委员、候补委员学习贯彻党的十八大精神研讨班的重要讲话(2013年1月5日)》,《人民日报》,2013年1月6日。

一、选择"计划经济体制模式"的历史和理论原因剖析

从1949年10月到1978年12月的30年时间,是中国共产党领导社会主义经济建设发展的第一阶段。准确认识这一阶段的实践,需要追溯到中国共产党成立。20世纪初,中国的一批新文化运动知识分子,思考着中国发展的前途,是"十月革命一声炮响,给中国送来了马克思列宁主义"[①]。1921年中国共产党诞生。中国共产党以马克思主义理论为指导,始终前行在将马克思主义与中国社会实际相结合的征途上。正是基于对中国社会复杂矛盾的解剖和对中国社会各阶级的科学分析,创造性地发展了马克思主义,开创了一条新民主主义革命的道路,在一个半殖民地半封建国家,通过"农村包围城市""武装夺取政权",建立社会主义制度。毫无疑问,在取得政权后,摆在中国共产党面前的一项最重要的任务就是,如何借助中央政府的权威,发挥集中力量办大事的"制度优越性",迅速恢复国民经济,启动工业化进程,建设相对独立的工业体系。

但是,如何使社会主义制度得以巩固确立,现实的社会主义究竟应该是一个什么样的图像?在当时的情况下,只有斯大林领导的苏联作为"先行示范"可以学习模仿,况且,当时的苏联,经过三十多年的建设,确实也具有一定的经济实力。需要特别指出的是,在列宁领导"十月革命"取得成功,进入社会主义建设阶段以后,曾经提出过不少对如何建设社会主义的探索性的见解。可是,列宁没有能够具体展开对探索思考的贯彻实施,就过早地去世了。由于特殊的国际环境因素和斯大林自己对于马克思主义理论的理解,苏联的经济体制被斯大林塑型,具有高度集权的特点,并冠之以"计划经济"的标签,作为社会主义的基本特征之一。中国的新生的政权自然只能是选择追随"苏联模式"。或者说,学习模仿是顺理成章的事情。因此,在这个阶段里,我们一直是在传统计划经济体制认识框架里摸索。

细细考察,实际上,我们又可以将这30年分解成几个小的阶段。首先,在

---

① 毛泽东,《论人民民主专政》,《毛泽东选集》,第4卷,人民出版社,1991年,第677页。

第一章　马克思主义中国化实践探索与"中国特色"经济理论的发育

　　1949年10月到1953年"三年恢复时期",我们的国民经济经过了短暂的"休养生息"。这时,全社会都抱有对于社会主义的憧憬。此后,社会主义建设事业从"社会主义改造运动"起步,着力于建立社会主义经济制度的物质基础;与此同时,凭借政权的力量,推进实现工业化,致力于建设相对独立的国民经济体系。通过集中手段控制资源解决结构性问题,能够更快地解决替补经济结构存在的空白、克服经济结构瓶颈。"第一个五年计划"时期(1953—1957),通过当时的苏联"援助"建设的156个工业项目的上马,形成工业化的"骨架"和进一步拓展工业体系的基础,取得经济发展的明显的成绩,这也强化了我们对集中计划经济的"迷信"。到了"二五"时期(1958—1962)的经济发展的实践过程就出现了巨大的波动。"二五计划"开始时,国内经济状况较好,重工业的迅速发展意味着工业化的初步基础得以建立,加之"三大改造"①相继完成,被认为公有制主体地位已经基本确立。由于"一五计划"的成就滋长了骄傲自满情绪,导致对客观经济自然规律没有深入的研究和在工作安排上的自觉尊重,对现实社会主义建设事业复杂性缺乏十分自觉清醒的认识,"二五计划"制定了超高的发展指标,甚至是以"大跃进"的动员方式搞经济建设,变成完全是主观主义的一厢情愿,这种理想化的朴素的愿望自然会受到经济规律的惩罚。由此产生了对领导人治理国家能力的压力和焦虑,强化了领导人"运动式"动员社会,解决经济问题的"集权"工作方式,使整个国民经济进入"收死放乱"的循环。在"集中计划"为特征的"传统社会主义经济体制"里打转转。

　　实际上,对于如何展开社会主义建设事业,思想的探索与实践的展开似乎没有能够取得契合。早在1954年,毛泽东就曾经明确指出,"我们是一个六亿人口的大国,要实现社会主义工业化,要实现农业的社会主义化、机械化,要建成一个伟大的社会主义国家,究竟需要多少时间? 现在不讲死,大概是三个五年计划,即十五年左右,可以打下一个基础"②。可见,以毛泽东为代表的中国

---

①　指中华人民共和国成立后,由中国共产党领导的对农业、手工业和资本主义工商业的改造。实现了把生产资料私有制转变为社会主义公有制的任务。
②　《毛泽东文集》第6卷,人民出版社,1999年,第329页。

共产党领导集体对如何建设社会主义,在思想和认识上秉持着一种比较谨慎稳健的工作态度和探索精神。

然而,回到具体的工作场景,实践是不能等待、不能停下来的。客观上说,由于长期的战争环境,我们党不可能有充分的理论研究储备,提出完全独立的建设社会主义的"设计蓝图",对"工业化"的一般规律也缺乏十分全面的研究。况且当时的理论环境也不允许有不同于"苏联模式"的理论出现。因此,只能是向已经先行步入社会主义道路的苏联"老大哥"学习,模仿其经济体制模式;以至于对于"社会主义改造"的安排,原来规划用三个五年计划时间推进完成的任务,只用了三年就"走过场"完成了。与此同时,在农业部门,原来设计的组织农民走集体化规模经营路径方式,要经过"互助组""初级社"和"高级社"的分阶段推进设计。同样也受到苏式体制中的"集体农庄"模式的影响。原计划分阶段梯次推进的工作安排也很快被放弃,在1958年就全面推进"人民公社"制度。不仅如此,我们在如何推进工业化的努力中也只有寻求与苏联合作,以至于安排由苏联帮助建设引进其156个工业项目。一方面,这些项目的建设,确实是对于我们加快建设相对独立的工业体系起到了十分重要的作用;另一方面,这些项目的安排一定程度上刺激了人们对工业化理解上的简单化。可以看到,在经济结构比较简单、所面临的矛盾比较突出的情况下,以计划手段集中配置资源,安排投资建设大的工程项目,可以获取比较明显的工作效果。而仓促推进"社会主义改造"的工作方式,显然是存在诸多的"夹生"现象,造成具体工作开展的矛盾累积,对此也引起领导层的警觉和重视。1956年2月后,毛泽东用了两个多月的时间,先后听取了34个部委的汇报,形成了正确处理"十大关系"的思想,在1956年4月25日的中央政治局扩大会议上,作了《论十大关系》的讲话,紧接着在1957年2月的最高国务会议第十一次(扩大)会议上,又做了题为《关于正确处理人民内部矛盾的问题》的讲话。这同样表明了以毛泽东为代表的中国共产党领导集体一直是抱有对现实社会主义如何建设的探索精神。

实际上,社会主义制度的基本规定性和特征是什么?现实社会主义制度的规定性如何转化为体制性安排?具体的体制运行中又应该如何处理处在这一体制中的当事人之间的经济关系,体制运行的具体机制又是怎样?所有这些,都还没有形成完整的理论认识和成熟的运行体系,总是处在一种探索和"试错"的工作方式中。在1962年1月11日至2月7日,在北京召开了中共中央扩大会议,对既往经济工作进行了总结检讨,开展批评与自我批评,邓小平同志在这次会议上的讲话中提出,"计划指标如果切合实际,并且留有余地,那就不会发生过重、过死的问题了。今后订计划,一方面要有统一的计划,另一方面,在统一的计划内,要给下面留有这样的可能,就是使下面能够结合当地的具体实际去安排,特别是在因地制宜方面,在发挥地方积极性方面,都要做得更好"①。可见,当时的以毛泽东同志为代表的领导集体,对如何安排国民经济计划提出工作内容方式上总是保持着不断总结改进完善的思想诉求倾向。

但是,本来的探索讨论选择中存在的认识分歧,受斯大林主义的"强势"的影响,党内存在的"左"的教条主义的思想逐渐占得"上风",特别是1955年6月斯大林组织编写的《政治经济学教科书》中译本出版②,以后还有第二、第三版。1959—1960年,毛泽东还组织有关人员一起读《政治经济学教科书》。正是这样,斯大林所建构的对社会主义规定性的教科书解释,对此后的中国产生了直接的影响。该书所概括的社会主义制度的三个基本特征:公有制、计划经济和按劳分配,成为对社会主义制度规定性权威性解释,中国后来相当一段时间里经济制度演进和现实社会主义运动就是依据这样的理论展开的。

二、传统体制运行与社会主义经济制度特征的探索

经济建设的实践如何体现基本经济制度的原则要求,基本经济制度展开作用与资源配置方式从而经济体制安排,以及在这种体制安排下的经济运行机制这三个层次是什么关系,在当时的情况下并没有在理论上得到充分展开,换句话说,对于现实社会主义运动的基本理论被束缚在斯大林的认识模式里。

---

① 邓小平,《在扩大的中央工作会议上的讲话》,《邓小平文选》第1卷,人民出版社,1994年,第306页。
② 苏联科学院经济研究所,《政治经济学教科书》(中文版),人民出版社,1955年。

斯大林对社会主义制度的基本特征的概括,成了传统在社会主义展开经济建设的工作内容和工作标准。

首先,就如何建立生产资料公有制,通过"社会主义改造"运动,没收官僚资本、改造民族资本、对城市小手工业者和对广大农民组织起来的做法,形成"全民所有"和"集体所有"两种生产资料公有制的基本形式。公有制生产关系迅速被推开固化下来。这一疾风暴雨式的群众运动过程把公有制生产关系注入经济生活的方方面面,如前所述,必然存在着"简单化"的问题。笔者记得在电影《陈毅市长》中有一个镜头:民族工商业者白天敲锣打鼓到市政府报喜,"公私合营"了,晚间回到家里抱头痛哭,表现出对家族多年积攒形成的资产难以割舍。这一镜头就是对"改造运动""夹生饭"的一个注脚。根据斯大林的说法,即使是"全民"和"集体"这两种公有制形式,还附加有所谓"高级""低级"之分,认为全民所有制是生产资料所有制的高级形式。进一步考察,不难发现,这种生产资料全民所有制,在具体的资源配置和国民经济运行活动内容的担当主体,又只能由政府出面。也就是说,"全民所有制"表现为"国家所有制",实际的经济活动当事人,必然就落在了"政府"身上,由此形成"政府所有制",全社会经济社会事务全由政府包了下来,表现为"政府全能主义"。因为"集体所有制"需要向"全民所有制"看齐,实际上成了"二全民"。本来意义上的"公有制"的规定性,变成了形而上学的形式追求性的工作任务,不顾生产力自身的条件和劳动者当事人的接受参与方式,不顾所有制关系与产业领域和产业经济活动具体内容,完全与现实生产力相脱节。除此之外,对于经济生活中存在的公有制难以覆盖的经济活动内容,对于居民个人可能从事的生产流通行为,则被当作"资本主义的尾巴"加以限制和批判,且一再强调要加以割除。足见在处理配置公有制生产关系时的"过于简单、宽泛"的问题。

其次,关于计划经济,即如何选择资源配置方式和在一定配置方式下的经济运行机制问题。由于简单地将资本主义生产方式条件下所存在的商品货币关系视作经济制度基本内容,采用简单对立的思想方法,认为社会主义条件下不需要商品货币关系作为处理资源配置的工具,采用直接的实物分配方式,以纵向的直接计划调节对全社会再生产活动进行管理，似乎这样就可以消除自由资本主义经济运行中所存在的再生产的"盲目性"。况且，在社会主义建设初期，特别是"第一个五年计划"由于当时国民经济生活中所存在的结构性问题比较突出，中央政府的直接计划对于克服比较明显的结构性问题相对有效，进一步滋长了对于"计划经济"的迷信和膜拜。本来国民经济活动中生产（供给）和消费（需求）关系的处理在微观场合的许多事情，都集中到中央政府的直接计划管理。这又与对公有制的简单理解和简单处理相叠加，政府的直接计划把国民经济活动的方方面面都管起来、包下来。具体表现为财政的统收统支、生产资料资源配置的统购包销（统包统配）、劳动力就业和薪酬处理的统分统配，计划经济、实物配置的经济运行滋生出全社会对政府的依赖，企业吃国家的大锅饭、个人吃企业的大锅饭，国民经济运行低效率和"短缺经济"相伴相生。

最后，关于按劳分配，从形式上说，按劳分配隐含着对于劳动者劳动贡献的重视和相应激励。但是，如何客观地评价劳动者的劳动贡献，缺乏合适的评价工具和客观的尺度，加之对劳动力资源的统分统配，自然就滑向了"干多干少一个样、干好干坏一个样"的平均主义薪酬处理方式，导致在大生产作业方式下，"团队作业"条件下的"搭便车"行为成为常态，形成对劳动者行为的"逆向激励"，全社会劳动生产率不高，"按劳分配"原则难以得到贯彻落实。尽管"按劳分配"原则还有一个重要的前提，即"各尽所能"，实际上，全社会劳动力资源的配置，在中央计划部门不可能事先获取每一位劳动力的"所能"，并科学客观地加以配置。更何况对于经济社会发展如何充分动员各类资源，特别是对于稀缺资源（包括技术、资金等）形成正向激励以充分调动资源开发利用，形成对稀缺资源的充分开发利用和经济补偿。形式上，传统的分配方式表现为关注了"公平"，但是，"大锅饭"的薪酬处理，挫伤了劳动者的工作热情和积极性，损害了劳动生产效率。最终只能导致全社会劳动者工资收入提高不快，居民生活水平提高改善不明显。

中国社会主义制度建设前三十年的实践，依据斯大林所概括的社会主义经济制度的"基本特征"和"基本原则"（公有制、计划经济和按劳分配），被作为

"命题作业式"的解答推进,转化为资源配置经济运行的体制机制,正是围绕集中计划管理的工作方式展开,形成"集中计划管理体制"。对于现实社会主义经济发展所面临的复杂环境条件缺乏客观全面了解,简单以"三大特征"去衡量一切经济活动的做法,隐含着追求"纯而又纯"的思想倾向、"宁左勿右"的"左倾",以至于"左"成为工作主基调。脱离中国实际的经济政策必然带来对生产力的破坏和国民经济的低效率运行,产生了对领导人治理国家能力的压力和焦虑,进一步强化了领导人"运动式"动员社会,解决经济问题"集权"工作方式,使整个国民经济进入"收死放乱"循环。实际上,这种焦虑和以集权工作方式消化存在问题的努力,潜意识总是想找到一个新的"出路"。联系20世纪60年代面对经济运行中企业活力不足存在的问题,我们也尝试过对企业管理体制的"上收""下放",但是,这种企业隶属关系的变化,并没有改变企业作为政府机构附属物的地位,因而不能从根本上改善社会主义经济运行的效率。在这里,我们同样可以看到,所有这些"努力"都没有从根本上跳出既有的对现实社会主义基本经济制度、资源配置方式和经济体制及经济运行中的"当事人"关系与行为机制的现实社会主义运动的完整理解。实践证明,要摆脱旧有的对现实社会主义的理论认识的俗臼,必须跳出传统的计划经济体制,在思想理论上彻底清理,摒弃教条主义,回到马克思主义"实事求是"的思想路线上来。

第三节 70年实践探索的"一贯性":在既有努力基础上校准新发展路向

经过前三十年的艰苦探索,社会主义建设事业取得巨大的成就,同时也留有诸多的不尽人意的地方。实践证明,简单地以"拿来主义"的理论指导、模仿式地展开经济建设工作方式,存在着十分明显的经济运行管理方式与中国自身实际之间的不适应、不协调的问题,抑制了社会主义制度本来所具有的引领和容纳社会生产力快速发展的优越性。对照马克思主义"实事求是"的辩证唯物主义和历史唯物主义方法论,既往的探索尝试主观上的努力与中国经济社会客观存在实际之间的脱节就十分清楚了。坚持马克思主义的科学方法,需要认真全面深刻地对中国社会主义建设30年所做的种种努力加以总结,需要有以"实事求是"原则方法,需要有思想解放和扎根中国自身实践土壤的理论创新,以充分彰显马克思主义自身特有的"与时俱进"的理论特质。正如邓小平在1984年10月26日在会见马尔代夫总统时的谈话中所指出的,"现在中国搞建设,也要把马克思列宁主义同中国的实际相结合,走自己的路。这是我们吃了苦头总结出来的经验"①。正是在这样的思想理论和工作实践的背景下,邓小平同志在主持中央工作的重要岗位上,及时发起全党,尤其是党内的高层领导开展理论务虚,以一种宽松的研讨方式呼唤和推动"实事求是"的党的优良传统的回归,得出了"改革开放"的新的工作指导方针。

一、解放思想,实事求是,在思想理论的"交锋"中使"实事求是"重新扎下了根

正如党的十八届三中全会通过的《关于全面深化改革若干重大问题的决定》中所指出的,"实践发展永无止境,解放思想永无止境,改革开放永无止境",正是有了"实事求是"的方法武器,开辟出一条中国特色社会主义发展的道路。重温1978年十一届三中全会前后"思想解放"大讨论对于中国经济社会发展所产生的影响,对于我们不断提升理论自信和道路自信具有重要的现实意义。

在"集中计划经济体制"下,各类社会主体都听从于中央政府计划。难以发挥自身的能动作用,反而养成对中央政府的依赖,换句话说,就是所谓吃"大锅饭",形成主体自身的行为惰性和"逆淘汰"机制,以至于整个经济运行的低效率、经济生活失去活力。前已述及,尽管针对国民经济低效运行,特别是企业活力不足问题,我们也有所觉察并尝试改变,但总是在原有的认识框架下,被束缚在"斯大林模式"中没有突破。那种脱离实际的"左"的诉求,甚至是一

---

① 邓小平,《革命和建设都要走自己的路》,《邓小平文选》第3卷,人民出版社,1993年,第95页。

味强调"政治挂帅",把经济工作丢在脑后。特别是"文化大革命"将整个国民经济拖到了"崩溃的边缘",完全是难以承受和拖延容忍。换句话说,总是在低效率状态徘徊,没有能够改变"一穷二白"的落后面貌,社会主义制度的优越性没有得到发挥,这种状态如不改变,最终必然会葬送掉社会主义。正是在这样的背景下,邓小平同志力挽狂澜,发动了"拨乱反正""解放思想"大讨论,在1978年11月10日到12月15日,召开了中央工作会议,经过多场讨论会议的"思想风暴",1978年12月13日,邓小平在闭幕会上做了题为《解放思想,实事求是,团结一致向前看》的重要讲话。他指出,"解放思想是当前的一个重大政治问题"[①]。"全党同志一定要善于学习,要善于重新学习"[②]。这次会议促动党的高级干部对既已开展的社会主义实践有了一个比较全面完整的总结反思,在"解放思想"的口号引领下,党的思想路线回到了"实事求是"的轨道。再一次体现出我们党重视理论学习,善于在实践进程中及时总结检讨,对照运用马克思主义基本原理,矫正前行方向,不断提高解决中国经济社会发展的实际问题的能力。中央工作会议的理论务虚,为1978年12月18—22日召开的十一届三中全会做了充分的思想准备,全会的中心议题就是根据邓小平同志的指示,讨论把全党工作重心转移到经济建设上来,会议明确了"改革开放"方针。从此,中国经济揭开完全新的一页。从传统的集中计划经济体制,转轨走向社会主义市场经济体制,探索一条符合中国实际的新的社会主义发展道路。总结回眸四十年的改革开放历程,摆脱僵化教条的对社会主义规定性的理解,不是一个简单的一蹴而就的、跳跃性的事情能够做到的,长期积淀形成的对于传统社会主义理论的认识理解,需要用改革开放实践带来变化的事实加以"开悟"和"启智",形成"诱致性"制度变迁[③]的驱动能量,去逐步消解旧有的思想

---

① 邓小平,《解放思想,实事求是,团结一致向前看》,《邓小平文选》第2卷,人民出版社,1994年,第141页。
② 同上书,第153页。
③ 美国经济学家道格拉斯·C.诺思(Douglass C. North)在经济史研究中将制度因素纳入解释经济增长,将制度变迁区分为"诱致性"和"强制性"两种类型。他的新经济史论和制度变迁理论使其成为新制度经济学的代表人物之一,并因此获得了1993年度诺贝尔经济学奖。

理论观念与经济体制改革举措的摩擦羁绊,摆脱由这些旧观念产生的"路径依赖"惰性,使得改革事业总是以一种渐进的、不断深化次第展开、分阶段推进的图像展现出来。

二、理论创新及时产生对实践的指导作用,改革开放成为中国经济快速发展的主要驱动力量

"解放思想、实事求是"的思想路线,体现了马克思主义的历史唯物主义方法。经济体制改革首先从农产品价格调整起步,一方面通过价格调整,增加农民收入;另一方面,对城市居民劳动者施以调价补贴,由此松动经济运行体系中的价格体系,而后逐渐将改革的重点转到城市经济中来。传统体制的弊端是,排斥商品货币关系和市场机制,不尊重企业的法人地位和劳动群众的创造能力,从而使利益主体丧失"经济理性"。改革针对此弊端,从触动计划管理的力度和范围开始,以"扩大企业自主权"起步,唤起各类经济主体的"经济理性"复归,承认和尊重经济主体的独立利益,形成了千军万马主动积极关心劳动绩效的局面,国民经济活力大大增强。驱动着中国经济步入发展的快车道,从1979年以来保持了连续三十多年的10%左右的发展速度,到2010年,GDP总量已经跃上全球第二的位置。

我们可以从经济体制建构的几个主要侧面对渐进的改革进程做一个概要的总结性描述。就政府与企业的关系变革而言,先后经过了从原来的"统收统支""国有国营",到"放权让利"的经济责任制、所有权经营权"适度分离",以1984年十二届三中全会《关于经济体制改革的决定》为标志,企业改革的工作重点是"搞活企业";再到"利改税",视国有企业为市场活动中的"独立纳税人",由此提出探索"公有制实现形式创新"概念(1992年党的十四大),形成政府与企业之间利益关系的新型主体关系,以"现代企业制度"作为企业改革的目标模式,政府与企业关系是"出资人"与"用资人"之间的新型市场关系。以1993年十四届三中全会通过的《关于建立社会主义市场经济体制若干重大问题的决定》为标志,可以称之为"搞活国有经济"阶段;一直到2013年十八届三

中全会通过的《关于全面深化改革若干重大问题的决定》提出,"积极发展混合所有制经济",以混合所有制作为市场经济条件下公有制实现的主要形式,解决好公有制与市场经济相容性问题。由此进入探索形成"公有制与市场经济相融合"的新体制。

与此相伴随的改革,劳动者就业制度从传统的"统包统配",走向逐步放开"自主择业",用人单位的"自主招聘录用",实行"劳动合同制"①,劳动者薪酬水平管理也从统一的工资薪酬标准,走向用人单位与劳动者"协议工资",工资水平逐渐走向由市场决定。1993年,党的十四届三中全会通过的《关于建立社会主义市场经济体制若干问题的决定》,第一次明确提出"要培育和发展劳动力市场",此后,《劳动法》和一系列配套法规相继颁布,养老保险制度初步建立,企业自主用工制度进一步落实,全员劳动合同制全面推行。对于国有企业,政府有关部门只是控制薪酬总额,非国有部门则是完全放开。在发育劳动力市场的同时,承认劳动力个人禀赋的差异,特别是鼓励科技要素和"管理"要素与劳动要素的有机结合,将之与"一般劳动"分开,从而导入"人力资本"概念。与此同时,结合市场对生产要素资源"稀缺性"作用机制的评价,逐渐引入各类生产要素对产出贡献的独立意义,将之导入报酬分配体系,形成"按劳分配"与"按要素分配"相结合的新分配关系模式,借此刺激调动各类要素的活力释放。

进一步展开,在尊重个人利益和经济理性,允许劳动力自主择业的基础上,我国经济生活中逐渐出现了以"个人出资、自我就业"兴办企业的"非公经济"现象,与摆脱"短缺"、填补市场空白的市场机会相联系,"非公经济"被允许存在和发展。从传统体制下追求"一大二公",视"非公经济"是"资本主义的尾巴",到改革开放后,主动吸引外资进入,发展中外合资合作和外商独资

---

① 1983年2月,劳动人事部门下发了《关于积极试行劳动合同制的通知》,对劳动合同制进行试点;1986年7月国务院发布《国营企业实行劳动合同制暂行规定》,同年10月1日,劳动合同制正式成为我国的就业政策,并在全国范围内实施推广;1994年7月,颁布的《中华人民共和国劳动法》中,再次确认了劳动合同制的实施;2007年6月29日,第十届全国人大常委会第二十八次会议通过《中华人民共和国劳动合同法》,将我国的劳动合同制纳入法制轨道。

经济,到允许私人注册兴办企业,以至于将"非公经济"看作社会主义经济的"补充"力量,"多种经济成分长期共同发展"(1992年)①。到1997年9月,党的十五大第一次明确提出,"公有制为主体、多种所有制共同发展,是我国社会主义初级阶段的基本经济制度,非公有制经济是我国社会主义市场经济的重要组成部分"②。1999年3月全国人大九届二次会议审议通过《中华人民共和国宪法修正案》将这一提法予以采纳。从过去的"有益补充""必要补充"到"重要组成部分",非公有制经济跨过一道道藩篱,走进了"阳光地带"。特别需要强调的是,党的十八届三中全会进一步提出对不同竞争主体竞争要实现"平等使用生产要素、公平参与市场竞争、同等受到法律保护"③。标志着在所有制关系的改革进入一个全新的理论认识和时间推进的新阶段、新境界。

我们再来看反映经济体制特征的资源配置方式又是如何从传统的计划经济转轨走上社会主义市场经济体制的变革路径。如前所述,在引入商品货币关系,赋予企业自主经营权利,允许企业在既有的计划安排之外自主采购、自主生产和自主销售,实际上就是一种"计划外"的市场行为。同样的,允许居民个人自主择业创业,相对于传统体制的追求"一大二公",排斥非公经济行为而言,也是一种"计划外"的开放投资准入的市场行为。因此,"传统的计划经济"体制发生变革,1982年党的十二大提出了"计划经济为主,市场调节为辅",1987年党的十三大提出"社会主义有计划的商品经济体制",强调计划与市场的内在统一;一直到1992年10月,党的十四大明确社会主义市场经济体制作为经济体制改革的目标模式,强调"要发挥市场在配置资源中的基础性作用"。由此,逐步厘清得出在社会再生产经济运行中的资源配置问题上,如何处理

---

① 江泽民,在中国共产党第十四次全国代表大会上的报告《加快改革开放和现代化建设步伐,夺取有中国特色社会主义事业的更大胜利》,1992年10月12日。
② 江泽民,在中国共产党第十五次全国代表大会上的报告,《高举邓小平理论伟大旗帜,把建设有中国特色社会主义事业全面推向二十一世纪》,1997年9月12日。
③ 中国共产党第十八届三中全会,《关于全面深化改革若干重大问题的决定》,新华社,2013年11月15日。

"政府"的作用与"市场"的作用是一对彼此融合、彼此互补嵌套的经济关系,"是整个经济体制改革的关键"①(2012年11月),在十八届三中全会通过的《关于全面深化改革若干重大问题的决定》(2013年11月)中,更是清晰地表述为"使市场在资源配置中起决定性作用和更好发挥政府作用"②。使得在具体开展各项经济工作时,首先要重视发挥市场的作用,作为基础性的作用先行,这就是要在尊重经济规律基础上施以政府宏观管理措施,使市场与政府作用互洽互补,相得益彰。

以上我们叙述了1978年底开始的中国经济体制改革进程的缘起,在全面总结检讨既往的社会主义实践中的正反两个方面的经验和教训,确立起"改革开放"方针,开辟了中国特色社会主义新的篇章。我们着重对经济体制改革的几个主要方面的推进和与之相伴的对体制内容的认识进行了梳理。其中包括,赋予各类经济主体的自主地位、尊重主体理性;探索公有制实现的新形式,解决好公有制与市场经济相融合;开放非公有制经济;在发育劳动力市场的同时逐渐导入"要素稀缺"产生的"要素报酬"评价,形成收入分配关系上的"按劳分配"为主与"按要素分配"相结合的新分配体制。由此必然有经济体制其他各个方面的相应变革。不难发现,改革推进进程的理论深化引领,以我们党的历次全国代表大会为节点,从1978年底确立"改革开放"方针,1984年十二届三中全会通过的《关于经济体制改革的决定》,在"市场取向"改革全面启动,极大地解放了各类社会主体的创造性力量,提高了全社会对于市场配置资源特性的理解和应用能力,因此,1992年10月召开的党的十四大明确了我国经济体制改革的目标模式就是建立社会主义市场经济体制,对于改革目标的具体内容在1993年11月召开的十四届三中全会通过的《关于建立社会主义市场经济体制若干重大问题的决定》做出了具体化设计,遵循建设社会主义市场经济体制的改革目标任务所推进的改革深化,传统的计划经济体制朝着社会主

---

① 胡锦涛,在中国共产党第十八次全国代表大会上的报告,《坚定不移沿着中国特色社会主义道路前进,为全面建成小康社会而奋斗》,2012年11月8日。
② 中国共产党第十八届三中全会,《关于全面深化改革若干重大问题的决定》,新华社,2013年11月15日。

义市场经济体制转轨,到2003年十六届三中全会通过的《关于完善社会主义市场经济体制若干重大问题的决定》,认为我国社会主义市场经济体制的主要框架已经初步生成,在此基础上,如何以经济体制改革引领改革走向纵深,带动其他领域的改革,在国家治理体系的其他领域展开配套改革,一直到党的十八届三中全会讨论通过的《关于全面深化改革的若干重大问题的决定》发表,明确朝着国家治理体系的现代化和治理能力的现代化的总体目标,遵循马克思主义历史唯物主义的基本原理,发挥经济体制改革的引领作用,推进经济、政治、社会、文化和生态文明体制的全面改革。进入"深层次的""啃硬骨头""涉险滩"攻坚阶段,以全面建构经济社会治理的"四梁八柱"。可见,四十年的改革进程的分阶段推进,凸显出鲜明的改革深化的节奏,成功地实现经济体制的顺利转轨,反映出我们党积极进取、主动有所作为,不断探索前行在改革开放的轨道上,清晰地走出一条中国特色社会主义建设道路。

第四节 改革开放实践催生发育中国特色社会主义政治经济学理论体系

　　基于对中国70年社会主义事业发展的前后两个阶段的考察,我们党在对于社会主义基本经济制度的本质规定,对这种制度的实现途径可能选择什么样的经济体制,对一定的经济体制条件下不同社会主体所展开的经济活动机制,这样三个层次的关系,正是伴随着社会主义事业的丰富展开,这中间必然存在一定的"试错"的探索,但是,围绕马克思主义中国化的基本宗旨始终不变,这是70年来一贯的"底蕴"所在。正是在这个意义上说,我国社会主义建设事业在改革开放前后两个时期的实践在本质上是一致的、相互联系的。前后两个阶段所存在的"重要区别"表现在,前一个阶段实践的种种努力和尝试,为后面的阶段做了"测试",起到了铺垫的作用。正是由前一个阶段所付出的价格不菲的"学费",才使得后一个阶段,举改革大旗的决心和信心更加坚定。

这些都是我们在总结中国特色社会主义政治经济学创新，开拓当代中国马克思主义新境界的理论研究工作必须重视的对比参照的"活教材"。

改革开放，坚持实事求是的思想路线，摈弃僵化教条的思想方法，摆脱传统的高度集权的计划经济体制模式束缚，以"市场取向""增量改革"推进，从经济体制改革的局部单项试点，到区域推进深化；从经济体制改革到全面深化改革，探索马克思主义中国化，开拓出一条中国特色社会主义发展的道路。贯穿改革开放进程的思想理论的不断创新演进，蕴含着丰富鲜活的政治经济学理论创新的养料，需要我们扎根中国土壤，潜心开展系统深入的研究总结，从事实、案例和时间阶段进程总结得出经验，从经验概括分析得出理论归纳见解，从理论见解提炼得到概念范畴，从概念范畴的逻辑关系发现规律，逐步丰富发育生成中国特色社会主义政治经济学理论体系，开拓马克思主义政治经济学理论的新境界。这也是习近平总书记近几年来对经济理论和哲学社会科学工作者提出的工作目标任务。

理论的创新引领着改革的不断深化，改革深化所面临的难点又刺激了理论研究的创新，改革开放的实践进程在经济社会运行的多个领域、经济体制建构的多个侧面产生变革，提升了执政党治国理政的领导能力、对社会建构复杂关系的驾驭能力，同时也锻炼了经济生活中的多个主体对体制变革带来的振动影响的承受能力。所有这些，都为中国特色社会主义政治经济学理论体系提供素材养料，相关专题的认识不断深化，发育形成较为清晰成熟的理论成果。理论的发育走向成熟也促成"新经济体制"的"四梁八柱"架构的设计施工能力，推进中国特色社会主义步入发展的新阶段。在这里，我们可以对中国特色社会主义政治经济学理论内容做一个梳理总结概括。

一、社会主义初级阶段理论

对中国实践的现实社会主义发展阶段的重新认识，明确我们处在社会主义的初级阶段。正是在对中国社会主义实践历程的系统全面总结的基础上，明确回答现实社会主义所处发展阶段和务实前行的出发点，才能更好地找准发展阶段的主要矛盾和主要工作任务,才能准确判断现实社会主义发展的历史方位。也正是在经过现实社会主义第一个阶段的实践认真总结反思基础上,对于如何推进社会主义的扎实前行得出的重要判断。

实践告诉我们,现实社会主义制度的建立,与马克思、恩格斯所预言的"未来社会"[取代资本主义生产方式的共产主义社会,它的第一(初级)阶段可以称之为"社会主义"①]是在生产力最发达的资本主义国家最先出现的理论逻辑轨迹不同,恰恰是在资本主义体系的薄弱环节,因为有马克思主义理论的指导,有工人阶级的先锋队共产党的领导,通过武装斗争,夺取政权,建立起社会主义制度。因此,现实社会主义与马克思所指出的"社会主义"有着很大的差异,当马克思所揭示的社会主义的主要原则得以实现,现实社会主义如何建设,必然面临更加艰辛的探索和努力。如何借助社会主义制度条件,解决生产力发展水平相对落后的状况,加快发展生产力,必然是一个最为迫切、最具现实意义的工作任务。正是在认真总结反思既往实践的基础上,经过拨乱反正,解放思想,中国共产党十一届三中全会确定的"改革开放"方针,全党的工作重心回到经济建设上来。在1981年十一届六中全会通过的《关于若干历史问题的决议》,就第一次明确提出"我国社会主义制度还处在初级阶段"的论断,在这样的背景下,在党的十二大会议上(1982年9月),邓小平提出了"中国特色的社会主义"理论命题,1987年8月,邓小平在接见意大利共产党领导人约蒂和赞盖里时的谈话中指出:"我们党的十三大要阐述中国社会主义是处在一个什么阶段,就是处在初级阶段,是初级阶段的社会主义。社会主义本身是共产主义的初级阶段,而我们中国又处在社会主义的初级阶段,就是不发达阶段。一切都要从这个实际出发,根据这个实际来制订规划。"②到了1987年10月召开的党的十三大会议上,对于"我国还是处在社会主义的初级阶段"作了充分的阐述,形成全党的共识。基于这一基本判断,可以使我们头脑清醒,避免在

---

① 参见马克思1875年发表的《哥达纲领批判》一书对"共产主义第一阶段"的论述,人民出版社,1992年。

② 邓小平1987年4月26日接见外宾时的谈话,《邓小平文选》第3卷,人民出版社,1993年,第252页。

理论上和实践上出现"左"或右两种错误倾向。由此为中国社会主义建设的航船厘定了前行的方向和航道,开拓出一条中国特色社会主义发展道路。邓小平特别强调指出,"贫穷不是社会主义,发展太慢也不是社会主义"[1],正是这种对现实社会主义发展条件和发展阶段的科学判断,中国特色社会主义现阶段的主要任务得以明确,"社会主义的根本任务是发展生产力"。即使是经过了四十余年改革开放,中国经济已经持续高速发展,国内生产总值规模已经攀升至全球第二位,中国经济发展站在了一个新的历史起点上,中国特色社会主义进入了新的发展阶段,从历史和现实、理论和实践、国内和国际等结合上进行思考,从我国社会发展的历史方位上来思考,从党和国家事业发展大局出发进行思考,社会主义初级阶段仍然是我国现实社会主义发展阶段的主要特征。"准确地把握我国社会主义初级阶段不断变化的特点,坚持党的基本路线,在继续推动经济发展的同时,更好解决我国社会出现的各种问题,更好实现各项事业全面发展,更好发展中国特色社会主义事业,更好推动人的全面发展、社会全面进步"[2]。对社会主义初级阶段判断,使我们党始终保持清醒的头脑,始终不忘发展是解决中国一切问题的"第一要务",不忘初心,行稳致远。

二、新国际环境与新全球化理论

准确认识"和平"与"发展"是当今世界的两大主题,由此形成发展的"重要机遇期"的判断。基于这一判断,动员全党更好地带领全国人民,集中精力于经济建设。邓小平在深刻洞察世界格局变化的基础上,将世界的主要矛盾精辟地概括为"和平与发展"两大问题。指出,"现在世界上真正大的问题,带全球性的战略问题,一个是和平问题,一个是经济问题或者说发展问题。"[3]明确

---

[1] 邓小平1987年4月26日接见外宾时的谈话,《邓小平文选》第3卷,人民出版社,1993年,第255页。
[2] 参阅新华社北京2017年7月26日电,习近平在省部级领导干部学习班开班式上的讲话,《高举中国特色社会主义伟大旗帜,为决胜全面小康社会实现中国梦而奋斗》。
[3] 邓小平,《和平和发展是当代世界的两大问题》,《邓小平文选》第3卷,人民出版社,1993年,第105页。

"和平与发展这个时代的主题",对于自觉抓住发展"机遇期"树立"紧迫感",强化工作责任,鼓舞工作干劲,具有特别的意义。正是基于这种对于时代发展主题的清醒认识,围绕"解放和发展生产力"这一中心任务,有"只争朝夕"的紧迫感,有助于思考如何充分用好国际经济环境,处理好中国经济与世界经济发展之间的关系。促成我们更加自觉地认识世界经济发展分工机会,主动自觉地学会善于"利用两个市场"和资金、技术比较优势。

三、社会主义的根本任务是发展生产力理论

将解放生产力、发展生产力作为现实社会主义建设的"中心工作",经过了解放思想、拨乱反正,把全党的工作重心转移到经济建设上来。这也是在总结社会主义建设实践的经验教训基础上得到的全党的共识,是中国特色社会主义政治经济学理论的重要命题,也是解决社会主义初级阶段社会主要矛盾的主要的工作"抓手"。邓小平指出,"根据我们自己的经验,讲社会主义,首先就要使生产力发展,这是主要的。只有这样,才能表明社会主义的优越性。社会主义经济政策对不对,归根到底要看生产力是否发展,人民收入是否增加。这是压倒一切的标准"①。我们"搞社会主义必须根据本国的实际。我们提出建设有中国特色的社会主义,……而坚持社会主义,首先要摆脱贫穷落后状态,大大发展生产力,体现社会主义优于资本主义的特点。……搞社会主义,一定要使生产力发达,贫穷不是社会主义"②。中国社会主义建设 70 年的实践,特别是改革开放四十余年的经济快速发展所取得的成就,充分证明了社会主义的根本任务是发展生产力,改革开放不断完善社会主义基本经济制度、推进经济体制机制的变革可以为生产力的快速发展创造制度条件,引领和容纳生产力的快速发展。

---

① 邓小平,《社会主义首先要发展生产力》,《邓小平文选》第 2 卷,人民出版社,1994 年,第 314 页。
② 邓小平,《社会主义必须摆脱贫穷》,《邓小平文选》第 3 卷,人民出版社,1993 年,第 223—225 页。

四、新发展理念

伴随着改革开放进程,围绕"解放和发展生产力"这一中心任务,形成"创新、协调、绿色、开放、共享"指导经济发展的成熟完整的理念。特别是改革开放四十余年以来,我国经济快速发展,主动加入世界分工体系,积极应对新全球化和新技术革命的潮流,在推进经济体制转轨和转变经济发展方式的社会主义实践中,不断加深对于指导经济社会发展的工作内容和处理国民经济和社会发展各个领域、各个方面、各条战线以及不同区域之间的相互关系的整体协调能力,不断摸索,总结积累推进社会主义实践发展的规律。对于不断开发可持续发展的驱动力量、全面认识并妥善发展进程中与时空维度相关所面临的各种矛盾和社会阶层主体之间的关系、特别是处理好经济发展与资源生态环境之间的友好、与全球化潮流和世界经济发展之间的关系、发展绩效和目标实现与发展目的最终还是要落实在"以人为本""以人民为中心",让人民充分享有发展成果这一立党初心和社会主义根本原则上。所有这些都充分说明我们党在领导中国特色社会主义前行中已经形成更为成熟的指导理念,对社会主义建设规律有了更加深刻的理解和运用的能力。

五、市场发挥资源配置的决定作用理论

经过三十多年的改革实践,成功推进经济体制转轨,明确社会主义市场经济体制模式的改革目标,就是要"使市场在资源配置中起决定性作用和更好发挥政府作用"的原则。从社会主义运动实践出发,认识到"商品经济是生产力发展的必经阶段",商品货币关系、市场机制是处理生产分工关系和资源配置的工具和手段,对应于市场手段的计划机制,表现为政府的工作职能,在经济运行中又是以"政府"与"市场"的关系加以表现。1979 年,邓小平在接见美国记者吉布尼的谈话时,就提出,"社会主义也可以搞市场经济"[①]。再后来,1987

[①] 邓小平,《社会主义也可以搞市场经济》,《邓小平文选》第 2 卷,人民出版社,1994 年,第 231 页。

年,在谈到"计划"与"市场"关系时,邓小平又明确提出,"计划和市场都是方法嘛。只要对发展生产力有好处,就可以利用。它为社会主义服务,就是社会主义的"①。伴随改革深化的进程,对于市场机制的认识不断深化,1992年党的十四大明确我国改革的目标模式是建立社会主义市场经济,与此同时明确了"市场是配置资源的基础性手段",2013年11月,党的十八届三中全会通过的《关于全面深化改革若干重大问题的决定》中进一步强调了发挥市场配置资源的"决定性作用"和"政府作用",在尊重市场规律的基础上,发挥政府的调控作用。形成两者之间的相互感知、包容互洽、良性互动。如何处理好政府与市场的关系作为经济体制改革的关键受到重视。

六、"混合所有制经济"作为公有制实现的主要形式

积极发展混合所有制经济,探索公有制与市场经济相融机制,混合所有制是社会主义市场经济条件下,公有制实现的重要形式。首先,联系生产力发展特点和加快发展生产力的根本任务,充分调动多个社会主体的积极性和释放生产要素活力,明确了公有制为主体、多种所有制经济共同发展的基本经济制度,作为中国特色社会主义制度的重要支柱,也是社会主义市场经济体制的根基。公有制经济和非公有制经济都是社会主义市场经济的重要组成部分。其次,通过积极发展混合所有制经济,处理好公有制与市场经济的相融性,作为基本经济制度的重要实现形式,有利于国有资本放大功能、保值增值、提高竞争力,有利于各种所有制资本取长补短、相互促进、共同发展。

七、生产力要素多样性和按要素贡献分配理论

联系市场经济特点和加快发展生产力的根本任务,积极探索"让一切劳动、知识、技术、管理、资本的活力竞相迸发"的资源配置体制机制。这表明我们在对生产力发展的理解认识上不断深化,对于资源配置的具体内容有更加

---

① 邓小平,《计划和市场都是发展生产力的方法》,《邓小平文选》第3卷,人民出版社,1994年,第203页。

细腻的理解。根据马克思主义基本原理,这种对于生产力要素的理解折射出的是对生产要素的细分,是分工理论的具体应用,也体现了我们对生产力的驾驭管理能力的提高。正是这样,在处理要素报酬的收入分配制度改革方面,在坚持"按劳分配"基本原则的同时,引入"按要素分配"的新机制,处理好"按劳分配与按要素分配相结合",使收入分配制度与社会主义市场经济目标模式相契合,有助于促进分工、促进生产力发展,调动各类生产要素主体的积极性。由此着力于在要素产出和要素组合机制的生产方式上变革,并不不断优化要素资源配置机制。

八、区域协调平衡发展理论

联系中国经济发展受地理区位、资源禀赋、人口分布和历史等因素的影响,客观上存在东中西部发展水平的不均衡,加之在改革开放推进进程中,东部沿海以自身区位条件优势起步较早,吸引更多的外资,因此可能出现区域发展水平的差距拉大。针对这种可能出现的问题,伴随四十余年改革开放进程,中央政府先后及时导入区域推进发展战略措施,包括"西部大开发""东部老工业基地振兴""中部崛起""京津冀一体化""长江经济带"等多个区域发展战略举措,还有"新型城镇化"对区域创新的整体推进战略。与此同时,东西部省区市之间的"对口支援"成为社会主义制度条件下区域结对,发达地区带动不发达地区的联动发展的工作方式。除了这些直接指向区域协调平衡发展的调控措施外,一项最重要的宏观管理手段就是财政体制安排的"转移支付"手段。伴随着全面推进深化改革,进一步明确了以"建立现代财政制度,发挥中央和地方两个积极性",清晰地认识到,财政是国家治理的基础和重要支柱,科学的财税体制是优化资源配置、维护市场统一、促进社会公平、实现国家长治久安的制度保障。四十余年来,中国作为发展中国家,要处理好区域协调平衡发展关系已积累不少工作经验,这也是中国特色社会主义经济理论的重要组成部分。

九、新宏观调控理论

根据经济发展阶段特点变化,宏观经济管理的工作重点应及时变化调整,加快经济发展方式转型。改革开放初期,国民经济处在"紧运行"态势,伴随体制转轨进程,宏观经济管理主要采取"需求管理"的工具手段,通过对投资、消费和出口"三驾马车",运用财政和金融手段实施调控管理,通过"放权让利"调动微观经济主体的生产积极性,改革开放驱动中国经济持续高速发展,迅速走出"短缺"状态。特别是2001年中国加入WTO,迅速融入全球化潮流,充分发挥比较优势,享受到全球化红利,促进工业化水平的迅速提高,锻炼培育了中国企业在国际市场的竞争能力。2008年金融危机爆发,外需市场所受到的冲击和萎缩,全球经济结构的调整,给中国经济多多少少也带来冲击,经济运行进入"新常态",经济发展方式要从以往的"资源推动、投资推动"朝着"创新推动"转型,针对国民经济运行的新特点,及时提出"供给侧结构性改革"的新的宏观经济管理举措,明确"去产能、去杠杆、去库存、降成本、补短板"五大工作任务;同时,在财政和金融等宏观管理措施运用上,引入结构性措施,实施"预调微调"和"定向调节",表明国民经济宏观管理工具手段和能力全面刷新,进入新的工作境界。反映出对于社会主义市场经济的理解和驾驭能力的提高,以及宏观管理经验的积累,也是中国特色社会主义经济理论和实践能力的积累。

十、经济体制改革牵引理论

在全面深化改革"五位一体"的工作体系中,经济体制处在基座的、发挥"牵引"作用的地位。这一理论揭示出经济体制构造在社会体系建构中的地位和特点,作为社会主义政治经济学理论的重要内容,也反映出活用历史唯物主义理论方法,着力推进现代化国家治理体系的工作内容。纵观四十余年改革历程,经济体制的改革对经济运行的生产、交换、分配、消费多个环节管理方式的变革,对经济活动各类主体的利益关系进行调整,大大调动了经济活动参与主体的工作积极性,也大大提高了资源配置的产出效率,驱动经济快速发展。

以相对宽松的经济实力,为政治体制、文化体制、社会体制和生态文明体制的改革创造扎实充分的物质基础。与此同时,也为经济体制改革提供配套协调环境,促进国家治理体系和治理能力的现代化。

纵观中国开展社会主义实践七十年的历史,对照总结前后两大阶段的经验教训,特别是对改革开放四十余年推进经济体制转轨,着力建设社会主义市场经济体制,丰富的实践孕育、积累,并形成中国特色社会主义经济理论,开拓马克思主义中国化的新境界。中国经济快速发展,GDP 总量规模迅速攀升为全球第二,进入中等收入国家行列,验证了中国特色社会主义理论的巨大生命力,也为我们进一步不断完善这一理论,为其他发展中国家提供参考,为人类文明贡献中国智慧确立了一个良好的开端。

参考文献

［1］邓小平,《邓小平文选》第 1 卷,人民出版社,1994 年。
［2］邓小平,《邓小平文选》第 3 卷,人民出版社,1993 年。
［3］邓小平,《邓小平文选》第 2 卷,人民出版社,1994 年。
［4］胡锦涛,《坚定不移沿着中国特色社会主义道路前进,为全面建成小康社会而奋斗——在中国共产党第十八次全国代表大会上的报告》,人民出版社,2012 年。
［5］江泽民,《高举邓小平理论伟大旗帜,把建设有中国特色社会主义事业全面推向二十一世纪——在中国共产党第十五次全国代表大会上的报告》,人民出版社,1997 年。
［6］江泽民,《加快改革开放和现代化建设步伐,夺取有中国特色社会主义事业的更大胜利——在中国共产党第十四次全国代表大会上的报告》,人民出版社,1992 年。
［7］马克思,《哥达纲领批判》,人民出版社,1992 年。
［8］《毛泽东文集》第 6 卷,人民出版社,1999 年。
［9］苏联科学院经济研究所,《政治经济学教科书》(中文版),人民出版社,1955 年。
［10］习近平,《习近平总书记在新进中央委员会、候补委员学习贯彻党的十八大精神研讨班的重要讲话(2013 年 1 月 5 日)》,《人民日报》,2013 年 1 月 6 日。
［11］习近平,在省部级领导干部学习班开班式上的讲话,《高举中国特色社会主义伟大旗帜 为决胜全面小康社会实现中国梦而奋斗》,新华社,2017 年 7 月 27 日。
［12］中国共产党第十八届中央委员会第三次全体会议,《中共中央关于全面深化改革若干重大问题的决定》,人民出版社,2013 年。

第二章

国有经济的主导地位及其与民营经济之共生发展关系：社会主义市场经济之微观基础

汪立鑫　复旦大学经济学院经济学系

第一节 新中国成立以来所有制关系演变的政治经济学分析框架

一、发展中国家生产力发展的规律性要求及其发展路径选择

发展中国家生产力发展的最为核心的规律性要求就是要尽快实现工业化,这和国家的产业分工及其所决定的利益分配格局相关。由于劳动力在国与国之间不能自由流动,因此国家间的"垂直分工"往往带来的是不同国家的国民收入与福利水平的分化:在国际经济交往中,凭借技术领先优势而开发技术密集型产品的企业,可获得因技术创新而形成的超额利润以及因技术垄断而形成的垄断利润,而靠技术模仿开发劳动密集型或资源密集型产品的企业,则只能获得"完全竞争"背景下的相对微薄的"正常"利润。由此形成了发达国家与发展中国家之间的利益不对等交往。因此,发展中国家要想发展自己的生产力,缩小与发达国家之间的经济差距,就必须要尽快实现工业化,缩小与发达国家工业化水平的差距。

要实现上述工业化的目标任务,有两条发展路径可供选择:第一种发展路径可称为比较优势战略(资源、劳动力成本的比较优势)起步的发展路径,即先发展轻工业实现一定的资本积累,然后再通过技术模仿、进口替代战略来发展重工业。大多数发展中国家选择的是这一发展路径。第二种发展路径可称为重工业优先发展战略起步的发展路径,即首先集中力量发展重工业,然后在重工业基础上发展轻工业,转向比较优势战略(资源、劳动力成本的比较优势)。我国、苏联及东欧社会主义国家选择的是这一发展路径。各发展中国家现实中选择的发展路径取决于当时所面临的内外部各种因素(汪立鑫,2006),

本文暂不做进一步展开分析。

二、不同生产力发展路径所对应的政治经济制度选择

大多数发展中国家在选择第一条发展路径，即比较优势战略起步的发展路径的同时，也选择了相应的政治经济制度。其中，在生产关系或经济制度方面，选择以私有制为基础的资本主义市场经济，显然，这样的生产关系安排与比较优势发展战略是高度相容的，而在后续的发展重工业阶段则要加上对重工业企业的补贴与扶持及相应的对外市场保护；在政治上层建筑方面，由于面临着不可避免的经济两极分化的格局，因此实际呈现的是富人独裁政体或不稳定的民主政体（汪立鑫，2004）。应该说，虽然第二次世界大战以来，大多数发展中国家选择了第一条生产力发展路径及其相应的政经制度，但其中却很少有国家能真正实现赶上发达国家的发展目标，只有韩国等极少数国家勉强实现了这一目标。究其原因，是在这种选择下，面对强大的国际市场力量，政府难以有效地组织起本国经济自主发展进程。

中国选择的是第二条发展路径，即重工业优先发展战略起步的路径，在优先发展重工业阶段，由于此阶段发展战略与国家资源禀赋比较优势的背离，因此选择了完全以公有制为基础的计划经济体制；而到了发展轻工业阶段，则开始推动向社会主义市场经济体制的改革与转型，并有序推动对外开放，其中在所有制基础方面，则推行公有制为主体、多种所有制经济共同发展。与上述在不同发展时期对经济体制的不同选择相对应，中国在政治上层建筑领域始终坚持以共产党领导为核心的社会主义政体。

三、在生产力决定生产关系框架下看新中国成立以来我国所有制关系的演变

如上所述，当中国选择了一条重工业优先发展战略起步的生产力发展路径时，就意味着背离了当时的资本稀缺、劳动力过剩的要素禀赋状态，因此在经济体制上必然要选择计划经济，以便利用国家行政的力量将最稀缺的资本

资源集中起来投入重化工业的发展,同时在所有制选择上也就必然选择公有制特别是国有制的方式,以便能更好地贯彻国家意志。

(一)生产力发展新阶段与向市场经济转型的必要性

随着重工业发展战略的实施,计划经济国家逐步建立了自己的基干工业体系,此时意味着工业化架构阶段的完成,接下来生产力发展的要求就转向了工业化纵深扩散阶段,即如何在重工业的基础上进一步发展轻工业。在后一阶段,生产关系及其经济体制也必然要做出相应的改革与调整,这是因为,随着工业化向纵深扩散阶段发展,其资源配置所需处理的信息复杂程度迅速上升,原有的计划经济体制已无法应付,必须要向市场经济体制转型。在信息技术发展水平相对不足的背景下,与计划经济体制相比,市场经济能更充分地利用私人信息,也能更低成本地发挥激励功能,从而能调动出更多的经济资源。

(二)向市场经济转型的不同路径选择

虽然前计划经济国家都面临着向市场经济转型的需要,但由于各自的初始条件的不同以及内部制度博弈格局的差异,导致它们走上了不同的转型路径(汪立鑫,2006)。苏联及东欧社会主义国家最终走的是激进转型的路径,这一转型路径是由外部即西方学者来设计与指导,基本上是以英美经济体制为目标模式,以大爆炸式的改革方式来推进。即在尽可能短的时间内彻底放开价格,并同时进行国有企业的私有化。简言之,这一转型路径的根本特点是,目标的明确性(即英美模式)和达到目标的快速性(以减少转型的时间成本,长痛不如短痛)。中国走的是渐进转型的路径,强调从自身实际出发的原则、转型过程的稳定可控性、试错纠错机制的可发挥性和未来目标的探索性。因此,在价格体制上通过价格双轨制来实现向市场价格机制的渐进过渡,在所有制关系上通过增量改革推进,即在对国有经济进行改革、调整与完善的同时,大力发展非国有经济,以缓解因国有经济改革所产生的社会经济冲击。

(三)中国特色社会主义市场经济体制下的所有制关系

如上所述,中国向市场经济的转型走的是渐进改革的路径,其中在所有制改革方面也是这样,即从自身实际出发,并未将国有经济全盘私有化,而是在国有企业改革和国有经济战略性结构调整中始终保持国有经济的主导地位,同时大力鼓励和引导非公有制经济的发展,由此逐渐形成今天这样的国有经济为主体、多种经济成分共同发展的所有制格局。

这样一种所有制格局已经经历了实践的充分考验,构成了中国改革开放以来经济奇迹的微观基础。本文接下来的任务就是要从理论上系统论证,这一所有制格局是如何服务于我国的社会生产力发展的。这一论证将分为两个方面,一是国有经济的主导地位为何是我国社会经济可持续健康发展的必要保障;二是国有经济与民营经济的关系为何主要是一种相互支持的共生发展关系而不是一种"你退我进"的替代关系,从而为我国社会生产力发展提供了具有良性循环机制的微观基础。

第二节 国有经济的主导地位是我国社会经济健康可持续发展的保障

一、评价国有经济制度安排的政治经济学视野

(一) 基于新古典经济学对国有经济的流行理解及其局限

新古典经济学框架下对国有经济的流行理解(后文将简称"流行理解"),具体而言就是基于西方微观经济学的一系列理论假设或原理,从微观资源配置效率的角度来对国有经济进行评价。其具体分析逻辑如下:从微观经济学的信息经济学理论出发,具体而言就是基于委托代理理论,认为从产权制度的意义上,国有企业必然是低效率的。因为国有企业实行的是全民所有的公有产权制度,这导致其从最初委托人到最终代理经营者之间的委托代理层次过多,从而监督效率过低,难以实现有效的激励约束(张维迎和马捷,1999)。所以,为了提高资源配置效率,必须要缩减国有经济规模(世界银行和国务院发展研究中心联合课题组,2013)。此外,从微观经济学的市场失灵理论出发,认为国有经济存在的合理性在于且仅仅在于弥补市场失灵,如公共品的提供或

纠正外部性等。换言之,在没有市场失灵的场合包括行业或时点,国有经济应逐步退出。

上述流行理解将企业微观资源配置效率之决定因素只归结于微观激励机制及效果,而对于微观激励又过于强调产权制度因素特别是所有制因素,这样的分析有明显的片面性并且过于简单化。

首先,就企业微观效率而言,对企业生产经营的关键岗位特别是对经营管理层的微观激励确实很重要,但这一微观激励并不仅仅是来自产权的内在激励,更不是只来自所有制性质。因为,产权激励可以通过股权激励如股票期权等形式来实现,而不是只能通过控股权或所有制性质变化来实现;更重要的是,微观激励除了来自产权激励,还来自外部监督约束机制,而随着财务会计制度、公司治理结构的完善以及信息技术的发展,这一外部监督约束机制的效率会越来越高,其对产权激励的可替代性也越来越强。

其次,微观激励只是解决了企业生产经营者积极性调动问题,但决定企业微观效率的除了微观激励外,其实还有其他同等重要甚至更重要的因素,这包括三个方面:专业化分工协作的深度与水平,生产技术的先进性程度,经营管理的能力或称企业家才能。其中,专业分工水平取决于企业规模,生产技术的进步则在很大程度上依赖于资本的投入,因此这两个因素都与企业资本规模相关;而企业家才能的专业性与稀缺性一方面意味着资本所有者并不必然具有这一能力,这就提出了所有权与经营权分离的制度创新要求;另一方面,还意味着优秀企业家应与大规模资本相结合,以达到对企业家资源利用的"规模经济"性。

而现代公司制企业一方面实现了所有权与经营权分离;另一方面,通过资本社会化为企业资本规模扩大打开了空间,从而在上述三个非微观激励的因素上促进了企业微观效率的提高。现代公司制企业取代个人业主制企业成为当今全球市场经济中企业制度的主流,这一事实表明,在今天的时代背景下,相比于产权激励因素,包括上述三个因素在内的非产权激励因素对于企业微观效率的提升有着更为重要的影响。

因此，即使国有企业可能存在产权激励上的局限，我们也不能以此为理由轻率得出必须全面私有化的结论，而是应在如何弥补与完善微观激励上做文章，例如，如何针对企业经营管理层设计有效的监督约束机制和薪酬激励计划（包括股权激励方案）等。

最后，特别需要指出的是，流行理解更为严重的局限是仅仅基于微观效率视角。一个社会是其各部分相互联系的整体性系统，并且该系统是动态和开放的。仅仅基于微观效率的视角来评判国有经济，显然是一种孤立和机械静止的观点。例如，在中国这样一个发展中大国，国有企业没有局限于微观自身利润最大化目标，而是服从国家意志，在保障国家经济安全、实施国家创新驱动发展战略上发挥了主力军作用。又如，在中国这样一个社会主义国家，国有经济在保障社会基本制度，特别是政治上层建筑的稳定上发挥着经济基础的作用。国有经济这些更为重要的作用显然不是新古典经济学的微观效率视野所能观察到的。

（二）国有经济的政治经济学分析框架对新古典框架的超越

首先，在经济层面对微观效率视野的超越，从中观产业结构升级优化、宏观平衡协调可持续发展的视野来理解国有经济对我国整体的经济增长与发展的正外部性。在国有经济制度安排下，与私营企业追求自身利润最大化目标不同，国有企业最能体现国家的意志，从国家经济增长与发展的全局性战略高度来开展经营活动。这其中包括：国有企业服从国家的创新驱动发展战略，追求自主创新，向高端前沿产业进发或占领产业制高点，从而为我国国民经济产业结构的升级优化、提升我国国家经济竞争力作出贡献；国有企业保持能源、交通等基础产品供给及价格的稳定，为广大企业的生产经营提供了稳定的市场环境，也保障了广大百姓的生活稳定；国有企业特别是中央企业成为国家宏观短期调控的重要抓手，提高了国家宏观调控政策特别是宏观财政政策的效率与效果；国有企业是国家中长期发展计划或规划如五年计划与十年规划的核心承担与实施者，为我国长期可持续发展作出贡献；等等。

其次，超越经济层面，从社会政治层面来理解国有经济制度安排的重要性。在我国现阶段,仍然要坚持以经济建设为中心,但经济建设的顺利推进却离不开全社会非经济层面的支持与保障,这其中尤其重要的是和平安全的外部环境与和谐稳定的国内局面。国有经济在确保国家安全,尤其是国家经济安全方面发挥着可靠中坚力量的作用,同时国有经济作为全社会经济中的主导性经济力量,也是目前我国卓有成效的政治上层建筑的核心经济基础,保障并促进了我国的政治稳定和社会基本制度的稳定,而这方面的稳定是整个社会稳定的根本。

二、国有经济与社会基本制度维护及国家经济安全保障

(一)国有经济与社会主义基本制度的维护

1. 中国建立社会主义制度的必然性与制度路径依赖

我国是一个以社会主义基本制度为立国之本的国家,最核心的两个基点在于公有制的主体地位与共产党的领导地位。新中国社会主义制度的建立反映了我国近现代以来历史发展的必然趋势,是半封建半殖民地之旧中国背景下进行反帝反封建民主革命探索的必然结果。

社会主义基本制度作为一项根本性的社会制度,一旦建立,就必然作为一个里程碑意义上的历史节点决定并影响着后来的制度变迁及其路径,后者必然在前者框架下进行,如果违背这一客观要求,贸然破除这一框架,就很可能会遭受历史的"惩罚",如巨大社会成本的付出、社会的动乱、经济的崩溃与长期衰退。对此,不仅有制度变迁的"路径依赖"理论(North,1990)提供了理论解释,更有苏联和平演变后的国家分裂、社会倒退的现实以及"阿拉伯之春"后相关中东国家的悲惨乱象提供了经验验证。

因此,在我国坚持和维护社会主义基本制度,不仅是一种意识形态信念的坚守,而且更是一种敬畏历史、尊重传统的理性选择。

2. 中国社会主义制度的优越性与制度自信

坚持和维护社会主义基本制度有一个更重要的理由,它与我国作为发展中大国的特定国情相契合,一经建立,就开始不断发挥出在促进我国社会经济

发展方面的巨大优越性,对此可概括为四大方面:民族独立解放与人民民主之成果的巩固与发展;有利于后发大国动员社会资源,尽快实现工业化;更有可能避免两极分化,让人民共享发展成果;有利于消解多民族地区发展不平衡问题,促进社会稳定。只要和那些大多数照搬了西方资本主义制度的发展中国家进行这四方面的对照,人们自然就会认同中国在社会主义制度这些方面的卓越表现。

特别要强调的是,面向未来,当中国顺利发展到中等发达国家水平,则那时中国仍然需要国家计划调节,而且这一要求将更具挑战性,它体现在宏观经济的协调、应对国际经济波动冲击、社会保障建设以及环境保护与资源可持续开发利用等诸多方面,而社会主义制度在应对这些挑战方面显然更具有优势。

综上,正是中国社会主义制度已展示的多方面优势以及面向未来的巨大潜力,才是我们坚定制度自信的深刻理由。

3. 国有经济对于维护社会主义基本制度的重要性

首先,按照马克思主义理论,一个社会的上层建筑是由其经济基础所决定的,而一个社会的经济基础就是该社会占统治地位的生产关系各方面的总和。就目前我国以公有制为主体的社会主义基本经济制度而言,其中最为关键的就是国有经济的主导地位。如果国有经济得不到健康发展,甚至不能保持其在国民经济中的主导地位,则社会主义上层建筑将由于逐步丧失其核心经济基础而渐渐成为空中楼阁,而且也会因社会经济基础的改变而逐渐背离社会主义的宗旨,最终整个社会主义制度将趋于瓦解。

其次,社会主义制度的诸多优越性需要通过国有经济去实现。社会主义国家正是通过国有经济对国民经济命脉的掌握,才能发挥其在宏观调控和计划调节方面的优越性,才能有效引导整个社会经济沿着为社会中最大多数人利益服务的方向发展。除此之外,前述的社会主义制度优越性的很多其他方面,也都有赖于国有经济去实现。例如,正是国有经济保障了我国经济的独立自主,从而从经济层面巩固与发展了民族独立解放与人民民主的成果;我国正是通过国有经济在计划经济时期集中社会资源,快速建立了相对完备的工业体系,等等。

(二) 国有经济与国家经济安全的保障

1. 国家经济安全与企业、家庭经济安全的不同内涵

在市场经济背景下,企业与家庭都是市场体系中的微观主体,与市场保持着"交换"循环,其经济安全问题主要是指面对市场的不确定,如何保障这一"交换"循环的稳定与持续。为此,家庭要考虑如何进行收入与消费决策以避免入不敷出的风险,而企业要考虑如何进行投资与生产经营决策以避免破产风险,简单来说,两者经济安全的核心均在于如何防止在与市场交换中的资金链断裂问题。

国家经济安全是指一个国家保持其经济稳定运行和持续发展的可能性或能力,其核心在于该国国民经济体系的安全,市场经济背景下就是该国范围内的市场体系本身的安全。而一国市场体系的安全可分为两个方面:一是该市场体系内部的"交换"循环的稳定与持续,这其中又主要取决于本国经济命脉性产业或者说具有全局影响性的产业的稳定与安全,这些产业包括粮食、金融、军工、能源、交通、通信与信息等产业,一国能否独立自主地掌控这些产业是决定这些产业安全与否的首要因素;二是该市场体系对外"交换"循环的稳定与持续,具体而言,就是从国际看,一国对于其经济稳定运行和持续发展所必须依赖的国外资源和市场,能否确保其稳定与可及性。

由此可见,国家经济安全相对于企业、家庭经济安全,不仅是更高层面的经济安全,具有完全不同的内涵,而且决定或影响着后者的经济安全,构成后者的系统性风险背景。

2. 后发大国应依赖私营经济还是国有经济来保障国家经济安全?

只要世界仍然分立为各主权独立国家,国家之间相互冲突和封锁的可能性就永远会存在,因此如何提高国家经济安全使其保持在令人满意的水平就成为一国政府发展本国经济时所要考虑的首要问题。这是与一国内部地方政府经济决策背景及目标的根本区别之所在。

一国为提高国家经济安全而可用的国家干预手段大致有:一是通过外交

战略的审慎选择和具体实施,以争取相对安全和有更大回旋空间的国际政经环境,发展对外经济关系以利用外国资源和技术以提高本国经济安全;二是对于涉及国家经济安全的领域,扶持和保护本国私营企业的成长和发展;三是对于涉及国家经济安全的领域,创建国有企业并扶持其发展壮大。

上述三种手段是相互支持、互为补充的。但就后发国家的私营企业而言,由于其资本、技术实力与国际先进企业相比的相对落后地位,一方面,在通过市场竞争方式争夺国民经济命脉性产业控制权上,相对于外资企业处于竞争劣势;另一方面,受自身利润最大化动机的驱动,可能更倾向于朝自身具有短期比较优势的方向去发展,而不一定朝以控制国民经济命脉性产业为目标的方向发展,因而国家对其的扶持能否达到预期目的具有较大不确定性。后发大国私营经济的上述局限,决定了在我国依赖国有经济来保障国家经济安全是更合理的选择,因为国有经济能更有效体现国家意志,更好地落实国家在经济安全上的战略部署。

与上述理论分析相一致,在我国实践中,依赖国有经济来保障国家经济安全作为国有经济的一项战略性制度安排,也渐趋明朗。2006年12月5日国务院办公厅转发了国务院国资委《关于推进国有资本调整和国有企业重组的指导意见》(国办发〔2006〕97号文件),该意见明确指出,国有资本调整和国有企业重组的主要目标之一就是,要进一步推进国有资本向关系国家安全和国民经济命脉的重要行业和关键领域(简称"重要行业和关键领域")集中,以增强国有经济控制力,发挥主导作用。依据该意见,国资委后来进一步将上述的重要行业和关键领域具体明确为军工、电网电力、石油石化、电信、煤炭、民航、航运七大行业。

三、国有经济与国家经济竞争力的提升

(一)国家间的移民限制、国家利益与国家间经济竞争

如果说个体(及其家庭)利益、企业利益还比较容易识别的话,那么对国家利益的理解则往往存在种种歧义,因为,一方面,在阶级社会中,国家内部往往

存在着严重的阶级利益对立和冲突,以至于代表阶级间共同利益的国家利益严重淡化甚至不复存在;另一方面,如果社会成员个体在不同国家间可以自由迁徙,则国家利益,至少对这部分"世界公民"而言,是十分淡化甚至不复存在了。

尽管对于国家利益范畴存在着种种质疑甚至批判,但站在今天的现实情境中来考察,必须承认,国家利益是客观存在的。一方面,虽然国家内部存在着阶级利益的冲突,但这种冲突是"分蛋糕"意义上的,而国家利益则关乎蛋糕总体的大小;另一方面,在当今乃至未来相当长的时间来看,世界各国特别是发达国家的移民限制将始终存在,这源于不同国家居民的人均公共福利水平的差别,因此,能够免于国家间移民限制的所谓世界公民只能是那些拥有较高人力或物质资本的少数人,对发展中国家居民来说尤其如此。

正是国家间移民限制的客观存在导致了国家利益的客观存在:对于那些只能选择居住在某一国度的公民来说,国家利益从纯经济角度而言就是该国在对外经济交往中追求本国国民总体经济利益最大化,从短期看就是国民总体收入水平与公共福利水平最大化,从长期看就是实现国家经济竞争力的最快提升。而国家利益的存在意味着国家间经济竞争不可避免,竞争的目标就是追求本国国家利益最大化。

(二)国家经济竞争力的核心:自主创新能力

一国为追求国家经济利益而与他国进行的经济竞争有两种竞争战略,一种是基于本国资源禀赋状态而实施的发挥本国比较优势的战略,这一战略着眼于国家短期经济利益;另一种竞争战略就是促进本国自主创新以创造技术领先优势的战略,这一战略着眼于国家长期经济利益。

在上述两种国家经济竞争战略中,后一种战略无疑具有更为根本的价值。因为国家之间经济竞争的实质就是在国际经济交往中力求实现对本国更为有利的利益分配。如果只是采取基于本国资源禀赋状态的比较优势竞争战略,长期看是不可持续的:如果依赖物质资源丰裕的比较优势,则物质资源终究有耗尽的一天;如果依赖劳动力资源充裕和劳动力低成本的比较优势,则本身就意味着居民收入水平增长必须受抑制。

可见,基于物质资源禀赋或劳动力成本比较优势的国家竞争战略终究不是长远之计。由于各国移民限制导致国家间的劳动力不能自由流动,因此技术领先的发达国与技术模仿的后发国之间所形成的国家间"垂直分工"往往带来的是这两类国家间在国民收入与福利水平上的分化。

因此,可持续的且更为根本的国家经济竞争战略应当是以创造技术领先优势为核心的发展战略,为此一国政府要力促本国企业提高自主创新能力,以使本国在适当选定的经济领域占据国际性的技术领先优势。从这个意义上可以说,一国经济竞争力的核心是该国的自主创新能力,而一国的自主创新能力是由一系列的文化与制度如教育、科技等体制所支撑,但集中反映在该国在现代产业体系中的核心基干产业和尖端产业上的自主创新能力,进而言之,就是这些产业中的本国企业的自主创新能力。

(三)后发大国的自主创新能力与国有企业

与后发小国相比,后发大国要提升自己在国际上的经济竞争力,更需要培育本国的自主创新能力。因为,一方面后发大国在培育本国自主创新能力方面具有更充足的人力、物力条件以及必要的经济回旋余地;另一方面,如果后发国家放弃本国自主创新能力的培育,则只能选择技术模仿加依附型经济的发展道路并成为先发大国的事实上的经济附庸,这对后发小国来说是一个虽无奈但仍可行的选择,但对后发大国而言,从长远看是不现实的。

后发大国如要培育本国的自主创新能力,首先,从产业层面上看,应该将扶持重点放在基干产业(即重化工业,包括冶金、电子、化工、机械等)和尖端产业(包括生物工程、航空航天、核工业、软件信息等)上,前者着重培育的是本国自主生产的技术能力,后者着重培育的是本国自主创新的技术能力。

其次,从微观企业层面上看,就后发国家的多数私人企业而言,受其追求自身利润最大化动机的驱动,加上其资本、技术实力与国际先进企业相比的相对落后,可能更倾向于朝自身具有短期比较优势的方向去发展,而拒绝进入投资周期长、投资量大、回报慢、风险大的基干产业和尖端产业。因此,国家除了积极鼓励和支持私人企业进入这些产业,通过各种方式与私人企业联合,将培育自主创新能力的国家意志注入私人企业决策中去之外,另一种更为有效的方式就是政府通过在这些产业部门组建国有企业或控股、参股企业来贯彻国家的自主创新发展战略。

就我国而言,新中国成立以来在计划经济时期通过组建国营企业,已形成了相对齐全的工业体系,改革开放后国有经济虽经过改革与调整,但从目前我国国有企业的布局特别是中央企业的布局上看,除了分布在上节所述的与国家经济安全相关的产业外,其他企业也大多分布在与国家核心竞争力相关的基干产业和尖端产业上,在这些产业中国有经济仍保持主导地位。因此,依赖国有企业来实施国家自主创新发展战略更符合我国国情,是更有利的选择。

第三节 国有与民营的共生发展关系是中国经济奇迹的微观基础

一、国有经济与民营经济相互关系的理论分析

关于我国不同所有制经济之间的关系,《中华人民共和国宪法》第六条已有基本的阐述:"……国家在社会主义初级阶段,坚持公有制为主体、多种所有制经济共同发展的基本经济制度……"因此,在社会主义初级阶段,国有经济与民营经济也应是共同发展、齐头并进的关系。进一步地讲,本节从国有经济与民营经济相互联系的角度认为,这二者之间不仅是共同发展的关系,而且应该是共生发展的关系,即二者互为对方发展的条件。

(一)国有经济与民营经济总体上有着各自不同的经济定位和产业分工,体现了双方协作共赢的关系

1. 国有经济对国家经济安全的保障为民营经济的发展提供了稳定、安全的社会经济环境

本文前面对于我国的国家经济安全必须依赖国有经济来保障的原因已作

出初步分析,并指出,推进国有资本向关系国家安全和国民经济命脉的重要行业和关键领域集中已成为我国的一项长期的战略性国策。

而随着国有经济对上述这些重要行业和关键领域的控制或主导,国家经济安全得以保障,从而也为民营经济的发展提供了稳定、安全的社会经济环境。

首先,国有经济对于军工产业的控制与主导,并不惜代价地发展尖端武器,有力地保障了我国的国土安全,为我国民营经济的发展提供了长期和平的环境;同时,军工产业的发展如航空航天业的发展也产生了对众多相关配套产业的需求,为民营经济提供新的拓展空间;另外,军工产业发展过程中创造的尖端科技成果最终也会转为民用,从而为民营经济的技术进步与升级提供有力支持。

其次,国有经济对能源产业的控制与主导,确保了能源价格及供给的稳定,对主要交通运输基础设施的控制与主导,确保了交通运输的安全及服务供给的稳定,对通信产业特别是其基础设施的控制与主导,确保了国民经济活动中信息通信的安全与稳定。国有经济这些服从国家意志所做出的市场维稳努力,确保了市场中基础性产品和服务的价格及供给的稳定,从多方面极大地减少了民营企业在经营中所面临的市场不确定性与风险。

最后,国有经济对金融业的控制与主导,能更好地贯彻国家意志,尽量避免金融危机,降低金融波动风险,确保货币金融市场的安全与稳定,为广大在实体经济领域从事经营活动的民营企业提供一个可信赖的货币金融环境和相对稳定的资金价格,减少金融波动对其经营活动的干扰和冲击。

2. 国有经济与民营经济的产业分工还体现在,国有经济通过对基干产业(即重化工业)和尖端产业的布局和主导,从产业关联上有力地支撑和引导了民营经济的发展

正如本文前面所论证的,就后发国家的私人企业而言,因其资本、技术实力与国际先进企业比相对较弱,一开始可能更倾向于选择能发挥自身比较优势的如劳动密集型加技术模仿的产业发展方向,因此在我国,投资周期长、投资量大、回报慢、风险大的基干产业和尖端产业首先是由国有经济来布局和投入的。而国有经济所推动的上述基干产业即重化工业如重型机械设备制造、

冶金、石油化工业等的发展,对主要布局于劳动密集型轻工业的民营经济的发展提供了根本性的产业链支持,使得民营经济的比较优势得到更充分发挥。同样地,国有经济在尖端产业如航空航天、核工业、信息技术等产业的布局和耕耘,产生了大量高新尖的科技成果,对民营经济形成了技术辐射和扩散效应,引导着民营企业的技术进步和升级转型。

3. 国有经济与民营经济的产业分工协作关系首先是一种市场关系,其中的正向外溢作用必然是相互的,即在国有经济支撑民营经济发展的同时,民营经济的发展也拉动了国有经济的发展

具体而言,大多处在产业链下游的民营经济,其蓬勃发展必然会产生对上游产业的强劲需求,从而刺激主要布局于其中的国有经济的发展。例如,改革开放初期,特别是 20 世纪 80 年代,我国的重化工业,特别是其中的重型机械制造业曾遇到发展困境,国有企业步履艰难,究其原因,既有国家的经济发展战略由计划经济时期的重工业优先发展战略向改革开放后的比较优势发展战略的转变,也有从计划经济中走出来的我国重化工业在当时我国资源禀赋背景下并不具有比较优势,因而面对市场竞争,特别是国际市场竞争处于不利地位。然而值得庆幸的是,得益于处于产业链下游的民营经济的迅速发展,我国重化工业的国有企业受强劲需求刺激逐渐走出低谷,并随后进入快速发展轨道。不仅如此,该行业的发展还吸引了越来越多的羽翼丰满的民营资本的参与,以至于今天我国的重化工业的发展水平已接近或达到国际先进水平。

(二)在国有企业与民营企业相互竞争的领域,二者的共同发展体现了市场信息的充分利用和资源的优化配置

虽然国有经济与民营经济总体上存在着产业链上的上下游分工,有着各自不同的经济定位,但这并不排除这两类所有制经济在产业上的交叉共存,即在有些行业,包括一些一般竞争性行业,会出现国有经济与民营经济的共同存在并相互竞争。例如,在工程机械领域领先的代表性企业中,既有中国一重、徐工机械这样的中央及地方国企,也有三一重工这样的民营企业;在钢铁业领先的代表性企业中,既有宝钢这样的国有企业,也有沙钢这样的民营企业;而

在家用电器业领先的代表性企业中,既有美的、海尔这样的民营企业,也有格力这样的国有企业;等等。

这种格局的出现,其本身是市场自发选择的结果。一方面,正如汪立鑫和谈少鹏(2013)所详细分析的,从潜在可能性上而言,民营经济的决策主体可以是分散于社会中的所有个人,因此,民营企业的比较优势在于对市场有利商机信息的充分利用,相对而言,国有经济的决策主体由于其成员范围的有限性,从而所掌握的市场信息也是有局限的。由此不难理解,在以前本是由国有经济主导和控制的重化工业,后来民营经济随着自身实力的增强也敢于进入其中并迅速发展壮大,这说明该领域在民营经济进入之前有大量商机信息尚未利用,存在大量可填充的市场空白。

另一方面,市场中优胜劣汰的竞争机制不仅推动了其中的民营企业的进化,对其中的国有企业也是如此。具体而言,面对市场竞争,国有企业也必然会纷纷尝试从产权制度及其实现方式、企业治理结构到发展战略等方面的改革与调整,最终总会由市场筛选出有竞争力的模式。因此,虽然在一般竞争性领域因其市场信息高度分散,民营经济有利用市场信息的优势,从而在这些领域民营经济能迅速扩大市场占有率并逐渐占据大多数市场份额,同时国有经济从"有所为有所不为"的原则出发也从这些领域进行战略性收缩或转移,但最终市场竞争下优胜劣汰的结果是,在这些一般竞争性领域甚至包括一些轻工业消费品行业,仍然存在不少领先的极具竞争优势的国有企业,与其他民营企业形成竞争性均衡或寡头均衡格局。

综上,在国有企业与民营企业相互竞争的领域,二者的共同发展一方面体现了对市场信息的更充分利用;另一方面,也是市场优胜劣汰的竞争机制的选择作用的结果,体现了资源的优化配置。

二、经验证据:国有经济与民营经济之间结构的实际历史演变

(一)理解国有经济与民营经济的结构演变的基本分析框架

民营经济的比较优势,如前所述,就是对市场信息(商机)的充分利用。我

们对民营经济比较优势的这一认识是建立在哈耶克(2003)的分散信息论基础上的。这一理论认为,市场经济中有用的信息与知识是分散在无数个体中的,唯有市场机制才能将这些零散信息整合并加以利用。从这一理论出发,我们认为,由于民营经济的潜在可能性决策主体是分散在社会民间的所有个人,因此,相对于决策主体只限于各国有企业经营管理层的国有经济而言,在市场信息利用上有明显的比较优势。

基于以上认识,我们可以进一步认为,只要市场中尚有大量未被利用的市场信息(商机),则民营经济就会取得比国有经济更快的超常规发展,直到民营经济与国有经济之间达成结构性均衡点,此时市场信息已基本被充分利用,即国有经济没有把握到的商机已被民营经济基本捕捉,从而民营经济进入与国有经济相比发展速度较为接近的常态发展阶段,两类所有制经济间的结构关系趋于稳定。

(二)改革开放到21世纪初,民营经济相对国有经济更加快速发展的原因

在我国计划经济时期,民营经济的发展处于高度抑制的状态,因此在改革开放一开始,我国国民经济中民营经济的成分极低。但随着改革开放的推进,民营经济也开始进入超常规发展轨道,其在 GDP 中的占比一路走高,直至21世纪初达到60%以上(黄孟复等,2006)。这段时间民营经济之所以能够获得比国有经济更快的发展速度,其主要原因可归结为以下两大方面。

首先是民营经济对大量未利用商机的捕捉。改革开放初期,国有经济的市场占有率极高,因而在市场中必然还有大量未利用商机信息分散地存在着,而这一时期基数极少的民营经济面对着这些大量未利用商机,也就意味着其相对于国有经济的更快发展自然是一种必然结果。除了国内的商机外,民营经济还特别捕捉到了基于我国劳动力资源比较优势的生产劳动力密集型产品向外出口的国际市场商机,这更助力了民营经济的超常规发展,这一发展最终所达到的高度已远远超出"拾遗补缺"这一当初对民营经济功能的描绘用词了。

其次是20世纪90年代中期开启的国企公司制产权改革、抓大放小改革,

以及国有经济布局的战略性收缩与调整,为民营经济的发展腾出了市场空间。虽然自改革开放初期开始,国有企业改革就一直在积极探索和推进,但直到20世纪90年代初,从计划经济走出来的国有经济面对经济体制的转型,仍存在着整体层面上的结构与布局不尽合理、战线过长,以及企业层面上负债率普遍过高、产权结构单一、经济效益不佳的问题。在此背景下,国有经济改革在整体层面上基于"有所为有所不为"的原则实施国有经济布局的战略性结构调整,其中在一般竞争性领域进行一定程度的退出和收缩,而在企业微观层面则进行抓大放小和公司制产权改革。其中在上述改革方针指引下,当时地方上有相当一批国有企业特别是处于一般竞争性领域的中小国企被出售和私有化。上述改革所腾出的市场空间很快被民营经济所填补,从而国民经济运行的总体平稳也得以保障,渐进改革战略得以顺利推进,当然另一方面,民营经济从中也获得了进一步的超常规发展。

(三)自2005年以来,民营经济的GDP占比趋于稳定

关于民营经济的GDP占比,目前尚无历年的权威数据,但从官方或权威来源披露的若干个时间点数据,我们可以推测出这一占比变化的大致轨迹。

首先,2006年出版的民营经济蓝皮书《中国民营经济发展报告 No.3(2005~2006)》(黄孟复等,2006)曾推算得出,在"九五"末期的2000年,我国民营经济(包括内资民营经济、外商和港澳台投资经济)的GDP占比约为55%,而到了"十五"末期的2005年,这一占比上升到约65%左右。其次,2015年出版的中国民营经济蓝皮书《中国民营经济发展报告 No.11(2013~2014)》(王钦敏,2015)则给出了2013年相应的数据,即2013年民营经济贡献的GDP占比在60%以上。最后,新近的数据是国家发展改革委(2018)于2018年9月6日举行新闻发布会时公布的,即截至2017年底,民营经济占GDP的比重超过了60%。

由上述若干年份的数据,我们可初步画出如图2-1所示的改革开放以来民营经济GDP占比的变化图。大致而言,自改革开放到2005年,中国的民营经济经历了一个超常规的高速发展,其GDP占比由当初的极低水平一直上升

到2005年的65%左右,而从2005年开始,民营经济进入常态发展阶段,从而其GDP占比也趋于稳定,大约维持在60%—65%。这也意味着,民营经济相对于国有经济乃至整个国民经济在发展势头上趋于接近。

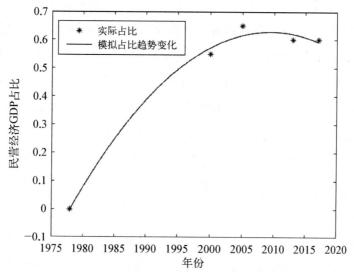

图2-1 改革开放以来民营经济GDP占比的变化

(四) 2005年以来民营经济相对国有经济在发展势头上趋于接近的原因

2005年以来民营经济的发展由以前的超常规发展向后来的常规发展速度的转变,进而民营经济与国有经济的结构性格局趋于稳定,其背后的原因可分为国内和国际两大方面。

就国内方面而言,首先是随着民营经济的迅速扩张及对市场空间的填充,市场上可捕捉的超常规商机趋于减少。和20世纪90年代全民经商、下海潮的时候相比,今天下海经商的风险在增加、成功概率在下降,其挑战性已快接近成熟发达市场经济背景的情形。既然超常规商机在减少,民营经济自然就越来越难以获得超越GDP、超越整个国民经济平均增长水平的增长。

国内方面还有另一个重要原因导致了民营经济由超常发展转入常态发展,这就是国有经济在整体上已基本调整到位,在微观层面上,保留与生存下来的国有企业,不论是处于需要国有经济保持主导与控制地位的关系国家安全和国民经济命脉的重要行业和关键领域,还是处于一般竞争性行业和领域,其经过市场考验和自身改革,已具有正常的竞争活力,与民营企业相比并无系统性差距。

这其中特别值得一提的是,2003年国务院国资委的成立及随后各地方省市国资委的成立,宣告了企业国有资产出资人制度的开始建立,这从体制上解决了如何防止在企业国有产权转让中可能存在的国有资产流失和在国有企业私有化中可能存在的失控问题;2004年的"郎顾之争"所引发的关于国企改革与国有资产流失问题的全国大讨论(李健和王小卫,2004),则从舆论上扭转了从官方到民间对于国企私有化的价值导向以及对于国企改革中效率与公平的价值倾向。上述体制上及舆论上的重要事件显然有力地遏制了原来在地方层面可能会存在的国退民进的政策惯性,从而客观上也降低了民营经济超常增长的可能性。

就国际方面而言,20世纪90年代直到21世纪初,我国大量中小民营企业走的是基于我国劳动力资源比较优势、生产劳动力密集型产品向外出口的经营发展战略,而到了21世纪初,随着中国的劳动密集型产品迅速占领全球各主要市场,结果导致这方面的国际需求渐趋饱和。这对于那些出口导向的民营企业而言,意味着国外的可捕捉的超常规商机趋于减少,从而这些企业的发展也会遇到挑战甚至陷入困境,这也在一定程度上拖累了民营经济的整体增长水平。

三、进一步分析:民营经济内部结构的演变——分化进行中

(一) 理解我国民营经济内部结构演变的基本分析框架

要深入理解和预测我国民营经济内部结构演变的趋势,必须要把握其背后的理论逻辑,而这样的理论逻辑可以从三个维度来深入挖掘。

1. 市场竞争结构演变的理论逻辑

从理论上而言,市场竞争结构有四种:完全竞争、垄断竞争、寡头垄断和完全垄断,但从市场演化的趋势及结果来看,完全竞争市场和垄断竞争市场最

终大多数会演变为寡头垄断市场。这是因为市场竞争具有强者恒强、强者更强的马太效应,即大企业因规模经济性、技术进步能力和抗市场风险能力等很容易形成对小企业的竞争优势,从而在完全竞争和垄断竞争这样的以中小企业为主体的充分竞争性市场中自然就逐渐形成两极分化,最终演变为寡头垄断市场。而改革开放后我国的民营经济一开始是作为中小企业进入各个刚开始发育的充分竞争性市场的,因此后来的两极分化及向寡头垄断市场演变也就成了必然趋势。

2. 产业结构演变的理论逻辑

一个市场经济体在其自然发展过程中,其产业结构有着向高级化方向自然演进的趋势,这一高级化趋势既表现为市场中资本与劳动力在产业间由劳动密集型产业向资本密集型和技术密集型产业的转移和集中,也表现为同一产业内部的企业的生产技术升级,由低附加值产品向高附加值产品升级,由产业链低端向产业链高端升级。

上述的高级化趋势其内在动力来自市场中企业谋取竞争优势、追求利润最大化的冲动,其实现可能性则取决于两个外在条件:一是本国市场本身规模空间的大小,能容纳多大程度的市场分工深化和产业链延伸;二是开放背景下国际市场对本国市场的引导或制约,这其中既有两者间的分工关系因素又有两者间的竞争因素。当一国市场中产业升级化发展符合国际市场对本国市场的分工定位时,这一发展将会受到国际市场的正面促进,而当这一发展突破原有的国际分工定位时,将面临来自国际市场的竞争性挑战。

改革开放以来,我国的民营经济从自身的比较优势出发,最初是从劳动密集型产业起步发展的,从 20 世纪 90 年代到 21 世纪初,我国民营经济中的大量中小企业走的就是基于我国劳动力资源比较优势的劳动力密集型产品出口导向的经营发展战略。而从 21 世纪初开始,随着民营企业的资本及技术实力的增强,国际市场上劳动密集型产品的需求饱和,民营经济的产业升级化就成为其进一步发展的必然要求了,同时,迅速增长的中国国内市场作为全球最大的单一经济体市场之一,又为民营经济的产业升级化发展提供了广阔的市场空间。

在上述的市场竞争结构演变及产业结构演变这两类自然演进中,必然伴随着大量中小企业、产业链低端企业、技术含量低且不能完成有效技术进步的企业的破产倒闭或被兼并,以及处于产业链中高端、技术领先的优秀大企业的崛起,从而形成市场体系中的双重两极分化:一是企业规模层面的两极分化;二是产业链层面的两极分化。

3. 经济周期性因素对民营经济影响的理论逻辑

改革开放以来特别是20世纪90年代以来,国有经济经过多年的战略性结构调整与微观改革,现阶段已基本布局于大中型国有企业,因此目前市场中的中小企业一般均属于民营经济。而中小企业随着经济周期性波动有着较高的出生率和死亡率,因此,周期性因素对民营经济有更深的影响。我国自2008年国际金融危机以来一直面临经济下行压力,近年来下行压力尤其加大,在此背景下,相对于国有企业,越来越多中小民营企业陷入经营困境有其必然性,但也要看到,当经济转向复苏时,中小民企又会有更快的发展速度。

基于上述三个维度的理论逻辑,再结合我国民营经济发展所处的实际背景,不难推测出,在我国目前经济运行阶段,民营经济势必要进行大洗牌:一方面那些规模较小或技术含量及产品附加值较低或处于产业链较低端的民营企业将陷入难以为继的被动;而另一方面,将迅速崛起一批成功实现升级转型、具有国际竞争力的大企业,由此形成民营经济内部的两极分化式结构演变。下面我们将引入经验数据来对此进行验证。

(二)民营经济内部分化的证据:民营经济占GDP份额稳定,但民企500强增长显著领先

民营经济的GDP占比自2005年以来趋于稳定,在60%—65%。这说明民营经济整体上的增长已进入与国民经济平均增长水平相接近的常态增长阶段。但与此同时,民营经济内部的分化却正在进行着,这特别体现在下面我们将要用数据说明的一个重要事实,即民营企业500强的增长则显著领先于整个民营经济乃至整个国民经济的平均增长水平。

1. 民企500强的营业收入增长(与市场占有率有较大相关性)

企业的营业收入与其市场占有率有较大相关性,因此营业收入的增长较为明显地预示着市场竞争结构的演变。如表2-1及图2-2所示,自2008年以来,民营企业500强的营业总收入的增长不仅显著地高于GDP增长,而且也显著地高于全国工业企业主营业务收入的增长。但是,我们前面已分析过,同期总体民营经济的GDP占比是基本稳定的,这说明民营经济内部在分化进行中,预示着民营经济所在的各个行业可能正在向寡头市场演变。

表2-1 民企500强总营收及其增长率、GDP增长率、
全国工业企业主营收及其增长率

年份	民企500强营业总收入（亿元）	民企500强营收增长率（%）	GDP增长率（%）	全国工业企业主营业务收入(亿元)	全国工业企业主营收入增长率(%)
2008	41 099.01	15.70	9.65	500 020.07	25.09
2009	47 362.66	15.24	9.40	542 522.43	8.50
2010	69 849.32	47.48	10.64	697 744	28.61
2011	93 072.37	33.25	9.54	841 830.24	20.65
2012	105 774.97	13.65	7.86	929 292	10.39
2013	132 122.46	24.91	7.76	1 038 659.45	11.77
2014	146 915.71	11.20	7.30	1 107 032.5	6.58
2015	161 568.57	9.97	6.90	1 109 852.97	0.25
2016	193 616.14	19.84	6.70	1 158 998.5	4.43
2017	244 793.82	26.43	6.90		

数据来源:"民营企业500强营业总收入"的数据来源于全国工商联发布的"2013中国民营企业500强调研分析报告""2018中国民营企业500强调研分析报告";GDP增长率、全国工业企业主营业务收入的数据来源于国家统计局网站的年度数据。

2. 民企500强的利润增长(与企业竞争力、转型升级有较大相关)

考虑到21世纪初以来民营企业所处的背景,即民营企业大多处在一般竞争性行业,且因市场形势的变化都面临着由粗放式发展向集约式发展、由技术模仿向自主创新、由劳动密集型向资本和技术密集型、由产业链低端向产业链

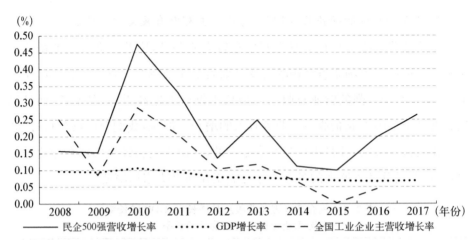

图 2-2 民企 500 强营业总收入与 GDP 及全国工业企业主营收入的增长比较

注：本图根据表 2-1 的数据而作。

高端的转型升级挑战，在此背景下，若某民营企业能使得其利润增长显著超越平均水平，则可能意味着其在转型升级方面做得较成功，从而取得了市场领先与竞争优势，并因而获得超额利润。

如表 2-2 及图 2-3 所示，自 2008 年以来，民营企业 500 强税后净利润的增长在多数年份都领先于全国规模以上工业企业利润的增长。这里特别要注意的是，2013 年以来民营企业 500 强的上述利润增长领先一直保持着而且领先优势非常显著，这说明近年来在民营经济内部快速分化的背后，是民营经济中如民企 500 强这样一大批优秀的企业正加快推进升级转型的步伐，并已开始进入成果收获期。

表 2-2 民企 500 强税后净利润及其增长率、全国工业企业利润总额及其增长率

年份	民企 500 强税后净利润（亿元）	民企 500 强利润增长率（%）	全国工业企业利润总额（亿元）	全国工业企业利润增长率（%）
2008	1 640.72	−0.08	30 562.37	12.55
2009	2 179.52	32.84	34 542.22	13.02
2010	3 911.34	79.46	53 050	53.58
2011	4 387.31	12.17	61 396.33	15.73

续 表

年份	民企500强税后净利润(亿元)	民企500强利润增长率(%)	全国工业企业利润总额(亿元)	全国工业企业利润增长率(%)
2012	4 238.44	−3.39	61 910	0.84
2013	4 977.36	17.43	68 378.9	10.45
2014	5 928.95	19.12	68 154.9	−0.33
2015	6 976.6	17.67	66 187.07	−2.89
2016	8 354.95	19.76	71 921.4	8.66
2017	11 321.01	35.50		

数据来源:"民营企业500强税后净利润"的数据来源于全国工商联发布的"2013中国民营企业500强调研分析报告""2018中国民营企业500强调研分析报告";全国工业企业利润总额的数据来源于国家统计局网站的年度数据。

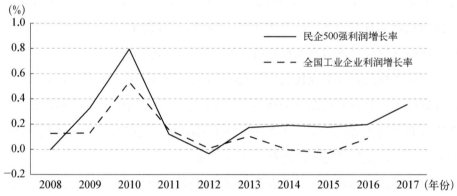

图2-3 民企500强的净利润总额与全国工业企业利润总额的增长比较

注:本图根据表2-2的数据而作。

我们上述两方面的数据分析表明,虽然自2005年以来民营经济的GDP占比已基本稳定,但与此同时在民营经济内部,民营企业500强的发展势头一直超越整个国民经济的平均水平,当然也就超过民营经济的平均水平。这不仅表现在民企500强营业总收入的增速显著快于同期GDP增速和全国规模以上工业企业主营业务收入增速,还表现在民企500强税后净利润增速也显著高于同期全国规模以上工业企业总利润的增速。由此可初步推断,虽然民营经济作为整体其增长状态从2005年开始就已由超常规增长转入常规增长,从而民营经济的 GDP 占比也趋于稳定,但民营经济内部的分化则正在进行时。

第四节　结论与展望

综合本章以上各部分的讨论,我们可得出如下的初步结论及展望。

一、新中国成立以来所有制关系演变的政治经济学分析框架

发展中国家生产力发展的根本出路在于工业化,而不同的工业化发展路径则会选择不同的政经制度。多数发展中国家选择的是比较优势战略(资源、劳动力成本的比较优势)起步的发展路径,进而在生产关系或经济制度方面,选择的是以私有制为基础的资本主义市场经济,政治上层建筑方面则由于两极分化的背景而呈现出富人独裁政体或不稳定的民主政体。

中国选择的是重工业优先发展起步的发展路径,这意味着一开始必然选择计划经济与公有制相结合的体制,之后在进一步发展轻工业的阶段则必然要进行向市场经济的转型。在上述发展不同阶段中国在政治上层建筑领域始终坚持以共产党领导为核心的社会主义政体。

向市场经济的转型本身又有着不同的路径。苏联及东欧国家最终走的是激进转型的路径,即通过大爆炸式改革快速转向市场经济,同时伴随对国有经济的全面私有化。而中国选择的是渐进转型的路径,在通过双轨制渐进过渡到市场经济的同时,也逐步形成了今天的公有制为主体、多种经济公同发展的所有制格局。而这样一种所有制格局已经经历了实践的充分考验,构成了中国改革开放以来经济奇迹的微观基础。

二、国有经济的主导地位是我国生产力可持续健康发展的必要保障

(一)国有经济与社会主义基本制度的维护

中国建立社会主义制度有其历史的必然性,而这一根本性的社会制度一旦建立,就必然作为一个里程碑意义上的历史节点决定和影响着后来的制度变迁及其路径。这意味着在我国坚持和维护社会主义基本制度,一方面是一种敬畏历史、尊重传统的理性选择。另一方面,在我国坚持和维护社会主义基本制度与我国作为发展中大国的特定国情相契合,这一制度一经建立,就开始不断发挥出在促进我国社会经济发展方面的巨大优越性。而国有经济对于维护社会主义基本制度的重要性在于,首先它是社会主义上层建筑的核心经济基础,其次,社会主义制度的诸多优越性需要通过国有经济去实现。

(二)国有经济与国家经济安全的保障

就后发国家的私营企业而言,由于其资本、技术实力与国际先进企业相比,处于相对落后地位,可能更倾向于朝自身具有短期比较优势的方向去发展,而不一定必须朝以控制国民经济命脉性产业为目标的方向发展。这决定了在我国依赖国有经济来保障国家经济安全是更合理的选择,因为国有经济能更有效体现国家意志,更好地落实国家在经济安全上的战略部署。

(三)国有经济与国家经济竞争力的提升

国家间移民限制的客观存在导致了国家利益的客观存在,而国家利益的存在意味着不可避免的国家间经济竞争。一国经济竞争力的核心是该国的自主创新能力。从微观企业层面上看,就后发国家的多数私人企业而言,受其追求自身利润最大化动机的驱动,加上其资本、技术实力与国际先进企业相比相对落后,可能更倾向于朝自身具有短期比较优势的方向去发展,而拒绝进入投资周期长、投资量大、回报慢、风险大的基干产业和尖端产业。因此,在我国,在经济发展起步阶段主要依靠国有企业来实施国家自主创新发展战略更符合我国国情,是个更有利的选择。

三、国有经济与民营经济之间的共生发展关系及其展望

首先,从理论上而言,在我国社会主义初级阶段,在社会主义市场经济背景下,国有经济与民营经济之间关系的目标状态既不是国退民进,也不是国进民退,而是共生发展关系。这种共生发展关系首先体现在两者不同的经济定

位和产业分工,以及由此形成的协作共赢关系,包括国有经济对国家经济安全的保障为民营经济的发展提供了稳定、安全的经营环境;国有经济通过对基干产业和尖端产业的布局和主导,从产业关联上支撑和引导了民营经济的发展;而民营经济的发展则反过来又必然从产业关联和市场联系上拉动国有经济的发展。其实,即使在国有企业与民营企业相互竞争的领域,二者的共同发展也是市场自发选择的结果,体现了市场信息的充分利用和资源的优化配置。

其次,从实际情况看,自2005年以来,民营经济的GDP占比基本上是水平地波动于60%—65%,说明民营经济与国有经济之间的结构性关系格局已渐趋稳定,初步形成产业分工及市场竞争的均衡。上述产业分工及市场竞争的均衡具体而言就是,国有经济主要布局于关系国家安全和国民经济命脉的重要行业和关键领域,民营主要布局于一般竞争性行业和领域。但二者的经济布局也有交集,即二者在有些行业也有着共存竞争关系,而这是市场自发选择的均衡结果,体现了市场机制下的资源优化配置。因此,展望未来,民营经济与国有经济携手齐头并进将成为我国国民经济发展的常态。

最后,近年来部分民营企业在发展中遇到困境和挑战,其反映的是民营经济内部的结构分化正在进行中,而并不能说明出现了"国进民退"趋势,事实上也并没有出现这样的趋势。民营经济内部结构分化趋势的另一面就是民营经济自身由数量型发展向质量型发展转变的趋势:民营经济的市场竞争结构将不断向寡头市场演进,民营企业的规模经济性程度进一步提高,并涌现出越来越多的优秀大型企业;民营经济的升级转型将不断推进,整体技术水平及研发能力将持续增强。在上述趋势背景下,民营经济中一方面会有一大批进入产业链中高端、技术领先的优秀大企业的崛起;另一方面,那些数量众多的中小企业、产业链低端企业、技术含量低且不能完成有效技术进步的企业,则必然会遭遇越来越多经营上的困境及挑战。后一类民营企业要谋求自身发展,就必须顺应前述大势,一方面要练好内功,在升级转型和技术进步上下功夫;另一方面,在此基础上适时推进规模经济性程度。

参考文献

[1] 国家发展改革委,《民营经济撑起中国经济的"半壁江山"》,中国新闻网,2018 年 9 月 6 日,http://www.chinanews.com/m/cj/2018/09-06/8620078.shtml。

[2] 哈耶克,《个人主义与经济秩序》,邓正来译,上海三联书店,2003 年。

[3] 黄孟复、胡德平、辜胜阻和陈永杰,《中国民营经济发展报告 No.3(2005—2006)》,社会科学文献出版社,2006 年。

[4] 李健和王小卫,《出路:郎咸平引爆"国企改革"大辩论》,经济日报出版社,2004 年。

[5] 世界银行和国务院发展研究中心联合课题组,《2030 年的中国:建设现代、和谐、有创造力的社会》,中国财政经济出版社,2013 年。

[6] 汪立鑫,《经济制度变迁的政治经济学》,复旦大学出版社,2006 年。

[7] 汪立鑫,《收入分化背景下的制度演变:低收入群体与富人群体之间的动态博弈》,《经济社会体制比较》,2004 年第 6 期。

[8] 汪立鑫和谈少鹏,《信息局限、税收替代与国有经济最优比重》,《经济研究》工作论文,编号 2013(WP474)。

[9] 王钦敏,《中国民营经济发展报告 No.11(2013—2014)》,社会科学文献出版社,2015 年。

[10] 张维迎和马捷,《恶性竞争的产权基础》,《经济研究》,1999 年第 6 期。

[11] North, D., 1990, *Institution, Institutional Change and Economic Performance*, Cambridge University Press.

第三章

"集体"的概念嬗变与农地集体所有制的实现方式*

高帆　复旦大学经济学院经济学系

---

* 本文发表于《学习与探索》2019年第8期。本文是国家社会科学基金重大项目《全面建成小康社会背景下新型城乡关系研究》(项目编号:17ZDA066)、国家社会科学基金重点项目《我国城乡一体化发展的理论逻辑与实现机制研究》(项目编号:17AJL010)的阶段性成果。

作为世界上最大的发展中国家,中国的现代化首先意味着城乡经济社会结构的持续变迁,这种变迁表现为各类要素在产业和城乡之间的大规模再配置,而土地制度,尤其是农地制度在上述变迁中扮演着举足轻重的角色。新中国成立之后,我国在中国共产党的领导下废除了封建半封建的土地所有制,并按照"耕者有其田"基准实施了农民的土地所有制。伴随着20世纪五六十年代的人民公社化运动,我国逐步形成了农村土地的集体所有制。改革开放之后,我国农村发生了从人民公社制向家庭联产承包责任制的制度变迁,并形成了以家庭承包经营为基础、统分结合的双层经营体制,然而,农地集体所有制仍是家庭联产承包责任制和双层经营体制的基石。现阶段我国在坚持家庭联产承包责任制的基础上,实施针对农村耕地的所有权、承包权、经营权"三权分置",并探索针对农村宅基地的所有权、资格权、使用权"三权分置",这些制度创新同样强调坚持和落实土地集体所有权。例如:2019年的中央"一号文件"强调"完善落实集体所有权、稳定农户承包权、放活土地经营权的法律法规和政策体系","坚持农村土地集体所有、不搞私有化,坚持农地农用、防止非农化,坚持保障农民土地权益、不得以退出承包地和宅基地作为农民进城落户条件,进一步深化农村土地制度改革"。

显而易见,集体所有制是1949年以来我国农地制度的基础性制度安排,其在法律表述和政策文本中具有极为突出的稳定性。然而,土地制度本质上是在特定社会结构中,不同的土地利益相关者围绕土地资源配置及其功能实现而形成的契约形式,社会结构的变迁总会导致土地制度在实践层面发生变动。就此而言,农地集体所有制中的"集体"并不是一个恒定不变的概念,"集体"的概念变动则可能引申出集体所有制实现方式的动态调整。基于此,本文试图基于制度变迁的社会实践视角,梳理新中国成立以来我国不同时期农地集体所有制中"集体"概念的嬗变轨迹,探究"集体"概念变动对农地集体所有制实现方式的实践意义，进而提出新时期我国农地集体所有制的实现方式创新方向，以在农地配置角度形成对新中国成立70年经济演变逻辑以及城乡融合发展问题的一个理解。

第一节 "政府-集体-成员"视角下的农地集体所有制分析逻辑

所有制通常是指在特定社会中，人们针对生产资料和劳动产品归属而形成的制度安排，由于生产资料和劳动产品存在着归属主体特征和范围的差别，因此在理论和实践均面临着公有制和私有制的区分，以及不同类型所有制影响经济社会发展的争论。作为公有制经济的重要组成部分，集体所有制是指在特定社会中，部分社会成员基于国家提供的技术和制度基础设施，通过合作并组成集体的方式共同占有生产资料或劳动产品。针对集体所有制的形成逻辑，现有文献形成了两条解释线索：一是在马克思主义政治经济学理论体系中，资本主义围绕剩余价值生产、流通、分配的整个运动会内生出相对过剩类型的周期性危机，这种危机的重要制度基础是生产资料私有制。因此，从资本主义向社会主义的社会转型首先意味着私有制转向公有制，"在马克思恩格斯的所有制理论下，集体所有制等同于全社会所有制"（苑鹏，2015）。集体所有制通常被视为是化解私有制背景下财富-贫困两重积累内在弊端的一个选择，它是社会主义国家区别于资本主义国家的一种表现。1929—1934年苏联的集体农庄运动，以及1951—1960年中国的农业合作化和人民公社化运动，均将农村集体所有制视为社会主义国家实现系统化改造的重要内容。二是在新制度经济学分析框架中，密集型（compactness）、生产率（productivity）、组织复杂性（complexity）是解释所有制选择及变迁的三个关键变量（哈罗德·德姆塞茨，2005）。在这种解释框架中，密集性是指资源分配相关人员的数量和紧密程度，在一个密集的环境中，由于人们熟悉彼此的偏好、财力和反应方式,且团队合作的成果能够带来更大的满足感,这样集体所有制就成为解决资源配置问题的重要选项。然而,密集环境的相关性降低、生产率提高、资源配置问题的复杂性增加则会促进私有制的发展。

上述两种针对集体所有制的解释存在着差别,前者从社会制度演变的大背景来理解集体所有制的作用,并强调私有制应逐步走向包括集体所有制在内的公有制;后者则从集体行为对密集型群体的意义来认识集体所有制的作用,并断言集体所有制会更多地被私有制取代。上述分歧导源于对考察时段的不同理解,即马克思主义政治经济学解释的是资本主义私有制之后的所有制选择,而新制度经济学则重点考察经济史上早期社会的集体所有制如何发生动态演化。尽管如此,上述两种解释均表明:分析集体所有制需要关注制度生成和运行的"历史特性"问题(杰弗里·M.霍奇逊,2008),注重理解制度多样性的价值及其背后的多层次管理体系(埃莉诺·奥斯特罗姆,2016)。作为一种经济制度,集体所有制从来都不是一个孤立存在的规则安排,它嵌入在整个社会系统之中,并与制度生成、运行和演变的主体行为方式紧密相关。既然集体所有制以部分社会成员共同占有生产资料或劳动产品为基本特征,那么它就受到两组关系的显著影响:一是国家-集体的关系,在政府作为国家代理组织的情形下,这一关系随即转化为政府-集体的关系。这种关系的实质是作为公共权力的行使者,政府如何与集体组织产生关系并影响其行为决策?在资源配置方面,集体与政府之间的互动方式是什么?二是集体-成员的关系,集体是部分社会成员通过组织起来而形成的"共同体",也是集体所有制背景下所有权的行使者,它如何体现或"加总"不同成员的偏好?成员让渡部分权利给集体的条件、方式及其结果是什么?在社会结构中,集体是连接个体化成员与政府这个"大共同体"的中介,而集体所有制适宜于放在"政府-集体-成员"互动的分析框架中予以理解。

已有研究显示,人类社会的"集体"经历过三种类型:传统村落中基于"地缘相近、血缘相亲"构成的集体;通过行政手段人为创造的集体组织;人们基于利益合作关系自愿联合形成的集体(陈明,2019)。这种分析关注到集体组织的多样性,但隐含地将上述三种"集体"视为相互继起的过程,事实上,不同的集体组织之间可能存在特征各异、但相互交叉的情形。依据形成和运行的特征,我们可将集体概括为自然式集体、行政化集体、市场型集体三种类型,依据政府-集体-成员的分析框架,这三种集体的差别和联系可用表 3-1 来展示。自然式集体描述了特定地域内的社会成员因应对自然社会风险,或需要社区内公共产品而自发结成的群体。费孝通(2013)展示了中国乡土社会依靠亲属和邻近关系而采取协同行动的情形,自然式集体可被定义为:具有亲属或邻近关系的人们为了获取共同利益而结成的地域性群体,其中政府-集体关系是自然式的分工,而集体-成员关系则依靠道德、习俗来维系。与自然式集体不同的是,行政化集体则凸显了政府作为公权力行使者在组织生成的主宰作用,它是指政府为了实现特定战略目标而使部分社会成员结成的共同体,其中政府-集体关系是政府对集体的强力介入,而集体-成员关系则依靠政府的行政力量来运行。区别于这两种类型,市场型集体则是指微观主体基于自身利益最大化并依靠市场机制而形成的经济组织,这里政府-集体关系体现为政府提供权利保护等公共产品,但集体却拥有内部组织和决策的充分自主权,集体-成员关系则体现为成员通过多种机制对集体行动产生影响,成员具有较为充分的"退出权"和"意愿表达权"。立足于政府-集体-成员之间的组合关系,自然式集体、行政化集体、市场型集体在形成因素、形成类型、具体形态、形成条件等方面也存在不同特征。

表 3-1 政府-集体-成员视角下三种集体概念的比较

项　目	自然式集体	行政化集体	市场型集体
基本含义	具有亲属或邻近关系的人们为获取共同利益而结成的地域性群体	政府为实现某种战略目标而使部分社会成员结成的共同体	微观主体基于自身利益最大化并依靠市场机制而形成的经济组织
政府-集体关系	政府对集体介入极少,集体"替代"政府向集体成员提供公共产品	政府强力介入集体,集体干部形成取决于政府行为,集体的自主权极少	政府界定并保护集体权利,集体保持内部组织和决策的自主性

续 表

项　目	自然式集体	行政化集体	市场型集体
集体-成员关系	成员对集体一般不实施"退出权",并通过道德、习俗等对集体领导实施监督	成员因行政力量而形成共同体,其不具有"退出权",且对集体领导的决定影响较小	成员通过"用脚投票"(退出权)和"用手投票"(民主程序)对集体实施监督
形成因素	血缘、亲缘、地缘等自然因素	政府作为公权力行使者进行构建	市场化背景下的微观主体逐利动机
形成类型	自发形成	外力强制	自发形成
具体形态	自然村庄,成员在地域上固定	自然村庄,或者若干村庄的组合,成员在地域上相对固定	不局限于自然村庄,成员在地域上并不固定
形成条件	分工程度较小,社会流动性较低	政府可以实施严格的计划经济	分工水平和流动性较强

上述三种集体尽管存在特征差别,但它们之间并非泾渭分明或依次替代,注意到集体形态的交叉特征对于准确理解中国的农地集体所有制是重要的。其原因在于:行政权力如果作用于自然式集体,那么不同集体特征的相互交织就会衍生出独特的制度安排,同样地,在中国这样正处在体制转型阶段的国家,也可能出现行政化集体和市场型集体相互作用从而推动组织形态演变的状况。从政府-集体-成员视角来理解"集体"概念,还可以引申出这样的判断:集体所有制是一个内涵政府行为从而是一个政治过程,以及由于集体行动从而具有集体行动逻辑的复杂概念,它不仅是指集体所有权,而且是指集体所有权与其他细分权利之间的组合形态(产权),还是指不同利益相关者的行为互动对集体所有制具体实施的影响机制,集体所有制的实现方式比单纯的所有权归属来得更为复杂。按照《新帕尔格雷夫经济学大辞典》对"产权"这个词条的界定,产权是"一种通过社会强制而实现的对某种经济物品的多种用途进行选择的权利"。这种定义强调了特定财产所有权、使用权、处置权、收益权等不同权利的组合,但却未揭示政府行为、集体行动对权利组合的意义,这对于理解中国的农地集体所有制是不充分的。概括地说,理解集体所有制必须将其

放置在具有系统性特征的社会结构中,而政府-集体-成员的关系则为人们解析"集体"概念嬗变以及中国农地集体所有制问题提供了一个切入点。

第二节 从自然式集体到行政化集体:计划经济时期的农地制度

新中国成立之前,漫长的封建时期使得中国农村具有极强的自然式集体特征。在农村地区,人们依靠血缘、亲缘、地缘等形成若干地域性群体,并以村庄作为这种地域性群体的基本形态。在村庄内部,人们相互为熟人并进行近乎无限期的"博弈",因此其主要依靠习俗、道德、文化等自然法则来形成社会关系,并规范各自的行为选择,群体在地理空间、成员关系、运行规则等方面具有超强的稳定性。群体之间的联系程度与村庄之间的距离紧密相关,邻近群体之间主要依靠区域性集市和婚嫁等产生关系。国家或政府与群体之间处于"皇权不下县,县下惟宗族"的治理状态,这使得村庄具有典型的"熟人社会"和"自我组织"特征。费孝通(2013)这样刻画中国传统的农村组织形式:"村庄是一个社区,其特征是,农户聚集在一个紧凑的居住区内,与其他相似的单位隔开相当一段距离,它是一个由各种形式的社会活动组成的群体,具有特定的名称,并且是一个为人们所公认的事实上的社会单位"。这种自然式集体的成因在于:它通过团队合作采取一致行动来应对外部风险(例如:自然灾害或与邻村争夺公共资源)、提供社区公共产品(例如:祖先祭祀或修建村内基础设施)。村庄的"熟人社会"和超稳定性也能够满足"密集型"条件,即人们依靠血缘、亲缘、地缘等形成的联系可以较好地解决集体行动中的"搭便车"问题。20世纪三四十年代,尽管抗日战争、解放战争以及中国共产党在解放区开展的土改运动,都不同程度地导致农村社会形态发生变化,但自然式集体仍是新中国成立之前中国农村社会的基本形态,并构成了新中国成立之后农村社会演变的初始条件。值得强调的是,自然式集体刻画了中国传统的农村治理方式,但新中国成立之前农村土地制度却具有复杂性,中国共产党在解放区通过实施土地改革,使农民拥有了土地所有权。在解放区之外的农村地区,除了满足村庄集体行动而预留的"官地"之外,大多数的土地采取了私有性质,即村庄的不同成员以家庭为单位拥有土地,不同成员可以采取租赁、买卖等方式进行土地再配置,不同成员也因与土地的不同关系而区分为不在地主、完全所有者和佃农(费孝通,2013)。这意味着:新中国成立之前,中国的农村社会治理主要采取了自然式集体,自然式集体的社会治理与土地私有制的经济关系是并存的,村庄作为集体组织,以及政府作为公权力行使者对土地所有制并未形成强制干预。

  1949年中国共产党领导人民群众建立了中华人民共和国,这是中国发展史上具有里程碑意义的重大事件,新中国成立意味着中国社会发展的主题从革命转向现代化建设。就农村而言,新中国成立之后,我国通过土地改革、农业合作化和人民公社化推动了农村土地制度以及社会治理方式的转型。在政府实施重工业优先发展战略以及计划经济体制的背景下,此前农村的自然式集体随即转向行政化集体,农地制度也从地主私有制为主转为农民私有制、进而转变为集体所有制。这种转变大致经历了三个阶段:1949—1952年,我国按照"耕者有其田"准则在农村实施了土地改革,1950年6月中央人民政府发布的《土地改革法》明确提出"废除地主阶级封建剥削的土地所有制,实行农民的土地所有制,借以解放农村生产力,发展农业生产,为新中国的工业化开辟道路"。按照上述改革思路,我国在很短的时间内将此前封建半封建的土地所有制转变为农民所有的土地所有制。在全国范围内,依靠国家力量3亿多农民分得了7亿亩的土地以及其他生产资料。1953—1955年,我国立足于社会主义过渡时期总路线开展了对农业的社会主义改造,改造的主线是通过鼓励农户加入互助组和初级合作社来实现农村经济的集体化,这一集体化过程在很大程度上是通过政府鼓励和引导推进的,农民所有的土地并未强制要求转为集体所有制,个体农民只是在相互集合的土地上开展集体劳动。1956—1960年,我国农村在推进互助组和初级合作社的基础上,推动了高级合作社及人民公社化运动,相对于前一阶段,人民公社化运动呈现出两个重大转变:将农村土地制度从农民所有制转变为集体所有制,并明确农村土地实行"三级所有、队为基础"的制度安排;将农村集体组织单纯的社会治理功能拓展到政治、社会、经济、文化等诸多功能,人民公社是"政社合一"的系统化组织,它是政府战略目标的具体执行者,也是农村土地的所有者和直接经营者,还是农村社员教育、文化等公共产品的主要供给者。无论是就集体形态和功能而言,还是就土地所有制度而言,人民公社运动都是对自然式集体、甚至新中国成立后土地改革格局的深刻转变。

从实施过程来看,20世纪50年代我国的农业社会主义改造是在很短时间内、以较为平和的方式完成的。表3-2显示:1950—1953年,尽管我国开始以互助组推进农村合作化,但单干户仍是农村经营的主要组织方式,初级社和高级社的参加农户几乎可以忽略不计,且互助组并未改变农民土地所有这个土地改革的基石。1954—1955年,参加互助组和初级社的农户数量已超过单干户,尽管该时段农民仍拥有较为充分的土地所有权。1956年之后,互助组和初级社的组织形式快速让位于高级社(人民公社),1957年参加高级社的农户占农户的比重已达到96.5%,单干户、互助组和初级社等组织形式或者不复存在,或者微乎其微,人民公社随即成为我国农村开展经济社会活动的基本组织形式,这种情形一直延续到20世纪70年代末80年代初。我国在极短时间内以平稳方式实施了农村集体化运动,这既有思想理论和实践需要等方面的复杂动因,也有推进农村社会治理和土地制度变革的现实条件。在思想渊源方面,作为一个实行社会主义制度的发展中国家,我国基于马克思主义政治经济学将生产资料公有制视为社会主义制度的重要特征,并在苏联模式,特别是"集体农庄"实践的基础上推进农业的社会主义改造,强调农村的集体所有制是走向全民所有制的"桥梁"。在实践需要方面,我国立足于社会主义过渡时期总路线,强调通过国家力量推进工业化,特别要实施重工业优先发展战略,而重工业优先发展战略与当时劳动力充裕、资本短缺的禀赋条件之间存在着冲突。这样推进农业集体化、建立人民公社就成为化解发展战略与约束条件之间矛盾的选择,其基本机制是通过人民公社制将农村剩余转为工业的资本来源,对城乡间的人口和劳动力流动实施管控,并实现农村主要公共产品的自行供给。更值得强调的是,1949年之后,我国农民通过国家力量获得土地所有权,其与土地之间的稳定权利关系尚未有效形成,这样当国家实施重工业优先发展并将土地转为集体所有制时,其遇到的阻力就相对较小。作为政社合一的组织形式,人民公社同时具备经济、社会、政治、文化等多重功能,这使得单个农户形成了对这种组织的系统依赖,其不能通过个体力量影响土地制度变革或农村的集体化运动。

表3-2 20世纪50年代我国农村集体化发展历程

年份	互助组			初级社			高级社		
	个数（万个）	参加户数（万户）	参加户数占比（%）	个数（万个）	参加户数（万户）	参加户数占比（%）	个数（万个）	参加户数（万户）	参加户数占比（%）
1950	272.4	1 131.3	10.91	18(个)	187(户)	0.000 2	1(个)	32(户)	0.000 03
1951	467.5	2 100.0	17.54	129(个)	1 588(户)	0.001 5	1(个)	30(户)	0.000 03
1952	802.6	4 536.4	39.86	0.4	5.7	0.05	10(个)	0.2	0.002
1953	745.0	4 563.7	39.23	1.5	27.3	0.235	15(个)	0.2	0.002
1954	993.1	6 847.8	58.37	11.4	228.5	1.948	0.02	1.2	0.01
1955	714.7	6 038.9	50.66	63.3	1 688.1	14.162	0.05	4.0	0.033
1956	85.0	104.2	0.086	21.6	1 040.7	8.64	54.0	10 742.2	89.17
1957	—	—	—	3.6	160.2	1.3	75.3	11 945.0	96.5

资料来源:互助组、初级社、高级社的个数和参加户数来自《中国农业年鉴(1980)》,参加农户占总农户的比重来自武力(2000)。

经过新中国成立初期的农业社会主义改造,我国农村的"集体"概念呈现出从自然式集体向行政化集体的转型,而农村土地制度也出现了从农民所有制向集体所有制的转变,且这里农地集体所有制的"集体"即指人民公社背景下具有政治经济等多重功能的社会组织。与传统农村的自然式集体相区别,在人民公社化背景下,我国农村的政府-集体关系,以及集体-成员关系均发生了显著变化。就政府-集体而言，政府力量开始广泛、深刻地介入到农村集体的运行之中，20世纪50年代党和国家通过一系列的政策文件推进了农村的集体化运动，特别是1956年6月全国人大通过了《高级农业生产合作社示范章程》，1958年8月中共中央发布了《关于在农村建立人民公社问题的决议》，1958年12月中共八届六中全会通过了《关于人民公社若干问题的决议》，1960年中共中央发布了《关于农村人民公社当前政策问题的紧急指示信》，1962年9月中共八届十中全会通过了《农村人民公社工作条例（修正草案）》等。这些政策文件对人民公社的性质、生产经营、组织方式、管理机构等均做了明确规定，并强调人民公社的政社合一特征以及国家对人民公社的管理职能。例如，《关于人民公社若干问题的决议》明确提出，"人民公社是我国社会主义社会结构的工农商学兵相结合的基层单位，同时又是社会主义政权组织的基层单位"，"人民公社的生产、交换、消费和积累，都必须有计划。人民公社的计划应当纳入国家的计划，服从国家的管理"。《农村人民公社工作条例（修正草案）》则规定："人民公社的各级组织，都必须执行国家的政策和法令，在国家计划指导下，因地制宜地、合理地管理和组织生产"。就集体-成员而言，农民通过加入人民公社成为社员，将土地等生产资料转化为集体所有，并在人民公社统一组织下开展生产生活，而不是像传统农村那样主要以道德、习俗等与集体产生关系。例如，《高级农业生产合作社示范章程》规定"入社的农民必须把私有的土地和耕畜、大型农具等生产资料转为合作社集体所有"，此后伴随着时间推移，社员对人民公社这种组织的依附程度在逐渐增强。1956年发布的《高级农业生产合作社示范章程》还提出"社员有退社的自由"，"社员退社的时候，可以带走他入社的土地或者同等数量和质量的土地，可以抽回他交纳的股份基金和他的投资"，但在1962年发布的《农村人民公社工作条例（修正草案）》则不存在"社员有退社自由"的表述。

20世纪50年代在国家力量的推动下，我国农村的社会治理、组织方式和生产资料所有制均发生了重要转变，从自然式集体转向行政化集体意味着"集体"概念发生了嬗变，这使得农地集体所有制具有独特的内涵指向以及实现方式。这里农地集体所有制特指人民公社这种政社合一组织获取了农地所有权,《关于农村人民公社当前政策问题的紧急指示信》明确提出"三级所有、队为基础,是现阶段人民公社的根本制度"。这意味着:在土地改革实施农民所有制之后,我国农地制度正式转为集体所有制,且这里的"集体"不是传统的自然式集体,而是包含人民公社制条件下公社、生产大队、生产队等不同层次的集体,且这种集体兼有政治、社会、经济、文化等多重功能,"多元集体"和"多重功能"是农地集体所有制中"集体"概念的独特性质。在国家工业化和实施计划经济的情形下,农地的集体所有制也不可能在保留集体所有权的前提下,由分散的农户自行决策来实际使用土地,因为这种方式不契合政府的发展战略以及行政化集体的组织原则。这样在改革开放之前,我国农地集体所有制的实现形式就内在锁定了:人民公社等集体组织拥有农地所有权,并由集体通过统一组织和管理来实际使用土地。换言之,农地集体所有制是通过集体获取所有权,并行使经营权这种单一方式来实现的。

第三节　改革开放以来农地集体所有制中"集体"的复合性质

1978年以安徽小岗村率先实施大包干为开端,我国自下而上启动了农村生产和经营体制的变革,这一变革随即成为我国整体实施改革开放战略的触发机制。农村体制变革的微观逻辑在于:人民公社制的实施,以及城乡公共产品的差别化供给,导致农村经济以及农民生活陷入极其严峻的境地,以致农民采用"按血手印"方式来自发实施包干到户。宏观逻辑则在于:重工业优先发展战略以及计划经济体制使我国在短时期形成了独立的工业体系,但也因资源配置低效率而使国民经济濒临崩溃的边缘,我国需要通过发展战略调整来解放和发展社会生产力。这可以解释安徽小岗村的自发变革很快得到决策层的默许和支持。1982年中央"一号文件"提出:包产到户、包干到户等都是社会主义集体经济的生产责任制,并强调联产承包制相对于人民公社制的优势:"联产承包制的运用,可以恰当地协调集体利益与个人利益,并使集体统一经营和劳动者自主经营两个积极性同时得到发挥,所以能普遍应用并受到群众的热烈欢迎"。1983年中央"一号文件"继续强调联产承包责任制在中国农业农村发展中的突出作用:"党的十一届三中全会以来,我国农村发生了很多重大变化。其中,影响最深远的是,普遍实行了多种形式的农业生产责任制,而联产承包制又越来越成为主要形式"。1991年党的十三届八中全会通过了《中共中央关于进一步加强农业和农村工作的决定》,该决定提出:"把以家庭联产承包为主的责任制、统分结合的双层经营体制,作为我国乡村集体经济组织的一项基本制度长期稳定下来,并不断充实完善"。1993年第八届全国人大一次会议通过的《宪法》修正案则提出:"农村中的家庭联产承包为主的责任制和生产、供销、信用、消费等各种形式的合作经济,是社会主义劳动群众所有制经济"。1999年第九届全国人大二次会议通过的《宪法》修正案则规定:"农村集体经济组织实行家庭经营为基础、统分结合的双层经营体制"。显然,从人民公社制走向家庭联产承包责任制,构成了改革开放以来我国农村经营体制变革的主要线索,从法律文本的角度看,家庭联产承包责任制、以家庭经营为基础的统分结合方式被视为改革开放之后我国农村的基本经济制度。

人民公社制和家庭联产承包责任制是改革开放前后我国农村实施的两种制度,这两种制度存在着继承和突破的双重关系。从继承的角度看,家庭联产承包责任制与人民公社制一样强调集体拥有农地所有权,强调国家力量或政府在制度变迁中的推动作用。这种连续性导源于我国作为实行社会主义制度的国家,其经济制度变迁需要以生产资料公有制作为基本制度的载体,也导源于我国作为人口和地理规模庞大的国家,其经济制度变迁必须采用渐进方式来赢得变迁的广泛支持。维持农地集体所有制就是在维持农民在特定社区的成员权,"所谓成员权,即土地集体所有制赋予村庄内部每个合法成员平等地拥有村属土地的权利"(姚洋,2000)。然而,家庭联产承包责任制区别于人民公社制的地方在于:在集体拥有农地所有权的基础上,集体成员——即分散化的农民以家庭为单位（农户）拥有农地承包经营权，农户在承包的土地上可依据市场信号进行自发决策（生产什么、怎样生产、为谁生产），并由此获取决策的相应产出（交足国家的、留足集体的、剩余都是自己的），"农户私人承包经营的集体土地所有制，再也不是人民公社时代集体经营的集体土地所有制"（周其仁，2004）。这样就较为有效地解决农村经营主体面临的两大难题：市场信号获取与内部组织监督。在实施家庭联产承包责任制的背景下，数以亿计的农户为追求自我收益从市场中获取供需信号，并依据市场信号自主地进行要素组合，其市场信号获取和生产经营决策具有"自我激励"特征。这样就为农村社会生产力的解放和发展提供了强大动力，改革开放之后的农村经济制度变迁取得了令人瞩目的绩效。根据 CEIC 数据库提供的资料：1978—1984 年我国粮食总产量从 3.047 65 亿吨增至 4.073 05 亿吨，农民人均纯收入从 133.6 元增至 355.3 元，特别是，农民人均纯收入中的家庭经营性收入从 35.8 元增至 261.7 元。

任何经济制度都是嵌入在特定的社会系统之中，从人民公社制转向家庭联产承包责任制也是一个系统的变革。这种变革意味着此前农村集体拥有土地且行使土地经营权，演变为集体拥有土地而农户行使土地经营权，它必然带来农村经营主体的转换，即从具有行政化特征的集体转变为具有分散化特征的农户。从实践中看，这种经营主体的转变是在很短时间内完成的。根据《中国统计年鉴（1983）》的数据，1978 年我国农村人民公社数为 52 781 个，生产大队数为 69.0 万个，生产队数为 481.6 万个，参加公社的农户数为 17 347 万户，参加公社的农民数为 80 320 万人。然而，如表 3-3 所示，在农村经营体制快速变革的背景下，1983 年和 1984 年我国大包干队数占全国总计的比例分别攀高到 97.9％和 99.0％，大包干户数占总农户的比例也分别攀高至 94.2％和 96.6％，1984 年全国未实行联产承包责任制的队仅为 0.2 万个，这说明在 20 世纪 80 年代初期的很短时间内，农户已取代了人民公社而成为农村生产经营的主体。人民公社制向家庭联产承包责任制的变革同样导致农村基层组织形式的演变，政社合一是人民公社时期农村基层组织的基本特征。然而，在家庭联产承包责任制实施之后,分散化农户成为农村经济活动展开的主体,这内在地要求农村基层组织从政社合一走向政社分开,人民公社所担负的生产、销售、经营等经济功能在很大程度上已经被农户所接替,这样农村基层组织的政社合一特征就逐渐难以为继。如表3-3所示,1984年我国政社分开的乡镇政府、村民委员会或者作为经济组织的人民公社已分别达到91 171个、926 439个、28 218个,政社未分开的农村人民公社、生产大队、生产队则分别降至249个、7 046个和12.8万个。20世纪80年代初期,我国农村基层组织在很短时间内也实现了从政社合一向政社分开的转变。

表3-3 1983—1984年我国农村联产承包责任制和政社组织情况

项　　目	单　位	1983年	1984年
一、实行联产承包责任制情况			
1. 实行联产承包责任制的队	万个	586.3	569.0
其中:实行大包干的队	万个	576.4	563.6
大包干队数占全国总计的比例	%	97.9	99.0
2. 实行联产承包责任制的户	万户	17 985.4	18 397.9
其中:实行大包干的户	万户	17 497.5	18 145.5
大包干户数占总农户的比例	%	94.2	96.6
3. 未实行联产承包责任制的队	万个	2.7	0.2
二、农村政社组织情况			
1. 政社已分开的			
乡(镇)政府	个	16 252	91 171
村民委员会	个	199 657	926 439
经济组织的人民公社	个	11 866	28 218
2. 政社尚未分开的			
农村人民公社	个	40 079	249
生产大队	个	550 484	7 046
生产队	万个	457.5	12.8

数据来源:《中国统计年鉴(1984)》《中国统计年鉴(1985)》。

从表述上看,家庭联产承包责任制和人民公社制都坚持农地集体所有制,然而,这两种制度形成于我国现代化的不同阶段,并服务于差异化的发展战略,据此对农地集体所有制的分析不应局限于文字表述,而应深入到制度在社会实践中的实施状态。从制度实施的角度看,改革开放前后农地集体所有制的"集体"内涵可能并不相同,政府-集体关系、集体-成员关系也可能发生着某些重要转变。就农地所有制的基本性质而言,1982年第五届全国人大五次会议通过的《宪法》规定:"农村和城市郊区的土地,除由法律规定属于国家所有的以外,属于集体所有;宅基地和自留地、自留山,也属于集体所有",这以根本大法的形式规定了农地的集体所有制。然而,伴随着农村经营方式从人民公社制转向家庭联产承包责任制,农地集体所有制中的"集体"内涵以及所有制实现方式也就发生了变化。这种变化体现在我国相关的土地法规中,例如:1986年第六届全国人大十六次会议通过的《土地管理法》规定:"集体所有的土地依照法律属于村农民集体所有,由村农业生产合作社等农业集体经济组织或者村民委员会经营、管理。已经属于乡(镇)农民集体经济组织所有的,可以属于乡(镇)农民集体所有;村农民集体所有的土地已经分别属于村内两个以上农业集体经济组织所有的,可以属于各该农业集体经济组织的农民集体所有"。这种表述强调:我国农村存在着乡镇、村、村民小组等不同类型的集体,它们均是农地集体所有制中"集体"的概念指向;不同集体间的边界按照"既定事实"认定,即以改革开放起始阶段农地所有权的实际状态作为划分依据;在村级层面,农地集体所有权的行使主体包括农业集体经济组织,也包括村民委员会;农业集体经济和村民委员会具有差异化的特征,前者是单纯的经济组织,后者则兼具经济组织和社会治理等多重功能。在法律文本中,"集体土地所有权涉及'农村集体'、'农村集体经济组织'和'村民委员会'三类'主体'"(姜红利和宋宗宇,2017)。在实践中,这种农地集体所有制的实现形式是:集体拥有土地所有权而农户获取土地承包经营权,集体的所有权体现为集体作为发包方向农户发包土地,农户承包经营权则体现为农户作为集体成员从集体那里承包土地,之后在承包的土地上相对自主地开展经营决策,"土地承包经营权的获得依赖于集体成员权,农民承包经营权派生于集体所有权,是集体所有权的具体实现形式"(刘守英、熊雪锋和龙婷玉,2019)。概言之,改革开放之后我国在实施家庭联产承包责任制的背景下,依然强调了农地集体所有制,但集体的内涵以及集体所有制的实现形式均发生了显著变化。

改革开放之前,我国农村存在着自然式集体向行政化集体的转型,在改革开放初期,我国农村的"集体"概念再次发生嬗变,这种嬗变导致集体出现了自然、行政和市场三种性质的复合,而行政性质在这种复合体中占据主导位置。1978年以来我国农地集体所有制中的"集体"是一个置身于经济体制进程中发展中大国的独特概念。改革开放之后,我国农地集体所有制中的"集体"具有自然性质,它首先是指地域边界相对稳定、以自然村落为基础的熟人社区,社区成员因婚嫁、生育等而自然成为集体组成部分,并依靠共同的道德习俗来界定彼此关系。这里的"集体"也具有行政性质,它是从人民公社政社合一的基层组织中演变而来的,这里的集体还承担着提供社区公共产品、行使基层治理、体现国家战略等职能。特别是,村民委员可以作为农地集体所有权的行使者,村民委员会通常是行政系统在农村社会的延伸,它必然受到国家发展战略、地方行政力量的影响。这里的"集体"还具有市场性质,在家庭联产承包责任制取代人民公社的背景下,农户作为集体成员依据市场原则来开展经营决策,此外,农村集体经济组织依据市场信号来配置土地等生产要素,并通过向成员"分红"来分配土地配置收益。概括地说,改革开放初期,我国农村的"集体"实质是在稳定的熟人社区(自然性质)中,通过政府主导的农地产权细分(行政性质),赋予分散农户依据市场配置资源的权利(市场性质)。农村"集体"也就从此前的行政化集体转向多重性质的复合概念,行政性质虽然不是改革开放之后农村集体的唯一性质,但其在集体的三重性质中仍具有主导地位,这不仅是因为政府是农地所有制和产权结构的界定者,而且是因为集体或者个体农民在国家主导的制度变迁中获得土地权利。行政性质在复合集体中的主导作用,"极易造成上级政府少数人替代下级集体经济组织形式土地使用权的现象"(曲福田和田光明,2011),或者导致"行政权力严重干扰了集体所有权主体制度的正常运行"(高飞,2008)。

从政府-集体-成员的角度看,在实施家庭联产承包责任制的情形下,政府-集体关系,以及政府-成员关系均发生了趋势性变化。在政府-集体关系方面,政府不是单纯地控制农村集体,而是强调重塑农村集体。在政府力量的推动下,我国在人民公社解体后重建了乡镇、村、村民小组等,且在广大农村地区,村民委员会逐步成为事实上的"集体"功能承担者,政府通过新的集体而对土地配置产生影响。就农地集体所有制行使实践而言,"中国大部分农村地区集体经济组织有名无实,其职能实际由村民委员会或下设村民小组承担"(桂华,2017)。在集体-成员关系方面,集体成员不是单纯地依附于集体组织,集体组织在向农户发包土地之后,不能直接干预农户在承包地上的经营决策,但可以通过政策实施对农户土地配置的监督权。例如:1982年中央"一号文件"提出,社员承包的土地,不准买卖,不准出租,不准转让,不准荒废,否则,集体有权收回。改革开放之后,我国农地集体所有制中的"集体"在表现和性质等方面均发生了变化,集体具有行政主导、兼具自然和市场性质的复合特征,集体所有制实现方式则表现为集体拥有农地所有权、农户拥有农地承包经营权的统分结合方式。

第四节 新时期我国农地集体所有制实现方式的演变趋向

家庭联产承包责任制相对于人民公社制,农地集体所有制中的"集体"概念已经发生了嬗变。这种嬗变契合了重工业优先发展战略向经济增长战略的转型,并在维持集体所有制的前提下,通过产权细分和市场放活发展了农村生产力,推动了城乡二元结构转化和城乡融合发展,为我国整体的改革开放提供了社会秩序、物质基础以及变革蓝本。然而,仔细辨析改革开放初期的农地集体所有制,会发现这里的"集体"概念存在着如下假设:一是农户-土地关系相对稳定,即在一个稳定的农村熟人社区中,在村民委员会等组织下农户依据人口变动进行土地微调,农户规模、土地规模及其两者的匹配关系总体稳定,农户承包土地之后即直接使用土地。二是农户-农户关系相对稳定,即在农村熟人社区中,单个农户分散地与集体产生经济社会关系,农户之间具有极强的同质化：使用自己的劳动、家庭内部的资本在承包地上从事经营，且经营主要围绕植物栽培业和动物饲养业——即第一产业——而展开。三是农户-集体关系相对稳定，即在大多数农村，村民委员会是集体组织的集中代表，分散的农户与村民委员会产生土地配置关系，村民委员会发包土地，分散的农户承包和经营土地。在农地转变为城市国有土地的过程中，村民委员会作为土地所有权代表开展土地转用谈判。四是农村-城市关系相对稳定，即城乡之间在产业、空间等维度存在着清晰的边界，农村向城市提供劳动力以及农产品，城市向农村提供工业品和服务产品，城市和农村具有泾渭分明的地理界限，农村可依据自身条件开展技术进步和产业升级，并与城市相对均匀地分享增长的成果。

在改革开放初期，农地集体所有制的上述假设大致可以满足。伴随着改革开放的持续推进，我国经济正从高增长阶段转向高质量发展阶段，且需要贯彻落实创新、协调、绿色、开放、共享等新发展理念。在这种背景下，农地集体所有制面临的假设正在发生变化，这就需要重新审视农村"集体"概念并思考农地集体所有制的实现方式。"现实的'农民集体'和立法上的'农民集体'已经有重大的不同，立法上的农村土地集体所有权也和现实的集体土地所有权有重大的差异"（孙宪忠，2016）。这里假设的变化主要体现为：一是我国城乡间出现了频繁化、大规模的劳动力和人口流动。改革开放以来，我国在农村出现了以家庭联产承包责任制为主要表现的经营方式变革，在城乡则出现了以农民工为主要表现的两部门劳动力和人口流动态势。2018年我国农民工数量为2.88亿，其中外出农民工的数量为1.73亿，这意味着农户和土地之间的稳定关系被打破，许多农村人口承包土地但并不直接使用土地。二是农村因要素组合差异而出现了农户分化态势，伴随着市场化改革的推进，不同农户基于各自状况差异化地开展土地、资本和劳动的配置，单一的农民类型开始让位于分化的农民类型：传统农民、离乡农民、离土农民、内源式新型农民、外源式新型农民（高帆，2018），农民分化使得农户-农户的稳定关系被打破。三是农村集体与成员的关系呈现出多样化特征，在农地集体所有制的实施过程中，绝大多数农村村民委员会与农户之间存在着统分结合关系，但伴随着市场化改革逐步走向深入，许多农村地区，特别是东部地区和城市近郊的集体经济组织逐步壮大，家庭农场、专业合作社等新型经营主体不断涌现，这些新型经营主体与成员之间以经济原则建立权责关系，村民委员会则面临着如何权衡行政职能与经济功能的重大问题。四是我国城乡关系从割裂状态进入融合状态，我国在经历农村经济体制率先改革、城市化发展之后开始步入城乡融合发展新阶段。这一阶段不仅意味着城市化仍需加速、农村土地仍需转为城镇用地，而且意味着城乡之间的产业、空间边界交错化。农村要为城乡居民提供食品以及食品之外的服务产品，这意味着农村将发生持续的产业融合、技术进步和组织创新。概括地说，新时期我国农村"集体"的实践背景在发生变化，对"集体"概念的理解必须契合这种动态演变趋势，这种变化的基本动因是：在市场化改革深入推进的前提下，城乡间的要素再配置和市场需求变化内在地要求农村组织创新，市场化是新时期我国农村"集体"概念嬗变的主要推动力量。

在改革开放推进到 40 多年的新时期，我国农地仍然需坚持集体所有制，这是因为：农民因"成员权"而从集体获得土地资源，这可为农民的行为决策以及城乡间流动提供"担保"机制，"集体土地所有权不是单纯的财产权，它是在社会主义制度安排下对集体成员的社会保障权，不是单纯的私法权利，而是公私法兼顾的社会法性质权利"（韩松，2014）；历史地看，农村集体通常是国家发展战略的实施载体，集体公有制"是由政府控制，但要集体来承受其控制结果的一种农村社会主义制度安排"（周其仁，2017）；作为实行社会主义制度的发展中大国，我国农村的集体所有制也是生产资料公有制的重要表现。然而，新时期我国农村的"集体"概念与人民公社时期存在差别，也与改革开放初期不同。城乡劳动力和人口的频繁流动、农民的分化态势、农村集体经济组织的发展、城乡产业和空间结构的变化，均导致农村"集体"概念发生变化，农地集体所有制的实现方式也应进行变革。农村"集体"概念嬗变主要是市场化推动的，则新时期农村集体的变动方向也就极为清晰：即行政主导、兼顾自然和市场性质的复合集体，会逐渐走向市场主导、兼顾自然和行政性质的复合集体，市场化集体在未来的农村经济中将扮演更重要的角色，政府-集体关系和集体-成员关系也会随之发生变化。市场化集体的内涵是：农村集体将更多依据市场原则或经济准则而展开活动，集体成员以自然村落为基础但不局限该自然村落，集体成员是因为组织起来的收益显著高于分散经营的收益而形成集体的。集体成员和集体代表之间存在着委托-代理关系，成员通过行使"退出权"或"监督权"而对集体行为产生影响。集体中市场功能的凸显，意味着自然功能和行政功能的减弱，在前者，城乡之间频繁的要素流动使得农村熟人社区性质发生了变化，自然村落中道德习俗等对成员的影响力在下降；在后者，集体经济组织发展呈现出对村民委员会部分功能的接替，且在实施统筹协调发展战略的情形下，地方政府依靠干预集体行为来配置土地的空间在缩小，城乡基本公共服务均等化则导致农村基层组织出现功能调整。总之，新时期我国农村的"集体"概念仍有复合特征，但行政主导格局将逐步走向市场主导格局，这是由我国发展战略转型和经济体制改革深化内生决定的。

新时期农村"集体"概念的嬗变会导致农地集体所有制实现方式的调整，从农地制度变革的角度看，"健全集体所有权行使机制是重构农地制度的关键"（桂华，2017）。立足于"集体"概念具有市场主导的复合特征，则我国农地集体所有制实现方式应从如下方面进行创新：一是动态地理解农地集体所有制。历史地看，我国农村集体存在着这样的变动轨迹：从自然式集体到行政化集体，从行政化集体到行政主导的复合集体，从行政主导的复合集体再到市场主导的复合集体。农地集体所有制中的"集体"并非恒定不变的，更不是天然地表现为村民委员会，这种动态视角为农地集体所有制的实现方式调整提供了实践依据。二是重视集体经济组织在农地要素配置中的重要作用。集体经济组织是农村"集体"概念的组成部分，《土地管理法》明确提出，集体经济组织可以经营和管理农村土地，它可以作为"集体"代表并与成员形成土地配置关系。实践中也有部分地区以农村集体经济组织作为集体土地所有权的归属主体（姜红利和宋宗宇，2017）。在城乡要素频繁流动、农民分化加剧的背景下，我国应进一步凸显集体经济组织在农地经营管理中的作用，依靠改革深化来推动家庭农场、专业大户、专业合作社、股份合作社、公司＋基地＋农户等新型经营主体发展。农户可以通过土地入股等方式与集体经济组织产生关系,通过委托-代理机制对集体经济组织予以监督并参与收益分红。三是完善村民委员会等基层组织的治理方式。村民委员会是当前农村"集体"的主要表现形式,在实践中村民委员会往往面临着行政职能和经济功能的权衡问题。在行政体制改革和基层治理体制改革深入推进的背景下,村民委员会可更多体现经济功能,体现自下而上的农民的土地配置意愿和利益取向。这就需要进一步完善和落实农村民主管理,使分散化农户对作为集体代表的村民委员会行为能够进行有效监督,并使村民委员会在发现市场需求、整合经济资源、推动产业融合中发挥枢纽作用。我国部分地区在农地改革试验中,通过设立土地改革委员会等机制形成对村民委员会行为的制约,这就体现出不断完善农村社会治理的目标取向。四是在产权细分和市场放活中体现集体所有制的经济绩效。在市场化改革背景下,农地集体所有制说到底是要提高土地的配置效率,以此形成对经济高质量发展的有力支撑。农地集体所有制的实现形式应表现为:在坚持集体所有制的基础上,维持农户的耕地承包权和宅基地资格权,同时放活耕地经营权和宅基地使用权,使得耕地和宅基地可在更大范围实现社会化配置,政府则通过稳定承包关系、发育流转市场等降低交易成本,以此促进农村耕地和宅基地的社会化配置。就此而言,耕地和宅基地的"三权分置"改革是新时期农地集体所有制的重要实现方式,后续我国应继续推进农地产权细分和交易成本下降,依靠农地"三权分置"更好地回应农民的分化格局,推动城乡要素双向流动和农村的产业融合发展。五是按照差别化原则激发各地的农地制度创新活力。作为一个地理和人口规模罕见的发展中大国,我国不同地区的农村发展状况存在着落差。农村"集体"总体上转向市场主导的复合集体格局,但不同地区的变动进程并不相同。我国农地集体所有制实现方式的创新必须因地制宜、因时而动,不能将某种固定模式套用到各地的实践中。应激励不同区域动态理解农村集体概念,并依据本地条件积极开展多元创新。为此,就需要完善地方政府的绩效考核和评价机制,使各地有动力、有意愿推动本地的农地制度创新。同时,还要深化国家财政管理体系,使不同层级地方政府财权、事权尽可能形成匹配格局,从而为各地的农地制度创新提供坚实的配套制度支持。

参考文献

[1] 埃莉诺·奥斯特罗姆,《制度多样性的价值与实践:国有制、私有制和集体所有制的比较》,臧雷振、许钦译,《国外理论动态》,2016年第7期。

[2] 陈明,《"集体"的生成与再造:农村土地集体所有制的政治逻辑解析》,《学术月刊》,2019年第4期。

[3] 费孝通,《江村经济(修订本)》,上海人民出版社,2013年。

[4] 高帆,《中国乡村振兴战略视域下的农民分化及其引申含义》,《复旦学报(社会科学版)》,2018年第5期。

[5] 高飞,《集体土地所有权主体制度运行状况的实证分析》,《中国农村观察》,2008年第6期。

[6] 桂华,《集体所有制下的地权配置原则与制度设置》,《学术月刊》,2017年第2期。

[7] 哈罗德·德姆塞茨,《产权理论:私人所有权与集体所有权之争》,徐丽丽译,《经济社会体制比较》,2005年第5期。

[8] 韩松,《农民集体土地所有权的权能》,《法学研究》,2014年第6期。

[9] 姜红利和宋宗宇,《集体土地所有权归属主体的实践样态与规范解释》,《中国农村观察》,2017年第6期。

[10] 杰弗里·M.霍奇逊,《经济学是如何忘记历史的——社会科学中的历史特性问题》,高伟译,中国人民大学出版社,2008年。

[11] 刘守英、熊雪锋和龙婷玉,《集体所有制下的农地权利分割与演变》,《中国人民大学学报》,2019年第1期。

[12] 曲福田和田光明,《城乡统筹与农村集体土地产权制度改革》,《管理世界》,2011年第6期。

[13] 孙宪忠,《推进农地三权分置经营模式的立法研究》,《中国社会科学》,2016年第7期。

[14] 武力,《过犹不及的艰难选择:论1949—1998年中国农业现代化过程中的制度选择》,《中国经济史研究》,2000年第2期。

[15] 姚洋,《中国农地制度:一个分析框架》,《中国社会科学》,2000年第2期。

[16] 苑鹏,《对马克思恩格斯有关合作制与集体所有制关系的再认识》,《中国农村观察》,2015年第5期。

[17] 周其仁,《产权与中国变革》,北京大学出版社,2017年。

[18] 周其仁,《农地产权与征地制度》,《经济学(季刊)》,2004年第1期。

第四章

新中国成立70年来的农业发展：历史经验、改革成就与展望

李楠　复旦大学经济学院经济学系

第一节 引　　言

自人类社会进入农耕文明以来,农业生产对人类社会发展扮演着非常重要的角色。农业不仅为人类生存提供了必要的食物保障,而且为其他产业部门的发展提供必要的前提条件和原材料。尽管在一段时期,特别是工业化之初,一些学者曾一度认为农业相对于工业发展而言微不足道,甚至可以忽略不计。然而,随着经济发展研究的深入,许多农业和发展经济学家们越来越认为,即使在工业化发展阶段,农业也是一个国家工业化、城市化不可忽略的部门。农业经济部门的发展不足,不仅会导致经济增速放缓、投资下降等一系列问题的产生,而且农业生产力的落后也会对一国经济结构产生较为严重的影响(Johnston,1961;Ghatak and Ingersent,1984;Johnson,1997;Allen,2000;Timmer,2002;Gollin *et al.*,2002;Huang *et al.*,2008;Cao *et al.*,2013;Emerick,2018;徐建国和张勋,2016)。

对中国而言,农业经济部门的持续、稳定、健康发展具有更加特殊的意义。首先,中国人口规模庞大,截至 2019 年年末达到 13.9 亿人,约占世界人口的 18.6%[①],而全国可耕地面积约为 18 亿亩,仅占世界耕地 8.3%[②]。要解决如此多的人口吃饭问题,农业经济的战略地位非常突出。其次,我国人口空间地理分布十分不平衡,在全国 13.9 亿人口中,8.3 亿在城市,5.6 亿在乡村[③]。因此,

---

[①] 人口数据来自国家统计局,该数据为 2018 年末中国大陆总人口(包括 31 个省、自治区、直辖市和中国人民解放军现役军人,不包括香港、澳门特别行政区和台湾省以及海外华侨人数),总计 139 538 万人。
[②] 根据世界银行统计 2016 年数据计算。
[③] 数据来源国家统计局 http://data.stats.gov.cn/easyquery.htm?cn=C01&zb=A0301&sj=2018。

农业经济发展好坏,势必影响广大乡村人口的生活质量提升与社会稳定。最后,我国正处于经济转型与发展阶段,经济建设与可持续发展离不开农业经济的支持。特别在当前,农业部门不仅要为社会经济发展提供大量农副产品,而且也为制造业、服务业发展提供大量农村剩余劳动力和工业生产原料。正因为农业对我国经济社会发展意义重大,因此对新中国成立70年以来我国农业经济发展的经验、成绩的总结受到党和国家的高度重视。

在过去70年的发展过程中,我国农业经济发展虽然成绩突出,但是在发展的过程中也并非一帆风顺,而是在曲折中不断发展。在解放之初,我国农业发展虽然取得了土地改革和"一五计划"(1952—1957年)的成功,但是在接下来的20年间,先后经历了"大跃进"、人民公社运动、"文化大革命"等曲折,农业生产力和农民生产积极性受到严重冲击。在此期间,全国农业生产总值平均增长率仅为2%左右(如图4-1所示)。农村贫困和吃饭问题得不到解决,这些成为农村和农业发展的主要问题。直到1978年,农业改革率先在安徽实施,随着土地家庭联产承包责任制在全国的展开,农民生产积极性被调动起来,我国农村和农业发展才迎来了转机,农业经济获得较大发展。接下来,随着我国农业相关改革的不断深入,特别是21世纪初农产品价格流通体制改革、农业税改革、土地确权改革、精准扶贫等一系列强农、惠农措施的实施,我

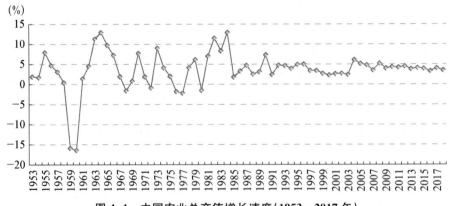

图4-1 中国农业总产值增长速度(1953—2017年)

数据来源:中国国家统计局。

国农村和农业发展获得了翻天覆地的变化。在过去的40年间,不仅农业产出逐年增加,农业总产值平均增长率为4.8%,是改革前的一倍,而且贫困人口逐渐下降,贫困发生率从1978年的97.5%下降到2017年的3.1%[①]。

尽管在1978年改革开放以来,我国农村和农业经济获得新的活力,得到快速发展,然而进入新时代以来,在粮食安全、农业生态、城乡差异、乡村振兴、扶贫脱困等方面问题依然严峻,成为当前农村与农业发展亟待解决的重要议题。特别是党的十八大以来,以习近平同志为核心的党中央,坚持把解决"三农"问题成为全党工作的重中之重。因此,对新中国成立70年以来我国农村和农业经济发展成就的概括以及历史经验教训的总结,不仅有利于实现我国全面深化农村改革的目标,同时也为实施乡村振兴战略提供重要保障。

本文结构安排如下:首先,对新中国成立至改革开放之初,我国农业农村经济发展情况进行简要介绍,总结其经验和教训;其次,主要就改革开放以来40年间,中国农业经济发展情况进行简要总结,分析取得成功的原因和问题。最后,则是根据新中国成立70年我国农业经济发展的相关经验教训进行总结,结合当前实际情况对我国农业发展的未来方向进行展望,提供相关政策建议。

第二节 曲折前进中的农业经济:
1949—1978年

一、农业生产的总体情况

在新中国成立至改革开放之初的30年间,虽然我国农业经济获得了显著的发展,但是也经历了较多困难与曲折,成绩与问题并存。

(一)粮食产出稳步增加,但增速有限且不稳定

在1949—1977年的30年,我国粮食产量从1.1亿吨增加到1977年的2.8

[①] 贫困发生率主要是指贫困人口占目标调查人口的比重。该贫困发生率的计算主要根据2010年现行标准给出,即每人每年2 300元(2010年不变价格)。

亿吨,粮食产量翻了一倍,平均增长率为2.8%(参见表4-1)。然而,在这30年间,粮食产出增速呈现出不稳定的状态。其中增速超过10%的年份有6年①,负增长有6年②,最为严重的为1959—1961年,农业产出连续三年处于负增长,平均增速为-11.5%。此外,从油料和棉花来看,也呈现出类似的变化。在过去的30年间,油料、棉花作物产出分别增长1.5%和5.3%,并且也呈现较大的波动性特征,特别在"三年困难时期"(1959—1961年),油料与棉花作物产出增长率平均下降24.5%和28.5%。以上这些主要农作物产出波动变化,恰恰暴露出在新中国成立之初,粮食生产体系和农业结构的脆弱性和不完备性。尽管农业产出经历了大起大落,呈现出不稳定变化的情况,但是总体上我国粮食平均增长率超过了当时人口的增长速度1.9%。这在一定程度上增加了粮食供给,缓解了新中国成立之初人们的粮食需求。然而,对于经历长期战乱,百废待兴的新中国而言,农业承受较大的压力,不仅需要解决5.4亿人口吃饭问题,而且也要为尚处于襁褓期的工业经济生产提供原料。因此,改革开放之初的农业生产并没有完全解决人们的吃饭问题,20世纪70年代,依然需要通过进口粮食满足粮食缺口③。

表4-1 1934—1977年中国主要粮食作物生产情况

年份	粮食			油料			棉花		
	产量(百万吨)	播种面积(百万公顷)	单产(吨/公顷)	产量(千万吨)	播种面积(千公顷)	单产(吨/公顷)	产量(千万吨)	播种面积(千公顷)	单产(吨/公顷)
1934	118.5	75	1.5	2.8	3.4	1.2	0.8	3.8	0.2
1935	127.2	77.2	1.6	2.8	3.3	1.1	0.7	3.5	0.2
1936	132.9	75.9	1.7	2.9	3.3	1.1	1.0	4.1	0.3
1937	124.6	73.8	1.6	2.9	2.7	0.9	0.8	4.2	0.2

① 这六年分别为:1950年、1952年、1962年、1966年、1970年、1973年。
② 这六年分别为:1959年、1960年、1961年、1968年、1972年、1977年,其中1959—1961年粮食连续三年呈现负增长,增长率分别为-14.2%、-15.2%、-5.1%。
③ 1970年粮食净进口数量为2百万吨,1977年粮食净进口为5.3百万吨。

续　表

年份	粮食			油料			棉花		
	产量（百万吨）	播种面积（百万公顷）	单产（吨/公顷）	产量（千万吨）	播种面积（千公顷）	单产（吨/公顷）	产量（千万吨）	播种面积（千公顷）	单产（吨/公顷）
1949	113.2	110	1.0	2.6	4.2	0.6	0.4	2.8	0.2
1950	132.1	114.4	1.2	2.9	4.3	0.7	0.7	3.8	0.2
1951	143.7	117.8	1.2	3.5	5.0	0.7	1.0	5.5	0.2
1952	163.9	124	1.3	4.2	5.7	0.7	1.3	5.6	0.2
1953	166.8	126.6	1.3	3.8	5.3	0.7	1.2	5.2	0.2
1954	169.5	129	1.3	4.2	5.7	0.7	1.1	5.5	0.2
1955	183.9	129.8	1.4	4.7	6.7	0.7	1.5	5.8	0.3
1956	192.8	136.3	1.4	5.1	6.7	0.8	1.4	6.3	0.2
1957	195.0	133.6	1.5	4.2	6.9	0.6	1.6	5.8	0.3
1958	197.7	127.6	1.5	4.8	6.4	0.8	2.0	5.6	0.4
1959	169.7	116	1.5	4.1	6.1	0.7	1.7	5.5	0.3
1960	143.9	122.4	1.2	1.9	5.8	0.3	1.1	5.2	0.2
1961	136.5	121.4	1.1	1.8	4.2	0.4	0.7	3.9	0.2
1962	154.4	121.6	1.3	2.0	4.2	0.5	0.7	3.5	0.2
1963	165.7	120.7	1.4	2.5	4.5	0.5	1.1	4.4	0.3
1964	180.9	122.1	1.5	3.4	5.3	0.6	1.7	4.9	0.3
1965	194.5	119.6	1.6	3.6	5.2	0.7	2.1	5.0	0.4
1966	214.0	121	1.8	3.9	5.2	0.8	2.3	4.9	0.5
1967	217.8	119.2	1.8	4.0	5.1	0.8	2.4	5.1	0.5
1968	209.1	116.2	1.8	3.4	4.6	0.7	2.4	5.0	0.5
1969	211.0	117.6	1.8	3.3	4.7	0.7	2.1	4.8	0.4
1970	240.0	119.3	2.0	3.8	4.5	0.8	2.3	5.0	0.5
1971	250.1	120.8	2.1	4.1	4.8	0.9	2.1	4.9	0.4

续 表

年份	粮食			油料			棉花		
	产量（百万吨）	播种面积（百万公顷）	单产（吨/公顷）	产量（千万吨）	播种面积（千公顷）	单产（吨/公顷）	产量（千万吨）	播种面积（千公顷）	单产（吨/公顷）
1972	240.5	121.2	2.0	4.1	5.3	0.8	2.0	4.9	0.4
1973	264.9	121.2	2.2	4.2	5.3	0.8	2.6	4.9	0.5
1974	275.3	121	2.3	4.4	5.3	0.8	2.5	5.0	0.5
1975	284.5	121.1	2.4	4.5	5.7	0.8	2.4	5.0	0.5
1976	286.3	120.7	2.4	4.0	5.8	0.7	2.1	4.9	0.4
1977	282.7	120.4	2.3	4.0	5.6	0.7	2.1	4.8	0.4

注：1934—1949年粮食作物包括小麦、大麦、蚕豆、豌豆、燕麦、大豆、高粱、小米、甘薯、粳稻、糯稻等，油料作物主要包括油菜籽。

资料来源：1949年前数据来源中央农业试验所《农情报告》《中华民国统计提要》；1949年后数据来自中国国家统计局。

另外，从粮食生产力水平来看，新中国成立之初，中国社会长期处于战争、灾荒冲击的水深火热之中。特别是长达18年的抗日战争和解放战争，我国农业生产受到了严重破坏。从表4-1可以看到，在抗日战争之前，我国农业单产水平最高年份为1934—1936年，粮食平均单产为1.6吨每公顷，油料作物平均单产为1.1吨每公顷，棉花作物平均单产为0.2吨每公顷。此后，粮食生产力水平持续下降。在经历新中国成立初期的短暂经济恢复后，直到20世纪60年代中期，粮食单产才达到抗日战争前期水平。此后，特别是在1962年以后，我国农业产出单产呈现持续上升趋势，粮食作物从1.3吨每公顷上升到改革开放之初的2.3吨每公顷。1949—1977年，我国农作物播种面积增加6.3%左右，但是粮食作物播种面积基本没有变化，平均1.2亿公顷，甚至在某些年份土地面积出现下降趋势，如1968年粮食作物播种面积仅为1.1亿公顷。由此可见，这一时期粮食单产的增加完全是由生产力水平提高所导致的。

（二）农业经济缺乏活力，种植结构较为单一

改革开放之前的30年，相比新中国成立前农业产出以及生产力水平均有

缓慢提升，但是在农业结构方面基本没有显著变化。如图4-2所示，在1949—1977年的32年间，粮食作物依然是农业生产的主要内容。虽然粮食作物播种面积比例从88.5%下降到80.6%，但是粮食作物播种面积依然占农业作物播种面积的80%以上。而另外两种重要的农业作物——油料作物、棉花，两者播种面积比例自新中国成立至改革开放前，基本没有变化，约占整个农业作物播种面积的5%。

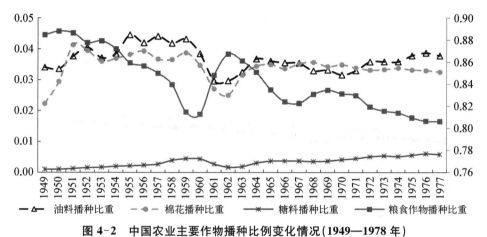

图4-2　中国农业主要作物播种比例变化情况（1949—1978年）

资料来源：历年《中国统计年鉴》。粮食为右边坐标，其他为左边坐标。

这种较为单一的农作物种植结构，不仅体现了我国农业经济缺乏活力，也更加体现了显著的计划经济下农业发展的特征。特别在农业社会主义改造以后，农民作为农业生产的主体，没有农业生产的自主决定权利，种什么、种多少，均不能由农户自身决定。种植结构的单一性，在一定程度上也大大打击了广大农民的生产积极性。

（三）农民收入水平增长缓慢，消费水平较低，城乡差异逐渐扩大

由于农业产出增长缓慢，种植结构较为单一，农业生产缺乏足够的激励，我国农民收入水平增长也较为缓慢。由于缺乏改革开放前农村人均可支配收入，而在宏观经济学中，收入可以分解为消费与储蓄两个主要部分，因此我们采用农村居民消费水平作为农村人均可支配收入的代理变量，进而刻画出改

革开放之初我国农村农民收入水平变化情况。1952—1977年,全国居民消费水平年均增长2.3%,从80元上升到175元,而农村居民人均消费水平30年间平均增长仅1.8%,同期城市居民平均人均消费增长率为3.2%(如图4-3所示)。由此可见,改革开放之初,广大农民生活水平较为困难,而且农村与城市之间的收入差异也呈现逐渐扩大的特征,这也成为20世纪70年代末广大农村呼唤改革的重要决定因素。

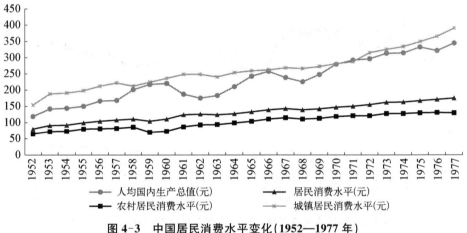

图4-3 中国居民消费水平变化(1952—1977年)

资料来源:历年《中国统计年鉴》。

城市与农村居民之间可支配收入增长速度的逐渐扩大,所导致的结果必然是城乡差异的逐渐扩大(如图4-4所示)。1952年城市居民消费是农村居民消费的2.5倍。尽管在1960年达到最高点3.2倍,但是之后持续下降,保持在2.5倍水平。然而,自1970年以后,城乡之间收入差异逐渐扩大,至改革开放前,已经达到3倍左右。

二、农业经济绩效欠佳的主要原因

新中国成立之初至改革开放前的30年间,我国农业经济呈现出增长乏力、结构单一、体系脆弱的基本特征。这一阶段产出表现并非是由于农业生产投入不足,事实上在此阶段,化肥和机械成为农业生产投入最为突出的要素,

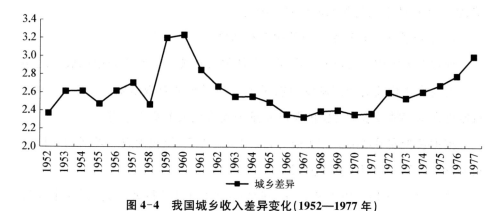

图 4-4 我国城乡收入差异变化（1952—1977 年）

资料来源：历年《中国统计年鉴》。

1952—1978 年，化肥与机械投入平均增速为 17.1% 和 24.1%。因此，之所以出现农业增长乏力和困难的结果，生产要素投入之外的因素扮演了非常重要的角色。这里主要因素有以下几个方面。

（一）长期天灾人祸冲击影响农业发展

近代以来，中国社会一直处于频繁的天灾人祸之中。天灾主要表现为自然灾害频发，仅 1644—1911 年，总计发生自然灾害 1 121 次，平均每年爆发 4.2 次（中央气象局气象科学研究院，1981；邓云特，1984）。因此，有西方学者将我国称为"灾荒的国度"（Mallory，1926）。民国时期，自然灾害冲击依然没有改善，仅 1912—1934 年，华北地区累计 2 000 县次遭受到自然灾害的袭击，平均每年有 20 个县次受到自然灾害的影响（夏明方，2000）。除自然灾害外，社会动荡也是影响农业经济发展的重要因素。这些社会动荡与冲突，既有中国与国外列强之间的战争冲突，如鸦片战争、中法战争、甲午中日战争、八国联军侵华、抗日战争等，同时也有国内民族之间与阶层之间的斗争冲突，如太平天国战争、义和团运动、北伐战争、国内革命战争、解放战争等。特别是太平天国战争与抗日战争，导致中国人口大量减少，土地荒芜，农业生产造成严重破坏（李忠杰，2014；李楠和林矗，2015）。近代中国长期的天灾人祸导致了我国农业发展长期处于迟缓的状态。而这也成为新中国成立之初，我国农业经济发展迟缓、农业生产体系较为脆弱的重要原因之一。

(二) 制度设计缺乏活力制约生产积极性

导致新中国成立后农业生产绩效不佳的最重要原因在于新中国成立之初一系列与农业相关的经济制度对农民生产缺乏足够有效激励。其中,土地产权制度在众多涉及农业经济的制度安排中起着至关重要的作用。

根据黄少安等(2005)相关研究,将1949—1977年我国农业发展的土地产权制度变迁划分为以下四个阶段。

第一阶段1949—1952年。这一阶段主要实行以"耕者有其田"为主要目标的土地改革。土地改革主要是将地主和富农的土地没收,然后通过重新分配土地的形式将土地分配给贫下中农。此时,土地经营处于分散化和私有化的状态。尽管这一阶段农业生产要素投入(例如农业机械、化肥等)没有显著增加,但是土地改革有效地激励了1949—1952年的农业产出。直到1953年土地政策发生了较大的改变。

第二阶段1953—1958年,即"一五计划"①时期。在此阶段,农业完成了社会主义改造,逐渐从土地私有向集体化方向改造。这一改造过程是逐步展开的,起初实行农民自愿参加互助合作,后面在政府的强制推动下,基本实行了"土地集体所有,统一经营"的社会主义改造。特别是1954—1958年全国农民迅速从互助组、合作社转变成人民公社。此外,在粮食流通方面,开始实行统购统销制度②。统购统销制度的实施,在一定程度上也损害了农户的剩余索取权,农民的生产积极性受到了严重的打击。农业的社会主义改造的完成以及统购统销制度的确立,中国农村经济社会发展迎来了人民公社时期。

---

① "一五计划"即第一个五年计划的简称。主要是指新中国建立之初,从1953—1957年发展国民经济的计划。该计划的主要基本任务包括:一是建立我国社会主义工业化的初步基础,集中力量进行工业建设;二是建立对农业和手工业社会主义改造的基础,发展部分集体所有制的农业生产合作社;三是建立对私营工商业社会主义改造的基础,将资本主义工商业分别纳入各种形式的国家资本主义的轨道。"一五计划"的实施取得了前所未有的成功,在1957年底,对个体农业、手工业以及私营工商业的社会主义改造基本完成,与此同时工业化基础基本确立,社会主义的生产关系基本确定。

② 统购统销制度是指在新中国成立之初,实行的一项控制粮食、棉花等农产品资源的计划经济政策。该政策从1953年开始实施,主要内容是政府在农村实行粮食计划征购,而在城市实行定量配给。因此,称为"统购统销"。更多关于统购统销政策的研究参见王丹莉(2008)。

第三阶段 1959—1962 年,全国农村实行人民公社制度。在人民公社制度下,土地成为集体财产,由公社统一经营。这一时期,农业生产的积极性达到最低点,也是我国农业生产最困难时期。这一阶段虽然有自然灾害的冲击,但是农业生产激励的缺乏则是农业产出下降的重要原因。人民公社制度不仅使农户没有权利决定生产什么、生产多少,而且也没有产出之后的剩余索取权,农户不能保留自己生产农产品。此外,在工分分配制度下,很多农户选择"搭便车",干多干少一个样,生产投入不足,最终导致生产效率严重低下,生产激励缺乏,粮食产出持续下降(Chang and Wen, 1995; Lin and Yang, 2000; Kung and Lin, 2003)。

第四阶段 1963—1978 年,开始实行"三级所有,队为基础"的生产队统一经营模式。在经历了 1959—1961 年三年困难时期后,党和政府对农业政策和制度进行调整,开始实行"三级所有,队为基础"的生产队生产经营模式。在这一制度调整背景下,虽然农业生产局面得到一定改善,经营主体从宏观的人民公社转变为微观的生产队,但是依然没有显著激发出农民农业生产的积极性。这也最终激发出我国改革开放之初,农业部门和农村率先成为产权制度改革中心的重要原因。

(三) 户籍制度抑制要素流动限制农业发展

新中国成立之初建立的户籍制度,虽然对我国乡村和城市治理起到了积极作用,但是对农业经济发展产生了一定不利的影响。一方面,户籍制度把中国不同区域严格划分为城市和农村,将原有的二元经济边界演化为严格意义上的行政区划边界。这种划分不仅完全限制了农村剩余劳动力的流动与土地生产要素的流转,导致农业生产缺乏效率,产出增加受到抑制;而且这种行政区域边界的划分加速了城乡差异的扩大,导致公共物品、社会保障等方面在城乡社会发展方面的差距进一步拉大。另一方面,户籍制度的实施规定了城市与乡村之间不同的经济地位。农村主要为城市和工业部门提供原材料以及食物和必需品,而城市对农村提供的资源则非常有限,仅为少量生产要素如化肥、资本等,更多需求需要农村自给自足。而在统购统销制度背景下,农村生产剩余又受到限制。因此,户籍制度在一定程度上也是制约农业经济发展的重要因素。

(四)粮食贸易及汇率政策抑制农业发展

除了以上制约农业经济发展的因素之外,部分学者(Huang and Chen,1999;Lardy,2001)还认为,新中国成立之初的相关贸易状况也是导致新中国成立至改革开放前,农业经济陷入停滞和困难的重要因素。首先,由于新中国成立之初,我国受到经济封锁,经济各个领域均实行自给自足。在进出口方面,国有农业贸易公司垄断粮食进出口,农业成为创造外汇的手段。这使中国农业丧失了进口土地密集型农产品替代劳动密集型农产品的机会(Huang and Chen,1999;Lardy,2001)。其次,改革开放前我国的汇率政策也不利于农业经济发展。由于国家发展战略需要,我国人民币对美元的汇率始终处于较高水平。这不仅使我国农产品出口较为困难,而且进口产品较多也会抑制农产品价格,对本国农产品造成伤害(Huang and Chen,1999)。

第三节 农业的改革与发展:1978—2019 年

一、农业增长与农村经济发展

相比改革开放之前的 30 年,改革开放之后的 40 年间我国农业发生了翻天覆地的变化,从根本上改变了农村的面貌。农业生产不仅在生产组织形式方面改变了从"三级所有制,生产队经营"转变成家庭土地联产承包责任制,而且农业技术也稳步提升。这不仅大大激活了农户的生产积极性,而且大大增加了粮食作物的供给,农业产出、种植结构、市场化程度、农民生活等均有较大改善。而这一系列变化也为改革开放以来中国经济的快速发展奠定了基础(MacMillan et al.,1989;Lin,1992;Huang and Rozelle,1996;Fan et al.,1999;周其仁,1995,2013;张晓山,2018 等)。这一阶段我国农业与农村经济发展的具体表现为以下几个方面。

（一）农业产出稳步增加，粮食供给得到有效保障

自1978年改革开放以来，中国经济社会发展取得了巨大成就。在这40年快速发展阶段，中国农业也呈现快速增长的趋势。1978—2017年近40年的时间里，农业总产值平均增长率达到4.8%（如图4-1所示）。从表4-2可以看到，粮食产量从1978年的3亿吨上升到2017年的6.6亿吨，粮食单产也从1978年的2.5吨每公顷上升至2017年的5.6吨每公顷，翻了一倍，同时也是1949年的3.7倍。粮食作物产出的生产力水平获得显著提升。

表4-2 中国主要农业作物产量、播种面积与单产变化情况（1978—2017年）

年份	粮食			油料			棉花		
	产量（百万吨）	播种面积（百万公顷）	单产（吨/公顷）	产量（万吨）	播种面积（百万公顷）	单产（吨/公顷）	产量（万吨）	播种面积（百万公顷）	单产（吨/公顷）
1978	304.8	120.6	2.5	5.2	6.2	0.8	2.2	4.9	0.4
1979	332.1	119.3	2.8	6.4	7.1	0.9	2.2	4.5	0.5
1980	320.6	117.2	2.7	7.7	7.9	1.0	2.7	4.9	0.6
1981	325.0	115.0	2.8	10.2	9.1	1.1	3.0	5.2	0.6
1982	354.5	113.5	3.1	11.8	9.3	1.3	3.6	5.8	0.6
1983	387.3	114.0	3.4	10.5	8.4	1.3	4.6	6.1	0.8
1984	407.3	112.9	3.6	11.9	8.7	1.4	6.3	6.9	0.9
1985	379.1	108.8	3.5	15.8	11.8	1.3	4.1	5.1	0.8
1986	391.5	110.9	3.5	14.7	11.4	1.3	3.5	4.3	0.8
1987	403.0	111.3	3.6	15.3	11.2	1.4	4.2	4.8	0.9
1988	394.1	110.1	3.6	13.2	10.6	1.2	4.1	5.5	0.7
1989	407.5	112.2	3.6	13.0	10.5	1.2	3.8	5.2	0.7
1990	446.2	113.5	3.9	16.1	10.9	1.5	4.5	5.6	0.8
1991	435.3	112.3	3.9	16.4	11.5	1.4	5.7	6.5	0.9
1992	442.7	110.6	4.0	16.4	11.5	1.4	4.5	6.8	0.7

续 表

年份	粮食			油料			棉花		
	产量（百万吨）	播种面积（百万公顷）	单产（吨/公顷）	产量（万吨）	播种面积（百万公顷）	单产（吨/公顷）	产量（万吨）	播种面积（百万公顷）	单产（吨/公顷）
1993	456.5	110.5	4.1	18.0	11.1	1.6	3.7	5.0	0.8
1994	445.1	109.5	4.1	19.9	12.1	1.6	4.3	5.5	0.8
1995	466.6	110.1	4.2	22.5	13.1	1.7	4.8	5.4	0.9
1996	504.5	112.5	4.5	22.1	12.6	1.8	4.2	4.7	0.9
1997	494.2	112.9	4.4	21.6	12.4	1.7	4.6	4.5	1.0
1998	512.3	113.8	4.5	23.1	12.9	1.8	4.5	4.5	1.0
1999	508.4	113.2	4.5	26.0	13.9	1.9	3.8	3.7	1.0
2000	462.2	108.5	4.3	29.5	15.4	1.9	4.4	4.0	1.1
2001	452.6	106.1	4.3	28.6	14.6	2.0	5.3	4.8	1.1
2002	457.1	103.9	4.4	29.0	14.8	2.0	4.9	4.2	1.2
2003	430.7	99.4	4.3	28.1	15.0	1.9	4.9	5.1	1.0
2004	469.5	101.6	4.6	30.7	14.4	2.1	6.3	5.7	1.1
2005	484.0	104.3	4.6	30.8	14.3	2.1	5.7	5.1	1.1
2006	498.0	105.0	4.7	26.4	11.7	2.2	7.5	5.8	1.3
2007	504.1	106.0	4.8	27.9	12.3	2.3	7.6	5.2	1.5
2008	534.3	107.5	5.0	30.4	13.2	2.3	7.2	5.3	1.4
2009	539.4	110.3	4.9	31.4	13.4	2.3	6.2	4.5	1.4
2010	559.1	111.7	5.0	31.6	13.7	2.3	5.8	4.4	1.3
2011	588.5	113.0	5.2	32.1	13.5	2.4	6.5	4.5	1.4
2012	612.2	114.4	5.4	32.9	13.4	2.4	6.6	4.4	1.5
2013	630.5	115.9	5.4	32.9	13.4	2.4	6.3	4.2	1.5
2014	639.6	117.5	5.4	33.7	13.4	2.5	6.3	4.2	1.5
2015	660.6	119.0	5.6	33.9	13.3	2.5	5.9	3.8	1.6
2016	660.4	119.2	5.5	34.0	13.2	2.6	5.3	3.2	1.7
2017	661.6	118.0	5.6	34.8	13.2	2.6	5.7	3.2	1.8

资料来源：历年《中国统计年鉴》。

除了粮食产出大幅提升以外,油料作物与棉花也获得了较大的增加。其中,油料作物从改革之初的5.2万吨上升到当前的34.8万吨,增加5.6倍,而棉花则从2.2万吨增加到5.7万吨,增加3.5万吨。这一系列变化充分体现出我国农业产出的不断提升和农业经济的快速发展。

改革开放以来,粮食产量的增加和生产力水平的提高,基本实现了我国粮食供给从长期粮食短缺到总量大体平衡的转变。如表4-3所示,改革开放以来,我国粮食产出平均增长率为2%,而同期人口平均增长速度为0.9%。粮食产出增速大大高于人口增长,这使得我国人均粮食产量从1980年的0.33吨每人增加至2017年的0.48吨每人。这使我国在改革开放以后创造了举世瞩目的成绩,中国利用世界10%的耕地,养活了世界近20%的人口。我国食物不仅达到自足,而且供给能力基本处于发达国家水平,从20世纪90年代开始,中国成为粮食净出口国(Huang et al.,2003)。所有发生的这一切,充分体现了我国改革开放以来40年间,农业发展取得的突出成就。

表4-3 改革开放以来我国粮食生产、人口增长以及人均粮食产量变化情况

年份	粮食产量（百万吨）	增速（%）	人口（亿）	增速（%）	人均粮食产量（吨/人）	增速（%）
1980	320.6		9.8		0.33	
1985	379.1	3.41	10.5	1.39	0.36	1.99
1990	446.2	3.31	11.4	1.66	0.39	1.63
1995	466.6	0.90	12.1	1.20	0.39	−0.30
2000	462.2	−0.19	12.6	0.81	0.37	−0.99
2005	484	0.93	13	0.63	0.37	0.30
2010	559.1	2.93	13.1	0.15	0.43	2.77
2015	660.6	3.39	13.7	0.90	0.48	2.47
2017	661.6	0.08	13.9	0.29	0.48	−0.26

资料来源:历年《中国统计年鉴》。

(二)农业经济结构不断优化,种植结构不断升级

改革开放以来,除了农业产出水平获得较大提升之外,农业结构与改革开放之前相比也获得了巨大的变化。农业经济结构不断改善,农业种植结构不断优化。

在农业经济结构方面,农业经济表现不仅体现在粮食、油料、棉花等传统农作物产量增加和生产力水平提高上,在其他农业经济方面也获得了较大发展。其中:肉类生产从1980年的1205万吨上升至2017年的8431万吨,增加近6倍,年平均增长速度约为5%;水产品生产则从改革开放初期的450万吨增加至2017年的6938万吨,年平均增速约为7.34%。肉类、水产类等副食品供给增速均快于同期粮食产量的增加,我国农业经济结构相比改革开放之前,获得了较大的改善和优化(如表4-4所示)。

表4-4 改革开放以来我国农业经济结构变化情况

年份	粮食产量(百万吨)	增长率(%)	肉类(万吨)	增长率(%)	水产类(万吨)	增长率(%)
1980	320.6		1205		450	
1985	379.1	3.4	1927	9.8	705	9.4
1990	446.2	3.3	2857	8.2	1237	11.9
1995	466.6	0.9	5260	13.0	2517	15.3
2000	462.2	−0.2	6125	3.1	4278	11.2
2005	484	0.9	7743	4.8	5108	3.6
2010	559.1	2.9	7925	0.5	5366	1.0
2015	660.6	3.4	8625	1.7	6690	4.5
2017	661.6	0.1	8431	−1.1	6938	1.8

资料来源:历年《中国统计年鉴》;历年《国民经济和社会发展统计公报》,国家统计局。

在农业种植结构方面,改革开放以来也有较大变化。首先,作为农作物主要内容的粮食作物,其播种面积占农作物播种面积比例显著下降,从改革开放之初的80.3%下降至70.5%左右。相应的油料作物、蔬菜播种面积则呈现显

著上升的趋势,油料作物与蔬菜播种面积占农作物播种面积的比例,分别从1978年的4.1%和2.2上升到7.9%和12.%。这里特别突出的是蔬菜播种面积获得了显著的提升,我国百姓的副食品结构获得较大改善。

农业经济结构与农作物种植结构的改善和提升,不仅有效地增加了农民的收入,与此同时,这一变化也对广大人民群众的食物消费结构产生了较大影响。

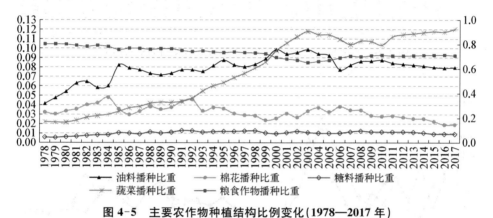

图 4-5 主要农作物种植结构比例变化(1978—2017 年)
资料来源:历年《中国统计年鉴》。粮食为右轴,其他为左轴。

(三)农民收入水平得到显著增加,城乡差异逐渐缩小

随着农业经济的发展,农民收入水平也获得了显著的提升。改革开放以来,我国农村居民人均可支配收入从 1978 年的 133.6 元上升到 2018 年的 14 617 元,上升近 108.4 倍,年均增速约 12.1%(图 4-6)。尽管城镇与乡村之间居民的可支配收入差异依然存在,但是这一差异正在逐渐发生变化。从图 4-7 可以看到,城镇与农村居民可支配收入增速之间一直呈现出阶段性波动变化特征。其中在改革开放初期,农村居民收入增速较快,获得较大增加,但随着改革的中心从农村转移到城市,城乡差异逐渐扩大。然而自 2010 年以来,随着一系列惠农、利农政策的实施,我国农村居民可支配收入持续增加,增速快于城镇居民可支配收入的增长率(图 4-7)。这一结果的出现,导致我国城乡之间收入差异逐渐缩小。

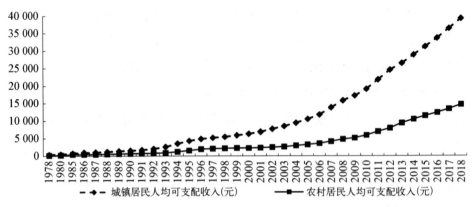

图 4-6 城镇与农村居民人均可支配收入变化（1978—2018 年）

资料来源：历年《中国统计年鉴》。

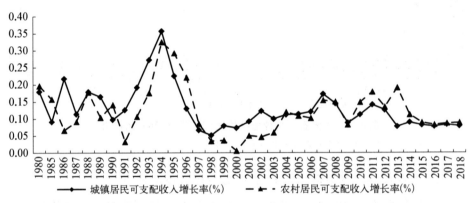

图 4-7 城镇与农村居民人均可支配收入增长率变化情况（1978—2018 年）

资料来源：历年《中国统计年鉴》。

图 4-8 说明了改革开放 40 年我国城乡收入差异的变化情况。从图 4-8 中可以看到，我国城乡差异基本呈现倒"U"型的变化趋势。在改革开放之初，随着家庭联产承包责任制改革的推行，农村生产力得到了极大的解放，农业生产增加，农民收入提高，这使得从 1978—1981 年城乡差异逐渐缩小，从 2.5 倍下降到 1.8 倍。从 1982 年开始，城乡差异显著扩大，其间虽有波动，但整体上持续上升，从 1982 年的 2.1 倍上升到 2007 年的 3.3 倍。但是，自从 2007 年以来，城乡差异逐渐缩小，从 2007 年的 3.3 倍下降到 2018 年的 2.6 倍。这充分反映了我国农业经济发展对农村经济社会的外溢效应，农业产出的增加，带动

了农民收入的增长,缩小了城乡之间的收入差异,促进了我国城乡经济社会一体化的发展。

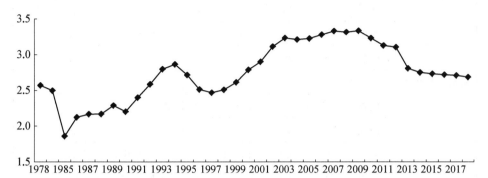

图 4-8 我国城乡收入比的变化情况(1978—2018 年)

资料来源:历年《中国统计年鉴》。

(四)农村食物消费结构日益改善,消费水平显著提升

农业产出的增加,农业种植结构与经济结构的改善,以及农民收入的提高,带来的一个重要结果则是广大农村消费结构的改善和消费水平的提升。

如表 4-5 所示,改革开放以来,我国农村人均消费水平逐年提升。在消费结构方面,粮食和蔬菜消费量逐渐下降,分别从 1985 年的 257 千克每人和 131 千克每人,下降至 2017 年的 155 千克每人和 90.2 千克每人。但是在水果和肉类产品方面,消费量显著上升,分别从改革开放之初的 11 千克每人和 1 千克每人上升至 38.4 千克每人和 23.6 千克每人。这一变化虽然与同期城市人均消费量存在一定差异,但是总体变化趋势相同。均呈现出粮食消费下降,水果、肉类成为重要食物支出的重要内容。

表 4-5 改革开放以来我国城市、农村消费结构变化情况(单位:千克/人)

年 份	1985	1990	1995	2000	2005	2010	2015	2017
全国人均占有量								
粮食	358	390	385	365	371	131	135	130
蔬菜	138	137	112	114	111	105	97.8	99.2

续 表

年 份	1985	1990	1995	2000	2005	2010	2015	2017
油料	6	14	19	23	24	7.58	10.6	10.4
水果	11	16	35	49	123	36.9	44.5	50.1
肉类产品	18	25	43	48	59	23.3	26.2	26.7
农村人均消费量								
粮食	257	262	260	250	209	181	160	155
蔬菜	131	134	105	112	102	93.3	90.3	90.2
油料	4	5.2	5.8	7.1	6	6.31	10.1	10.1
水果	11	11.3	11.3	14.6	17.1	19.6	32.3	38.4
肉类产品	1	1.3	1.8	2.9	3.7	22.2	23.1	23.6
城市人均消费量								
粮食	135	131	97	82	77	81.5	113	110
蔬菜	144	139	119	115	119	116	104	107
油料	5.8	6.4	7.6	8.2	9.3	8.84	11.1	10.7
水果	18.7	21.7	19.7	20.1	23.9	54.2	55.1	59.9
肉类产品	3.2	3.4	4	7.4	9	24.5	28.9	29.2

资料来源：历年《中国统计年鉴》；历年《中国农业年鉴》；历年《中国农村统计年鉴》。

在食物消费结构日益改善的同时，农村居民消费水平也在显著提升。这里通过构建恩格尔系数可以看到农村居民消费水平变化的基本趋势[①]。改革开放至今，无论城市还是农村食品支出占总消费支出的比重均呈现直线下降的状态。其中，城市居民的恩格尔系数从1978年的57%下降至近期的40%，而农村居民的恩格尔系数则从66%下降至2012年的45%。而且城市与农村逐渐呈现收敛趋同状态。这一变化也正是改革开放以来，我国农业经济发展成就的一个重要表现之一。

---

① 恩格尔系数是衡量食物支出占总消费支出的比重，该比重越高表明经济发展水平越低，反之经济发展水平越高。根据世界银行的标准，如果恩格尔系数达59%以上为贫困，50%—59%为温饱，40%—50%为小康，30%—40%为富裕，低于30%为最富裕。

(五)贫困人口逐渐减少,贫困发生率逐渐下降

如果中国农业的发展给世界带来哪些奇迹或者重大影响,那么除了中国农业发展解决了世界近20%人口的吃饭问题外,另一个奇迹则是中国在减少贫困人口方面所做的努力。由于在改革开放之初,中国贫困人口大量集中在农村地区,因此农业经济的发展和农民收入的增加,也意味着我国贫困人口的大规模减少。

按照2010年划分贫困线的标准进行测算,1978年人均年收入低于2 300元的贫困人口约为7.7亿人,贫困发生率约为97.5%[①]。然而截至2018年,我国贫困人口仅有1 660万人,贫困发生率约为1.7%。这一成绩的取得,一是改革开放以来,我国农业经济得到快速发展农民收入得到显著提高;二是得益于乡村社会公共建设投资的不断增加,公益事业的不断发展,城乡一体化不断加强;三是贫困人口的减少,贫困发生率的降低,与我国政府近期实行的"精准扶贫"政策密不可分。特别是党的十八大以来,把脱贫攻坚摆在了我国经济社会发展的突出位置,精准扶贫战略的出台,使扶贫工作呈现了前所未有的新局面。根据现有研究,"精准扶贫"不仅使我国贫困地区农户收入显著增加,而且有效地缩小了城乡差异(李楠和迟子明,2019)。

表4-6 1978—2018年我国贫困人口、贫困发生率变化情况

年份	贫困人口(万人)	贫困发生率(%)	贫困人口(万人)	贫困发生率(%)	贫困人口(万人)	贫困发生率(%)
1978	25 000	30.7			77 039	97.5
1980	22 000	26.8			76 542	96.2
1985	12 500	14.8			66 101	78.3
1990	8 500	9.4			65 849	73.5
1995	6 540	7.1			55 463	60.5
2000	3 209	3.5	9 422	10.2	46 224	49.8

---

① 贫困发生率主要是指贫困人口占目标调查人口的比重。

续　表

年份	贫困人口（万人）	贫困发生率(%)	贫困人口（万人）	贫困发生率(%)	贫困人口（万人）	贫困发生率(%)
2005	2 365	2.5	6 432	6.8	28 662	30.2
2010			2 688	2.8	16 567	17.2
2011					12 238	12.7
2012					9 899	10.2
2013					8 249	8.5
2014					7 017	7.2
2015					5 575	5.7
2016					4 335	4.5
2017					3 046	3.1
2018					1 660	1.7

说明：2010年标准：即现行农村贫困标准，现行农村贫困标准为每人每年2 300元(2010年不变价格)。资料来源：《中国统计年鉴(2018)》；《2018年国民经济和社会发展统计公报》(国家统计局)。

二、改革开放以来农业经济发展的决定因素

在上一部分，我们主要就改革开放以来40年我国农业经济发展的基本成就进行了总结。可以看到我国农业经济获得了显著的发展，农业生产力水平进一步提高，农业生产体系进一步完善，农业结构进一步优化。那么，是什么因素决定了我国农业在改革开放40年里获得较好经济表现呢？主要决定因素有以下几个方面。

（一）持续的农业相关制度创新促进农业经济快速发展

改革开放前后，农业经济发展最大的不同在于农村制度的创新。在改革开放以前，广大农村主要实行人民公社制度。在人民公社和统购统销制度安排下，农民的剩余索取权遭到侵害，农业生产积极性受到严重打击，"搭便车"行为普遍存在，农业生产缺乏自主权，生产什么、生产多少，农户均无权决定。然而，改革开放以来，广大农村首先废除了人民公社制度，迅速建立起以家庭

承包经营为基础、统分结合的家庭联产承包责任制。这项制度的确立,赋予了农户更多的生产决策权和剩余索取权,大大调动了广大农户的生产积极性,提高了农业生产力水平(McMillian et al.,1989;Lin,1992;Huang et al.,1996)。在后来的一系列关于改革开放初期农业发展决定因素的实证研究中,所有实证证据均表明,在农业经济增长中,有较大增长幅度来自家庭联产承包责任制的实施(Lin,1992;Huang et al.,1996;乔榛等,2006)。

农村制度创新对农业经济发展的影响不仅体现在改革开放初期家庭联产承包责任制的一次改革,而是此后的一系列制度创新的结果。

首先,在土地产权制度安排方面,20世纪90年代,中国政府又对家庭联产承包责任制进行了一系列的发展和完善。例如,针对农村土地产权稳定性问题,对土地承包期进行了调整,从早先的15年,提高到30年。这一调整有效地稳定了农户的土地承包权,促进了农户对土地长期投资,进而促进了生产力水平的提高(黄季焜等,2012;Gao et al.,2012;Deininger et al.,2014)。

其次,除了家庭联产承包责任之外,农产品市场化改革也是非常重要的制度创新之一。改革开放前,由于我国实行计划经济体制,在农产品流通方面,主要实行统购统销制度,农产品价格缺乏弹性,不能对农产品市场进行有效的反应。即使在改革开放初期,这一情况也没有得到显著改变。农产品市场化改革经历了一个从副食品到大宗农产品逐渐深入的过程。在改革之初,蔬菜、水果、水产品和部分畜产品只允许本地市场交易,直到80年代中期以后市场化改革开始转向粗粮、主要畜产品、糖料、油料、大豆、棉花、水稻、小麦、玉米等。根据一些学者(如Larry,2001等)的研究,在1978年以市场价出售的农产品只有6%,到1985年增加到了40%,而到了20世纪末该比例达到83%。农产品市场化的发展进一步激发了广大农户农业生产的积极性,同时农产品价格市场化给农户提供了较好的市场价格信号,不仅引导农户主动调整农业经济结构和种植结构,而且也促进了农业产出的不断增加。农业产出的增加,也进一步促使我国粮食价格完全放开,最终2004年我国取消了农产品的政府订购价。

接下来,在完成粮食流通体制和农产品市场化改革之后,如何减轻农民负担,改善民生,增加农民收入等,成为改革重点。农业税费改革在此时应运而生。20世纪90年代末,一些基层地方政府开始探索解决农民负担问题,规范农村税费。直至2000年,农村税费改革开始由中央统一部署和指导,正式进入改革进程。2000年3月,党中央、国务院下发《关于进行农村税费改革试点工作的通知》,决定在安徽省进行税费改革试点。2001年和2002年开始在江苏、河北、内蒙古、黑龙江、吉林、青海等省、自治区开始试点。2003年,国务院下发《关于全面推进农村税费改革试点工作的意见》,这标志着农村税费改革在全国范围全面实施。通过一系列税费改革,农民负担得到了减轻,同时在减轻税费的同时,国家财政也进行了农业补贴,这大大激发了农户的生产积极性。根据周黎安等(2005)、乔榛等(2006)的相关研究,农业税费改革对农业增长和农民收入增加具有相当大的正向影响,税费改革对农业增长和农民收入增加的贡献率分别高达23%和40%以上。

从以上事实可以看到,改革开放以来我国农业产出的增加和农业经济发展与不同时期党和国家提供给农户不同激励的一系列制度创新密不可分。正是因改革开放以来,农村经济一系列制度创新,导致了近40年来农业经济的快速发展。

(二) 农业技术进步与推广有效提高了农业生产力

除了一系列制度创新对农业经济发展的促进作用外,改革开放40年我国农业技术进步对农业生产力的提高也发挥了重要作用。

在农业研发方面,虽然经历了"反右""文革"等政治运动,我国农业科技人才培养与技术发展受到了严重的冲击,但是改革开放以来,农业研发取得了巨大成就。一是人才队伍和科研机构获得了较大发展。农业科研人员从改革开放前的2.2万人发展到1985年的10.2万人。虽然此后经历了一系列的改制调整等,目前农业科研人员队伍规模依然保留在6万人左右的规模。二是农业研发不仅投入总量不断增加而且投资方式也在发生变化。改革开放以来,我国农业科研投入经历了由国家投入为主逐渐向商业化和拨款方式转变的过程。此外,农业科研部门的运作方式也越来越市场化,开始从事经营创收活动,科研项目的拨款方式也从原来的政府部门主导计划分配改为市场竞争制。

特别在1999年以后,农业科研单位开始转制,同时企业投资开始增加。根据相关统计数据,政府对农业科技投入从1978年的7.2亿元,上升至2015年的500多亿元,是1978年的69倍,其中农业研发投入增长185倍(黄季焜,2018)。由此可见,这一系列变化促进了农业科技研发的发展,不仅大大激发了农业科研机构和科研人员的创新活力,同时增加了农业研发的投资力度,大大推动了我国农业科学技术的发展,进而推动了我国农业的发展。

尽管在农业生产过程中,农业研发非常重要,但是仅有农业研发对农业发展是远远不够的,更重要的在于农业技术的有效推广。在农业推广方面:一是在改革开放之初,全国各乡镇均设立农技站,并且培养大量农技推广人员,农技推广人员规模一度达到45万人,截至目前全国在编农技人员基本稳定在70万人左右的水平。二是注重农业技术推广的商业化改革,众多农技推广的新模式不断涌现。农技推广网点的设立,人才队伍的培养,以及农技推广的市场化运作,使农业研发技术较快地普及到农民的田间地头,较好地将农业技术转化为生产力,促进农业生产力水平的提高。以水稻生产为例,有相关实证证据表明,改革开放初期,我国水稻单产增加有40%的贡献可以归结为农业技术进步的影响,而到20世纪90年代末,水稻单产的增加基本都归因于农业技术进步(Huang et al.,1996)。

(三)农业基础设施与要素投入不断增加保障了农业产出持续稳定增长

农业经济的持续发展离不开农业基础设施与要素投入的增加。改革开放40年来,中国农业产出的快速增加,农业基础设施与要素投入的持续增加扮演了非常重要的角色。表4-7给出了1978—2017年我国有效灌溉面积、化肥施用量、农业机械动力以及农村水电建设投资变化情况。

表4-7 1978—2017年农业基础设施投入变化情况

年份	有效灌溉面积(千公顷)	农用化肥施量(万吨)	农业机械总动力(万千瓦)	农村水电建设投资(万元)
1978	44 965	884	11 749	
1985	44 035	1 775	20 912	

续　表

年份	有效灌溉面积（千公顷）	农用化肥施量（万吨）	农业机械总动力（万千瓦）	农村水电建设投资（万元）
1990	47 403	2 590	28 707	348 848
1995	49 281	3 593	36 118	1 321 689
2000	53 820	4 146	52 573	2 220 993
2005	55 029	4 766	68 397	4 343 826
2010	60 347	5 561	92 780	4 398 453
2015	65 872	6 022	111 728	3 082 737
2017	67 815	5 859	98 783	1 999 937

资料来源：历年《中国统计年鉴》。

从表4-7中可以看到，在改革开放40年间，化肥施用量、农业机械投入以及水电建设成为农业基础设施投入的重要内容。其中，化肥施用量从1978年的884万吨，增加到2017年的5 859万吨，增加5.6倍，年平均增速5.1%。农业机械投入则从改革开放初期的1.1亿千瓦上升到2017年的9.8亿千瓦，增加8倍。农村水电建设方面，投入资金从1990年的34亿元增加至2017年的199亿元，年平均增速为10.8%。此外，在农田水利建设方面，虽然有效灌溉面积在改革开放40余年间，年平均增速仅为1.1%，但是面积则从1978年的4 496万公顷增加到2017年的6 781万公顷。以上这些农业基础设施投入的增加，进一步提供了我国农业综合生产能力，成为近40年来我国农业经济产出持续、稳定增加的重要保障。

（四）农村公共建设与公益事业不断发展，为农业发展提供有效保障

改革开放以来，农业生产和农民收入获得了快速的增长，农村面貌得到了显著的变化。但是，随着我国改革开放的不断深入，改革的重心逐渐从农村转向城市，城乡差异逐渐扩大，农村公共建设与公益事业投入相对不足，医疗、养老、教育、社会保障等制度缺失，公路等基础设施投入不足。这在一定程度上阻碍了农村经济的发展，因此加大农村公共建设与公益事业的发展，加强城乡

一体化建设,对农业经济发展起到重要作用。

改革开放以来,党和政府对农业生产和农村生活基础设施以及各项公益事业进行了较大投资,促进了农民生活质量的提高和农村面貌的改善(张林秀等,2005)。特别是在2006年中央政府发布《关于推动社会主义新农村建设的若干意见》以后,随着"新农村建设""乡村振兴战略"等的实施,我国乡村社会在农村公共建设和公益事业发展方面取得了巨大成绩。

在交通条件方面,农村交通条件不断改善,特别是十八大以来,中央安排约4 000亿元资金,带动全社会1.6万亿元,建设农村公路127万多公里,目前,我国农村公路通车总里程已达400万公里。交通基础设施的改善,不仅缩短了城市与农村之间的距离,同时减少了农户农产品的运输成本,拓展了农民增收致富渠道,有效推动了我国农业的发展。

在文化信息基础设施建设方面,截至2018年,我国98%的乡镇具备互联网,90%以上的乡镇开通宽带,全国通电话的行政村比例达到99%。与此同时,文化站、现代远程教育等基本实现全国覆盖。以上这些文化信息基础设施的构建,大大加速了农业经济信息在市场与农户之间的传递,有利于农业经济结构的调整,增加市场与农户之间的信息对称性,促进农业进一步发展。

在现代经济发展过程中,教育扮演了非常重要的角色,教育质量的高低,入学人数的多少,直接影响未来的人力资本形成,进而对农村发展和农业经济造成潜在深远影响。因此,在乡村教育方面,普及农村义务教育至关重要。2006年开始,我国启动了农村义务教育经费的保障机制改革,将农村义务教育纳入公共财政保障范围。特别在2006年和2007年,先后免除了西部和中东部地区中小学的学杂费。与此同时,安排财政资金对农村中小学校舍进行改善,同时结合新农村建设运动,在部分地区对农村教育资源进行调整。农村教育资源的投入和建设,不仅有效地减轻了农民教育支出负担,同时也大大提升了农村人力资本存量,为农业经济发展奠定了人力资本基础。

在农村医疗、公共卫生与社会保障方面,改革开放以来也取得了巨大成就。特别是2005年以来,在我国广大农村开始实行新型农村合作医疗制度,大大缓解了农民因病致穷、看不起病的负担。与此同时,加大农村公共卫生防疫体系建设,构建包含省、市、县三级疾病预防控制体系(王恩奉和叶翠青,2008)。截至2014年11月底,我国新型农村合作医疗保险体系已覆盖全国219个地市、1 563个县(市、区),参与率稳定在95%以上。在促进新型农村合作医疗保险制度建设的同时,农村社会保障制度也在逐步完善。我国农村社会保障制度主要包含农村最低生活保障和农村养老保障制度两个方面(杨永刚和杨文杰,2004;袁莉,2008)。自2002年以来,我国中央和地方,根据自身财政能力,先后构建起农村最低生活保障制度(蔡昉和都阳,2004)。我国财政社会保障支出也大幅度增加,从2003年的2 656亿元,上升至2018年的27 084亿元,增加近9.2倍。医疗条件的改善与社会保障制度的建立,大大减少了农户的非生产性支出,为农户劳动力流动解除了后顾之忧,在一定条件下也为促进农业和农村经济发展奠定了基础。

第四节 新中国农业发展70年的启示与展望

一、基本的经验与启示

通过我们从改革开放前后两个阶段对新中国成立70年我国农业经济发展基本情况的介绍,从中可以看到,在过去的70年间,我国农业经济发展是在不断探索的过程中,曲折中不断积累经验,稳步发展,历史经验与教训并存。因此,在总结过去中国农业经济发展的过程中,不仅要看到改革开放以来40年的发展成就,同时也要对新中国成立之初至改革开放前,我国农业发展的曲折发展进行思考。因此,在这里我们主要就新中国成立以来,我国农业经济发展的经验与启示进行总结。

(一)坚持思想解放、勇于改革制度创新

通过对比改革前后我国农业经济绩效水平变化,可以看到思想解放、改革创新对促进农业经济发展和农民增收的必要性。在两个发展阶段中,农业作物播种面积没有发生显著增加,其他农业生产要素投入也均有快速的增长,但是在改革开放前后农业绩效却显著不同。改革开放以前,我国农业总产出增速仅为2.2%左右,而且出现多年负增长的局面,农业结构比较脆弱,农民生活水平较低。相反地,在改革开放以来的40年间,我国农业产出的平均增速达到4.8%,农业经济结构和种植结构获得显著的提升,农民收入显著增加,城乡差异逐渐缩小。由此可见,改革开放前后,导致农业经济绩效差异的根本因素并非在于农业生产要素上的差异,而主要在于是否坚持实事求是,是否坚持改革创新,是否可以破除阻碍我国农业生产力水平发展的制度障碍。

在新中国成立至改革开放前,我国农村生产组织形式主要是人民公社制度。由于人民公社实行"集体所有,集体统一经营",大大打击广大农民进行生产的积极性,"搭便车""大锅饭"思维普遍存在农业生产活动中。与此同时,在粮食流通体制中,统购统销成为主要农产品市场流通制度,这在一定程度上破坏了农产品市场的价格机制,使农业生产与市场之间关系脱节。农业生产不能根据市场价格信号调整生产结构。最终结果导致农业增长乏力,农业生产结构单一等农业发展不利的局面产生。但是,改革开放以来,党和政府率先在农村和农业部分进行了制度创新探索。通过实行家庭联产承包责任制代替了缺乏激励效率的人民公社制度,农民获得了较大的生产积极性。随着后来粮食流通体制改革的不断市场化,农民可以更好地根据市场变化进行生产要素配置以及种植结构的调整。因此,只有坚持思想解放、实事求是,尊重客观经济社会发展规律,不断改革制度创新,才是中华人民共和国成立70年来经济社会发展成功的关键所在。

（二）坚持农业基础投入,不断推进农业技术进步

在新中国成立70年的发展历程中,特别是改革开放以来的40余年,我国农业发展之所以取得如此巨大的成绩,与我国政府不断加大农业投入密不可分。在有效的制度安排激励下,生产要素投入与农业技术则是农业经济发展的关键。这一方面表现在现代化农业研发投入的不断增加,以及农业推广的

不断深化;另一方面,则是农业机械、化肥、农田水利投入的持续增加。农业技术的提高与农业投入的增加,大大加速了农业生产力水平的提高。改革开放以来,我国农业生产力水平显著提升,粮食作物单产从1978年的每公顷2.5吨上升至2017年的每公顷5.6吨,翻了一倍,同时也是新中国成立初期的3.7倍。而且越来越多的实证研究表明,我国农业产出的增加越来越多地来自农业技术进步与农业基础投入的贡献(王红林和张林秀,2002;乔榛等,2006;Huang et al.,1996;Jin et al.,2010;Huang et al.,2002)。由此可见,农业基础投入、农业技术进步对我国农业可持续发展具有重大意义。

(三)坚持走共同富裕之路,坚持城乡社会一体化发展

新中国成立70年来,在不同历史时期,不同发展阶段,党和政府的工作重心均有所不同。例如,在改革开放之初,经济工作和改革的重心在农村,我国广大农村率先改革,农村面貌得到了显著改善。在1978—1983年,城乡差异显著缩小,农民收入水平显著提升。然而,在此后经济工作的重心从农村转移到城市,城乡差异开始扩大。城市的活力不断涌现,特别是经济特区和沿海开放城市的设立,中国整体经济获得快速的发展。

但是,党和政府并没有顾此失彼,依然把农业、农村、农民问题作为经济工作的重中之重。特别是在加大农村生产投入,不断推动农业技术进步的同时,加强我国农村与城镇的城乡一体化建设。特别在21世纪初以来,坚持城乡社会一体化发展之路。加强农村道路改造,推动农村义务教育,实施新型农村合作医疗以及农村最低生活保障和农村养老保障制度。这一系列改革措施的实施,不仅加速了我国城乡一体化建设,而且在一定程度上减轻了广大农民的生活负担和后顾之忧。不仅有利于农村剩余劳动力流动,同时也在一定程度上有利于农村人力资本积累的增加。这成为促进我国农村社会经济持续发展的关键因素和有力保障。

二、我国未来农业发展的挑战与展望

新中国成立70年来,虽然我国农业经济发展取得较大成绩,农村面貌得

到了显著改善,但是,我国农业经济发展也面临较大的挑战。

首先是粮食安全问题依然严峻。尽管改革开放40年来我国粮食产量逐渐增加,在20世纪90年代,我国基本解决了吃饭问题,而且开始成为粮食净出口国家,但我国人口众多,可耕种土地有限。确保粮食供给依然意义重大。特别是2004年以来,我国又从食物净出口国变为净进口国,食物自给率也呈现了下降趋势(韩俊,2015)。因此,确保农产品特别是粮食供给不仅是实施乡村振兴战略的首要任务,也具有较强的战略意义。

其次是耕地环境保护与绿色发展迫切需要解决。在过去的40年间我国农业虽然取得了发展,但是大多以牺牲环境为代价的。化肥和农药的大量使用,造成耕地土壤板结,土壤肥力下降,地下水资源污染等,农业生态环境面临严重压力,对我国农业的可持续发展造成严重威胁(Lu $et\ al.$,2015;黄季焜,2018)。因此,如何促进我国农业可持续发展,如何有效对我国耕地以及农业资源进行生态修复,如何发展绿色农业成为未来农业发展的严峻挑战。

最后是农民增收、减少贫困需要持续关注。21世纪初,特别是2009年以来,随着农民收入的增加,城乡差异呈现逐渐缩小的趋势,从2007年的3.3倍下降到2018年的2.6倍,但城乡差异仍不小。此外,按照我国最新贫困人口划分标准,虽然2014年精准扶贫以来,我国贫困人口呈现快速下降趋势,从2014年的7 017万人下降至2018年的1 660万人,贫困发生率则从7.2%下降至1.7%,但是如何保证剩下1 660万人贫困人口脱贫,已经脱离贫困的群众不返贫,实现持续的收入增加,依然是未来农业发展、农民增收的重要工作。

为推动我国农业持续健康发展,积极推动乡村振兴战略,实现党的十九大提出的2035年和2050年两个阶段奋斗目标,中国农业发展应侧重以下几个方面。

(1) 要进一步巩固和完善农村土地经营制度,完善农地三权分置制度改革,进一步推进农村集体产权制度改革,促进多种样式的产权流转。进一步发挥农村生产要素的活力,使之不仅发挥农业生产的要素功能,同时也发挥金融借贷担保抵押功能、收益处置分配权益功能等。只有灵活多样的土地经营制度,才能有效保障我国农业健康持续发展、农民增收。

(2) 要积极推动农业供给侧结构性改革,调整优质农业经济结构、种植结构,提高农业综合生产能力和粮食安全水平,有效地提高我国粮食生产保障水平。在实施"藏粮于地、藏粮于技"战略的同时,把加大农业基础设施建设和农业投入与农业耕地、农业资源保护相结合,深入推进发展绿色农业。

(3) 要增加农业科技投入与农业技术推广,积极推动我国农业现代化发展。实现农业持续健康发展,并非传统农业仅仅依托要素投入加以实现,必须要走农业现代化发展的道路。这就要依托农业研发与推广,特别是加强生物技术、信息技术与农业生产活动相结合,实现农业各个环节多维度的全方位科技创新。只有加大科研投入力度,实现农业技术创新,农业持续健康发展才能成为可能。

(4) 要积极推动我国农业信息化发展,特别是互联网与农业相结合。在农业经济市场化发展的前提下,信息扮演着非常重要的作用。一方面农户可以通过信息平台了解市场变化趋势,对生产行为进行调整,使农业生产供给与需求对称;另一方面,农户与消费者也可以通过互联网促进农产品的流通。特别是进入 21 世纪以来,我国信息化建设取得了举世瞩目的成绩,因此如何促进互联网与农业相结合成为促进农业发展的重要内容,信息化在农业发展过程中也会扮演更加重要的角色。

参考文献

[1] 蔡昉和都阳,《建立农村"低保"制度的条件已经成熟》,《中国党政干部论坛》,2004 年第 9 期。

[2] 陈文胜,《中国农业发展的战略走向和重要目标》,《中国乡村发现》,2014 年第 4 期。

[3] 邓大才,《中国粮食政治的演变》,《二十一世纪》,2009 年第 12 号总第 116 期。

[4] 邓云特,《中国救荒史》,上海书店,1984 年。

[5] 国民政府主计处统计局,《中华民国统计提要》,国民政府统计局,1940 年。

[6] 韩俊,《中国粮食安全与农业走出去战略研究》,中国发展出版社,2014 年。

[7] 黄季焜,《四十年中国农业发展和未来政策选择》,《农业技术经济》,2018 年第 3 期。

[8] 黄季焜和冀县卿,《农地使用权确权与农户对农地的长期投资》,《管理世界》,2012 年

第 9 期。
[9] 黄季焜等,《制度变迁和可持续发展:30 年中国农业与农村》,格致出版社、上海人民出版社,2008 年。
[10] 黄少安、孙圣民和宫明波,《中国土地产权制度对农业经济增长的影响》,《中国社会科学》,2005 年第 3 期。
[11] 李楠和林矗,《太平天国战争对近代人口影响的再估计——基于历史自然实验的实证分析》,《经济学季刊》,2015 年第 4 期。
[12] 李楠和迟子茗,《精准扶贫的城乡差异影响:基于双重差分模型的估计》,复旦大学工作论文,2019 年。
[13] 李忠杰,《抗日战争时期中国人口伤亡和财产损失调研丛书》,中共党史出版社,2014 年。
[14] 林毅夫,《制度、技术与中国农业发展》,上海三联书店,1994 年。
[15] 乔榛、焦方义和李楠,《中国农村经济制度变迁与农业增长》,《经济研究》,2006 年第 7 期。
[16] 王超和刘俊霞,《中国反贫困工作 40 年历史演进:基于 1979—2018 中国反贫困政策的量化分析》,《中国农村经济》,2018 年第 12 期。
[17] 王丹莉,《统购统销研究述评》,《当代中国史研究》,2008 年第 1 期。
[18] 王恩奉和叶翠青,《支持农村医疗卫生体系建设的财政政策研究》,《财政研究》,2008 年第 3 期。
[19] 王红林和张林秀,《农业可持续发展中公共投资作用研究》,《中国软科学》,2002 年第 10 期。
[20] 夏明方,《民国时期自然灾害与乡村社会》,中华书局,2000 年。
[21] 徐建国和张勋,《农业生产率进步、劳动力转移与工农业联动发展》,《管理世界》,2016 年第 7 期。
[22] 杨永刚和杨文杰,《对建立可行的农村低保制度的探讨》,《经济论坛》,2004 年第 9 期。
[23] 袁莉,《中国农村养老保障的现实与挑战——基于新型农村合作医疗的经验》,《改革与战略》,2008 年第 3 期。
[24] 张林秀等,《中国农村社区公共物品投资的决定因素分析》,《经济研究》,2005 年第 11 期。
[25] 张晓山、韩俊、魏后凯、何秀荣和朱玲,《改革开放 40 年与农业农村经济发展》,《经济学动态》,2018 年第 12 期。
[26] 中央气象局气象科学研究院,《中国近五百年旱涝分布图集》,地图出版社,1981 年。
[27] 周黎安和陈烨,《中国农村税费改革的政策效果:基于双重差分模型的估计》,《经济研究》,2005 年第 8 期。
[28] 周其仁,《中国农村改革:国家和所有权关系的变化——一个经济制度变迁史的回顾》,《管理世界》,1995 年第 3 期。
[29] 周其仁,《改革的逻辑》,中信出版社,2013 年。
[30] Allen, R. C., 2000, Economic Structure and Agricultural Productivity in Europe,

1300-1800, *Economic History Review*, 3, 1-25.

[31] Cao,K. H. and J. A. Birchenall,2013,Agricultural Productivity,Structural Change and Economic Growth in Post-reform China, *Journal of Development Economics*, 104, 165-180.

[32] Chang, G. H. and Wen G. J., 1997, Communal Dining and the Chinese Famine of 1958-1961, *Economic Development and Cultural Change*, 46, 1-34.

[33] Deininger, K., S. Jin, F. X. and Huang, J. 2014, Moving off the Farm: Land Institutions to Facilitate Structural Transformation and Agricultural Productivity Growth in China, *World Development*, 59, 505-520.

[34] Emerick, K., 2018, Agricultural Productivity and the Sectorial Reallocation of Labor in Rural India, *Journal of Development Economics*, 135, 488-503.

[35] Fan, S., Zhang, X. and Robinson, S., 1999, Past and Future Sources of Growth for China. EPTD Discussion Paper No. 53.

[36] Gao, L., Huang, J. and Rozelle, S., 2012, Rental Markets for Cultivated Land and Agricultural Investments in China, *Agricultural Economics*, 43, 391-369.

[37] Ghatak, S. and Ingersent, K., 1984, *Agriculture and Economic Development*. Baltimore, Maryland, Johns Hopkins University Press.

[38] Gollin, D., Parente, S. and Rogerson, R., 2002, The Role of Agriculture in Development, *American Economic Review*, 92(2), 160-164.

[39] Huang,Philip C. C., 1985, *The Peasant Economy and Social Change in North China*. Stanford,California: Stanford University Press.

[40] Huang, J., Rozelle, S., Pray, C. and Wang Q., 2002, *Plant Biotechnology in China*, Science, 295(25), 674-677.

[41] Huang, J. and Rezelle, S., 2006, The Emergence of Agricultral Commodity Markets in China, *China Economic Review*, 17, 266-280.

[42] Huang, J. and Chen, C., 1999, Effect of Trade Liberalization on Agriculture in China: Institutional and Structural Aspects. No 32722, Working Papers from United Nations Centre for Alleviation of Poverty through Secondary Crops' Development in Asia and the Pacific (CAPSA).

[43] Huang, J. and Rozelle, S., 1996, Technological Change: The Re-discovery of the Engine of Productivity Growth in China's Rice Economy, *Journal of Development Economics*, 49, 337-369.

[44] Jin, S., Ma H., Hu R. and Rezelle, S., 2010, Productivity, Efficiency and Technical Change: Measuring the Performance of China's Transforming Agriculture, *Journal of Productivity Analysis*, 33, 191-207.

[45] Johnston,B. F. and Mellor, J. W., 1961, The Role of Agriculture in Economic Development, *American Economic Review*, 51(4), 566-593.

[46] Johnson, D. G., 1997, Agriculture and the Wealth of Nations, *American Economic Review*, 1-12.

[47] Kung, K. J. and Lin, J. Y., 2003, The Causes of China's Great Leap Famine, 1959-1961, *Economic Development and Cultural Change*, 52(1), 51-73.

[48] Larry, N. R., 2001, *Integrating China in the Global Economy*, Brookings Institution Washington, D. C.

[49] Lin, J. Y., 1992, Rural Reforms and Agricultural Growth in China, *American Economic Review*, 82(1), 34-51.

[50] Lin, J. Y. and Yang, D. J., 2000, Food Availability, Entitlements and the Chinese Famine of 1959-1961, *Economic Journal*, 110(1), 36-58.

[51] Lu, Y., Jenkins, A., Ferrier, R. C., Bailey, M., Gordon, I. J., Song, S., Huang, J., Jia, S., Zhang, F., Liu, X., Feng, Z. and Zhang, B., 2015, Addressing China's Grand Challenge of Achieving Food Security While Ensuring Environmental Sustainability, *Science Advances*, 1(1), 1-5.

[52] McMillan, J., Whalley, J. and Zhu, L., 1989, The Impact of China's Economic Reform on Agricultural Productivity Growth, *Journal of Political Economy*, 97(4), 781-807.

[53] Mallory, W. H., 1926, *China: Land of Famine*, New York: American Geographical Society.

[54] Timmer, C. P., 2002, Agriculture and Economic Development, *Handbook of Agricultural Economics*, 2, 1487-1546.

[55] Yang, D. T. and Zhu, X., 2013, Modernization of Agriculture and Long-term Growth, *Journal of Monetary Economics*, 60(3), 367-382.

第五章

新中国成立70年以来的中央地方关系：测量及作用机制

陈硕　复旦大学经济学院经济学系

第一节 引 言

经济分权是理解转型期中国的基本制度背景,这一点已经成为文献的共识(Xu and Qian,1993;Huang,1996;Qian and Roland,1998;Blanchard and Shleifer,2000;Cai and Treisman,2006;Zhang,2006;Xu,2011)[①]。作为经济分权的重要组成部分,对财政分权的描述及作用机制的考察有助于理解中国中央地方关系的逻辑。已有大量文献致力于研究财政分权的潜在影响:Zhang and Zou(1998)、Lin and Liu(2000)、张晏和龚六堂(2005)、沈坤荣和付文林(2005)、Qiao et al.,(2008)、李涛和周业安(2008)、贾俊雪和郭庆旺(2008)、王文剑和覃成林(2008)、周业安和章泉(2008)、范子英和张军(2009)、张曙宵和戴永安(2012)以及谢贞发和张玮(2015)等研究检验了财政分权对经济增长的作用[②];另一些研究则致力于探讨财政分权对地方政府行为的影响,具体包括:地方政府支出结构的偏向及周期性特征(傅勇和张晏,2007;安苑和王珺,2010;贾俊雪等,2012);政府治理结构与县级财政解困(贾俊雪等,2011)、地方政府规模的变化(Chen,2004;王文剑,2010;郭庆旺和贾俊雪,2010;吴木銮和林谧,2010)、地方公共品的供给(乔宝云等,2005;平新乔和白洁,2006;龚锋和卢洪友,2009;陈硕,2010;傅勇,2010;Uchimura and Jutting,2009)、民主参与对公共品支出的影响(赵永亮和杨子晖,2012)、金融分权(何

---

① 如不特别说明,本文涉及的分权均指财政分权,即中央地方政府在预算内外财政收支、转移支付等方面确立的双向关系。同时,本文将讨论的重点放在文献涉及最多的中央-省级财政关系上,针对省以下政府间财政关系的讨论可参见贾康(2008)、刘小勇(2008)、吴木銮与王闻(2011)、张光(2011)以及毛捷等(2018)等研究。

② Qiao et al.,(2008)同时检验了财政分权对地区发展不均等的影响。

德旭和苗文龙,2016)、税率(吕冰洋等,2016)、分税(毛捷,2018;周黎安和吴敏,2015)、地方政府债务及债券设计(龚强等,2011;姜子叶和胡育蓉,2016;王永钦等,2015)、地区间财力差异与财政公平(张伦伦,2011)以及地方政府对民营化的推动(朱恒鹏,2004a;Jin et al.,2005)。此外还有一些研究,比如赵文哲(2008)讨论了分权对技术进步和技术效率的作用;朱军和许志伟(2018)检验了分权与中国经济波动的关系;谭之博和周黎安(2015)分析了省直辖县改革下的财政分权;程宇丹和龚六堂考察了分权对政府债务和经济增长的影响(2015)以及分权框架下的最优税收结构(2016);刘冲等(2014)讨论了行政分权与财政分权对县域经济增长的不同影响效果;逯建和冯泓(2016)讨论了分权政策在战略性贸易中的作用;高琳(2012)检验了分权对公共服务满意度的影响;黄寿峰(2017)分析了分权对雾霾的污染和波动的影响;李明等(2011)检验了分权对农村基层治理的影响;赵德昭和许和连(2013)分析了FDI与分权对农村剩余劳动力转移的影响;李政和杨思莹(2018)讨论了分权对政府和区域创新的影响;陈诗一和张军(2008)分析了分权对地方政府支出效率的影响;陈抗等(2002)及吴一平(2008)考察了地方政府及官员的行为在分权背景下的变化;周游等(2016)则分析了分权的门槛与FDI技术溢出效应的关系。由于中央地方财政关系对理解整个中国转型的重要性,也由于该领域的文献仍然在快速增长,正确理解财政分权的度量及其背后的作用机制就显得十分及时与必要[①]。

就中央地方财政关系的测量来说,现有理论文献没有提供最优的测量指标,而是仅仅指出分权程度可以从"收入""支出"及"财政自主度"三个角度加以测量。在将一般性理论和跨国研究的分权指标应用到中国实际情况时,现有文献并没有充分讨论采用某个特定指标的理由,在一定程度上认为它们彼此可以相互替代。本章试图指出不同分权指标背后反映了迥异的事实与逻辑,彼此并不能相互替代或混用。在目前中国央地财政关系频繁调整的背景

---

① 在"中国期刊全文数据库"中用关键词"财政分权"检索,2005至2018年的文献数依次是50、65、101、153、180、182、218、219、228、215、247、236、221和237篇。如果进一步缩小检索范围,只检索篇名是"财政分权"的文献,相应年份的论文数仍然分别有28、31、57、87、100、100、112、129、117、121、138、132、124和140篇。

下,本章认为分权指标的选用应当十分谨慎:一个合适的指标需要在事实上既能够反映出央地关系的跨时变化,也能够描述出该关系的跨地区差异。将现有文献广泛采用的省级分权指标作为研究对象,我们分析比较了这三种指标的适用性并指出没有一个最优指标可以准确刻画出新中国成立后的中央地方财政关系变化,各个指标有其不同时段的适用性。

就各类分权指标对经济发展的作用机制来说,我们认为"财政自主度"指标作用于经济增长的机制依然为一般文献认为的经济效率改善:地方政府根据自有收入安排本级政府的开支,进而提高了资源的配置效率。而"支出指标"对经济增长的作用逻辑更多地是通过增加支出水平获得,而非经济效率的提升;就分权指标对公共品供给的作用机制来说,"财政自主度"指标影响公共品供给的作用机制,在于该指标值的提升能够促使和激励地方政府改善公共品的配置效率或生产效率。而"支出指标"与公共服务供给之间的关系更多地来自支出水平的高低,较少涉及地方政府使用财政资金的配置效率或生产效率。

本章的组织结构如下:首先分析了作为检验各个分权指标的事实标准。其次,简要介绍1949年以来中国中央地方财政关系经历的几次重大调整,再介绍并比较现有研究采用的不同指标,讨论它们的含义及与事实上央地关系调整的一致性,进而提出分权指标使用的一般性准则。再次,则通过置换分权指标检验已有文献结论是否发生变化,然后讨论造成结果变化的原因并分析不同指标发挥作用的具体机制。最后是本章的结论。

第二节 新中国成立以来中央地方财政关系的调整与变化

新中国成立以来中央地方财政关系经历了中央计划的统收统支(1949—1978年)、财政包干(1979—1993年)与分税制(1994年至今)三个大阶段(项怀诚,2009)。具体来说,相对于整个中央计划时期,1978年以后的中国地方政府在财政权力方面有明显的扩大。当然,即使是在中央计划期间,央地关系也不是一成不变的,1958—1960年的"大跃进"期间及1966—1976年的"文革"期间即是显著的分权化过程(Xu,2011)。而1994年的分税制改革则是1978年以来分权化过程中中央政府的一次集权努力(陈硕,2010)。划分这些阶段的主要依据是其间发生的影响央地关系的重大事件及结果①。本部分将简要介绍这些事件并从中引出评价分权指标的事实依据。

一、新中国成立初期和"第一个五年计划"时期(1949—1957年)

1949年之后,在制度方面,中央政府通过颁布一系列法律法规确立了中央地方之间的财政关系②。总体来说,这些措施极大地加强了中央政府在财政收支上的统一调度权力。相应地,各级地方政府则作为中央政府的执行机构;在经济方面,仿照苏联模式,通过对农业、手工业和资本主义工商业的"三大改造"建立起中央计划经济体制,并实施"第一个五年计划"。国营经济、合作经济和公私合营经济在整个国民经济中所占的比重由1952年的21.3%骤然上升到1957年底的92.9%,而中央直属企业从1953年的2 800多家上升到1957年的9 300多家(朱镕基,1985)。更为重要的是,企业上缴的收入和利润大部分都被中央财政直接支配(周飞舟,2009),数据显示在"一五"期间,不论是财政收入还是支出,地方政府所占比重均低于30%,显示出了中央财政的高度集权。

二、"大跃进"运动时期(1958—1960年)

"一五"计划完成之后,毛泽东逐渐对中央计划体制的"低效"与"保守"方式表示不满③。1956年4月发表的《论十大关系》可以视作毛泽东关于中国

---

① 采用重大事件作为央地关系阶段划分标准的其他研究见王绍光(1997)、张军(2007)、辛向阳(2008)及吴敬琏(2009)等。
② 政务院(1954年起名称改为国务院)在1950年连续发布了一系列旨在加强中央政府财政权力的文件,比如《关于统一全国税政的决定》《关于统一国家财政经济工作的决定》《关于保证统一国家财政经济工作的通知》及《关于统一管理1950年度财政收支的决定》等。
③ 在1958年1月南宁会议上,毛泽东主席批评了1956年的"反冒进",把那时中央领导同志实事求是地纠正经济工作中急躁冒进偏向,说成是所谓"右倾""促退"(《关于建国以来党的若干历史问题的决议》第四部分"开始全面建设社会主义的十年",1981)。

发展道路有别于苏联模式的系统性表述(Lieberthal,1995)。毛泽东认为,中国是个人口大国,分权管理比集权管理更好(苏力,2004),他强调:"要扩大一点地方的权力,给地方更多的独立性,发挥地方的积极性"。次年9月召开的中共八届三中全会决定实施"大跃进"运动对地方分权的思路付诸实施①。接下来国务院在1958年6月发布《关于改进税收管理体制的规定》进一步将七种税收划为地方固定收入,并赋予省、自治区、直辖市增、减、免税收的自主权。同年9月,中共中央、国务院制定《关于改进计划管理体制的规定》,开始全面向地方放权。

这反映出"大跃进"运动是中央试图通过一系列制度设计将放权的思想运用到国民经济建设中,它也反映出中央希望依靠发动地方政府及群众的积极性来谋求国家建设的尝试(Kung and Chen,2011)。作为结果,到1958年底,中央直属的企业从1957年的9 300多个减少到1 200个,下放了88%,相应的工业产值占工业总产值的比重也下降到13.8%(周太和,1984)。之前的中央地方财政格局被急剧改变:地方政府财政收入占全国的比重从1958年的19.6%急剧上升至1959年的75.6%,该比重到1961年进一步提高到78.5%②。

三、灾后调整及"文革"时期(1962—1976年)

"大跃进"造成的严重经济困难促使中央不得不反思与地方的关系,并在一定程度上收回此前下放给地方和企业的权力(武力,2007;吴敬琏,2009)。这些重新集中化的手段包括:上收部分企业,到1965年,中央直属企事业单位是10 533个,其工业总产值占全国工业总产值的份额由1958年底的13.8%回升到该年的42.2%;将1958年实行的"以收定支,五年不变"改为"总额分成,

---

① 在法规制定上,出台《关于改进工业管理体制的规定(草案)》《关于改进商业管理体制的规定(草案)》和《关于改进财政管理体制的规定(草案)》;在财政管理体制上,会议决定从1958年开始实行"以收定支,三年不变"(1958年4月改为"五年不变")体制,并允许地方自行安排使用预算执行过程中超过支出的收入,同时年终结余全部留给地方在下年度使用。

② 此外,向地方分权也导致地方政府预算外资金的膨胀:地方和企业预算外资金占预算内收入的比重从1957年的8.5%提高到1960年的20.6%(武力,2007)。

一年一变",国家预算从中央到地方实行一本账,保持收支平衡,不准地方进行赤字预算;同时整顿地方政府的预算外资金,等等。然而这种再集权的趋势并没有持续很长时间。对于中央领导人来说,收权仅仅是摆脱暂时困难的权宜之计,待形势稍微好转后分权化仍然值得尝试。毛泽东一直偏向于地方应当尽量建成比较独立的经济体系(王绍光,1997)。于是,随后爆发的"文革"期间又开始实施了更加彻底的分权。这使得中国在改革开放之初形成了所谓"M"型相对独立的地区经济(Xu and Qian,1993):比如,全国绝大部分县拥有生产农业机械的企业,其中 300 多个县甚至建立了钢铁企业;地方小型国企生产了全国 69% 的化肥、59% 的钢铁;20 多个省(区、市)建立了生产汽车和拖拉机的国有企业(Xu and Zhuang,1998)。相应地,地方财政收支权力在这段时期大大上升,地方财政收(支)占全国财政收(支)的比重从 1966 年的 64.8%(36.9%)上升到 1975 年的 88%(50%)。相比之下,由中央政府直属的企业数目只有不到 2 500 家,仅占全部企业数目的 3%,其工业产出仅占总产出的 9%(Huang,1996)。

四、"财政包干"体制时期(1980—1993 年)

1978 年以后,在社会和经济领域,中国逐步摆脱计划经济体制并经历了明显的管理权下放过程。和其他转型国家相似,这段时期中国地方政府获得了很多在改革前没有的财政管理权力。与之前统收统支的财政体制相比,地方政府拥有了独立的预算制定权并享有一定的财政自主性,比如地方政府可以不受干扰地决定预算支出和中央政府分享预算收入(Oksenberg and Tong,1991)。这段时期中国的财政体制采用"财政包干"体制——中央每年核定各省市的财政收入上交任务及财政支出指标。其中,财政收入大于支出的省市,将包干部分上缴中央财政;对那些收不抵支的省市,中央财政按差额进行补贴。相应地,地方超收或支出结余都归地方支配,完不成收入任务或支出超额也完全由地方自己平衡,中央将不再负责(杨君昌,1999)。对中央政府来说,该体制让地方政府承担更多的财政开支从而保证中央政府收入至少不低于现有水平:中央财政收入占全国财政收入的比重从1979年的20.1%回升到1984年的40.5%;同时,这种制度设计下的地方政府会主动参与管理以增加本地政府的固定收入,因此具有很大的激励谋求经济发展。一般认为,财政自主权赋予了地方政府较大的激励去谋求经济发展(Chen,1993;Montinola Qian and Weingast,1995;Qian and Weingast,1996;Qian and Roland,1998;Xu and Zhuang,1998;Lin and Liu,2000;Blanchard and Shleifer,2001;张晏和龚六堂,2005;张军,2007;周黎安,2007)。然而,由于中央较难真实地掌握地方经济运行情况,这种体制也必然催生出地方政府隐藏税源的行为,从而逐渐导致中央无法获得足够的财政资源①。在这种体制下,地方政府有降低税收的激励,因为税收增加意味着中央多拿。这就在事实上形成了地方政府向中央政府的转移支付(楼继伟,2012)。中央财政收入占全国收入的比重在经历了从1980年的24.5%回升到1984年的40.5%之后便一直回落到1993年的22%,低于改革初期的水平(图5-1)。

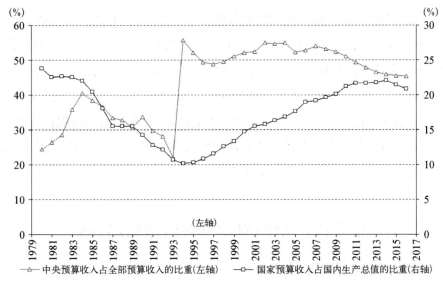

图 5-1 国家预算收入占 GDP 比重以及中央预算收入占全部预算收入的比重
数据来源:《中国财政年鉴(2018)》。

---

① 对于分税制改革前夕中央财政困境的表述见刘克崮和贾康(2008:322—324页)。

五、"分税制"时期(1994年至今)

中国的财政分权趋势在1980年代达到顶峰,而后被1994年的财政改革代替(Cai and Treisman,2006),也有学者认为分权在90年代初达到最大(Qian,2003)。此次改革,被称为分税制改革,目的是取代原有的财政包干体制[①]。中央政府主动推行此次改革旨在调整1980年代形成的中央地方关系,并重新回收重要领域的经济管理权(Zhang,1999,张军,2007;刘克崮和贾康,2008)。通过这次改革,中央政府成功获得了在改革初期转移到地方政府的大部分财政权力。改革的核心内容是将税收分为中央税、地方税和共享税。同时,中央政府依靠规模巨大的财政转移来消除地方政府的赤字。相应地,地方政府的财政支出就分为两个部分:本级政府财政净收入和来自中央的转移支付。前者为地方财政总收入减去上解中央后的部分。推行此次改革的动机是:在全国范围内减少在公共品供应水平方面的省际不平衡、消除各省之间的外部性和实现有效的宏观经济管理。

1994年改革最初的设计和驱动力都是为了提高中央政府在财政再分配中的角色。这个结论也体现在图5-1反映出的变化趋势上。从图5-1中我们发现其中一个比重:政府预算收入占GDP的比率,随着改革的推行仅仅经历了缓慢的提升。而另外一个比率:中央财政收入占整个政府收入的比率在1994年,分税制改革的第一年,发生了极其显著的跳跃,并在之后一直保持在高位。因此,这次改革并没有显著扩大原先政府的收入基础,而是显著改变了中央地方之间的财政关系,其政治含义大于经济含义(Zhang,1999)。

第三节 如何测量中国的财政分权

一、现有文献使用的度量指标

从概念上,财政分权是指中央政府向地方政府下放一部分财政管理与决

[①] 对分税制实施过程的讨论见张军(2007)以及刘克崮和贾康(2008)。

策权的过程(Martinez-Vazquez and McNab，2003；Feltenstein and Iwata，2005)，因此，一定程度的财政分权总是对应于某一级政府实际拥有的财政自主度①。财政分权领域的研究发展至今已有半个多世纪，然而文献对如何恰当地测量分权程度却没有得到一致意见②。现有文献经常采用的是三个指标："支出指标"(Expenditure Index)、"收入指标"(Revenue Index)及"财政自主度指标"(Fiscal Autonomy Index)。前两个指标可以用地方财政收入(支出)占整个国家财政收入(支出)的比重来描述。第三个指标也叫作"财政自给率"(self-reliance ratio)，表示地方政府自有收入占本级政府总支出的比重，该比率衡量了地方政府依靠自有收入为其支出融资的能力(Ebel and Yilmaz，2002)。以中央和省之间的财政关系为例，以下内容将逐一介绍上述指标。对这些指标的适用性评价则在下一部分讨论。

(1)"收入指标"。从收入角度测量中央地方财政关系，其计算公式为

$$财政分权_{it} = \frac{省预算内财政收入_{it}}{中央本级或全国预算内财政收入_t} \quad (5-1)$$

其中：下标 i 表示省，t 表示时间。该公式的分子和分母也可以用人均标准化，以此控制人口因素对财政资源分配的影响。另外，在人均标准化情形中，也有研究将分母修正为中央本级收入和全省收入之和。

(2)"支出指标"。从支出角度测量中央地方财政关系，其计算公式为

$$财政分权_{it} = \frac{省预算内财政支出_{it}}{中央本级或全国预算内财政支出_t} \quad (5-2)$$

对该公式的解释与"收入指标"类似。

---

① 由于早期研究主要针对联邦制国家，因此财政分权也被称为财政联邦主义。随着后来向地方政府分权的实践在全球范围展开，财政分权的叫法逐渐被广泛性地使用。Lessmann(2009)指出，文献中的分权应当理解为"事实分权"(factual decentralization)，该分权更多地强调了从财务权力上反映地方政府实际拥有的自主性和决策权，而不仅局限于联邦政体的宪制结构。

② 在经济学界，一般认为财政分权领域发端于 Tiebout 于 1956 年发表在 *Journal of Political Economy* 的"A Pure Theory of Local Expenditures"。

(3)"财政自主度"指标。

$$\text{财政自主度}_{it} = \frac{\text{省预算内财政收入}_{it}}{\text{省预算内财政总支出}_{it}} \quad (5-3)$$

全省财政收入和来自中央政府的转移支付构成了省级政府在该预算年度的总财政支出,也就是公式(5-3)中的分母。如前所述,1994年改革以后,所有地方政府都要依靠中央政府转移支付来消除本地收入和本地支出之间的差距。名义上,地方政府的财政自主度可以表示为地方政府自有收入在其全部财政支出中的比率。Akai and Sakata(2002)认为地方政府的支出份额并不能很好地测量其财政自主度,只要地方政府自有收入能全部满足其财政需求,地方政府仍然享有较高的分权程度。该指标的基准值为1,表示地方政府所有支出都来自自有收入,不依靠中央转移支付。如果比率大于1,说明地方政府自有收入在满足本级支出之外还能利用剩余财力支援中央财政[①]。也有学者采用"财政纵向不平衡程度"(Vertical Imbalance)或"财政依存度"(Fiscal Dependency)来描述该关系(如Jin and Zou,2002;Ebel and Yilmaz,2002;De Mello and Barenstein,2001;De Mello,2004等)。具体为地方政府的支出在多大程度上依赖于中央政府的转移支付。因此,它和"地方财政自主度"的区别仅为立足点不同。

上述三个指标都没有考虑预算外财政收支。以公式(5-3)为例,如果考虑预算外情况,则公式的分母部分应当加上"省级政府预算外财政支出",分子则加上"地方政府预算外财政收入"。一般情况下,省级政府的预算外财政收入往往大于预算外财政支出。因此,由公式(5-3)计算得到指标值实际上轻微低估了地方政府真实的财政自主度。同时,由于缺少非预算财政收支的数据,上

---

① 该指标的建构需要考虑转移支付,而中央对省的转移支付包括"税收返还""一般性转移"和"专项转移"三项。其中"税收返还"和"一般性转移"可视为地方自有财力。因此,该指标更加严谨的构建方法是将这两项由分母移至分子,其修正后的指标值将大于公式(5-3)的值。值得注意的是,"税收返还"在1994年之后经历了显著的下降:其占地方预算支出的比重从1994年的38.7%下降到2009年的8%;"一般性转移"所占比重一直不高,到2009年仅为6.6%。"专项转移支付"的比重则在同时期从11%上升至32%(Huang and Chen,2011)。此点感谢张晏教授的建议。

述公式也没有考虑非预算的情况。

此外,Lin and Liu(2000)采用了不同于上述分权指标,他们用省级政府在本省预算收入的边际分成率来衡量各省与中央的分权程度,在这种计算方式下,分权程度直接地由财政包干体制下各省与中央的收入分成规则所决定。这是一个非常适合中国情况的指标,但是该指标特别为"财政包干"制所设计,且将差别很大的省份归到一类,仅由于它们在财政包干制下具有相同的份额,因此它不能准确地测量各省在财政分权程度方面的差异①。同时,该指标也反映不出分权程度的跨时变化,更不能对分税制改革以后的分权变化进行测量②。

本章以下内容将着重考察前三类分权指标:即"支出指标""收入指标"和"财政自主度"指标。表 5-1 汇总了近期采用这三类指标的代表性实证文献。

表 5-1 使用三类分权指标的代表性实证文献

指标类型	代 表 性 研 究	
"收入指标"	贾俊雪和郭庆旺(2008)	郭庆旺和贾俊雪(2010)
	王文剑(2010)	梁若冰(2009)
	吴木銮和林谧(2010)	沈坤荣和付文林(2005)
	赵文哲(2008)	贾俊雪等(2012)
	贾俊雪等(2011)	刘冲等(2014)
	赵永亮和杨子晖(2012)	谢贞发和张玮(2015)
	赵德昭和许和连(2013)	何德旭和苗文龙(2016)
	程宇丹和龚六堂(2015)	黄寿峰(2017)
	吕冰洋等(2016)	

---

① 从实证分析的角度,核心解释变量差异较小将导致其估计结果不容易在给定水平上显著。
② 此外,在对中国 1949 年以后财政关系的研究中,Feltenstein and Iwata(2005)将预算外收入比重作为地方财政自主度的测量,该指标被定义为地方预算外收入占总的预算收入比重。他们的理由是,地方预算外资金为地方政府所控制并且不和中央政府分享。

续表

指标类型	代 表 性 研 究	
"支出指标"	Zhang and Zou(1998)	乔宝云(2002)
	Chen(2004)	Jin et al.(2005)
	乔宝云等(2005)	张晏和龚六堂(2005)
	沈坤荣和付文林(2005)	梁若冰(2009)
	傅勇和张晏(2007)	贾俊雪和郭庆旺(2008)
	王文剑和覃成林(2008)	周业安和章泉(2008)
	范子英(2009)	傅勇(2010)
	王文剑(2010)	郭庆旺和贾俊雪(2010)
	吴木銮和林谧(2010)	赵文哲(2008)
	贾俊雪等(2012)	贾俊雪等(2011)
	赵德昭和许和连(2013)	程宇丹和龚六堂(2015)
	谭之博等(2015)	谢贞发和张玮(2015)
	王永钦等(2015)	李政和杨思盈(2018)
	黄寿峰(2017)	朱军和许志伟(2018)
	周游等(2016)	张曙霄和戴永安(2012)
"财政自主度"指标	朱恒鹏(2004a)	龚锋和卢洪友(2009)
	陈硕(2010)	高琳(2012)

二、三类分权指标的适用性评析

在归纳现有文献所使用的分权指标后,首先从指标构建上讨论这些指标的内在含义及对不同研究样本的适用性;其次,对照新中国成立后中央地方财政关系变化,分析它们是否与历史一致。

(一) 指标的建构

从指标构建方法上可以发现,基于中国的研究在构建分权指标时相当程度上借鉴了国际学术界现有文献,特别是跨国研究的思路。然而,直接将跨国研究中的分权指标应用到中国现实时需要解决一个问题:中央政府和地方政府的对应问题①。在跨国研究中,每一个国家被视作一个观察值,这个国家的所有地方政府被视作一个整体同该国中央政府对应进而构建出分权指标。但在单一国家研究中,众多省(州)级政府都面临唯一中央政府。因此,收支类指标只能反映出一国中央地方财政关系的跨时变化,而不能反映出地区差异:所有省份在同一时点上都面临相同的分母——一个共同的中央政府(或全国)的财政收(支)信息。这意味着在一个相同的年份,各个省份分权程度的计算公式中分母没有任何变异。分权程度的截面差异信息完全来自分子,分子反映的地区差别更多是各省财政收(支)规模的相对大小②。这也是公式(5-1)和公式(5-2)分母中没有下脚标 i 的原因。

在实证研究中,一方面,收支指标能够描绘中央财政关系的跨时变化,但是由于样本期太短(大多小于 30 年),不易获得稳健的结果③;另一方面,为了克服样本量限制及内生性问题,现有绝大部分研究均采用省级面板数据。而采用收支指标测量单一国家的分权程度会产生测量偏误问题④。相比较来说,"财政自主度"指标公式的分子和分母均存在跨时和跨地区变化。综上所述,从数据结构适用性上来说,着重于刻画跨时变化的时间序列数据可以采用收支指标,但如果使用考虑地区差异的截面或面板数据时,可以采用"自主度指标"。

(二)新中国成立后央地关系变化的事实标准

本章第二小节介绍了新中国成立后中央地方财政关系调整的重大历史事

---

① 在早期研究中,虽然研究者已经着手构思"省-下级政府"分权程度,该指标更加贴切地反映了省级政府的财政自主权,但受限于当时省以下财政数据不可得而没有成行。随着《全国地市县财政统计资料》的发布,这种努力已经提上日程。针对该关系的讨论可参见贾康(2008)、刘小勇(2008)、吴木銮与王闻(2011)以及张光(2011)等研究。

② 需要指出的是,有文献中将公式(5-1)和(5-2)的分母修正为"全省人均收(支)+中央本级人均收(支)"。这种衍生指标在构造逻辑上存在明显缺陷。以"支出指标"为例,首先,分母中的"全省人均支出"和"中央本级人均支出"分别表示地方性与全国性支出,在性质上两者不可相加;其次,即使"中央本级支出"并非全国性,两者相加的前提是"中央本级支出"在国土内平均分配,这不一定符合实际。如农林、农村卫生以及基础教育等事务的支出通常带有明显的特定地区倾向。

③ 周文兴与章铮(2006)利用 1953—2002 年的数据,考察了中国总体财政分权(用"地方财政支出"占"全国财政总支出"的比率度量)的程度与速度对经济增长的长期影响。该研究是为数不多的基于跨时变化讨论中国财政分权影响的文献。

④ Ebel and Yilmaz(2002)发现支出分权率(地方政府支出份额)在反映分权程度上几乎没有什么意义。在本章中,我们认为基于面板数据建构的收支指标一定程度上混淆了公共支出规模的作用。

件,这些事件提供了检验上述指标有效性的最直接标准。以下要做的,就是通过这三个分权指标绘制出时间变化趋势,然后对比这些历史事实从而获得最准确的分权指标。第一,我们不考虑地区差异,仅绘制时间序列趋势。第二,对于那些反应地区差异的截面(面板)数据,则要从时间和空间两个维度同时检验其有效性。具体方法是:先按照上述公式计算出每个省的分权指标值,分析其能否正确反映出地区间财政差异;然后将同一年份的所有省份指标求均值,绘制出时间趋势,进而判断其准确性。

  首先考察没有地区差异的时间序列趋势,我们的做法是将同时点的所有地方政府视作一个整体并与中央政府对应。图5-2展示了由上述三个指标描绘出1949—2016年的中央地方财政关系。我们发现:第一,"支出指标"在整个时段呈现出稳定上升趋势,其趋势无法刻画出上文提到的几次财政事件,特别是无法显示分税制改革后地方财政自主度降低的事实。第二,就"收入指标"和"自主度指标"来说,它们均能准确地刻画"大跃进""文革"及分税制时期的集分权过程。但相比较1978年之后,这两个指标在计划经济时代的数值较高,这不符合对新中国成立后央地财政关系的一般认识:改革开放后中国经历了显著的分权化过程。对此理解需要结合这两个指标的构建过程,虽然计划经济时代地方政府筹集的收入超过了其支出,但其收支是分离的[①]。在这种制度下,地方政府虽然有很高的指标数值,但并不具有与之匹配的财政自主权。而在改革开放后,分权化改革将地方政府收支联系起来,这意味着指标值的下降。在这期间,对转移支付的不同处理是区别这三个指标的关键,其中,"收入指标"不涉及转移支付部分;"支出指标"将其视作自有财力的增加:从中央获得的转移支付意味着自有财权的扩大;但"自主度指标"仅将地方政府完全支配的本级财政收入视作自有财力,并不包含从中央获得的转移支付。1994年分税制正是通过转移支付制度补偿地方政府财政损失。因此,将转移

---

① 中央政府将地方政府收支分离的具体措施包括:首先,国家预算是一个同时包含中央、省及省以下各级政府的整合预算(Consolidated Budget),其中地方政府的预算权力较小;其次,中央政府为地方政府制定了全国统一的公共支出水平和标准,地方政府自主性有限;最后,那些有大量预算盈余的地方政府,财政资金被转移到中央用于再分配及转移支付(Tong,1989;Wei,1996)。

支付视为自有财力的"支出指标"自然无法刻画出这次政策调整。在不考虑转移支付的情况下,这次改革确实带来了地方政府本级收入的下降,因此"收入指标"和"自主度指标"在1994年后均出现显著的下降。综上所述,三个指标中,"支出指标"无法刻画新中国成立后中央地方财政关系;"自主度指标"与"收入指标"可以适应于改革后的研究,但对于覆盖1949年之后整个时期的研究,采用这两个指标时需要谨慎。

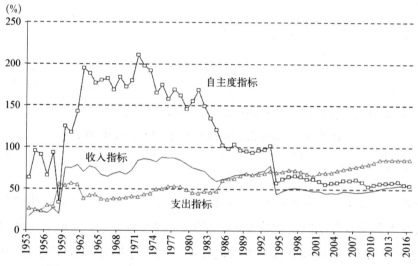

图 5-2　1953—2016 年中国中央地方财政关系:时间序列数据
数据来源:《中国财政年鉴(2018)》。

使用面板或截面数据的研究必须同时在时间和空间上检验指标的有效性。针对跨时有效性的检验,需要首先计算每个省每年对应的指标值,然后在此基础上获得该年所有省份指标值的均值,从而构建出时间趋势。为了帮助理解,我们用一个例子来说明该过程:对于1953年的全国分权指标值,我们首先计算该年度每个省各自的指标值,然后由此计算所有省份指标值的算数均值,该均值即为图中1953年对应的数值。用类似方法我们依次获得其他年份的对应数值。图 5-3 描绘了由此获得的时间趋势[①]。

---

① 图 5-3 的数据基于"全省人均收(支)/中央本级人均收(支)"计算得出。采用其他两种人均化计算的"收入指标"和"支出指标"作出的图不影响此处结论,故不再汇报。

图 5-3　省级分权指标的时间趋势(1953—2017 年)

数据来源:1953—2008 年的数据来源于《新中国六十年统计资料汇编》;2009—2017 年数据来源于《中国统计年鉴(2017)》。

即使考虑了地区差异,图 5-3 中显示情况也和图 5-2 一致:"支出指标"仍然无法准确刻画整个时段财政关系的变化。"收入指标"和"财政自主度"指标能分别胜任改革前和改革后的中央地方关系测量,但无法准确描绘整个时段的变化。为了进一步检验这三个指标的有效性,我们将样本进一步分为东部、中部和西部地区[①]。图 5-4A、B 和 C 分别描绘了这三个指标在这三个地区的时间趋势。可以发现,通过"财政自主度"与"收入指标"绘制出来的时间趋势都可以清楚地显示出东部地区的分权程度要明显大于中西部地区,但"支出指标"却不能分辨出这种差异。这使得"支出指标"的局限性进一步加大。东部地区一直以来享有较高的财政自主权,这可以从分税制改革的制度设置中体现出来。该改革包含的中央政府转移支付制度是建立在地方政府之间财政能力的差异上,该制度的设置有偏向中西部落后地区的初衷:中西部地区财力

---

① 东部地区包括北京、天津、河北、辽宁、上海、江苏、浙江、福建、山东、广东和海南共 11 个省(市);中部地区包括山西、内蒙古、吉林、黑龙江、安徽、江西、河南、湖北和湖南共 9 个省(区);西部则包括除西藏之外的四川、重庆、贵州、云南、广西、陕西、甘肃、青海、宁夏和新疆 10 个省(市、区)。

不足导致对中央转移支付的依赖;同时,为了照顾东部富裕省份的利益,转移支付中有相当一部分是基于公式计算得到的税收返还,主要基于以前年度税收贡献(马拴友和于红霞,2003)。就中部和西部地区的差异,"财政自主度"显

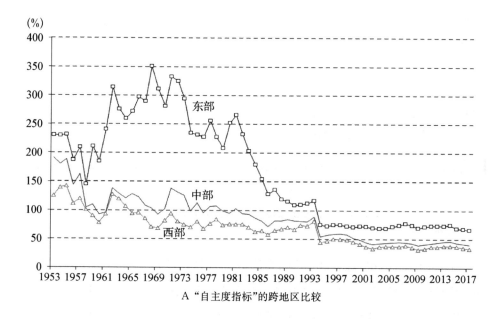

A "自主度指标"的跨地区比较

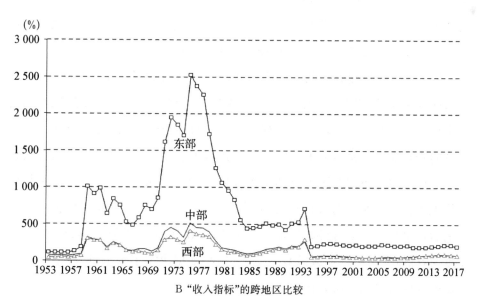

B "收入指标"的跨地区比较

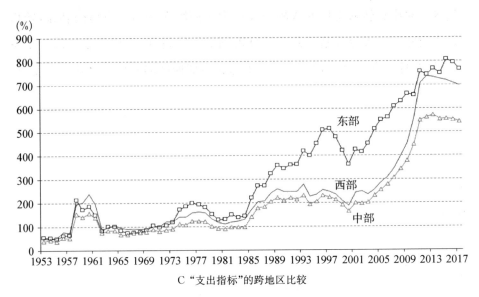

C "支出指标"的跨地区比较

图 5-4　省级分权指标的地区趋势（1953—2017 年）

注释：数据来源同图 5-3。

示中部高于西部，但"收入指标"则无法区分开这两个地区。事实上，在"财政包干"时期，西部省份的财政决策自主权就要比其他地区（包括中部省份）小得多（Wei，1996）。这种情况在分税制改革依然存在：西部省份对中央转移支付的依赖程度甚至大大高于中部不发达省份（王绍光，2002）。因此，在这三个指标中，"财政自主度"指标可以反映出财政关系的地区差异。

　　以上从指标构建方法及与历史事实一致性两方面对三个指标进行考察。从指标构建来说，跨国研究中广泛采用的"收入"和"支出"指标无法反映出同一中央政府下不同地方政府分权程度差异，因此仅适用于描述中央地方财政关系的跨时变化。就与历史事实的一致性程度来说，对三个指标有效性的检验需要从时间趋势和地区差异两个维度同时展开。从时间趋势看，三个指标中均无法胜任针对全时段的研究（例如 1953—2009 年）。但如果单独考察改革前后，"财政自主度"指标与"收入指标"均有效；从地区差异看，只有"财政自主度"指标能反映出跨地区差异。综上，这些证据决定了未来的文献中，具体指标的选取需要结合研究样本覆盖的时间段。

第四节 作用机制:"分权的逻辑"和"指标的逻辑"

上述实证重估工作表明现有文献结论依赖于分权指标的选取,这一节我们将解释为何不同的分权指标对同一个被解释变量会产生不同甚至截然相反的作用。具体来说,已有研究首先选用某一分权指标进行实证分析,然后根据回归结果证实或证伪一般性理论。但其提供的因果机制仅停留在"分权为何促进经济增长?"(我们称之为"分权的逻辑"),而不能回答诸如"为何地方政府支出份额每提高1%,经济增长率就会提高1.5%?"这样的问题(我们称之为"指标的逻辑")。显而易见,后者涉及具体指标发挥作用的因果机制,之后回答这样的问题才能获得有针对性的政策含义。以下内容将从这两个逻辑展开,我们首先讨论分权对经济增长的影响,然后讨论对公共品供给的影响。

一、分权影响经济增长的作用机制

就"分权的逻辑"来说,对于那些认为分权促进经济增长的一般性理论文献来说,其因果关系存在多种机制(Martinez-Vazquez and Mcnab,2003;Feld et al.,2009)。但文献均认为其发挥作用的关键在于提高经济效率,具体包括配置效率与生产效率。前一种效率指地方政府比中央政府更具信息优势,向下分权会使政府能够更好地满足不同辖区的不同的公共品偏好和需求,从而获得更有效的资源配置,进而提升了经济效率;而生产效率是指相对于中央政府,地方政府可以用更小的成本提供公共品和服务,或在相同成本约束下提供更多的数量和更好的质量,进而促进增长(Oates,1993;Swell,1996;Tanzi,1996;Martinez-Vazquez and Mcnab,2003)。

就"指标的逻辑"来说,我们将逐个讨论这三种指标的作用机制。首先考察"财政自主度"指标,对张晏和龚六堂(2005)的重估结果显示,财政自主度在分税制改革前对经济增长具有显著的促进作用,但在改革后该指标增长效应消失甚至不利于经济增长。我们知道1994年之前的财政制度是"财政包干"体制,因此,对该指标作用机制的分析需要从两种体制的特征及其中的地方政府行为入手。根据Jin et al.(2005)的研究,"财政包干"制为省级政府提供了一种可信的财政契约,使得地方政府支出与收入的联系比改革前更紧密。该体制下的地方政府具有很强的财政激励谋求经济发展(Oi, 1992; Montinola et al., 1995; 朱恒鹏, 2004b; Jin et al., 2005; 贾康和赵全厚, 2009)。该指标数值越高,意味着自有收入比重越高。而在"财政包干"体制下,地方政府的财政收入均大于其支出,因此地方政府有动力通过优化经济效率来提高包干合同后的剩余控制量:根据自有收入合理安排本级政府开支并将资源从低生产率领域配置到高生产率领域。但旨在财政集权的分税制改革实际上是中央政府对地方政府预算内收入的一种分成行为,这削弱了地方政府的收支联系。相比较"财政包干"制,其提供优化经济效率的激励强度有所下降[①]。综上,"财政自主度"指标作用于经济增长的机制依然为一般文献认为的经济效率改善:地方政府根据自有收入安排本级政府的开支,进而提高了资源的配置效率(Lin and Liu, 2000; 贾康和赵全厚, 2009)。

那么,"支出指标"对经济增长的作用逻辑是什么呢?对于该指标在分税制前后作用的变化,张晏和龚六堂(2005)归因于改革加强了各级政府的政策协调能力。结合该指标的构建,我们知道不同省"支出指标"在同一年的分母是相同的。这意味着,从截面来说该指标对经济增长的作用将来自分子——"全省人均支出"上的差异。因此,"支出指标"对经济增长的影响一定程度上反映了公共支出的作用。该推测可从以下证据证实:"支出指标"与"全省人均支出"的相关系数在1986—1992年期间为0.98,在1994—2002年为0.8。因此,对于分权促进经济效率因果关系的进一步研究需要剔除(控制)支出水平

---

① 李永友和沈玉平(2010)的研究发现分税制后中央政府初次分配中的收入集中对经济增长有负面影响,该作用在发达地区尤其明显,这表明分税制产生了负激励。

对经济增长的作用。

对"支出指标"在分税制改革前后不同作用的理解需要结合两个层面：在背景上需要考虑两种财政体制下的地方政府行为，在实证分析上则要结合1994年改革的制度设置对该指标取值的具体影响。首先，在"财政包干"制下，乡镇企业是地方政府收入的重要来源，地方政府对此施以"援助之手"，如将基础设施重点投向到工业部门（林毅夫等，1999；Lin and Liu，2000），但公共支出在此时对经济增长的作用并未凸显。分税制改革后，地方政府失去了对乡镇企业的收入的控制权，转而寻找其他收入增长点：引进外资和扩大出口（陈硕，2010；Kung et al.，2011）。这些变化促使地方政府支出结构偏向基础设施建设以吸引外来资本获得资本回报（张晏和夏纪军，2006）。因此，财政支出对该阶段的经济增长发挥了越来越显著的作用。其次，具体到实证分析上，要弄清楚1994年改革是否显著改变了指标值进而得到改革前后不同作用。基于张晏和龚六堂（2005）的研究，我们发现"支出指标"在1986—1992年的均值是2.66，而1994—2002年的均值是3.10。这表明分税制改革并没有显著改变该指标取值，那么该指标前后期的不同效果只能来自截面上（省级）的差异。而之前已经论述该差异更多反映的是支出规模。因此，分权指标前后期呈现不同效果的原因主要来自支出规模，该猜测可有以下两个证据得到验证：第一，1986—1992年的均值"省级人均支出"是118.45元，而1994—2002年的均值是231.89元（可比价格），约为前者的两倍；第二，如果在原回归中同时控制"支出指标"和"省级人均支出"的话，前者不再显著。因此，该指标对增长的影响更多的是通过增加支出水平获得，而非经济效率的提升。

二、分权影响公共品供给的作用机制

就"分权的逻辑"来说，分权影响公共品供给的一般性理论解释同样需要从配置效率与生产效率展开。从配置效率来说，地方政府因为接近于辖区居民，所以更加了解其对公共品的需求。因此，由地方政府提供公共品可以满足差异化的需求和偏好，该特征通过地方政府间竞争实现社会福利的增进

(Oates，2008，2006；Lockwood，2006）。而关于分权促进公共品供给生产效率的理论要稍微多样。对于促进作用，文献一般认为存在三种传导机制：第一，分权增强了选民对地方选举政治家的控制；第二，分权促使地方政府展开标尺竞争；第三，分权有助于减少利益集团的游说作用①。通过这些机制，公共品的分权化供给促使地方政府减少浪费、降低供给成本并提高了产出质量；对于负向作用，有学者认为分权导致规模经济的丧失，这意味着公共品供给需要更高的成本（Prud'homme，1995；Stein，1997），也有学者认为分权会使地方领导人更容易被利益集团俘获（Bardhan and Mookerjee，2000；Prud'homme，1995），进而恶化公共品供给。

"财政自主度"指标影响公共品供给的"指标逻辑"与该指标影响经济增长的机制类似。首先，地方政府自有收入在支出中的比重提高意味着具有自主收入权的地方政府能够展开真正的竞争（Chapman，2003）。这也促使地方政府将注意力从转移支付和中央政府的需求转到本辖区居民的需求与偏好，因此避免了决策成本外部化（Dye，1990；Boyne，1996）。其次，自主收入比重的提高也改善了地方政府对辖区居民需求的回应能力。最后，较高的自有收入份额保证地方政府在公共服务边际收益和边际成本相等时提供公共服务，从而提高财政资金的使用效率（World Bank，2009）。由此可见，该变量发挥作用的"指标逻辑"在于该指标值的提升能够促使和激励地方政府改善公共品的配置效率或生产效率，主要体现在以下两个方面。一方面，虽然构成现阶段转移支付制度主体的专项转移支付带有特定的用途要求，现有研究发现许多专项转移支付项目和当地居民真实需求之间仍存在差距（Rozelle et al.，2005）。同时，为了防止地方"搭便车"，该制度要求地方政府为这些专项转移提供配套资金，这进一步限制了地方政府的选择和灵活性（Gordon and Li，2011）。因此，那些自有收入比重较高的地方政府在配置支出结构上具有更强自主性，能更好地满足本地居民需求。另一方面，专项转移支付主要基于具体项目设置。

---

① 具体每一个传导机制的理论文献在此不再列出，详细请参考 Barankay and Lockwood（2007）。

在使用资金过程中,地方政府并没有提高效率的激励。该点已经体现在近期关于转移支付资金的审计调查中(刘家义,2010)。

对于"支出指标"发挥作用的"指标"机制,上文指出该指标很大程度上反映了"人均公共支出规模"的作用逻辑。此外,还发现该指标对义务教育供给有负面影响,该作用主要由中西部地区的负面作用所驱动,这显示出该作用存在门限效应。安苑和王珺(2010)的研究发现,"支出指标"在门限之内存在显著的生产性支出偏向(重视基建支出而忽视科教文卫支出),但超过这一点后,生产性支出偏向就大大减弱了。上述结论告诉我们,一个地区可供支配的人均财政资源超过一定点时,地方政府将会调整支出结构、重视公共服务支出。可见,采用中国数据呈现的图景与 Rostow(1960)关于不同经济发展阶段公共支出结构的论述一致:Rostow 认为经济体在经济发展初期需要更多的物质资本,而当发展到一定阶段后科教文卫等公共服务需求则变得越来越突出。综上,和对经济增长的作用类似,"支出指标"与公共服务供给之间的关系更多地来自源于支出水平的高低,较少涉及地方政府使用财政资金的配置效率或生产效率。

综上所述,对具体指标作用机制的讨论有助于提出具有针对性的政策性含义。本节从"财政自主度"指标与"支出指标"展开对"分权的逻辑"及"指标的逻辑"的探讨,我们发现地方政府享有的财政自主度对地区经济增长及地方公共品供给也具有一致的正向作用。

第五节 结论及政策性含义

针对当前财政分权研究中分权指标使用的随意性及实证结论相互冲突的问题,本章立足于中国中央地方财政关系变迁的历史事实,指出一个合适的分权指标既可以在时序上刻画出这些历史变迁趋势,也可以在截面上反映分权程度的地区差异。依据这一标准,我们梳理了现有文献中使用的各类分权指标并将其归为三大类:"收入指标""支出指标"和"财政自主度"指标。针对它们的适用性,本文指出没有一个最优指标可以适用于所有时段,研究者需要根据研究样本涉及的具体时间阶段选择相应的指标。同时,不同分权指标背后反映了迥异的事实与逻辑,彼此不能相互替代或混用。

现有文献中普遍存在的另一个问题是研究者在解释实证结果时仅回应了一般性分权理论("分权逻辑")而没有给出所有指标发挥作用的具体因果机制("指标逻辑"),因此无法提出有针对性的政策性含义。以分权对经济增长的影响和分权对公共品供给的影响为例,在讨论了分权发挥作用的一般性"分权逻辑"之后,本文从"指标逻辑"讨论了上述三个指标的作用机制。我们发现只有"财政自主度"对地区经济增长及地方公共品供给具有一致的正向作用。

参考文献

[1] 安苑和王珺,《财政分权与支出偏向的动态演进——基于非参数逐点估计的分析》,《经济学家》,2010 年第 7 期。

[2] 陈抗、Arye L. Hillman 和顾清扬,《财政集权与地方政府行为变化:从援助之手到攫取之手》,《经济学(季刊)》,2002 年第 2 卷第 1 期。

[3] 陈诗一和张军,《中国地方政府财政支出效率研究:1978—2005》,《中国社会科学》,2008 年第 4 期。

[4] 陈硕,《分税制改革、地方财政自主权与公共品供给》,《经济学(季刊)》,2010 年第 9 卷第 4 期。

[5] 陈硕,《财政分权、城市化与腐败》,香港科技大学社会科学部工作论文,2012 年。

[6] 程宇丹和龚六堂,《财政分权下的政府债务与经济增长》,《世界经济》,2015 年第 11 期。

[7] 程宇丹和龚六堂,《财政分权框架下的最优税收结构》,《金融研究》,2016 年第 5 期。

[8] 范子英,《财政分权与中国经济增长的效率》,《管理世界》,2009 年第 7 期。

[9] 范子英和张军,《中国如何在平衡中牺牲了效率:转移支付的视角》,《世界经济》,2010 年第 11 期。

[10] 范子英和张军,《粘纸效应:对地方政府规模膨胀的一种解释》,《中国工业经济》,2010 年第 12 期。

[11] 傅勇和张晏,《中国式分权与财政支出结构偏向:为增长而竞争的代价》,《管理世界》,2007 年第 3 期。

[12] 傅勇,《财政分权、政府治理与非经济性公共物品供给》,《经济研究》,2010 年第 8 期。

[13] 高琳,《分权与民生:财政自主权影响公共服务满意度的经验研究》,《经济研究》,2012

年第 7 期。
[14] 龚锋和卢洪友,《公共支出结构、偏好匹配与财政分权》,《管理世界》,2009 年第 1 期。
[15] 龚强、王俊和贾珅,《财政分权视角下的地方政府债务研究：一个综述》,《经济研究》,2011 年第 7 期。
[16] 郭庆旺和贾俊雪,《财政分权、政府组织结构与地方政府支出规模》,《经济研究》,2010 年第 11 期。
[17] 何德旭和苗文龙,《财政分权是否影响金融分权——基于省际分权数据空间效应的比较分析》,《经济研究》,2016 年第 2 期。
[18] 黄寿峰,《财政分权对中国雾霾影响的研究》,《世界经济》,2017 年第 2 期。
[19] 贾俊雪和郭庆旺,《政府间财政收支责任安排的地区经济增长效应》,《经济研究》,2008 年第 6 期。
[20] 贾俊雪、郭庆旺和宁静,《财政分权、政府治理结构与县级财政解困》,《管理世界》,2011 年第 1 期。
[21] 贾俊雪、郭庆旺和赵旭杰,《地方政府支出行为的周期性特征及其制度根源》,《管理世界》,2012 年第 2 期。
[22] 贾康,《正确把握大思路配套推进分税制》,《中国财政》,2008 年第 13 期。
[23] 贾康和赵全厚,《政府间财政体制变革》,《经济研究参考》,2009 年第 2 期。
[24] 姜子叶和胡育蓉,《财政分权、预算软约束与地方政府债务》,2016 年第 2 期。
[25] 李明、李慧中和苏晓馨,《财政分权、制度供给与中国农村基层政治治理》,《管理世界》,2011 年第 2 期。
[26] 李涛和周业安,《财政分权视角下的支出竞争和中国经济增长：基于中国省级面板数据的经验研究》,《世界经济》,2008 年第 11 期。
[27] 李永友和沈玉平,《财政收入垂直分配关系及其均衡增长效应》,《中国社会科学》,2010 年第 6 期。
[28] 林毅夫、蔡昉和李周,《中国的奇迹：发展战略与经济改革》,上海人民出版社,1999 年。
[29] 李政和杨思莹,《财政分权、政府创新偏好与区域创新效率》,《管理世界》,2018 年第 12 期。
[30] 梁若冰,《财政分权下的晋升激励、部门利益与土地违法》,《经济学（季刊）》,2009 年第 9 卷第 1 期。
[31] 刘冲、乔坤元和周黎安,《行政分权与财政分权的不同效应：来自中国县域的经验证据》,2014 年第 10 期。
[32] 刘克崮和贾康,《中国财税改革三十年：亲历与回顾》,经济科学出版社,2008 年。
[33] 刘家义,《2010 年中央预算执行和财政收支审计工作报告》,第十一届全国人民代表大会常务委员会第二十一次会议,2011 年 6 月 27 日。
[34] 刘小勇,《省及省以下财政分权与省际经济增长》,《经济科学》,2008 年第 1 期。
[35] 楼继伟,《财政体制改革的历史与未来路径》,《财经》,2012 年第 319 期。
[36] 吕冰洋、马光荣和毛捷,《分税与税率：从政府到企业》,《经济研究》,2016 年第 7 期。

[37] 逯建和冯泓,《战略性贸易能否促进国内产业的区域均衡》,《世界经济》,2016 年第 3 期。

[38] 毛捷、吕冰洋和陈佩霞,《分税的事实:度量中国县级财政分权的数据基础》,《经济学季刊》,2018 年第 17 卷第 2 期。

[39] 马拴友和于红霞,《转移支付与地区经济收敛》,《经济研究》,2003 年第 3 期。

[40] 平新乔和白洁,《中国财政分权与地方公共品供给》,《财贸经济》,2006 年第 2 期。

[41] 乔宝云,《增长与均等的取舍——中国财政分权政策研究》,人民出版社,2002 年。

[42] 乔宝云、范剑勇和冯兴元,《中国的财政分权与小学义务教育》,《中国社会科学》,2005 年第 6 期。

[43] 沈坤荣和付文林,《中国的财政分权制度与地区经济增长》,《管理世界》,2005 年第 1 期。

[44] 苏力,《当代中国的中央与地方分权——重读毛泽东〈论十大关系〉第五节》,《中国社会科学》,2004 年第 2 期。

[45] 谭之博、周黎安和赵岳,《省管县改革、财政分权与民生——基于"倍差法"的估计》,《经济学(季刊)》,2015 年第 14 期。

[46] 汪冲,《专项转移支付漏损的理论分析与实证检验》,《财经研究》,2007 年第 12 期。

[47] 王绍光,《分权的底限》,中国计划出版社,1997 年。

[48] 王绍光,《中国财政转移支付的政治逻辑》,《战略与管理》,2002 年第 3 期。

[49] 王文剑,《中国的财政分权与地方政府规模及其结构》,《世界经济文汇》,2010 年第 5 期。

[50] 王文剑和覃成林,《地方政府行为与财政分权增长效应的地区性差异》,《管理世界》,2008 年第 1 期。

[51] 王永钦、戴芸和包特,《财政分权下的地方政府债券设计:不同发行方式与最优信息准确度》,《经济研究》,2015 年第 11 期。

[52] 吴敬琏,《中国经济 60 年》,《财经》,2009 年第 20 期。

[53] 吴木銮和林谧,《政府规模扩张:成因及启示》,《公共管理学报》,2010 年第 4 期。

[54] 吴木銮和王闻,《如何解释省内财政分权:一项基于中国实证数据的研究》,《经济社会体制比较》,2011 年第 6 期。

[55] 武力,《1949 年以后毛泽东对中央与地方经济关系的探索》,载《毛泽东与二十世纪中国社会的伟大变革(上)》,中央文献出版社,2007 年。

[56] 吴一平,《财政分权、腐败与治理》,《经济学(季刊)》,2008 年第 7 卷第 3 期。

[57] 项怀诚,《中国财政体制改革六十年》,《中国财政》,2009 年第 19 期。

[58] 谢贞发和张玮,《中国财政分权与经济增长——一个荟萃回归分析》,《经济学(季刊)》,2015 年第 14 卷第 2 期。

[59] 辛向阳,《大国诸侯:中国中央与地方关系之结》,中国社会出版社,2008 年。

[60] 杨君昌,《新中国财政体制变革的回顾与展望》,《财经研究》,1999 年第 10 期。

[61] 袁飞、陶然、徐志刚和刘明兴,《财政集权过程中的转移支付和财政供养人口规模膨胀》,《经济研究》,2008 年第 5 期。

[62] 张光,《测量中国的财政分权》,《经济社会体制比较》,2011 年第 6 期。

[63] 张军,《分权与增长:中国的故事》,《经济学(季刊)》,2007 年第 7 卷第 1 期。

[64] 张军、高远、傅勇和张弘,《中国为什么拥有了良好的基础设施》,《经济研究》,2007 年第 3 期。

[65] 张伦伦、詹浩勇和聂鹏,《缩小地区间财力差异的理论审视:财政公平及效率意义》,2011 年第 5 期。

[66] 张曙宵和戴永安,《异质性、财政分权与城市经济增长——基于面板分位数回归模型的研究》,《金融研究》,2012 年第 1 期。

[67] 张晏,《分权体制下的财政政策与经济增长》,北京大学光华管理学院博士学位论文,2004 年。

[68] 张晏和龚六堂,《分税制改革、财政分权与中国经济增长》,《经济学(季刊)》,2005 年第 4 期。

[69] 张晏和夏纪军,《税收竞争理论评介——兼对我国地方政府减免税竞争行为的分析》,复旦大学 CCES 工作论文,2006 年。

[70] 赵德昭和许和连,《外商直接投资、适度财政分权与农村剩余劳动力转移——基于经济因素和体制变革的双重合力视角》,《金融研究》,2013 年第 5 期。

[71] 赵文哲,《财政分权与前沿技术进步、技术效率关系研究》,《管理世界》,2008 年第 7 期。

[72] 赵永亮和杨子晖,《民主参与对公共品支出偏差的影响考察》,《管理世界》,2012 年第 6 期。

[73] 朱恒鹏,《地区间竞争、财政自给率与公有制企业民营化》,《经济研究》,2004 年第 10 期。

[74] 朱恒鹏,《分权化改革、财政激励和公有制企业改制》,《世界经济》,2004 年第 12 期。

[75] 朱军和许志伟,《财政分权、地区间竞争与中国经济波动》,《经济研究》,2018 年第 1 期。

[76] 朱镕基,《当代中国的经济管理》,中国社会科学出版社,1985 年。

[77] 周飞舟,《锦标赛体制》,《社会学研究》,2009 年第 3 期。

[78] 周黎安和吴敏,《省以下多级政府间的税收分成:特征事实与解释》,《金融研究》,2015 年第 10 期。

[79] 周太和,《当代中国的经济体制改革》,中国社会科学出版社,1984 年。

[80] 周文兴和章铮,《中国财政分权对经济增长的影响:一个假说及检验》,《制度经济学》,2006 年第 3 期。

[81] 周业安和章泉,《财政分权、经济增长和波动》,《管理世界》,2008 年第 3 期。

[82] 周游、谭光荣和王涛生,《财政分权的门槛与 FDI 技术溢出效应的非线性研究——基于地方政府竞争视角》,《管理世界》,2016 年第 4 期。

[83] Akai, N. and Sakata, M., 2002, Fiscal Decentralization Contributes to Economic Growth: Evidence from State-Level Cross-Section Data for the United States, *Journal of Urban Economics*, 52, 93-108.

[84] Barankay, I. and Lockwood, B., 2007, Decentralization and the Productive Efficiency of Government: Evidence from Swiss Cantons, *Journal of Public Economics*, 91, 1197-1218.

[85] Bardhan, P. and Mookerjee, D., 2000, Capture and Governance at Local and National Levels, *American Economic Review*, 90, 135-139.

[86] Blanchard, O. and Shleifer, A., 2000, Federalism with and without Political Centralization: China versus Russia, *NBER Working Papers* No. 7616.

[87] Boyne, G. A., 1996, Competition and Local Government: A Public Choice Perspective, *Urban Studies*, 33, 703-721.

[88] Cai, H. and Treisman, D., 2006, Did Government Decentralization Cause China's Economic Miracle, *World Politics*, 58, 505-535.

[89] Chapman, J. I., 2003, Local Government Autonomy and Fiscal Stress: The Case of California Counties, *State and Local Government Review*, 35, 15-25.

[90] Chen, C., 2004, Fiscal Decentralization, Collusion and Government Size in China's Transitional Economy, *Applied Economics Letters*, 11, 699-705.

[91] De Mello, L.R. and Barenstein, M., 2001, Fiscal Decentralization and Governance: A Cross-Country Analysis, *IMF Working Paper* No. 01/71.

[92] De Mello, L. R., 2004, Can Fiscal Decentralization Strengthen Social Capital?, *Public Finance Review*, 32, 4-35.

[93] Dye, T., 1990, *American Federalism*. Lexington MA: D. C. Heath.

[94] Ebel, R. D. and Yilmaz, S., 2002, On the Measurement and Impact of Fiscal Decentralization, World Bank, Policy Research Working Paper, No. 2809.

[95] Feld, L.P., Baskaran, T. and Schnellenbach, J., 2009, *Fiscal Federalism, Decentralization and Economic Growth: A Meta-Analysis*, mimeo, Heidelberg: University of Heidelberg.

[96] Feltenstein, A. and Iwata, S., 2005, Decentralization and Macroeconomic Performance in China: Regional Autonomy Has Its Costs, *Journal of Development Economics*, 76, 481-501.

[97] Gordon, R. H. and Li, W., 2011, Provincial and Local Governments in China: Fiscal Institutions and Government Behavior, *NBER Working Paper* No. 16694.

[98] Huang, Y., 1996, Central-Local Relations in China during the Reform Era: The Economic and Institutional Dimensions, *World Development*, 24, 655-672.

[99] Huang, B-H. and Chen, K., Are Intergovernmental Transfers in China Equalizing?, http://www.macaoafa.org/proceedings/index.php/mafa/article/view/31.

[100] Jin, H., Qian, Y. and Weingast, B. 2005, Regional Decentralization and Fiscal Incentives: Federalism, Chinese Style, *Journal of Public Economics*, 89, 1719-1742.

[101] Jin, J. and Zou, H., 2002, How does Fiscal Decentralization Affect Aggregate, National, and Subnationalgovernment Size?, *Journal of Urban Economics*, 52, 270-293.

[102] Kung, J. K. and Chen, S., 2011, The Tragedy of the Nomenklatura: Career Incentives and Political Radicalism During China's Great Leap Famine, *American Political Science Review*, 105, 27-45.

[103] Kung, J. K., Zhou, F. and Xu, C., 2011, From Industrialization to Urbanization: The Social Consequences of Changing Fiscal Incentives on Local Governments' Behavior. In: Joseph E. Stiglitz(ed.), *Institutional Design for China's Evolving Market Economy*. Oxford University Press.

[104] Lessmann, C., 2009, Fiscal Decentralization and Regional Disparity: Evidence from Cross-Section and Panel Data, *Environment and Planning*, 40, 2455-2473.

[105] Li, L. C., 2010, Central-Local Relations in the People's Republic of China: Trends, Processes, and Impacts for Policy Implementation, *Public Administration and Development*, 30, 177-190.

[106] Lieberthal, K., 1995, *Governing China: From ReVolution to Reform*, New York: W.W.Norton.

[107] Lin, J.Y. and Liu, Z., 2000, Fiscal Decentralization and Economic Growth in China, *Economic Development and Cultural Change*, 49, 1-22.

[108] Lockwood, B., 2006, The Political Economy of Decentralization, In *Handbook of Fiscal Federalism*, edited by Ehtisham Ahmad and Giorgio Brosio, 33-60. Cheltenham, U.K.: Edward Elgar, 2006.

[109] Martinez-Vazquez, J. and McNab, R., 2003, Fiscal Decentralization and Economic Growth, *World Development*, 31, 1597-1616.

[110] Montinola G., Qian, Y. and Weingast, B., 1995, Federalism, Chinese Style: The Political Basis for Economic Success in China, *World Politics*, 48, 50-81.

[111] Oates, W. E., 1993, Fiscal Decentralization and Economic Development, *National Tax Journal*, 46, 237-243.

[112] Oates, W.E., 2006, The Many Faces of the Tiebout Model, In: William A. Fischel (ed.), *The Tiebout Model at Fifty*, Cambridge, MA: Lincoln Institute of Land Policy, 2006.

[113] Oates, W. E., 2008, On the EVolution of Fiscal Federalism: Theory and Institutions, *National Tax Journal*, LXI, 313-334.

[114] Oi, J. C., 1992, Fiscal Reform and the Economic Foundations of Local State Corporatism in China, *World Politics*, 45, 99-126.

[115] Oksenberg, M. and Tong, J., 1991, The Evolution of Central-Provincial Fiscal Relations in China, 1971-1984: The Formal System, *China Quarterly*, 125, 1-32.

[116] Prud'homme, R., 1995, On the Dangers of Decentralization, *World Bank Research Observer*, 10, 201-220.

[117] Qian, Y. and Roland, G., 1998, Federalism and the Soft Budget Constraint, *American Economic Review*, 88, 1143-1162.

[118] Qiao, B., Martinez-Vazquez, J. and Xu, Y., 2008, The Tradeoff between Growth and Equity in Decentralization Policy: China's Experience, *Journal of Development Economics*, 86, 112-128.

[119] Rostow, W. W., 1960, *The Stages of Economic Growth: A Non-Communist Manifesto*. Cambridge University Press.

[120] Rozelle, S., Huang, J. and Zhang, L., 2005, Rural Fiscal Policy: The Key to China's Development in the 21st Century, In: B. H. Sonntag, J. Huang, S. Rozelle, and J. H. Skerritt (eds.), *China's Agricultural and Rural Development in the Early 21st Century*. Canberra: Australian Centre for International Agricultural Research.

[121] Sewell, D., 1996, The Dangers of Decentralization According to Prud'homme: Some Further Aspects, *World Bank Research Observer*, 11, 143-150.

[122] Sheng, Y., 2005, Central-Provincial Relations at the CCP Central Committees: Institutions, Measurement and Empirical Trends, 1978-2002, *China Quarterly*, 182, 338-355.

[123] Stein, E., 1997, Fiscal Decentralization and Government Size in Latin America, In: Fukasaku, K., Hausmann, R., (eds.), *Democracy, Decentralization and Deficits in Latin America*. IDB-OECD.

[124] Tanzi, V., 1996, Fiscal Federalism and Decentralization: A Review of Some Efficiency and Macroeconomic Aspects, *Annual World Bank Conference on Development Economics*, 1995. World Bank, Washington, DC, 295-316.

[125] Tiebout, C., 1956, A Pure Theory of Local Expenditures, *Journal of Political Economy*, 64, 416-24.

[126] Tong, J., 1989, Fiscal Reform, Elite Turnover and Central-provincial Relations in Post-Mao China, *Australian Journal of Chinese Affairs*, 22, 1-28.

[127] Uchimura, H. and Jutting, J., 2009, Fiscal Decentralization, Chinese Style: Good for Health Outcomes? *World Development*, 37, 1926-1934.

[128] Wei, Y., 1996, Fiscal Systems and Uneven Regional Development in China, 1978-1991, *Geoforum*, 27, 329-344.

[129] World Bank, 2009, *Local Government Discretion and Accountability: Application of a Local Governance Framework*, Report No. 49059 GLB. Washington, DC: World Bank.

[130] Xu, C. and Qian, Y., 1993, Why China's Economic Reforms Differ: The M-Form

Hierarchy and Entry/Expansion of the Non-State Sector, *Economics of Transition*, 1, 135-170.

[131] Xu, C. and Zhuang, J., 1998, Why China Grew: The Role of Decentralization, In: Boon, P., R. Layard and S. Gomulka (eds.), *Emerging from Communism: Lessons from Russia, China and Eastern Europe*, MIT Press.

[132] Xu, C., 2011, The Fundamental Institutions of China's Reforms and Development, *Journal of Economic Literature*, 49, 1076-1151.

[133] Zhang, T. and Zou, H., 1998, Fiscal Decentralization, Public Spending, and Economic Growth in China, *Journal of Public Economics*, 67, 221-240.

[134] Zhang, X., 2006, Fiscal Decentralization and Political Centralization in China: Implications for Growth and Inequality, *Journal of Comparative Economics*, 34, 713-26.

第六章

中国城市发展及其对劳动力市场的影响

高虹　复旦大学经济学院经济学系

第一节 引 言

城市是现代经济增长的动力,也是创造非农就业的源泉。随着城市化水平的不断提高,城市体系优化对中国经济增长的推动作用将凸显。在改革开放和全球化的大背景下,集聚效应推动中国工业不断向沿海地区和大城市集中。但是,由于现有制度对区域间劳动力流动的限制,中国人口的集中程度不仅低于工业和其他经济活动的集中程度,也显著低于美国、英国、日本、印度尼西亚等不同发展水平的国家。

有关最优的城市发展路径,即发展过程中应该优先发展大城市,还是中小城镇,向来是各国城市化进程中的重要议题。日本、韩国等国家在发展过程中都曾施行过限制大城市人口增长的措施。在当前中国,出于对交通拥堵、环境污染等"拥挤成本"的担忧,实际政策往往倾向于限制大城市发展,而城市居民也常出于自身利益的考虑,支持地方政府实施限制劳动力流入的政策,经济集聚的好处却在很大程度上被忽略了。此外,在政策操作上,大城市人口限制政策主要是针对低技能劳动者,这一点,在各个地方的落户条件上均有体现[①]。

理论上,城市的最优规模是由城市扩张所带来的规模效应和拥挤效应相权衡而得到的,两者相互作用导致了城市生产率(和人均收入)与城市规模之

---

① 比如上海市的落户实行打分政策,只有本科及以上学历才有评分资格,并且打分向高学历、重点高校(如211高校,教育部重点建设高校)以及具有高技能水平(如大学成绩排名、外语水平、计算机水平)的毕业生倾斜。在深圳,外来务工人员入户实行积分制,累计积分达到一定分值才可申请入户,而积分的计算同样向高技能水平的劳动力倾斜,而应届毕业生申请落户必须具有本科以上学历和学士以上学位。北京市的户籍分配和工作单位相挂钩,留京指标更多地分配给了事业单位、大型国企和外资企业,然而由于数量有限,在这些企业内部,指标也往往分配给了技能水平相对更高的劳动力。

间的倒"U"形关系。在城市发展的早期,城市规模的扩大会带来人均实际收入的上升;而如果城市人口规模过大,由于存在拥挤效应,城市规模的进一步扩张反而会降低人均实际收入,因而存在最优城市规模。由于户籍等制度长期构成了对于城市扩张的限制,中国的城市化过于本地化,城市规模过小,因而无法发挥城市的规模经济优势,限制了城市生产率的提高和经济增长。据估计,中国有51%—62%的城市存在规模不足的问题,由此带来的产出损失约占职工平均产出的17%(Au and Henderson,2006)。事实上,大城市和中小城镇的发展并不相互排斥,中小城镇的发展以大城市的发展为基础,并受其辐射功能的带动(许政等,2010)。因此,在城市发展所带来的规模经济效应强于拥挤效应的城市化早期,盲目限制大城市规模,而重点支持中小城市的发展,会带来巨大的效率损失。

如何协调不同规模城市的发展,提高经济增长的包容性,是我国当前社会经济发展需要解决的重大战略问题。包容性增长要求城市化和城市体系优化的过程中实现大众对经济繁荣成果的广泛分享,而就业创造和劳动力收入水平的提高应成为重要考量。本章通过回顾新中国成立以来我国经济活动区域分布变迁,以及城市规模如何影响劳动力就业、收入和城市服务业就业创造,说明以促进人口集中和发挥经济集聚效应为目标的城市化模式不仅能带来劳动生产率的提高,也能使得劳动者从城市化的过程中切实获得好处。

第二节 中国经济增长转型和区域经济发展:全球化、经济集聚和经济政策

中国的经济运行有其独特性。1949年以来,中国已经历了多次经济增长动力的转换,由改革开放以前以提高积累率为主要目标的计划经济,到20世纪80年代的微观主体再造和市场经济主体地位确立,90年代参与全球价值链分工下"中国制造"的奇迹,直至2000年以后的资产负债扩张,中国经济的转

型增长不断面临新问题、新挑战。在区域经济层面,经济活动的空间分布总体呈现由区域间均衡发展到加速集聚再到拥挤效应逐步显现的趋势,体现了计划和市场力量的较量。全球化、经济集聚和经济政策共同塑造了中国的经济地图。

1949年以后,中国宏观经济运行的基本模式是计划经济,在计划安排和执行时力求做到四大平衡:物资平衡、财政平衡、外贸平衡和物价平衡。当时,宏观经济的主要矛盾是如何提高积累率,加快工业化速度。通过计划手段,即如何通过对农产品价格的控制和城乡居民生活成本的控制,将尽可能多的剩余以工业企业利润的形式上交国家,提高整个国家积累率,形成工业化所需要的投资。这种以牺牲农业和居民消费为代价的增长模式尽管在短期内可以较快实现工业化,但是长期来看是低效率的,导致投资的结构和产业比重的扭曲,是不可持续的。短缺经济、隐形失业和抑制性通货膨胀成为计划经济年代宏观经济运行的基本特征。和宏观经济运行的平衡发展相适应,在计划思维的指导下,我国施行了区域间均衡发展的战略,其中以"三线建设"最为典型。区域间均衡发展的一个后果是区域间产业结构趋同,由此引发了不同时期地区对资源、市场的激烈竞争,从20世纪70年代的轻纺工业,如自行车、手表等,到80年代的彩电、冰箱、洗衣机等家用电器,90年代的空调、电脑,以及21世纪的多个战略新兴产业(李桢,2012)。计划时期区域间的产业同构成为后期地区间产业同质性严重、集聚不足的主要原因。Young(2000)认为,渐进式改革以及由此带来的中央政府对部分要素管制的放松,激励了地方政府竞相发展制造业产业以获取市场价格和中央控制价格之间的隐性价格差。由此带来的产能过剩以及激烈的市场竞争导致了地方保护主义,地方政府通过控制价格、限制地区间贸易等方式来保护自己的利益。地方保护主义在很大程度上造成中国地区间巨大的贸易壁垒,带来了市场扭曲,阻碍了地区比较优势的发挥。

此外,作为行政调配资源的一个重要方面,劳动力在城乡和地区间的流动也呈现行政主导性极强的特点,市场力量在很大程度上缺失了。中国在计划时期的移民主要有三种形式。第一种是部队屯垦戍边的国防性移民,主要包括1953—1959年在黑龙江、内蒙古和新疆等边境地区设立的建设兵团。例如,1954年10月成立的新疆生产建设兵团在1954—1961年带来了第一次人口迁移高峰,仅1958—1961年净迁入人口就达49万人。迁入形式主要是国家通过计划从内地组织青壮年移居,或者鼓励部队官兵向新疆转业等(刘月兰,2007)。第二种移民主要是从相对较为发达的沿海省份迁往内陆省份的建设性移民,尤其是高技能水平的移民,其目的是促进内陆省份的发展。建设性移民最为典型的例子是始于1964年的三线建设。出于国防安全的考虑,三线的划分主要与地区离边防海防前线距离的远近有关。第三类移民是20世纪60年代晚期到70年代中期的上山下乡运动。上山下乡运动中的移民主要是从城市流向农村,移民的数量和方向主要受行政力量主导,没有明显的地区间或不同人口规模城市间的方向性。除以上由中央政府和地方政府行政主导的移民外,自发的移民在计划经济时期很少(赵忠,2004)。未经政府同意的移民,除了无法获得购买生活必需品所需的粮票、布票等以外,一旦被发现,也会被立即遣返回原籍。人口流动行政主导的一个表现是,计划时期各地区的人口增长和地区经济发展相关性很小,城市1990年人均GDP和1953—1982年人口增加数量的相关系数仅为-0.017,而其和1953—1982年的人口增长率的相关系数为-0.099。因此,经济和社会政策主导了改革开放以前我国经济活动和人口的区域分布,全球化和经济集聚的力量尚未显现。

  计划体制在1978年后逐步退出,农村和城市的微观组织实现再造,物价管制放开,农业和工业产值迅速增长,中国经济于20世纪80年代开始起飞。80年代最重要的改革是农产品价格体系改革和土地承包制度改革。以此为基础,以农村工业和消费为驱动的经济增长模式得以确立。其中,乡镇企业的巨大发展最为醒目,以至于邓小平将其称之为改革发展过程中"没有预料到的最大收获"。80年代的产品市场总体竞争程度相对较低,集聚效应的重要性尚未显现,为地处乡村、不具有规模经济的乡镇企业提供了发展机遇。乡镇企业在吸收农村剩余劳动力、促进农民收入水平提高和贫困削减、缩小城乡收入差距、强化市场竞争等方面发挥了作用,是中国经济成功转型的"催化剂"。仅从经济角度分析,中国在20世纪80年代尚未进入大规模全球化时代,经济增长的动力主要来自农村地区的市场化改革,特别是乡镇企业的发展。相比于乡镇企业,港澳台企业和外商投资企业在吸收就业方面的作用可谓微乎其微。1985年,港澳台和外商投资企业总共吸收就业6万人,而同年度乡镇企业从业人员数高达2 827万。即使到2016年,港澳台和外商投资企业吸收就业人员数已达2 666万,这一就业规模仍低于1978年的乡镇企业就业人员数。乡镇企业的发展降低了农村贫困人口数量,显著缩小了城乡收入差距。城市人均可支配收入与农村人均纯收入之比从1978年的2.57持续下降,到1984年仅为1.84。在大规模城乡劳动力流动仍受限制的情况下,乡镇企业的劳动力供给主要来自当地农村的剩余劳动力,因此分布相对较为分散。以不同地区制造业就业占比为例,1990年,东部地区省份制造业就业的全国占比为49.76%,仅比1982年的45.28%上升4.48个百分点。相比较而言,中、西部和东北地区制造业占比的下降幅度并不明显,分别从1982年的21.18%、17.80%、15.74%下降到1990年的20.10%、16.57%、13.57%(表6-1)。

表6-1 中国不同地区制造业就业人员分布(1982—2000年)　　(单位:%)

地区 \ 年份	1982年	1990年	2000年
东　部	45.28	49.76	62.90
中　部	21.18	20.10	16.01
西　部	17.80	16.57	13.64
东　北	15.74	13.57	7.44

注:(1) 1982年、1990年和2000年的数据分别来自中华人民共和国第三次、第四次和第五次人口普查。(2) 东部地区包括北京、天津、河北、上海、江苏、浙江、福建、山东、广东、海南10个省(市);中部地区包括山西、安徽、江西、河南、湖北、湖南6个省;西部地区包括内蒙古、广西、重庆、四川、贵州、云南、西藏、陕西、甘肃、青海、宁夏、新疆12个省(市、区);东北地区包括辽宁、吉林、黑龙江3个省。(3) 1982年的数据为各地区工业人口占全国工业人口的比重,其中工业人口由以下公式计算得到:工业人口数=各地区人口数×在业人口占总人口百分比×工业人口占在业人口百分比。

进入20世纪90年代以后,经济改革的重心由农村转向城市,而经济集聚效应是城市发展活力的源泉。特别是邓小平1992年的南方谈话,开启了中国改革开放的新纪元,全球化和市场化进程加速,外商直接投资(FDI)和民营资本的力量迅速壮大。统计数据显示,FDI投资规模在20世纪90年代中期迅速扩张(图6-1),国有、集体企业就业占比显著下降(图6-2)。国有企业和城市劳动力市场的改革提高了国有企业的竞争力,外资、民营经济的迅速发展加剧了产品市场竞争,大规模城乡移民带来农村地区剩余劳动力规模的不断缩减,乡镇企业的竞争优势在20世纪90年代中期逐渐丧失。经济对外开放程度的提升突显了经济集聚的重要性,乡镇企业由于地处偏远、规模不足等原因,无法分享经济集聚的好处,生产率的内生增长受到限制。钟宁桦(2011)发现,尽管乡镇企业从业人员数的扩张显著降低了城乡收入差距,但其影响在20世纪90年代不断下降,甚至在若干年份其净效应转而为负。扩大乡镇企业规模对缩小城乡收入差距的作用在20世纪90年代已经微乎其微。20世纪90年代中期以后,得益于全球价值链分工趋势,出口导向型制造业在中国获得巨大发展。尽管相比于2000年以后,净出口规模仍相对较小,但持续为正的净出口正是发端于90年代中期,出口替代消费成为最主要的经济增长动能(图6-1)。

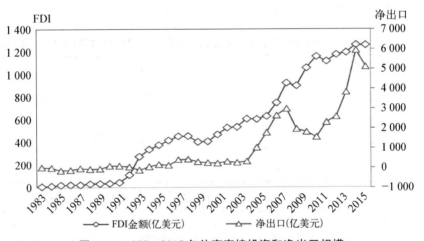

图6-1　1983—2015年外商直接投资和净出口规模

数据来源:历年《中国统计年鉴》。

在全球化、集聚效应和经济政策三重力量的作用下,中国制造业的生产活动开始加速集聚。基于2000年人口普查数据的计算结果显示:东部地区制造业就业占比在2000年达到了62.9%;中、西部和东北地区的制造业就业占比

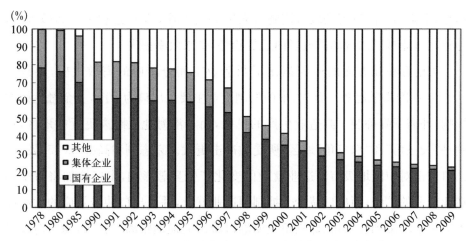

图 6-2 1978—2009 年城市地区不同所有制类型就业人数占比
数据来源：历年《中国人口和就业统计年鉴》。

分别由 1990 年的 20.10%、16.57%、13.57% 下降到 2000 年的 16.01%、13.64%、7.44%。其中以东北地区制造业就业的下降最为明显,降幅达 6.13 个百分点(表 6-1)。

2000 年后,制造业活动向东部进一步集中的趋势趋缓,甚至在部分行业中,离散的趋势开始显现,东部地区制造业就业占比总体保持稳定。理论上,随着经济活动集中程度的不断提高,集聚地区更高的要素价格开始对部分产业的生产活动形成挤出,导致产业的空间转移,进而缩小地区间收入的差距。地区间收入差距随着经济发展水平的提高而呈现先上升后下降的倒"U"型模式在各国发展过程中均是普遍现象,被称作空间库兹涅兹曲线(Spatial Kuznets Curve)。理论上,空间库兹涅兹曲线先上升后下降的模式主要是由城市发展的结构转型,即行业部门在城市间的转移和分布变化所驱动。不同行业生产和就业的空间分布在不同的发展阶段存在差异。Desmet and Henderson(2014)发现,近年来,美国制造业就业的分散程度不断上升,且初始时期制造业发展程度越高的地区,制造业就业增长越慢。此外,经济政策在中国制造业发展地区间收敛的过程中也发挥了重要作用。改革开放以及其他相关的政策优惠促进了沿海地区早期的工业发展,带来了制造业的空间集聚。

但是,平衡地区间发展的政策措施也强化了经济活动集中过程中的离散效应,导致制造业过早出现离散或者内迁的趋势,带来效率损失。

可能存在几方面的原因强化了制造业空间分布中的离散效应,导致其2009年后的离散趋势。首先,中国的制造业主要以出口为导向,受金融危机的影响,外需下降抑制了制造业生产的扩张,而与沿海地区距离更近的地区,特别是"长三角"和"珠三角"地区,所受的冲击更大。袁志刚和高虹(2015)发现,出口冲击对中国地级市制造业就业的变化产生显著影响,出口增加将带来制造业就业的扩张,而出口减少会抑制制造业就业,并且出口冲击效应的大小显著取决于城市到长三角、珠三角主要港口城市的地理距离。其次,为应对金融危机对整体宏观经济造成的不利影响,维持经济增长,政府施行了一系列财政刺激计划,而财政刺激计划的效果在市场化程度低、国有企业占比高的中、西部地区更为明显(Wen and Wu,2014;钱爱民等,2015)。从基础设施投向和十大产业政策发展规划来看,政府的经济发展政策主要向中、西部地区和东北地区倾斜(沈开艳和陈建华,2014)。此外,2008年以后,中国资产负债的持续扩张对实体经济造成严重挤出。4万亿财政刺激计划的本质是金融的部分自由化。为满足基础设施项目投资的资金要求,地方政府通过向融资平台注资以从银行获得贷款,或者通过信托产品等方式从影子银行获得融资。在中国地方政府干预金融资源配置的背景下,金融自由化反而可能助长金融市场的扭曲,恶化资本配置效率。东部地区的住房价格在4万亿计划的影响下被进一步推升,企业生产成本提高,挤出效应显现。

表6-2基于规模以上工业企业数据,分别从就业人员数、产业总产出和营业利润三个角度,计算了东部地区相关指标的全国占比在2004—2012年的变化。计算结果显示:东部地区制造业就业比重在2004—2009年逐年上升,其占比从2004年的66.93%上升到了2009年的68.68%,但总体上升趋势减缓;2009年后,东部地区制造业就业占比开始下降,从2009年的68.68%下降到2012年的66.30%。制造业企业产出和营业利润占比下降更为明显,总产出和营业利润的占比,分别从2004年的71.84%和73.66%下降到2012年的

62.37%和61.47%。与东部地区制造业比重的下降相对应,中部地区制造业就业比重从2004年的14.75%上升到了2012年的16.11%,西部地区的制造业就业比重从2004年的6.54%上升到了2012年的6.83%,产业总产出和营业利润的变化趋势相对更为明显。

表6-2 东部地区制造业生产活动占比(2004—2012年) （单位:%）

年　份	就业人员数	总　产　出	营　业　利　润
2004	66.93	71.84	73.66
2005	67.68	71.47	76.08
2006	68.40	70.91	72.07
2007	68.52	69.17	66.14
2008	68.57	67.48	65.67
2009	68.68	67.51	65.23
2011	66.68	61.71	59.23
2012	66.30	62.37	61.47

注:(1)东部地区省份的定义同表6-1;(2)2010年的数据由于质量较差,在分析中将其剔除;(3)2011年,国家统计局将"规模以上"的定义由企业每年的主营业务收入(销售额)从至少500万元上调到2 000万元,由于该标准调整适用于全部地区,本表仅涉及东部地区制造业生产活动占比的计算,因此并未对样本进行调整,为了确保分析结果的稳健性,尝试将2011年以前的样本也限定到2 000万元销售额以上,并计算东部地区制造业占比,总体结果变化不大。

尽管经济集聚现象在中国广泛存在,但是总体来说,中国经济活动的集中程度仍显著低于西方发达国家的水平。根据路江涌和陶志刚(2006)的计算,中国有79.97%的行业属于低集中度行业,而这一比例在美国只有10%。相反,在中国,只有6.31%的行业属于高集中程度的行业,低于英国的16%,美国的25%和法国的27%。相比于经济活动的集中程度,中国的人口集中程度相对更低。中国的人口集中程度不仅远低于本国的工业化水平和经济生产活动的集聚程度,也低于美国、英国、日本、印度尼西亚等不同发展水平的国家的人口集中度。Fujita and Krugman(2004)比较了不同国家的城市规模差距,发现2000年,中国城市规模的基尼系数是0.43,低于世界上其他规模较大的国家,例如巴西(0.65)、日本(0.65)、墨西哥(0.60)、法国(0.59)和美国(0.54)。

第三节 中国的城市体系调整：政策争论与问题

有关中国的城市化问题，学者们在持续提高城市化水平这一点上是有共识的，但就城市体系优化，城市化过程中应该优先发展大城市还是中小城镇等问题，学界却仍存在争议。朱选功（2000）认为，中国应将小城镇的优先发展作为城市化推进的突破点。这主要是因为小城镇的发展将起到协调中国城市体系的作用，并且小城镇所需的建设成本较低，其发展适应了中国建设资金短缺的现实。作为劳动力转移的心理缓冲地带，小城镇能较好地满足农业劳动力希望尽可能降低迁移成本的要求。此外，小城镇可以起到分散大城市的规模和职能，服务广大农村地区的"承上启下"的作用，并能通过加速城市工业更新换代，减轻城市环境压力，促进工业"反哺"农业等方式促进城乡经济的和谐发展（秦待见，2008）。

但是，也有学者认为，当前中国应优先促进大城市的发展，以期最大限度地发挥经济集聚效应，提高经济增长的效率。王小鲁（2010）认为，中国目前所拥有的大城市数量过少，导致大城市过于拥挤。尽管小城镇将成为吸收农村劳动力的一个重要环节，但小城镇本身缺乏对产业投资的吸引力，无法创造足够的就业来吸引人口的持续流入。此外，小城镇的土地使用效率也显著低于大城市，经济规模不足使其难以提供为提高劳动力生活质量所必需的基础设施和公共服务。因此，鼓励小城镇的发展将不利于效率的提高。基于国别数据的计量回归分析，王小鲁判断，大城市的发展有其自身的客观规律，中国大城市人口的比重在未来还将不断上升，预期到2030年达到39%，拥有百万人口规模以上的大城市数量也将持续增加。类似地，Henderson（2007）认为，由于户籍等制度长期构成了对于城市扩张的限制，中国的城市规模过小，因而无法发挥城市的规模经济优势，限制了城市劳动生产率的提高和经济增长。经济集聚不足严重损害了中国经济增长的效率,带来了巨大的产出损失。事实上,大城市和中小城镇的发展并不相互排斥。许政等(2010)认为,中小城镇的发展需要以大城市的发展为基础,分享大城市辐射功能所带来的好处。他们的实证分析结果显示,距离区域性大城市越近的小城市经济增长相对越快,其发展充分分享了大城市辐射效应的好处。

另一种现实中存在的担心是,城市人口的扩张可能会激化劳动力市场的竞争,从而加大城市居民的就业和收入压力。一方面,人们担心随着城市人口规模的增长,城市可能无法提供充足的就业岗位,从而加剧失业问题。特别地,人们常常认为,在城市扩张过程中,低技能水平的劳动者将面临更大的失业风险。另一方面,更激烈的劳动力市场竞争可能对劳动力的工资水平产生向下的压力,从而降低其名义工资水平。而人口集中所带来的不可贸易品价格的上升会进一步压低大城市居民的实际工资,从而对劳动者福利水平产生不利影响。

理论上,经济活动的空间分布主要由集聚效应和离散效应共同决定。一方面,受企业间的投入-产出联系、劳动力市场群聚以及知识溢出等因素的影响,经济活动在空间上倾向于集中。经济活动的集中以及地区经济规模的增加将促进企业生产率的提高以及劳动力收入的增长(Combes and Gobillon,2015),集聚地区更广泛的投入品分享、更高效的生产要素匹配,以及更多的学习机会是其微观机制(Duranton and Puga,2004)。第一,厂商在某地区的聚集可以促进对不可分割的设备的建造成本的分担,从而增加设备投资;集聚也可以吸引更广泛的原材料和中间品制造商进入该市场,并促进专业化程度的提高;而厂商之间也能因为集聚更好地分担风险,这些因素都能带来规模报酬递增的生产函数,此即为经济集聚所带来的"分享"的好处。第二,集聚地区更大数量的厂商和更多的劳动力提高了劳动力市场的匹配效率,而匹配效率的提高将极大地提高劳动生产率,并减少资源的浪费,此为经济集聚所带来的"匹配"的好处。此外,匹配效率的提高也鼓励了劳动分工和专业化程度的提高,而这同样也会对劳动生产率产生促进作用。第三,集聚将为当地的企业和劳动者创造更多学习和交流的机会,从而促进创新,并通过厂商间的相互学习而促进更高效的生产方式的运用,提高劳动生产率,此为经济集聚所带来的"学习"的好处。

在实证上,经济集聚对劳动生产率的促进作用也已经被相关研究所广泛证实。Sveikauskas(1975)发现,相比于小城市,以职工平均产出和职工工资度量的大城市的劳动生产率相对更高。城市规模(以城市的人口数量作为度量)平均每扩大一倍,劳动生产率会相应地提高约4.77%到6.39%。Glaeser and Resseger(2009)以城市人口数量作为城市规模的度量,以城市劳动力的平均产出、家庭的中位实际收入、个人小时收入等指标作为城市劳动生产率的度量,也发现了城市规模扩大对劳动生产率的促进作用,并且这种促进作用在大学毕业生比例更高的城市相对更大。类似地,经济集聚对劳动生产率的促进作用在中国也存在。范剑勇(2006)利用2004年地级市和副省级城市的数据发现,非农就业密度每上升1%,会带来劳动生产率大约8.8%的提高,高于欧美发达国家大约5%的弹性系数。

但是,生产活动在部分地区的集中也会推高土地、劳动等生产要素的价格,从而提高企业的生产成本。此外,集聚地区更激烈的市场竞争、环境污染、对本地公共品的竞争等因素也构成了经济活动的离散力。生产活动最终的区位选择是厂商对集聚效应和离散效应权衡取舍的结果。集聚地区更高的生产成本预示着当地相对更高的劳动生产率,只有劳动生产率上升带来的利润增加才能抵消更高生产成本的不利影响;否则,出于利润最大化的考虑,厂商会选择转移到其他要素价格相对较低的地区组织生产经营活动。

因此,劳动力的流入和城市规模的扩大固然会增加城市的劳动力供给,但在另一方面,由于城市发展存在着经济集聚效应,城市人口规模的增加会不断地创造出新的就业机会,从而带来劳动力需求曲线的外移。保持其他因素不变,如果就业机会的增加速度快于城市规模扩张的速度,那么,城市的就业率将上升。刘学军和赵耀辉(2009)发现,外来劳动力进入城市就业对本地居民失业的影响程度很小。此外,若考虑到不可贸易品部门,城市规模对就业的效应可能会放大。随着城市可贸易品部门劳动生产率的上升和劳动力需求的增加,城市的就业和工资水平上升,进而提高城市的总收入。而总收入的上升必然会带来不可贸易品部门需求的扩张,从而增加不可贸易品部门在均衡处的工资和就业(Moretti,2010)。而在劳动力收入层面,城市规模的扩大会通过经济集聚效应促进企业劳动生产率的上升,进而提高劳动者的边际产出和工资水平。此外,经济集聚也可能通过鼓励企业家精神、促进信息交流等方式提高劳动者的非工资性收入。因此,城市规模的扩张也可能有利于劳动者收入水平的提高。

第四节 为什么提升经济增长的包容性不能限制大城市的发展?

本节将分析城市规模扩张对劳动力就业和城市制造业就业乘数效应的促进作用,并从劳动者收入的角度说明城市规模扩张的就业促进效应并没有以收入水平的下降为代价。此外,我们还将分析城市规模扩张对不同技能水平劳动力影响的异质性。我们的研究说明,在现阶段过早鼓励不同规模城市的平衡发展,限制大城市人口扩张的政策,不仅损害经济效率,也不利于公平的实现。

一、大城市发展有利于提高劳动者就业概率

为检验经济集聚是否有利于就业的扩张和劳动者失业率的降低,我们使用 2002 年和 2007 年的中国家庭收入调查数据,结合《中国城市统计年鉴》和人口普查数据,考察城市规模变化将如何影响劳动力就业[1]。通过建立个人层

---

[1] 中国家庭收入调查数据是由国家统计局与中国社会科学院经济研究所合作调查得到,调查样本为国家统计局年度家庭调查的一个子样本。其中,2002 年的城市家庭调查数据涵盖了北京、江苏、安徽、辽宁、河南、山西、湖北、重庆、广东、四川、云南和甘肃 12 个省级行政单位的 70 个市、县,共包括 6 835 个家庭的 20 632 名个人;2007 年的城市数据覆盖了上海、浙江、安徽、江苏、湖北、广东、河南、重庆和四川 9 个省级行政单位 19 个市和县,总共包括 5 000 个家庭的 14 699 名个人。中国家庭收入调查数据的取样方法为两阶段分层随机抽样法,调查者首先在第一阶段随机选择需要取样的城市和县,然后在第二阶段从第一阶段所选择的市和县中抽取调查家庭,以确保样本的随机性。该数据涵盖了详细的劳动者个人层面的人口和经济社会信息,使我们能够在控制个人特征的基础上,识别城市规模对劳动者就业的影响。

面的就业决定模型,我们主要考察了在个人社会经济特征和城市其他特征给定的情况下,城市规模是否会对个人的就业概率产生影响。城市规模分别用城市的常住人口数量和大学毕业生数量作为代理①。实证结果显示,当用城镇总人口数量度量时,城市规模每扩大1%,会带来个人就业概率0.023个百分点的上升。而城市大学毕业生数量每1%的增加会使个人就业概率上升0.016个百分点(Gao et al.,2015)。也就是说,劳动力的流入和城市规模的扩张在带来更多劳动力供给的同时,也由于集聚效应而促进了劳动力需求更大规模的扩张,从而带来个人就业概率的上升和城市失业率的下降。

此外,我们进一步探索了城市规模扩张对不同受教育程度劳动力影响的差异。从理论上来说,不同受教育程度劳动者从城市规模中的获益程度可能并不相同。第一,由于低技能劳动者的就业更多地集中于低技能的服务业,而低技能服务业是不可贸易品部门的一个重要组成部分,因此相比于中、高技能的劳动者来说,低技能劳动者可能从集聚中享受更多的好处。既有文献发现,技能偏向型的技术进步并没有显著恶化低技能劳动者的就业前景,相反,更多的低技能劳动者在低技能的服务业部门找到了工作。这是因为在技术进步的过程中,计算机主要替代了一些对劳动者技能水平有一定要求的重复性劳动(routine jobs),如打字等,却无法替代诸如保姆、打扫卫生等人工工作(manual jobs)和律师、医生等有难度的工作(abstract jobs)。并且,技术进步和服务业之间存在互补性,从而带来了服务业就业的增加。这种随着计算机的广泛使用而出现的就业越来越集中于高技能和低技能的服务业的现象被称为就业的两极分化(job polarization)(Autor et al.,2003)。第二,高技能劳动者对低技能服务业具有更高的消费需求。Mazzolari and Ragusa(2013)发现,由于高技能劳动者时间的机会成本更高,故其对家政服务等低技能服务业的消费需求更高。因而随着城市规模的扩大和高技能劳动者的集中,低技能劳动力将会相对更多地受益。第三,当存在知识溢出时,由于不同的职业对学习和知识创

---

① 因篇幅所限,我们省略了具体的实证模型和估计方法,感兴趣的读者可以参考 Gao et al.(2015)。

新的依赖程度不同,因而不同职业从城市规模扩张中受益的程度也不同。大量研究已经证实了知识溢出的存在。这些研究认为,由于存在社会互动,城市规模的扩张,尤其是高技能劳动者的集聚会为劳动者带来更多的学习和创新机会,从而提高劳动生产率(例如 Rauch,1993;Moretti,2004)。而高技能行业由于其劳动者具有相对更强的学习能力以及高技能行业本身对知识更强的依赖性,因而劳动生产率的提高受知识溢出的影响更大。

我们将所有劳动力人口按照个人的受教育年数,分为受教育年数小于等于 9 年,9—12 年,以及大于 12 年三组,分别进行回归,以考察城市规模对不同受教育程度劳动者影响的异质性。我们发现,所有技能水平的劳动者均从规模扩张中获得了好处。但相比于高技能水平的劳动者来说,低技能者受益程度相对最大。平均来说,城市规模每增加 1%,会使得受教育年数小于等于 9 年的劳动者的就业概率平均提高 0.028—0.038 个百分点。而对于受教育程度处于 9—12 年和受教育年数大于 12 年的劳动者来说,此效应分别为 0.016—0.023 和 0.011—0.015。城市规模变化对劳动者就业概率的影响程度是其受教育年数的单调递减函数(Gao *et al.*,2015)。

不同技能水平劳动者从城市规模的扩张中受益程度不同主要与城市的职业结构以及产业结构有关。最低技能水平劳动者的就业主要集中于餐饮、家政等低技能的服务业,而城市规模的扩大,尤其是高技能劳动者的集中,会增加城市对低技能服务业的需求,从而使得低技能劳动者从城市规模的扩大中受益。我们将所有就业人口按照其所属的行业分为制造业、低技能服务业和高技能服务业三类[①],分别计算三组人员的平均受教育年数。我们发现,低技能服务业的从业人员平均受教育年数最低,为 10.82 年,低于制造业的 11.00 年以及高技能服务业的 13.07 年。因此,低技能服务业吸收了最大比例的低技

[①] 其中,低技能服务业主要包括交通运输、仓储和邮政业,批发和零售业,住宿和餐饮业,以及居民服务和其他服务业;高技能服务业主要包括信息传输、计算机服务和软件业,金融业,房地产业,租赁和商务服务业,科学研究、技术服务和地质勘查业,水利、环境和公共设施管理业,教育,卫生、社会保障和社会福利业,文化、体育和娱乐业,公共管理和社会组织,以及国际组织。另外,我们这里的计算排除了农林牧渔业和采矿业的就业人员。

能劳动者就业。城市规模的扩大会带来更高的低技能服务业的需求,从而使得低技能劳动者获益。而中等技能的劳动者就业主要集中于制造业。随着城市规模的扩大,制造业就业会经历一个先上升后下降的过程。在城市发展的初期,制造业企业更多地选择进入规模较大的城市,从集聚中获得生产率提高、生产和运输成本下降的好处。地方政府也会出于税收、就业等因素的考虑,鼓励制造业企业进入城市,使得城市在规模扩张的同时创造了大量的制造业就业机会。但在城市发展到一定规模以后,出于保护环境和产业结构升级等因素的考虑,服务业的比重将提高,尤其是金融、贸易、房地产等高技能的服务业。另外,由于工资水平上升、地价上升等拥挤效应的存在,制造业企业本身也会选择离开大城市,选择到生产成本相对较低的中小城市进行生产。我们的数据显示,随着城市规模的扩大,制造业就业比重的变化呈现为一个先上升后下降的倒"U"形。而中等技能的劳动力由于其就业主要集中在制造业企业,因此城市规模扩张对其就业概率有一个更为明显的先正后负的影响,从而导致其在总体上没有从城市规模的扩张中显著受益。但值得注意的是,城市规模的扩大并没有降低中等技能劳动者的就业概率。最后,对于最高技能水平的劳动者,城市规模的扩大对其就业的影响显著为正,这主要是因为两方面的原因。一方面,城市规模的扩大带来了更多的学习机会和更强的知识溢出效应,高技能服务业由于其知识密集型的特点,更多地从城市规模的扩大中获得好处。而高技能劳动者的就业主要集中于高技能的服务业,因此城市规模的扩大通过高技能服务业就业机会的增加而提高了高技能劳动者的就业概率。另一方面,随着城市规模的扩大,制造业产业也会升级,低技能服务业的服务质量也会提升。而产业升级和服务质量的上升都会使制造业以及原本属于低技能的服务业吸收更多的高技能劳动者就业。按城市的总人口数量,我们将全部城市平均分为小城市、中等规模城市和大城市三类,分别计算在不同规模的城市中,制造业就业中受教育年数大于12年的劳动者的比例。我们发现,小规模城市制造业就业中高技能劳动者所占的比重最低,为19.75%,低于中等规模城市的21.46%和大城市的25.70%。类似的结果对于低技能服务业也存在。在小城市中,低技能服务业就业中的12.66%由受教育程度大于12年的高技能劳动者提供,而这一比例在中等规模城市和大城市中分别为14.68%和23.11%。

以上结果说明,城市发展的规模经济效应有利于提高劳动力个人的就业概率,并且相比于高技能水平劳动者,低技能水平劳动者的获益程度更大。因此,在顺应市场规律的城市规模扩张和降低失业率的同时,也能促进公平的实现。

二、大城市发展有利于城市服务业就业的扩张

促进大城市优先发展除了能直接通过集聚效应促进城市就业的扩张外,还有利于城市就业结构的转型。服务经济作为后工业化经济的典型特点,其发展在现代经济增长中发挥着重要作用。中国经济增长前沿课题组(2012)的研究判断,中国经济增长的第一阶段,即依靠投资和出口拉动的经济增长阶段,已进入末期。中国正步入依靠效率提高,以促进经济结构进一步优化为途径的经济增长的第二阶段,而城市化的不断推进和服务业的发展是第二阶段增长的重要动力。服务型经济是后工业化时代经济的典型特点,对后工业化国家的经济增长和就业均发挥着至关重要的作用。Schettkat and Yocarini(2003)发现,世界上的发达国家无一例外地都已经进入服务型经济,其新增就业绝大多数来自服务业的不断发展。随着工业化的完成以及制造业吸收就业能力的下降,中国未来的就业创造,尤其是低技能劳动力的就业,将越来越需要依靠服务业就业的扩张来带动。但是,和其他国家相比,中国的服务业发展明显滞后。程大中(2004)发现,和其他同等发展水平的国家相比,中国的服务业发展存在着增加值比重低、就业比重低和劳均增加值低的"三低"现象。如何促进服务业的进一步发展,是中国亟须思考的重大理论和政策问题。

鼓励服务业的发展并不代表要放弃发展制造业。事实上,在发展早期,服务业的成长并不能脱离制造业。理论上,制造业就业的扩张会通过多种机制影响服务业就业。Moretti(2010)以及Moretti and Thulin(2013)分析了制造

业就业可能影响服务业就业的理论机制。他们认为,如果城市中的可贸易品部门由于某种外生的原因而增加了就业,那么整个城市的工资和就业水平就会提高,进而带来城市更高的总收入水平。而总收入的上升会带来不可贸易品部门需求的扩张,增加不可贸易品部门在均衡处的工资或就业。制造业就业的增加对服务业就业起着促进作用,被称作制造业就业的"乘数效应"。此外,制造业的发展还将直接增加城市对本地生产性服务业的需求。但是,制造业就业对服务业就业的乘数效应并不必然为正。制造业因外生冲击所带来就业增加会提高城市的总体工资水平,而更高的工资水平会挤出其他行业的就业。这种挤出效应在本地劳动力供给缺乏弹性的情况下尤其严重。此外,市场和要素配置的扭曲可能会抵消地方性经济发展政策在不同行业间的溢出效应,而政策扭曲所带来的问题在中国尤其严重。

那么,制造业就业的扩张在我国如何影响服务业就业呢?基于2004—2013年的《中国城市统计年鉴》,我们估计了制造业就业对服务业就业的溢出效应①。我们发现,城市制造业就业每增加1%,会带来服务业就业约0.435%的上升,并且相比于生产性服务业和公共服务业,生活性服务业的受益程度最大。实证结果显示,制造业就业每增加1%,会带来生活性服务业就业0.706%—0.822%的上升,高于其对生产性服务业就业0.562%—0.611%的影响(袁志刚和高虹,2015)。生活性服务业从制造业就业扩张中获益最大主要是得益于此部门相对更高的劳动密集程度,以及由其相对更高的市场化程度和更低的劳动力就业门槛带来的更高的劳动供给弹性。由于生活性服务业主要集中了大量低技能劳动力的就业,因此,低技能劳动者在城市制造业的发展中受益程度相对最大。

那么,促进大城市的发展和集聚效应的发挥在制造业带动服务业的过程中将起到什么作用呢?理论上,由于集聚效应、劳动力供给弹性等因素均会影响到地方性经济发展政策的效果,城市结构性特征会影响到制造业就业的乘

---

① 因篇幅所限,我们省略了具体的实证模型和估计方法,感兴趣的读者可以参考袁志刚和高虹(2015)。

数效应,而城市规模是其中一个重要方面。第一,城市规模的扩大会提高经济的集聚程度,而经济集聚有助于提高劳动生产率。因此,同样幅度的制造业就业增加,在经济集聚效应强的地区会带来工资和收入水平更大幅度的提升,进而带来当地更高的收入水平和对服务业更高的需求。此外,经济集聚也使得制造业发展可以直接通过更强的溢出效应对其他行业的就业产生促进作用。故从理论上来说,制造业就业的乘数效应可能在经济集聚效应强的地区更大。第二,城市规模也部分反映了城市间劳动供给弹性的差异。城市规模不足可能导致城市劳动力供给的相对缺乏。而在城市劳动力供给缺乏弹性的情况下,制造业就业的增加所带来的城市劳动力需求扩张,会更大幅度地提高城市的工资水平,部分挤出其他行业就业,抵消制造业就业对服务业就业的乘数效应。当挤出效应足够强的时候,制造业就业的增加甚至可能不利于服务业就业。因此,在城市化水平较低和城市规模较小的地区,服务业的发展更可能受到劳动力供给不足的限制。第三,由于服务业的发展更依赖于本地的消费需求,并且其发展需要满足最低的消费门槛,在城市规模不足的地区,服务业由需求向供给转化的能力可能受到限制。这一点在政府更注重制造业发展而忽略服务业发展的地区尤其明显。

为考察城市规模对制造业就业乘数效应的影响,我们进一步将所有城市按照城市常住人口数量进行了分组,分别考察在不同规模的城市中,制造业就业扩张对本地服务业就业变化的影响。我们发现,只有在城市常住人口数量最多的地区,制造业就业的扩张才显著促进了本地服务业就业的增加。平均来说,制造业就业每增加1%,会带来这些地区服务业就业大约0.488%的上升。而在城市常住人口最少的地区,制造业就业对本地的服务业就业产生了显著的不利影响。制造业就业数量每1%的上升平均会挤出0.529%的服务业就业(袁志刚和高虹,2015)。这说明,城市规模的扩张的确是制造业就业对服务业就业产生促进作用的前提条件。在城市人口规模没有明显上升的情况下,由于经济集聚效应以及劳动力供给的缺乏,制造业就业的扩张非但不会促进本地服务业就业的增加,反而可能挤出服务业就业机会,抑制其发展。

当前，中国经济正经历增长从依靠投资、出口推动，向依靠内需推动的结构性转变，而服务业的发展是内需增长的关键。以上结果说明，在中国，尽管地方政府可以通过发展制造业来推动本地服务业的发展，但是，地方性发展政策的效果在很大程度上取决于政府的城市化和城市发展政策。地方性经济发展政策是否有效的关键在于城市经济是否能充分利用经济集聚所带来的好处，鼓励制造业发展的政策必须得到其他政策的配合才能使地方经济最大限度地受益。但是，在户籍制度的制约下，中国的城市化进程一直大大落后于工业化，不仅带来公共服务不均等问题，损害包容性经济增长，也抑制了集聚效应的发挥，限制地方性经济发展政策的效果，不利于经济增长效率改进。中国要实现由工业经济向服务经济的转型，必须在鼓励制造业发展和制造业就业增长的同时，调整城市发展战略，降低劳动力向城市，尤其是大中型城市流入的限制。

三、城市发展并没有以压低劳动力收入为代价

除就业外，劳动者的收入水平也是其福利水平的重要决定因素。本节第一、二部分已经说明了鼓励大城市发展将有利于降低劳动者的失业率和城市就业的结构转型，那么，我们需要进一步探索大城市的就业促进效应是否会以劳动者收入水平的下降为代价。新经济地理学的文献主要从工资或者人均产出的角度确认经济集聚对劳动生产率的促进作用。但是，工资并不是劳动者福利水平的一个全面反映。一方面，非工资性收入，如经营性收入和财产性收入，在总收入中的重要性不断提升；另一方面，更为重要的是，受地区间物价水平的影响，名义收入的差异往往不同于实际收入的差异。经地区物价水平调整的实际收入水平应是劳动力福利水平的一个更为全面的反映。人口在大城市的集中会推高当地不可贸易品的价格水平，从而抵消集聚对名义收入的促进作用。因此，考察经济集聚如何影响劳动力收入，尤其是其实际收入，是分析经济集聚对劳动力福利影响的一个重要维度。但是，有关经济集聚如何影响劳动力的实际收入水平，国内外的微观证据都很缺乏。

第六章 中国城市发展及其对劳动力市场的影响

我们基于2002年和2007年的中国家庭收入调查数据,构建了劳动者个人层面的收入决定模型,同时考察了城市规模对劳动者名义收入和实际收入的影响,并分析了这种影响在不同收入水平的劳动者之间的差异性[①]。实证结果显示,城市规模扩大能显著提高劳动者的收入水平。平均来说,城市常住人口每增加1%,会导致劳动者名义年总收入和名义小时收入分别上升0.190%和0.189%(高虹,2014)。此外,这种城市规模扩大的就业促进效应并没有被大城市相对更高的物价水平所完全抵消。我们使用两种指标来度量城市的物价水平。第一种物价指数来自Brandt and Holz(2006)的省级层面物价指数。他们基于中国家庭消费数据,测算了各省1984—2004年地区间可比的价格指数。由于此指数综合考虑了家庭在食品、服装、日用品、文化娱乐、住房、能源等方面的消费,因而较为全面。第二种物价指数反映了城市之间的房价差异。利用《中国区域经济统计年鉴》中的商品房销售额和商品房销售面积两个变量,我们构造了中国地级市层面2002年和2007年的房价数据,作为城市不可贸易品价格水平的代理变量。劳动者实际收入由两种物价指数分别平减劳动者名义收入得到。研究结果显示,城市规模每1%的上升,会带来劳动者实际年收入和实际小时收入分别0.084%—0.143%和0.082%—0.142%的增加。因此,在规模更大的城市,劳动者的确能在收入层面从集聚效应中受益。

此外,不同收入水平劳动者从城市规模扩张中的受益程度存在差异。首先,不同人力资本水平的劳动力在生产上存在互补性,因此,当城市规模扩大的原因不同时,不同人力资本水平劳动力的获益程度会有差异。如果城市规模的扩大主要是由高技能劳动力的集中带来的,那么由于互补效应,低技能劳动力的边际产出会得到更大幅度提升,从而提高低技能者的工资水平。而高技能者之间却是相互替代和竞争的,这会削弱他们在地理上集聚所产生的正面效应。相反,如果城市规模的扩大主要是由低技能劳动力的集中带来的,则同样由于高、低技能劳动力之间的互补性,城市规模扩大对高技能者的边际影

[①] 因篇幅所限,我们省略了具体的实证模型和估计方法,感兴趣的读者可以参考高虹(2014)。

响将会更大。其次,不同收入水平劳动者的就职行业往往不同,而不同行业的劳动生产率受经济集聚的影响可能存在差异。城市规模的扩大会带来不可贸易品,尤其是保姆、家政等低技能生活性服务业需求的增加。但是,生活性服务部门的劳动生产率上升相对缓慢。在劳动力供给相对充足的情况下,城市居民对生活性服务业更高的需求将更多表现为该部门就业的扩张,而非价格或工资水平的上升。我们在前文的分析说明,相比于高技能劳动者,城市规模扩张对低技能劳动者就业概率的促进作用更大,其中一个重要原因就是低技能劳动者的就业更多集中于低技能的不可贸易品部门。因此,如果低收入者的就业更多地集中在低技能的不可贸易品部门,那么城市规模的扩大对其收入的促进作用会被抑制。再次,当存在知识溢出时,由于不同的职业对学习和知识创新的依赖程度不同,因而不同职业从城市规模扩张中受益的程度也不同。由于高技能行业的劳动者具有相对更强的学习能力,并且高技能行业本身对知识和创新具有相对更强的依赖性,因此其劳动生产率的提高可能受知识溢出的影响更大。最后,由于对劳动者实际收入的分析需考虑到不同地区不可贸易品的价格水平,而不同收入水平劳动者在空间分布上存在很大的差异。考虑到实际生活成本,城市规模的扩张对不同收入和技能水平劳动者福利的影响可能不同。

我们的实证结果显示,尽管城市规模的扩张普遍提升了所有劳动者的名义收入和实际收入水平,但是相比于收入较高的劳动者来说,收入处于最低10%的劳动者的获益程度显著更小。城市规模每扩大1%,会带来收入处于25—90分位点劳动者名义年收入0.177%—0.206%的上升,以及名义小时收入0.180%—0.200%的上升。而对于收入处于10分位点的低收入者来说,城市规模每1%的上升,仅带来其名义年收入和名义小时收入分别0.124%和0.125%的上升,显著低于其他收入水平的劳动力。实际收入的估计结果也类似,10分位点的劳动者从城市规模扩张中的受益程度显著低于其他收入分位数水平的劳动者(高虹,2014)。低收入者从城市规模的扩大中受益程度相对更少主要是由于其就业集中于低收入服务业导致的。一方面,低收入服务业的劳动生产率上升较慢,因此城市规模扩大对低收入服务业劳动者收入的影响并不明显,尽管此行业的总就业量可能由于大城市更高的消费需求而有所增加;另一方面,低收入的服务业知识密集程度较低,从知识溢出中获益相对较少,因此其收入从城市规模扩张中的受益程度也小于高收入行业。

第五节 结 语

优化经济资源配置,促进集聚效应的发挥,将成为中国持续经济增长的动力。如何在经济增长的过程中实现大众对经济繁荣成果的广泛分享,提升经济增长的包容性,是当前中国社会经济所面临的重大战略问题之一,而劳动力市场运行的改善是其重要机制。只有当一国的经济增长切实通过改善个人劳动力市场表现而提高了其福利水平,经济增长才是具有包容性且有意义的。

城市化道路的选择是各国在经济发展过程中普遍面临的一个难题。在当前中国,对于走什么样的城市化道路,优先发展大中型城市还是小城镇,学界和政策界仍然存在争论。城市的最优规模应由集聚效应和挤出效应权衡共同决定。但是在实践中,城市的经济集聚效应未得到充分的理解,而对挤出效应的过度关注也使得政策制定者常常忽略经济集聚效应所带来的好处,从而通过户籍政策等措施限制城市规模的扩张。我国的户籍政策不仅严格限制大城市的人口扩张,并且大城市的落户政策主要倾向于吸引高技能、高收入的外来人口,而低技能劳动力流入被限制。结果是,中国城市人口的集中程度不仅低于中国工业的集中程度,也低于其他处于同等发展水平的国家,造成了巨大的效率损失。本章从劳动力市场和产业发展的角度,强调了提高经济集聚程度的重要性。阻碍经济集聚的措施不仅不利于效率的提高,也将由于其对劳动者收入和就业的不利影响而损害劳动者的福利,并且抑制产业发展。事实上,大城市的发展和中小城镇的发展并不矛盾,小城镇在发展过程中可以充分享受大城市经济辐射效应带来的好处。经济集聚也并不必然导致地区间收入差距的扩大,通过鼓励生产要素跨地区的自由流动,中国完全可以实现在集聚中走向平衡,实现区域间协调发展。

本章从劳动力市场和产业发展的角度为放松大城市的规模管制,促进人口的进一步集聚提供了实证依据。我们发现,城市人口规模的扩张有利于提高劳动力的就业概率和收入水平,并通过强化制造业就业对服务业就业的溢出效应而促进城市向服务型经济的转型。此外,不同技能水平的劳动者从城市规模扩张中普遍获益。由于大城市相对更高的低技能服务业需求,低技能劳动者的就业概率在大城市获得了较大幅度的提升。而大城市更充裕的生活性服务供给优化了高技能劳动力的时间配置,带来其劳动生产率的提高。因此,拥有高收入的高技能劳动者在大城市的收入提升明显。由于在现阶段的中国,经济集聚的过程不仅会带来劳动生产率和人均收入的提高(Au and Henderson,2006;Henderson,2007),能够以大城市为依托带动中小城镇发展(许政等,2010),而且能使更多的劳动力实现就业,从而将更多的劳动力包容进经济增长的过程,分享城市化和经济增长带来的好处,因此放松城市的规模管制是中国当前实现包容性就业的必要条件,应在城市发展规划中予以重视。若盲目采取限制城市人口规模,降低经济集聚程度的措施,不仅不利于效率的提高,也将由于其对劳动者收入和就业的不利影响而损害劳动者的福利,并阻碍服务业的发展,导致效率和公平兼失的局面。我们认为,未来的城市化和城市发展政策应从让市场充分发挥资源配置作用的原则出发,围绕以下三个方面加以改进。

第一,深化户籍制度改革,逐步放松大城市的落户限制,减少劳动力流动障碍。目前的政策导向严格限制大城市的人口扩张,仅在建制镇和小城市全面放开落户限制。并且大城市为优化人口结构,其落户政策主要倾向于吸引高技能、高收入的外来人口,而低技能劳动力流入被限制。例如,上海的落户打分政策和深圳的落户积分制,均体现了大城市对高技能劳动力的倾斜。未来户籍制度改革的突破口在大城市。限制低技能劳动力的流入不仅不利于公平的实现,也将限制大城市生活性服务业的供给能力,进而降低高技能劳动力的生产率和城市的总体竞争力。政策应在总体逐步放开大城市户籍限制的思路指导下,优化落户标准,避免以往仅重视高技能劳动力的认识误区。在具体操作上,劳动力的落户条件应以稳定的就业、社会保障缴纳和城市居住时间为基础,而不应局限于其教育或职业技术水平。

第二,缩小不同地区间公共服务差距,加快推进流动人口的市民化。户籍身份差异的根本在于与之关联的公共产品和服务的差别,因此户籍制度改革更重要的方面应在于缩小城乡间、不同规模城市间的公共服务差距。大城市相对更为完善的公共服务是当前部分劳动力流动的原因。地区间公共服务差距的缩小有助于引导劳动力以就业和职业发展而非公共服务为目的进行流动,这不仅符合效率原则,也有利于减轻特大城市的人口流入和公共财政压力。公共服务均等化的改革需要土地、财税和地方政府激励机制的改革相配合。

第三,加强城市群建设,促进大城市和中小城镇协同发展。城市群的竞争力以合理的城市层级结构为基础,在当前,城市体系优化应避免以下两个误区:(1)将不同规模城市协调发展等同于同步发展;(2)将大城市优先发展等同于否认中小城镇的发展。事实上,大城市和中小城镇的发展并不互相排斥,中小城镇的发展应以大城市为基础,分享其辐射功能所带来的好处。未来应通过城市群协调发展,形成合理的城市层级结构,促进不同层级城市间的产业和功能互补,在强化大城市的集聚优势的同时,也可避免特大城市的人口过载。

参考文献

[1] 程大中,《中国服务业增长的特点、原因及影响——鲍莫尔-富克斯假说及其经验研究》,《中国社会科学》,2004年第2期。
[2] 范剑勇,《产业集聚与地区间劳动生产率差异》,《经济研究》,2006年第11期。
[3] 高虹,《城市人口规模与劳动力收入》,《世界经济》,2014年第10期。
[4] 金煜、陈钊和陆铭,《中国的地区工业集聚:经济地理、新经济地理和经济政策》,《经济研究》,2006年第4期。

[5] 李桢,《区域产业结构趋同的制度性诱因与策略选择》,《经济学动态》,2012 年第 11 期。
[6] 刘学军和赵耀辉,《劳动力流动对城市劳动力市场的影响》,《经济学(季刊)》,2009 年第 2 期。
[7] 刘月兰,《新疆生产建设兵团人口迁移研究》,《西北人口》,2007 年第 2 期。
[8] 路江涌和陶志刚,《中国制造业区域集聚及国际比较》,《经济研究》,2006 年第 3 期。
[9] 陆铭和陈钊,《在集聚中走向平衡:城乡和区域协调发展的"第三条道路"》,《世界经济》,2007 年第 8 期。
[10] 陆铭、高虹和佐藤宏,《城市规模与包容性就业》,《中国社会科学》,2012 年第 10 期。
[11] 孟可强和陆铭,《中国的三大都市圈:辐射范围和差异》,《南方经济》,2011 年第 2 期。
[12] 钱爱民、张晨宇和步丹璐,《宏观经济冲击、产业政策与地方政府补助》,《产业经济研究》,2015 年第 5 期。
[13] 秦待见,《走中国特色城市化道路要充分发挥小城镇的作用》,《中国特色社会主义研究》,2008 年第 3 期。
[14] 沈开艳和陈建华,《中国区域经济均衡发展趋势的可持续性分析》,《学术月刊》,2014 年第 8 期。
[15] 王小鲁,《中国城市化路径与城市规模的经济学分析》,《经济研究》,2010 年第 10 期。
[16] 许政、陈钊和陆铭,《中国城市体系的"中心-外围"模式》,《世界经济》,2010 年第 7 期。
[17] 袁志刚和高虹,《中国城市制造业就业对服务业就业的乘数效应》,《经济研究》,2015 年第 7 期。
[18] 赵伟和张萃,《FDI 与中国制造业区域集聚:基于 20 个行业的实证分析》,《经济研究》,2007 年第 11 期。
[19] 赵忠,《中国的城乡移民——我们知道什么,我们还应该知道什么?》,《经济学(季刊)》,2004 年第 3 期。
[20] 中国经济增长前沿课题组,《中国经济长期增长路径、效率与潜在增长水平》,《经济研究》,2012 年第 11 期。
[21] 钟宁桦,《农村工业化还能走多远?》,《经济研究》,2011 年第 1 期。
[22] 朱选功,《城市化与小城镇建设的利弊分析》,《理论导刊》,2000 年第 4 期。
[23] Au, C. and Henderson, V., 2006, Are Chinese Cities Too Small? *Review of Economic Studies*, 73(3), 549-576.
[24] Autor, D., Levy, H. and Murnane, R., 2003, The Skill Content of Recent Technological Change: An Empirical Exploration, *Quarterly Journal of Economics*, 118(4), 1279-1333.
[25] Bartik, T. J., 1991, Who Benefits from State and Local Economic Development Policies? MI: W.E. Upjohn Institute for Employment Research Working Paper.
[26] Blanchard, O. and Katz, L., 1992, Regional Evolutions, *Brookings Papers on Economic Activity*, 23(1), 1-75.

[27] Brandt, L. and Holz, C. A., 2006, Spatial Price Differences in China: Estimates and Implications, *Economic Development and Cultural Change*, 55(1), 43-86.

[28] Clark, C., 1957, *The Conditions of Economic Progress*, Macmillan & Co.

[29] Combes, P. and Gobillon, L., 2015, The Empirics of Agglomeration Economics, In: Duranton G., V. Henderson and W. Strange (eds.), *Handbook of Regional and Urban Economics* 5, North-Holland.

[30] Desmet, K. and Henderson, J., 2015, The Geography of Development within Countries, In: Duranton G., V. Henderson and W. Strang (eds.), *Handbook of Regional and Urban Economics* 5, North-Holland.

[31] Duranton, G. and Puga, D., 2004, Micro-Foundations of Urban Agglomeration Economies, In: Henderson V. and J.-F. Thisse (eds.), *Handbook of Regional and Urban Economics* 4, North-Holland.

[32] Fujita, M. and Krugman, P., 2004, The New Economic Geography: Past, Present and the Future, *Papers in Regional Science*, 83(1), 139-164.

[33] Fujita, M. and Mori, T., 1996, The Role of Ports in the Making of Major Cities: Self-Agglomeration and Hub-Effect, *Journal of Development Economics*, 49(1), 93-120.

[34] Fujita, M. and Mori, T., 1997, Structural Stability and Evolution of Urban Systems, *Regional Science and Urban Economics*, 27(4-5), 399-442.

[35] Gao, H., Lu, M., and Sato, H., 2015, Inclusive Urban Employment: How Does City Scale Affect Job Opportunities for Different People? *Asian Economic Papers*, 14(2), 98-128.

[36] Glaeser, E. and Resseger, M., 2009, The Complementarity between Cities and Skills, NBER Working Papers, No. 15103.

[37] Hanson, G., 2005, Market Potential, Increasing Returns and Geographic Concentration, *Journal of International Economics*, 67(1), 1-24.

[38] Henderson, V., 2007, Urbanization in China: Policy Issues and Options, China Economic Research and Advisory Programme Working Paper.

[39] Mazzolari, F. and Ragusa, G., 2013, Spillovers from High-Skill Consumption to Low-Skill Labor Markets, The *Review of Economics and Statistics*, 95(1), 74-86.

[40] Moretti, E., 2004, Human Capital Externalities in Cities, In: Henderson V. and J.-F. Thisse (eds.), *Handbook of Regional and Urban Economics* 4, North-Holland.

[41] Moretti, E., 2010, Local Multipliers, *American Economic Review: Papers and Proceedings*, 100(2), 373-377.

[42] Moretti, E., 2011, Local Labor Markets, In: Card D. and O. Ashenfelter (eds.), *Handbook of Labor Economics* 4, North-Holland.

[43] Rauch, J., 1993, Productivity Gains from Geographic Concentration of Human

Capital: Evidence from the Cities, *Journal of Urban Economics*, 34(3), 380-400.

[44] Schettkat, R. and Yocarini, L., 2003, The Shift to Services: A Review of the Literature, IZA Working Paper, No. 964.

[45] Sveikauskas, L., 1975, The Productivity of Cities, *Quarterly Journal of Economics*, 89(3), 393-413.

[46] Wen, Y. and Wu, J., 2014, Withstanding Great Recession like China, Federal Reserve Bank of St. Louis Working Paper Series, No. 2014-007A.

[47] Young, A., 2000, The Razor's Edge: Distortions and Incremental Reform in the People's Republic of China, *Quarterly Journal of Economics*, 115(4), 1091-1135.

第七章

人民币利率水平变动和利率市场化体系的形成

陆前进　复旦大学经济学院国际金融系

第一节 中国利率政策的历史回顾

我国的中央银行是中国人民银行,它是 1948 年 12 月 1 日在原华北银行的基础上通过合并改组建立的,总行在北京。和过去苏联以及东欧社会主义国家一样,中国人民银行也曾是"一身二任":既办理全国的工业、农业、商业信贷业务及城乡居民储蓄业务;又执行中央银行的职能,即代理财政金库,独占货币发行权,管理全国的金融业。这种"大一统"的银行体制在建国初期资金极度贫乏的条件下,有利于资金的集中调配,对于支持我国社会主义工业体系的建立,曾起到很大的作用。但这种政企不分的体制也有很大的弊端,特别是在改革开放之后,新的金融机构、金融业务和金融方式不断出现,金融管理日趋复杂,客观上要求中国人民银行从具体的存贷款业务中超脱出来,专门行使中央银行职能。因此,1983 年 9 月 17 日,国务院作出《关于中国人民银行专门行使中央银行职能的决定》,中国人民银行不再兼办工商信贷和储蓄业务,而专门行使中央银行职能,以加强信贷资金的集中管理和综合平衡。这标志着我国银行体制的一个重大转变,即从复合中央银行制转向单一中央银行制。从 1984 年 1 月 1 日起,中国人民银行与中国工商银行分设后,人民银行开始专门行使中央银行职能,建立了法定存款准备金制度,形成了二级银行体系。在现代的二级银行制度下,部分准备金制度使央行和商业银行同时具备了创造货币的能力:央行创造基础货币,在此基础之上,商业银行将基础货币以某个倍数放大。除了法定准备金率,存贷款利率等也制约商业银行存贷款发放。

我国的利率形成的历史背景开始于 20 世纪 50 年代初至 80 年代,在这段时期内我国主要实行的是计划经济。在计划经济时期,由于市场在资源配置中并不能发挥作用,这段时期内信贷更多采取中央配给的办法,利率由中国人民银行直接确定,同时,由于尚未建立起货币市场,不同的部门和单位之间,微观主体之间面临的资金供给和需求之间是阻断的,因此不存在利率的传导问题,也就不存在利率的市场化。

我国的经济体制改革始于1978年十一届三中全会后,我国逐步确立了建立社会主义市场经济体制的改革目标,使市场在资源配置中发挥应有的作用,必然要使作为市场机制核心机制的价格机制发挥作用。在中国集中的计划经济时期(1949—1978年),利率受到政府的严格管制,金融机构没有任何利率自主权。计划经济条件下的利率政策主要有以下特征:

一是利率高度集中的管理体制。计划经济条件下,物资、信贷的分配权都掌握在国家手中,货币的能动性被大大地降低。作为实物经济的对立面,货币只能消极地、静态地去与物资相平衡。因此,没有必要利用利率去调节货币的供求,以低利率政策为主,过低的利率水平主要是为了大规模的经济建设服务。

二是利率政策的目标是为了适应社会主义改造和社会主义建设。计划经济体制下,利率作为经济杠杆的功能蜕化了,利率政策的目标也不是为了促进社会生产力的发展,而是服务于社会主义改造和社会主义建设。

一、改革开放前的利率政策(1949—1977年)

1949年中华人民共和国刚成立,需要大量的建设资金,国家允许发展私人借贷业务,存在较大规模的私营经济,私人钱庄较多,黑市交易规模也较大,当时的利率政策主要是支持恢复经济和遏制通货膨胀。私人钱庄和黑市交易利率较高,国家不断降低利率,促进工商业的恢复,遏制私人钱庄和黑市交易的高利率。这一阶段利率不断下调,回落至14.4%,恢复了工商业,完成了利率的统一。

"第一个五年计划"(1953—1957年),我国完成了对农业、资本主义工商业和个体手工业的社会主义改造,正式进入了计划经济时代。同样,为了促进工商业的发展,这一阶段利率水平继续大幅度降低,但利率调整次数较少。"第二个五年计划"期间(1958—1962年),我国发动了"大跃进"运动,鼓励生产,继续下调利率;但"大跃进"盲目投资,浮夸风泛滥,商品货物奇缺,国家又不得不调高利率;而由于"反右倾"思想影响,认为利率调高导致获利增加,不利于我国的阶级斗争,因此再次降低利率,整个经济陷入混乱状态,这一阶段利率反复调整。

在随后爆发的"文化大革命"十年间,经济停滞,利率基本丧失了对经济的调节功能,利率一直处于较低的水平(见表7-1)。

表7-1 1949—1989年储蓄存款利率   单位:%

调 整 日 期	活期	六个月	一年	二年	三年
1949年8月10日	60.00	168.00	252.00		
1950年4月10日	43.20	86.40	156.00		
1950年10月20日	12.60	31.20	34.80		
1951年12月1日	9.00	22.80	31.20		
1952年9月15日	5.40	12.60	14.40		
1958年10月1日	2.88	6.12	7.92		
1959年1月1日	2.16	3.60	4.80		
1959年7月1日	2.16	4.68	6.12	6.30	6.50
1965年6月1日	2.16	3.24	3.96		
1971年10月1日	2.16		3.24		

数据来源:Wind 数据库和 iFinD 数据库。

二、改革开放初期的利率政策(1978—1989年)

十一届三中全会的召开,中国实行改革开放,发挥市场对资源的配置功能,逐步建立完整的银行体系,利率的作用不断凸显。利率政策不断摆脱政治的桎梏,逐步发挥调节经济的功能。由于改革开放经济政策的实施,经济形势好转。人们的投资热情高涨,消费需求也不断增加,物价水平持续上升。在最初的十几年里,1980年、1985年、1988年分别发生了严重的通货膨胀。在这一阶段,国家不断提高存贷款利率水平,增加贷款利率的档次,遏制投资过热和较高通货膨胀。同时提高利率还有利于吸收储蓄,积累资金,遏制盲目投资,使得当前投资减少,将来生产投资增加。我国的利率变动见表7-2。

表7-2　1949—1989年储蓄存款利率　　　　单位:%

调整日期	活期	三个月	六个月	一年	二年	三年	五年
1979年4月1日	2.16		3.60	3.96		4.50	5.04
1980年4月1日	2.16		4.32	5.76		6.84	7.92
1982年4月1日	2.88		5.40	6.84		7.92	8.28
1985年8月1日	2.88		6.12	7.20		8.28	9.36
1988年9月1日	2.88		6.48	8.64		9.72	10.80
1989年2月1日	2.88	7.56	9.00	11.34	12.24	13.14	14.94

数据来源:Wind数据库和iFinD数据库。

特别地,由于1988年较高的通货膨胀率,在存贷款利率不变的条件下,实际利率为负,也就是说,通货膨胀率越高,储蓄者的损失越大。例如,存款利率为3%,通货膨胀率为6%,则实际的存款利率为-3%。由于物价的上涨,储蓄者获得的3%的利息被物价的上涨吞没了。储蓄者不愿意当前储蓄将来消费,是因为将来本息购买的商品数量反而会下降。为了防止储蓄挤兑,国家出台了储蓄保值政策,弥补储蓄者的损失。保值储蓄存款意味着货币存入银行到期支取时保证其币值不变,即存款到期时,本利相加后的购买力仍相当于存入前的购买力,储蓄贴补率=通货膨胀率-名义存款利率。由此可以看出,在改革开放以前,国家采取低利率政策,希望促进国民经济的恢复和投资、消费的增加,但由于一些政治运动,利率政策没有起到调节经济的作用;改革开放以后,社会主义建设热情高涨,投资规模增加,消费需求上升,通货膨胀上升,国家提高存贷款利率。由于较高的通货膨胀率,国家通过储蓄保值政策,才能保持储蓄的购买力不变,这相当于名义利率的被动调整。

第二节　长期以来中国利率存在的问题

20世纪90年代我国开启利率市场化改革,伴随着利率的调整,存贷款利率水平不断地向市场水平接近。

1992年邓小平同志南方谈话掀起了改革开放的又一次高潮,投资、消费、外商直接投资大幅度上升。1993年的十四届三中全会上,国家正式确立了利率市场化的改革目标,同时进行外汇改革和财税改革,为利率的改革创造了良好的环境。1993—1995年,我国物价水平经过了连续3年的两位数上涨,1993年央行提高存贷款利率,控制信贷规模,经过3年的宏观调控,宏观经济实现了"软着陆",经济过热的情况得到有效控制。1996年5月1日和8月23日连续两次下调存贷款利率水平。同年3月31日中国人民银行下发了《关于停止办理新的保值储蓄业务的紧急通知》,停止办理新的保值储蓄业务。

1997年爆发了东南亚金融危机,1998年我国又遭遇了百年不遇的特大洪涝灾害,经济下滑,物价下跌,经济由原来的通货膨胀转向通货紧缩。货币政策方面,1998—1999年3次扩大贷款利率的浮动幅度;1998—2002年5次下调存贷款基准利率。2001年我国加入世贸组织,中国逐步成为世界工厂,同时城镇化进程加快,我国逐步走出通货紧缩,进入新的经济增长阶段。外贸得到了迅速发展,经常项目盈余持续增加,同时人民币升值预期不断上升,资本内流也不断增加。国际收支盈余上升,外汇占款增加,市场流动性增加,物价水平也不断上升,2006—2007年中央银行持续提高存贷款利率以遏制流动性过剩。

2008年爆发国际金融危机,我国开始采取适度宽松的货币政策,中央银行不断下调利率和法定准备金率,防止经济下滑。由于中央采取一系列的应对措施,经济状况迅速好转,2010年中央银行开始提高利率。由于国际经济复苏的不确定性,我国经济外需下降,同时经济结构面临转型压力,我国经济进入新常态,由高速增长转向高质量增长,需要解决"三去一降一补"等问题,2014

年中央银行持续降低存贷款利率,增加货币信贷。

我国在利率调整过程中,不断扩大人民币利率的波动幅度,完善人民币利率的形成机制,稳步推进人民币利率的市场化改革。但从利率市场化的过程来看,我国利率体系和机制存在一系列问题,这些问题都会影响利率市场化改革。

一、基准利率倒挂

长期以来,中国货币市场的利率结构和水平不尽合理,利率倒挂现象非常突出。1993年7月11日之前,商业银行一年期贷款利率与存款利率相等或只高出很小的幅度,有时甚至低于存款利率,商业银行存贷款业务处于亏损状态,而商业银行的准备金利率又比较高。如1996年8月23日—1998年3月25日,储备利率高于储蓄利率(见表7-3),再贷款利率高于贷款利率,利率倒挂现象相当严重。如果储备利率高于储蓄利率,商业银行的发放贷款的动力减弱,而消极地将资金存放中央银行获取利息,不利于资金融通和专业银行向商业银行的转变。再贷款利率高于贷款利率,起不到基准利率的作用,不利于中央银行直接调控向间接调控的转变。在1998年3月25日之前,中国准备金率为13%,加上备付金率5%—7%,达到18%—21%,总的准备金率相当高,影响资金的有效配置和使用。由于金融环境的改变,1998年3月25日,中国人民银行改革了准备金制度,将准备金账户和一般存款账户合并,准备金账户直接与清算相联系。中央银行进一步调整和理顺中央银行的利率水平和结构,分别下调了准备金率和存贷款利率,同时进一步理顺准备金利率、再贷款利率和再贴现利率。准备金率下调,减轻了商业银行的经营成本,有利于贷款利率下调,存款利率也可相应调整。从理论上来看,准备金利率下调,中央银行的付息减少,有利于央行调整再贷款和再贴现利率。通常再贷款利率应略低于一年期贷款利率,同时再贷款利率应高于再贴现利率。而存款准备金一般是不付利息的,设立存款准备金目的就是抵御存款的挤兑风险,保持商业银行一定的流动性。而20世纪90年代中国中央银行对存款准备金付息,和存款利率差不多,大大降低了商业银行的准备金的机会成本,不利于商业银行加强流动性管理。

1998年3月25日下调的准备金利率和一年期存款利率之差为0,一年期的贷款利率和再贷款利率之差为0,但下浮幅度不够。实际上,准备金利率应低于存款利率,否则商业银行就会减少贷款,而把贷款资金存入中央银行获取利息。1998年7月1日,央行再次下调了存贷款利率和法定准备金利率和再贷款利率(表7-3)。2003年12月21日,人民银行改革准备金存款利率制度,对金融机构法人法定准备金存款和超额准备金存款采取"一个账户、两种利率"的方式分别计息,法定准备金存款利率维持1.89%不变,超额准备金存款利率由1.89%下调到1.62%。2008年11月27日,中国人民银行继续下调法定准备金利率和超额准备金利率,超额准备金利率构成了货币市场融资利率的下限。

表7-3 准备金利率、储蓄利率、贷款利率、再贷款利率和再贴现率的变动

单位:%

序号	变动日期	1年期的储蓄利率	1年期的贷款利率	法定准备金利率	超额准备金利率
1	1990.4.15	10.08	10.08	7.92	7.92
2	1990.8.21	8.64	9.36	6.84	6.84
3	1991.4.21	7.56	8.64	6.12	6.12
4	1993.5.15	9.18	9.36	7.56	7.56
5	1993.7.11	10.98	10.98	9.18	9.18
6	1995.1.1		10.98*		
7	1995.7.1		12.06		
8	1996.5.1	9.18	10.98	8.82	8.82
9	1996.8.23	7.47	10.08	8.28	7.92
10	1997.10.23	5.67	8.64	7.56	7.02
11	1998.3.25	5.22	7.92	5.22	5.22
12	1998.7.1	4.77	6.93	3.51	3.51
13	1998.12.7	3.78	6.39	3.24	3.24
14	1999.6.10	2.25	5.85	2.07	2.07

续　表

序号	变动日期	1年期的储蓄利率	1年期的贷款利率	法定准备金利率	超额准备金利率
	1999.11.1	国家对我国居民储蓄存款利息征收20%的利息税			
15	2002.2.21	1.98	5.31	1.89	1.89
16	2004.10.29	2.25	5.58		1.62**
17	2006.4.28		5.85		0.99***
18	2006.8.19	2.52	6.12		
19	2007.3.18	2.79	6.39		
20	2007.5.19	3.06	6.57		
21	2007.7.21	3.33	6.84		
	2007.8.15	利息税由20%降到5%			
22	2007.8.22	3.60	7.02		
23	2007.9.15	3.87	7.29		
24	2007.12.21	4.14	7.47		
25	2008.9.16		7.20		
26	2008.10.9	3.87	6.93		
27	2008.10.30	3.60	6.66		
28	2008.11.27	2.52	5.58	1.62	0.72
29	2008.12.23	2.25	5.31		
	2008.12.23	利息税取消			
30	2010.10.20	2.50	5.56		
31	2010.12.26	2.75	5.81		
32	2011.2.9	3.00	6.06		
33	2011.4.6	3.25	6.31		
34	2011.7.7	3.50	6.56		
35	2012.6.8	3.25	6.31		
36	2012.7.6	3.00	6.00		

续表

序号	变动日期	1年期的储蓄利率	1年期的贷款利率	法定准备金利率	超额准备金利率
37	2014.11.22****	2.75	5.60		
38	2015.3.1	2.50	5.35		
39	2015.5.11	2.25	5.10		
40	2015.6.28	2.00	4.85		
41	2015.8.26	1.75	4.60		
42	2015.10.24	1.50	4.35		

资料来源：孔宪勇：《利率管理实用大全》，中国金融出版社，1994年。《中国金融年鉴(1997)》。《中国人民银行统计季报》，2002.2；www.pbc.gov.cn。

注：*——本次调整了1—3年，3—5年和5年以上的贷款利率；**——自从2003年12月21日，超额储备利率从1.89%降低到1.62%，法定储备利率仍然固定在1.89%；***——变动日期是2005年3月17日。****——自2014年11月22日起，人民银行不再公布金融机构人民币五年期定期存款基准利率。金融机构人民币贷款基准利率期限档次简并为1年以内(含1年)、1—5年(含5年)和5年以上三个档次。

通常贷款利率和储蓄利率之差要能够弥补融资成本、风险和正常利润，但在许多发展中国家由于缺乏竞争，银行融资成本高，利率差大，会导致储蓄利率低和贷款利率高。存贷利率差大，反映了高的中介成本，一是由于较高的经营成本；二是高利差可能由于大量的不良贷款。相反，如果在利率管制的条件下使得利率差过小，甚至差为零，这样商业银行就会出现全面亏损，不利于商业银行独立地承担经营风险。20世纪90年代中期以来，我国存贷款利差较大，若考虑准备金付息，实际利差可能更大，也就是说，商业银行的经营成本部分还通过央行的补贴来抵消。

2006年以来，中国央行多次调整存贷款利率水平和中央银行利率体系水平，中央银行在逐步调整利率水平的同时，不断理顺存贷款利率、准备金利率、再贷款利率和再贴现利率结构关系，使得利率能够更好地发挥调节资源配置的功能。

二、本外币利率不协调

随着利率市场化改革的深入和资本账户的进一步开放，协调本外币利率的关系也将是面临的一个重要问题,国内金融市场和国际金融市场利率之间的联动关系将进一步加强,国外利率和人民币汇率的变化都会影响到国内人民币利率的水平。在高度一体化的市场经济中,国内利率和汇率会出现冲突的现象,会出现套汇和套利的现象,国外利率的变化可能会导致资本单向流动。

就中国本外币利率关系而言,我们面临着怎样协调本币利率、外币在国内的利率和外币在国际金融市场的利率的问题(见图7-1)。如在1994年1月1日—2005年7月21日,人民币汇率基本上处在和美元是固定汇率的水平,从理论上来说,人民币如果自由兑换,这两个利率应该走势相同。现比较美元国内一年期的储蓄利率和人民币的一年期的储蓄利率(见图7-2),由于中国资本账户没有完全放开,国内美元利率和人民币利率调整有相对独立性,变动趋势并不一致。本币利率调整和外币利率调整没有很强的相关性和一致性,说明本币的调整是针对国内目标的,两种利率的调整是相对独立的,这种相对独立性能够存在的一个重要原因是人民币不可以自由兑换,没有形成完全的套利机制。实际上,在人民币汇率面临贬值的时候,本币利率小于外币利率;当人民币汇率面临升值的时候,本币利率大于外币利率。因为当人民币有贬值压力的时候,外币资金流出,供给减少;当人民币汇率有升值压力时,外币资金流入,供给增加。

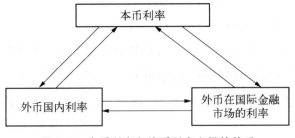

图7-1 本币利率和外币利率之间的关系

同样地,本币利率和国际金融市场的利率也不存在很强的相关性和一致性,国内利率的调整是独立于国际金融市场外币利率的。在高度一体化的市

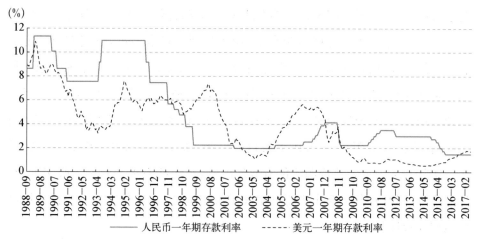

图 7-2　美元和人民币的一年期储蓄利率变动：1988 年 9 月—2017 年 6 月
数据来源：www.pbc.gov.cn；CEIC 数据库。

场经济中，国外利率的变化必然会导致汇率变化或国内利率变化，否则可能会引发单向的资本流动。如在人民币升值预期的条件下，为了防止投机资金的套利，国内利率应该比国外美元利率低，如果国内利率比国外美元利率高，会导致"热钱"流入。

我国经常项目已实现完全可兑换。国务院 2008 年公布的中国外汇管理条例取消了对企业强制结汇，企业可自行保留经常项目外汇收入，个人外汇需求基本得到满足。在此基础上，中国将继续完善结售汇体制的改革，过渡到真正意义上的意愿结售汇，实现"藏汇于民"。同时，中国将继续推进人民币在资本项目下的可兑换，推动国内外汇市场的国际化进程，促使国内外汇市场向国际外汇市场迈进，国内外资本的流动将更加频繁。外汇体制的改革将进一步提高外汇市场的广度和深度，资本流动也将更加顺畅，人民币汇率和利率之间的联动关系将更加紧密。

三、实际负利率

1973 年，美国经济学家 E.S.萧（E.S.Shaw）和 R.I.麦金农（R.I.Mckinnon）在他们先后出版的《经济发展中的金融深化》和《经济发展中的货币、资本》这两本著作中,对发展中国家的金融压制和金融深化作了深刻的研究。他们认为,发展中国家由于人为地压制利率,使实际利率经常为负,投资需求过度膨胀,不得不实施信贷配给,由此引起资金效率低下、金融非中介化等问题。长期以来,中国多次出现过通货膨胀率超过储蓄利率的情况,1987—1988年、1993—1994年由于通货膨胀水平较高,实际利率水平为负(见图7-3)。而2000年以后也出现了实际利率为负的情形,如2007—2008年,2010—2011年。实际利率为负导致资源不能有效地配置,正的利率水平有利于吸引资金,促进投资;同时有利于缩小银行利率和黑市利率之差,有利于中央银行更加灵活地调控管理利率。

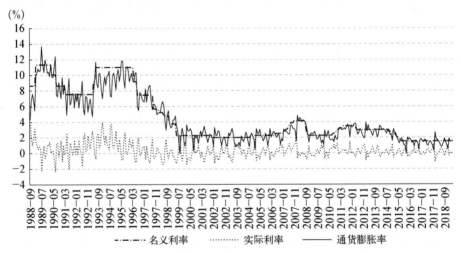

图7-3 中国的实际利率水平变化:1988年9月—2019年6月

数据来源:中国人民银行和国家统计局。

在存贷款利率不变的条件下,通货膨胀影响实际的存贷款利率,对储蓄者和借款者的影响是不同的。通货膨胀率越高,储蓄者的损失越大,借款者的收益越高。在一些发展中国家,由于金融压制,实际利率水平是负值。其主要原因,一是金融市场缺乏竞争;二是政府对利率的控制。利率压制导致资源不能有效地配置。在一个稳定的宏观经济和安全的银行监管建立以前,确定正的利率水平是利率市场化的关键,其目的是保证投资的效率,负的利率水平容易导致企业的逆向选择而引起投资收益率下降和国民收入水平的下降。使实际利率水平为正的一个重要前提，是控制通货膨胀，中央银行应根据通货膨胀的变化适当地调整利率水平，促进正的利率水平的形成（姜波克和陆前进，1999）。在名义利率不变的条件下，通货膨胀越高，实际利率将下降。但是，有一点需要指出的是，中央银行调整利率水平都是根据过去的通货膨胀数据，这些数据自然是滞后的，而对利率变化的实际影响是未来的通货膨胀，因此，在利率管制的条件下，中央银行对未来通货膨胀的估计应成为利率调整所必须考虑的重要因素。

四、我国利率传导机制存在的问题

我国货币政策调控机制转型要从数量型货币政策调控向价格型货币政策调控的转变，而实现价格型货币政策调控的最重要的因素是利率向实体经济传导机制的畅通。2015 年我国放开了存款利率上限的管制，通常认为是我国利率市场化的完成。但是，我国的利率传导机制仍然存在着很大的问题，利率传导机制并不顺畅。

（一）利率传导机制面临的问题

我国的利率体系主要由银行存贷款利率、银行间市场利率、央行常备信贷便利利率、再贷款利率、贴现与再贴现利率、民间借贷利率等构成。这些利率都是相互影响、相互制约的。从发达国家的经验来看，主要采取基准利率来调控货币市场利率，如美国主要通过联邦基金利率影响货币市场利率。而我国更加关注银行存贷款利率，因为存贷款利率同居民和企业等经济的微观主体往往更加直接相联系。但是，存贷款利率的传导效果差强人意，往往具有一定的时滞，原因在于：第一，居民部门的存款对于存款利率的变动并不敏感，居民的储蓄和存款活动具有较高的稳定性，尤其是社会投资风险频发、社会保障不完善的现状下，存款利率发生的变动，往往并不能在短期内达到对居民部门储蓄和存款行为带来实质性影响的效果。第二，能够在银行获得信贷的往往是具备一定规模的大企业、大单位，这些单位面临着较少的融资约束，融资门槛较低,其通过银行融资往往不会对银行贷款利率的变动有显著的反应。而对贷款利率十分敏感的中小企业,往往被排斥在银行贷款对象之外。

(二)债券市场和信贷市场的分割

企业的外部融资有两个来源:第一是通过银行贷款进行间接融资,第二是通过债券市场进行直接融资,二者存在相互替代的关系(陆前进和卢庆杰,2006)。在我国,一方面在中央银行放松银根时商业银行会选择扩张信贷;另一方面,债券市场等直接融资市场发展较为滞后,企业在面临资金需求时仍然主要依赖通过银行信贷的间接融资手段。也就是说,在我国,存在着直接融资市场和间接融资市场的分割,使得利率难以在直接融资市场和间接融资市场之间有效传导。除了直接融资市场和间接融资市场的分割,我国还存在直接融资市场(如债券市场)内部的分割。我国债券市场分为银行间市场和交易所市场,银行间市场占据了债券市场的主要部分,国债大部分在银行间市场交易,流动性较差,交易不活跃的债券市场是无法产生准确的市场利率的,政策性利率更是难以传导。

(三)县域和农村贷款市场不充分的竞争

我国因城乡发展的巨大差异而形成了显著的城乡二元结构,大型商业银行在县域以及农村网点往往只存不贷,这就造成了在县域以及农村地区存款市场有着较为激烈的竞争而贷款市场则不存在这样的竞争,贷款市场往往被一两家机构(通常是农村合作机构以及村镇银行)垄断,在中西部地区尤其如此。这种垄断带来的后果是,县域农村合作机构可以收取高昂的垄断利率,无论央行政策利率基准如何调整,县域农村合作机构以及村镇银行贷款利率都有着极高的自主性,而无须跟随政策利率变动,甚至可以借助垄断优势收取隐形利率,这就带来了利率传导在县域以及农村地区的效率低下。

五、民间借贷不规范,利率风险高

长期以来,中小企业融资难问题一直是中国经济发展中的重要问题,根据2013年全国工商联调查,规模以下的中小企业90%没有与金融机构发生任何借贷关系,微小企业95%没有与金融机构发生任何借贷关系。之前民间借贷全民参与的势头非常明显:据2011年官方数据,温州民间资本超过6 000亿元,江浙一带80%的中小企业靠民间借贷,年息最高的达到180%,而大多数中小企业的毛利润为3%—5%;根据2011年鄂尔多斯官方调研的数据,在房地产泡沫和投资煤矿的热潮中,鄂尔多斯成为北方民间借贷的热点地区,粗略统计,鄂尔多斯民间借贷资金的规模应在2 000亿元以上;一些官员、银行职员卷入高利贷和非法集资案件,中行内蒙古分行行长的妻子被绑架,赎金高达2亿元,起因依然是非法集资和民间借贷,而温州爆发的民间借贷的纠纷和逃债案件,估计八成以上的债主为公务员。2011年在浙江、广东、内蒙古、江苏、河南、福建等地都出现过民间借贷泡沫破灭的现象。据不完全统计显示,一年多时间,仅浙江温州市就有10人因民间借贷自杀,200人跑路,284人被刑事拘留[①]。

民间借贷高利率、高风险使得一些企业和个人资不抵债,给企业的生存和个人的身心都造成了极大的伤害。民间借贷既是经济问题,也涉及法律问题,需要不断规范,加强金融监管,促使其健康发展。为了更好地反映民间融资成本大小,民间借贷成本的指数——温州指数应运而生,即温州民间融资综合利率指数[②],该指数及时反映民间金融交易活跃度和交易价格。该指数样板数据主要采集四个方面:一是由温州市设立的几百家企业测报点,把各自借入的民间资本利率通过各地方金融办不记名申报收集起来;二是对各小额贷款公司借出的利率进行加权平均;三是融资性担保公司如典当行在融资过程中的利率,由温州经信委和商务局负责测报;四是民间借贷服务中心的实时利率。这些利率进行加权平均,就得出了"温州指数"。它是温州民间融资利率的风向标。2012年12月7日,温州指数正式对外发布,2013年1月1日起实行"按日发布"。从温州综合利率指数的变化来看,利率波动幅度较大,且有向下变动的趋势(见图7-4)。

---

① 见《温州民间借贷纠纷案井喷 5年增长4倍多》,2012年3月7日,《法制日报》。《因借款数亿无力偿还 常熟跑路女老板被刑拘》,2012年3月30日,《京华时报》。《涉嫌民间借贷纠纷 温州一教育集团董事长被拘》,2012年2月6日,《钱江晚报》。

② 见http://www.wzpfi.gov.cn/。

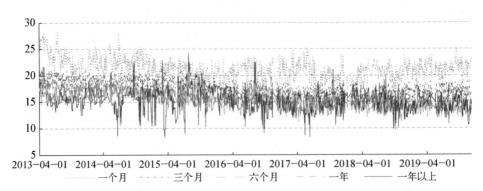

图 7-4　温州综合利率指数：2013 年 1 月 1 日—2019 年 9 月 11 日
数据来源：CEIC 数据库。

近年来随着网络金融和金融创新的发展，P2P 平台等方兴未艾，P2P 平台实际上就是民间借贷的互联网化，通过吸收大众存款，再把存款贷出去，这也是一种影子银行。在 P2P 的高速发展过程中，其金融风险不容忽视，很多 P2P 平台通过高息揽储，再高息贷出去，最终形成了一个庞氏骗局，一旦资金链断裂，P2P 平台最终会倒闭。此外，有的 P2P 平台因为风险管理不善导致贷款无法收回；有的因为资金挪用，最终无法兑付投资人；有的利用 P2P 平台诈骗集资潜逃。因此，如何规范网络借贷平台，防范网络平台借贷风险是当前金融监管的一项重要任务①。

中国中小企业融资主要依赖民间融资，而民间融资既没有法律基础，利率风险相对较高，资金链条易受宏观经济形势和政策变化的影响，因此亟须规范民间信贷市场，使民间信贷市场阳光化，促进民间信贷市场有序健康发展。2015 年 6 月 23 日最高人民法院通过《最高人民法院关于审理民间借贷案件适用法律若干问题的规定》，该规定突破了银行四倍利率限制，约定的利率未超过年利率 24%，受法律保护；约定的利率超过年利率 36%，则超过部分的利息认定无效；年利率 24%—36%这部分利息，法律不保护，但也不反对。还有关于网贷平台相关法律，该规定明确，借贷双方通过 P2P 网贷平台形成借贷关

---

① 如谢平（2014）认为 P2P 网贷监管的原则是信息监管。

系,网络贷款平台的提供者如果仅提供媒介服务,则不承担担保责任;如果P2P网贷平台的提供者被证明其为借贷提供担保,则应承担担保责任。图7-5是中国P2P网贷利率综合指数,利率的综合指数趋势是逐步下降的,这也说明P2P网络平台的借贷利率也是逐步下降的,网贷利率由高位逐步回归理性。

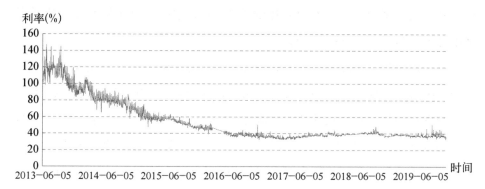

图7-5 中国P2P网贷利率综合指数:2013年6月5日—2019年9月16日
数据来源:CEIC数据库。

总之,在温州建立金融综合改革试验区,有利于推进利率市场化,允许民间资本进入金融服务业,以及民间借贷合法化。温州将在利率市场化方面先行一步,允许温州地区的银行推进利率市场化改革,温州的成功经验将会向全国推广。

同时,国内P2P网贷平台迅速发展,网贷成交额巨大,利率高,信用风险较大。2019年9月,互联网金融风险专项整治工作领导小组、网贷风险专项整治工作领导小组联合发布《关于加强P2P网贷领域征信体系建设的通知》,支持在营P2P网贷机构接入征信系统,增加违规成本,遏制信用风险,促进网络借贷平台健康发展。

第三节 我国利率市场化改革

中国扩大对外开放,促进金融改革,同时又要防范可能出现的金融风险,因此中国的利率市场化改革采取的是渐进式原则,做到积极主动,风险可控。

渐进式改革有以下三个优点：一是有利于防范过快的市场化可能造成金融市场的混乱，避免短期内投机资本的过度流动；二是保证计划性利率向市场利率平稳过渡，引导市场参与者的行为，逐步缩小放松管制后的利率和市场真实利率差异；三是有利于中央银行宏观调控的实施，在市场机制还不成熟的条件下放开利率会限制中央银行宏观调控的能力，因此中国在市场机制逐步完善的基础之上，使隐含利率逐步市场化。

价格机制是市场经济的核心机制之一，是资源稀缺状况的反应和市场进行资源配置的重要信号。利率反映了资金的价格，是金融市场上的重要信号，因而利率机制是金融市场的核心机制之一，其反映了资金的供需状况，并发挥着引导资金流动，实现资金资源配置的重要功能。除此之外，利率还是货币当局执行货币政策的重要依据和工具，通过观察市场上的利率，货币当局可以确定资金的供求状况，且根据货币政策目标来制定和调整货币政策。同时，利率本身也是货币政策工具，通过设定一定的利率目标或者基准利率，货币当局可以影响到市场利率，从而实现信用紧缩或者信用扩张的目标进而促进货币政策最终目标的实现。

一、影响利率变化的因素

利率变化的影响因素主要有经济因素、政策因素和制度因素等。经济因素包括经济周期、通货膨胀、税收等对利率的影响；政策因素指一国的货币政策、财政政策、汇率政策等经济政策的实施对利率的影响；制度因素主要指利率管制下的利率状况。

具体来说，影响利率变动的因素主要有以下几点：第一，利润的平均水平。既然利息是利润的一部分，利润本身就成为利息的最高界限。因此，利率总在利润率与零之间上下波动，并随利润率的缓慢下降在长期内有下降趋势。第二，资金的供求状况。在市场经济条件下，作为金融市场上的商品的"价格"——利率，与其他商品的价格一样受供求规律的制约。第三，借贷风险。在借贷资金运动过程中可能出现各种风险，如资金不能按期完全收回的违约风险,物价上涨的资金贬值风险,或更有利的投资机会出现后贷款人承受的机会成本损失风险。一般而言,风险越大,则利率要求越高。第四,国际经济形势。国际间资金流动、商品竞争、外汇储备量及外资政策都会对利率产生影响。就开放经济而言,国际经济形势对利率的影响主要体现在国际利率与汇率会影响资金流出入,从而引起国内利率的变动。一般地,国内利率有向国际利率靠拢的趋势;国内市场利率随本币贬值而下降,随本币升值而上升。第五,国家经济政策。利率取决于国家调节经济的需要,是实现经济目标的工具。国家往往根据其经济政策来干预利率水平,同时又通过调节利率来影响经济。

总之,决定利率及影响利率变动的因素很多、很复杂,其中,最终起决定作用的是一国经济活动的状况。因此,要分析一国利率现状及变动,必须结合该国国情,充分考虑到该国的具体情况。

二、中国的利率市场化改革实践

(一) 货币市场利率市场化

在我国集中的计划经济时期,利率受到政府的严格管制,金融机构没有任何利率自主权。利率政策在动员社会闲散资金、促进企业加强经营管理这种低层次的目标下,对国民经济运行发挥着极小的影响作用。1978年以后,严格的利率管制政策逐渐松动,利率调整频率增加,商业性金融机构有了一定的利率浮动权。全国同业拆借利率、国债、金融债回购等货币市场利率率先实现了市场化,但占社会融资份额很大比例的存贷款利率仍由中央银行确定,逐步放松,扩大利率的浮动幅度。

利率政策是我国货币政策的重要组成部分,也是货币政策实施的主要手段之一。中国人民银行采用的利率工具主要有:第一,调整中央银行基准利率,包括:再贷款利率,指中国人民银行向金融机构发放再贷款所采用的利率;再贴现利率,指金融机构将所持有的已贴现票据向中国人民银行办理再贴现所采用的利率;法定存款准备金利率,指中国人民银行对金融机构交存的法定存款准备金支付的利率;超额存款准备金利率,指中央银行对金融机构交存的准备金中超过法定存款准备金水平的那部分所支付的利率。第二,调整金融机构法定存贷款利率。第三,制定金融机构存贷款利率的浮动范围。第四,制定相关政策对各类利率结构和档次进行调整等。长期以来,我国人民币存贷款的基准利率由中国人民银行统一制定,存款利率主要依据存款期限的长短;从贷款来看,中国人民银行规定不同期限贷款的法定基准利率,从而对利率的期限结构直接进行规定。

1993年,党的十四大《关于金融体制改革的决定》提出,我国利率改革的长远目标是:建立以市场资金供求为基础,以中央银行基准利率为调控核心,由市场资金供求决定各种利率水平的市场利率管理体系。

1996年中国利率市场化进程正式启动,1996年6月1日人民银行放开了银行间同业拆借利率。1996年财政部通过证券交易所市场平台实现了国债的市场化发行,1997年6月借鉴拆借利率市场化的经验,银行间债券回购利率和现券交易价格同步放开,由交易双方协商确定。1998年9月,国家开发银行在银行间债券市场首次进行了市场化发债,1999年10月,国债发行也开始采用市场招标形式,从而实现了银行间市场利率、国债和政策性金融债发行利率的市场化。

(二) 存贷款利率的市场化

在我国集中的计划经济时期,利率受到政府的严格管制,金融机构没有任何利率自主权。1987年1月,人民银行首次进行了贷款利率市场化的尝试,规定商业银行贷款可按国家规定的流动资金贷款利率为基准上浮贷款利率,最高浮动幅度为20%。1996年5月,为减轻企业的利息支出负担,流动资金贷款利率的上浮幅度由20%缩小为10%,下浮10%不变。1998年、1999年人民银行连续三次扩大金融机构贷款利率浮动幅度,为鼓励金融机构支持中小企业的发展,对中小企业的贷款利率最高上浮幅度由10%扩大为30%;农村信用社贷款利率最高上浮幅度由40%扩大到50%;对大型企业的贷款利率最高上浮幅度仍为10%,下浮幅度为10%。2002年初开始,根据央行的统一部署,分布在全国的8家县市的农村信用社率先进行浮动利率的试点,分别是:浙江省的瑞安市信用联社和苍南县信用社;黑龙江省的甘南县信用联社;吉林省的通榆县信用社和洮南市洮府信用社;福建省的连江县信用社和泉州市的泉港区信用社;内蒙古自治区的扎兰屯市信用联社。被允许的存款利率的最大浮动范围是30%,贷款利率的最大浮动范围是100%。实施浮动利率后,部分资金从国有四大商业银行"搬家"到试点信用社,贷款利率大幅上扬,贷款数量持续增长[①]。

2003年以来,人民银行在推进贷款利率市场化方面迈出重要步伐(表7-4):2003年8月,允许试点地区农村信用社的贷款利率上浮不超过贷款基准利率的2倍;2004年1月1日,人民银行决定商业银行、城市信用社贷款利率浮动区间扩大到[0.9,1.7],农村信用社贷款利率浮动区间扩大到[0.9,2],贷款利率浮动区间不再根据企业所有制性质、规模大小分别制定,而是根据企业的信誉、风险等因素确定。2004年10月29日,中央银行在调高商业银行存贷款利率的同时,宣布彻底放开金融机构(不含城乡信用社)贷款利率的上限,城乡信用社贷款利率浮动上限扩大为基准利率的2.3倍,所有金融机构贷款利率下限仍为基准利率的0.9倍[②],实现了"放开上限、管住下限"的既定目标。这些措施表明,央行对商业银行的利率管制将越来越松,商业银行将获得更大的贷款利率自主定价权。从我国贷款利率的浮动来看,国有独资商业银行、股份制商业银行和区域性商业银行利率区间主要在[0.9,1)、1和(1,1.3];政策性银行主要在[0.9,1)、1;农村信用社和城乡信用社主要处于上浮区间。2012年6月8日,央行将金融机构贷款利率浮动区间的下限调整为基准利率的0.8倍,而之前贷款利率浮动区间的下限为基准利率的0.9倍。2012年7月6日将金融机构贷款利率浮动区间的下限调整为基准利率的0.7倍。2013年7月20日我国全面放开金融机构贷款利率管制,取消金融机构贷款利率0.7倍的下限,由金融机构根据商业原则自主确定贷款利率水准。同时

---

① 参见《上海证券报资本周刊》2002.5.19一版《浮动利率试点悄然起步》。
② 吴晓灵(2012)认为,比较稳妥的利率市场化的步骤,是首先加大贷款利率下浮的幅度,甚至取消贷款利率的下限。

取消票据贴现利率管制,改变贴现利率在再贴现利率基础上加点确定的方式,由金融机构自主确定,对农村信用社贷款利率不再设立上限。

表7-4 中国利率市场化改革进程

时　间	利率市场化改革项目
1993年	《关于建立社会主义市场经济体制改革若干问题的决定》和《国务院关于金融体制改革的决定》最先明确利率市场化改革的基本设想
1995年	《中国人民银行关于"九五"时期深化利率改革的方案》初步提出利率市场化改革的基本思路
1996年6月1日	放开银行间同业拆借市场利率,实现由拆借双方根据市场资金供求自主确定拆借利率
1997年6月	银行间债券市场正式启动,同时放开了债券市场债券回购和现券交易利率
1998年3月	改革再贴现利率及贴现利率的生成机制,放开了贴现和转贴现利率
1998年8月	国家开发银行在银行间债券市场首次进行了市场化发债
1998年9月	放开了政策性银行金融债券市场化发行利率
1998年	将金融机构对小企业的贷款利率浮动幅度由10%扩大到20%,农村信用社的贷款利率最高上浮幅度由40%扩大到50%
1999年9月	成功实现国债在银行间债券市场利率招标发行,从而实现了银行间市场利率、国债和政策性金融债发行利率的市场化
1999年10月	对保险公司大额定期存款实行协议利率,对保险公司3 000万元以上、5年以上大额定期存款,实行保险公司与商业银行双方协商利率的办法
1999年	允许县以下金融机构贷款利率最高可上浮30%,将对小企业贷款利率的最高可上浮30%的规定扩大到所有中型企业
2000年9月21日	实行外汇利率管理体制改革,放开了外币贷款利率;300万美元以上的大额外币存款利率由金融机构与客户协商确定
2002年3月	将境内外资金融机构对中国居民的小额外币存款,纳入人民银行现行小额外币存款利率管理范围,实现中外资金融机构在外币利率政策上的公平待遇
2002年	扩大农村信用社利率改革试点范围,进一步扩大农村信用社利率浮动幅度;统一中外资外币利率管理政策
2003年7月	放开了英镑、瑞士法郎和加拿大元的外币小额存款利率管理,由商业银行自主确定

续　表

时　间	利率市场化改革项目
2003年11月	对美元、日元、港币、欧元小额存款利率实行上限管理,商业银行可根据国际金融市场利率变化,在不超过上限的前提下自主确定
2004年1月1日	人民银行再次扩大金融机构贷款利率浮动区间。商业银行、城市信用社贷款利率浮动区间扩大到[0.9,1.7],农村信用社贷款利率浮动区间扩大到[0.9,2],贷款利率浮动区间不再根据企业所有制性质、规模大小分别制定。扩大商业银行自主定价权,提高贷款利率市场化程度,企业贷款利率最高上浮幅度扩大到70%,下浮幅度保持10%不变。在扩大金融机构人民币贷款利率浮动区间的同时,推出放开人民币各项贷款的计、结息方式和5年期以上贷款利率的上限等其他配套措施
2004年3月25日	中国人民银行对金融机构实行再贷款浮息制度,在再贷款(再贴现)基准利率基础上,适时确定并公布中央银行对金融机构贷款(贴现)利率加点幅度,提高了中央银行引导市场利率的能力
2004年10月29日	中央银行宣布彻底放开贷款利率的上限,城乡信用社贷款利率最高上浮系数为贷款基准利率的2.3倍,贷款利率下限仍为基准利率的0.9倍,并首次允许存款利率下浮。商业银行的利率决定基本进入市场化阶段,获得更大的存款和贷款利率自主定价权
2004年11月18日	上调境内商业银行一年期美元小额外币存款利率上限0.3125个百分点,调整后利率上限为0.875%;人民银行不再公布两年期美元、欧元、日元、港元小额外币存款利率上限,改由商业银行自行确定并公布两年期小额外币存款利率
2005年3月	放开金融机构同业存款利率
2006年4月28日	中国人民银行上调金融机构贷款基准利率。金融机构一年期贷款基准利率上调0.27个百分点,由现行的5.58%提高到5.85%。其他各档次贷款利率也相应调整。金融机构存款利率保持不变
2006年8月19日	中国人民银行上调金融机构人民币存贷款基准利率。金融机构一年期存款基准利率上调0.27个百分点,由现行的2.25%提高到2.52%;一年期贷款基准利率上调0.27个百分点,由现行的5.85%提高到6.12%;其他各档次存贷款基准利率也相应调整,长期利率上调幅度大于短期利率上调幅度。同时,进一步推进商业性个人住房贷款利率市场化。商业性个人住房贷款利率的下限由贷款基准利率的0.9倍扩大为0.85倍,其他商业性贷款利率下限保持0.9倍不变
2007年1月4日	发布上海银行间同业拆借利率
2012年6月8日	自2012年6月8日起将金融机构存款利率浮动区间的上限调整为基准利率的1.1倍;将金融机构贷款利率浮动区间的下限调整为基准利率的0.8倍

续 表

时间	利率市场化改革项目
2013年7月20日	自2013年7月20日起全面放开金融机构贷款利率管制。取消金融机构贷款利率0.7倍的下限,由金融机构根据商业原则自主确定贷款利率水准。取消票据贴现利率管制,改变贴现利率在再贴现利率基础上加点确定的方式,由金融机构自主确定。对农村信用社贷款利率不再设立上限。为继续严格执行差别化的住房信贷政策,促进房地产市场健康发展,个人住房贷款利率浮动区间暂不作调整
2013年	央行开始推进同业存单发行和交易,有序推进利率市场化工作,建立市场利率定价自律机制①
2014年11月22日	将金融机构存款利率浮动区间的上限由存款基准利率的1.1倍调整为1.2倍
2015年3月1日	将金融机构存款利率浮动区间的上限由存款基准利率的1.2倍调整为1.3倍
2015年3月31日	推出储蓄保险制度
2015年6月2日	中国人民银行发布了《大额存单管理暂行办法》
2015年	自2015年10月24日起实行降息、降准,同时放开银行等金融机构存款利率浮动上限,对商业银行和农村合作金融机构等不再设置存款利率浮动上限
2019年8月	贷款报价利率(LRP)定价机制改革,贷款利率两轨并一轨

资料来源:收集自《中国货币政策报告》相关各期及中国人民银行网站 www.pbc.gov.cn 相关新闻。

人民币存款利率市场化也取得了重要进展。1999年10月,人民银行批准中资商业银行法人对中资保险公司法人试办由双方协商确定利率的大额定期存款(最低起存金额3 000万元,期限在5年以上不含5年),进行了存款利率改革的初步尝试。2002年2月和12月,协议试点的存款人范围扩大到全国社会保障基金理事会和已完成养老保险个人账户基金改革试点的省级社会保险经办机构。2003年11月,商业银行农村信用社可以开办邮政储蓄协议存款

---

① 市场利率定价自律机制成立于2013年9月24日,是由金融机构组成的市场定价自律和协调机制。市场利率定价自律机制在符合国家有关利率管理规定的前提下,对金融机构自主确定的货币市场、信贷市场等金融市场利率进行自律管理,维护市场正当竞争秩序,促进市场规范健康发展

(最低起存金额 3 000 万元,期限降为 3 年以上不含 3 年)。2004 年 10 月 29 日,人民银行决定允许金融机构人民币存款利率在不超过各档次存款基准利率的范围内下浮。这标志着我国利率市场化顺利实现了"贷款利率管下限、存款利率管上限"的阶段性目标(易纲,2009),经济变量对利率也越来越敏感(Tuuli Koivu,2009)。2012 年 6 月 8 日,央行宣布将金融机构存款利率浮动区间的上限调整为基准利率的 1.1 倍。此前,按照央行有关规定,我国一般金融机构存款利率不允许有浮动区间,这是自 2004 年 10 月以来利率市场化进程再次迈出的实质性一步。2014 年 11 月 22 日继续将金融机构存款利率浮动区间的上限由存款基准利率的 1.1 倍调整为 1.2 倍。2015 年 3 月 1 日将金融机构存款利率浮动区间的上限由存款基准利率的 1.2 倍调整为 1.3 倍。2015 年 5 月 11 日起将金融机构存款利率浮动区间的上限由存款基准利率的 1.3 倍调整为 1.5 倍。2015 年 8 月 26 日中央银行放开一年期以上(不含一年期)定期存款的利率浮动上限,活期存款以及一年期以下定期存款的利率浮动上限不变。2015 年 10 月 24 日,中央银行对商业银行和农村合作金融机构等不再设置存款利率浮动上限,利率弹性不断增加,利率市场化改革稳步推进。目前我国利率管制基本放开,金融市场主体可按照市场化的原则自主协商确定各类金融产品定价。但取消对利率浮动的行政限制后,央行利率调控会更加依赖市场化的货币政策工具。

表 7-4 总结了我国自 1993 年以来利率市场化改革的主要步骤,从中国利率市场化改革可以看出,中国利率市场化改革原则上遵循先贷款后存款、先大额后小额、先农村后城市、先货币市场后信贷市场的步骤。在这一进程中,中国的利率体系将是管制和市场利率并存、有限浮动和自由浮动并存,但是中国的利率仍然是市场和管理两种机制共同影响(Hong et al., 2010),在改革过程中也出现一些突出的问题有待解决。

为推进存款利率市场化,需要推进存款保险制度的建设。我国存款保险制度早在 1993 年开始就提出讨论,到 2014 年开始立法,经历了 21 年。长期以来,中国老百姓并不关心储蓄保险,因为中国的银行大部分是国有银行。由政府信用支撑，老百姓相信如果银行出现问题，政府一定会提供支持，这就是老百姓储蓄最大的保险。但随着商业银行的市场化改革，商业银行自主经营自负盈亏，出现问题政府不再兜底。为保护储蓄者的利益，银行存款需要保险，实行有限赔付和基于风险的差别费率，保护中小储蓄者的利益。银行存款保险制度2014年11月30日开始征求意见，2015年3月31日正式发布，2015年5月开始实施。存款保险制度的实施，对商业银行的约束性增强了，有利于保护储蓄者，商业银行和储蓄者对利率变动会更加敏感，有利于利率的市场化改革。

2015年6月2日，为规范大额存单业务发展，拓宽存款类金融机构负债产品市场化定价范围，有序推进利率市场化改革，中国人民银行制定了《大额存单管理暂行办法》。大额存单是指由银行业存款类金融机构面向非金融机构投资人发行的、以人民币计价的记账式大额存款凭证，是银行存款类金融产品，属一般性存款，大额存单的利率是市场化定价，有利于完善我国利率市场化改革。

我国还建立了市场利率定价自律机制，市场利率定价自律机制是由金融机构组成的市场定价自律和协调机制，旨在符合国家有关利率管理规定的前提下，对金融机构自主确定的货币市场、信贷市场等金融市场利率进行自律管理，维护市场正当竞争秩序，促进市场规范健康发展。建立存贷款基础利率集中报价和发布机制，把市场基准利率报价从货币市场拓展至信贷市场。

以上这些措施，有利于促进和完善我国的利率市场化，推动我国的利率市场化向广度和深度迈进。此外，利率市场化要求强化金融监管，如果金融监管不严，银行相信他们不必承担高利率风险贷款的成本，因为政府会保护银行使其免受坏账的损失，那会鼓励银行从事高风险的贷款，银行体系的风险就会上升。因此，应该有一整套完善的法规和金融监管体系，使金融机构能够安全运营，避免企业和金融机构进行风险投机，引起金融体系的混乱。同时，改革会计和审计制度，执行外部审计；执行充足的资本率和法定准备金率以保证过度信贷不发生；阻止信贷的过分集中；引入竞争，允许外国银行进入和其他非金融机构的发展。

（三）利率市场化改革——贷款利率两轨并一轨

2015年以后，我国的贷款利率上限、下限已经放开，但仍保留存贷款基准利率,存在贷款基准利率和市场利率并存的"利率双轨"问题。银行在发放贷款时,大多仍参照贷款基准利率定价,有些银行形成协同惯性以贷款基准利率的一定倍数(如0.9倍)设定隐性下限,对市场利率向实体经济传导形成了阻碍。央行于2018年4月就提出要实现"利率并轨"。

2019年8月17日,中国人民银行为深化利率市场化改革,提高利率传导效率,推动降低实体经济融资成本,决定改革完善贷款市场报价利率[①]形成机制。贷款市场报价利率,也就是贷款基础利率(Loan Prime Rate,LPR),创设于2013年10月。贷款基础利率是商业银行对其最优质客户执行的贷款利率,其他贷款利率可在此基础上加减点生成。贷款基础利率的集中报价和发布机制是在报价行自主报出本行贷款基础利率的基础上,指定发布人对报价进行加权平均计算,形成报价行的贷款基础利率报价平均利率并对外予以公布。运行初期向社会公布1年期贷款基础利率[②],改革前的贷款基础利率见图7-6。2013—2019年贷款基础利率持续下降,但2015年以来,保持不变,贷款利率变动弹性较小。

图 7-6　贷款基础利率:2013年10月—2019年8月

数据来源:www.chinamoney.com.cn。

---

① 简单地说,LPR就是10家综合实力较强的大中型银行通过自主报价的方式,确立一个最优贷款利率供行业定价参考。央行在2013年7月全面放开金融机构贷款利率管制,随后为了进一步推进利率市场化,完善金融市场基准利率体系,指导信贷市场产品定价,创设了LPR。

② 全国银行间同业拆借中心为贷款基础利率的指定发布人。每个交易日根据各报价行的报价,剔除最高、最低各1家报价,对其余报价进行加权平均计算后,得出贷款基础利率报价平均利率,并于11:30对外发布。

自2019年8月20日起,中国人民银行授权全国银行间同业拆借中心于每月20日(遇节假日顺延)9时30分公布贷款市场报价利率。报价频率由原来每日报价改为每月报价一次。新的LPR由各报价行于每月20日(遇节假日顺延)9时前,以0.05个百分点为步长,向全国银行间同业拆借中心提交报价。全国银行间同业拆借中心按去掉最高和最低报价后算术平均,向0.05%的整数倍就近取整计算得出LPR,于当日9时30分公布。人民银行要求各行在新发放的贷款中主要参考LPR定价。2019年8月19日原机制下的LPR停报一天,8月20日将首次发布新的LPR,1年期贷款基础利率为4.25%,5年期以上贷款基础利率为4.85%。

与原有的LPR形成机制相比,新的LPR报价方式改为按照公开市场操作利率加点形成,其中公开市场操作利率主要指中期借贷便利(MLF)利率,期限以1年期为主;在原有的1年期一个期限品种基础上,增加5年期以上的期限品种;报价频率由原来的每日报价改为每月报价一次。央行2019年8月16日发布公告表示,为深化利率市场化改革,提高利率传导效率,推动降低实体经济融资成本,中国人民银行决定改革完善贷款市场报价利率(LPR)形成机制。新的LPR报价行范围代表性增强,在原有的10家全国性银行基础上增加城市商业银行、农村商业银行、外资银行和民营银行各2家[1],扩大到18家。新的LPR报价行在原有的1年期一个期限品种基础上,增加5年期以上的期限品种,为银行发放住房抵押贷款等长期贷款的利率定价提供参考,也便于未来存量长期浮动利率贷款合同定价基准向LPR转换的平稳过渡。

2015年我国基本完成利率市场化改革,但改革的基本完成并不意味着我国有像西方发达国家一样市场化程度很高的利率,利率市场化完善仍有很长的路要走。

---

[1] 西安银行、台州银行、上海农村商业银行、广东顺德农村商业银行、渣打银行(中国)、花旗银行(中国)、微众银行、网商银行为此次报价行扩围后的最新成员。本次新增的8家银行属性类别不同,但它们服务的客群都有一个共同点,就是以小微企业为主。

第四节 中国利率传导的优化和市场化改革建议

在价格型货币政策调控中,央行通过设定政策利率作用于货币市场从而影响货币市场利率的变动。货币市场利率的变动又会引起信贷市场和债券市场价格的变动,进而引导居民和企业等微观主体的经济行为,促成货币政策最终目标实现。

一、我国利率传导机制的优化

(一)以中小银行扩充银行体系,扩大利率向实体经济的传导

由于正规银行对县域以及农村地区覆盖程度有限,这造成这些地区贷款市场的垄断以及高利贷的滋生,并最终导致利率传导在这些区域的梗塞,政策利率难以传导至这些领域。中小银行资金规模小决定了其更加适合为中小微企业服务,且在获取当地企业业务信息方面有着独特的优势,更愿意去服务中小微企业。从这个意义上讲,我国应当建立一定规模的中小型银行,来弥补市场的不足,通过设立中小银行,可以将原先贷款市场垄断和高利贷盛行地区的信贷活动纳入利率传导机制。

(二)提高市场预期引导作用

美国的历史经验表明,加强对市场预期的引导有利于提高利率传导的效率。美联储每一个半月左右会召开一次货币政策会议,并发布其对宏观经济的看法以及政策利率调整结果,同时发表对未来经济形势的预测,引导市场对未来政策利率走向的预期。除此之外,美联储还会公布货币政策报告与其他关于经济和金融形势的分析报告,以及举行新闻发布会来提高货币政策透明度等,这些措施的目的在于加强预期引导,和公众沟通,使市场利率能够紧跟政策利率。相比之下,我国的利率调整并未如美国一样定期化调整,而是仅仅

在中央银行选定的时点进行调整,货币当局同市场的沟通不足,因此不利于引导市场预期,提高市场对于经济形势和货币政策的理解,这不仅仅会造成市场利率对政策利率反应的滞后以及不足,而且会造成市场的短期波动。在价格型货币政策调控中,预期的引导往往发挥着十分重要的作用。

(三)扩大债券市场对实体经济的覆盖范围,促进不同金融市场之间的竞争

在利率的传导机制中,信贷市场和债券市场之间存在着一定的相互替代的竞争关系,比如说,较高的债券收益率会促使融资者转向信贷市场筹集资金,而信贷市场上较高的利率又会促使融资者转向债券市场筹集资金。这种相互替代的竞争关系的存在有利于提高政策利率的传导效果,但显而易见的是,这种竞争关系仅仅在债券市场和信贷市场都存在着相当规模的情况下才可以发挥应有的作用,对于绝大多数发展中国家而言,债券市场的发展往往十分滞后,存在规模小、流动性低的问题,在这种情况下,企业筹集资金往往只能依赖银行信贷,这就给银行以较大的信贷定价权,政策利率的传导会因此而变得不畅通。因而培育一个具有相当规模和流动性的债券市场,为实体经济直接筹集资金提供场所就显得十分重要。

二、传导机制优化的建议

通常人们怀疑金融自由化改革和金融危机是否有某种联系,但研究该问题的专家弗赖(Fry,1995)认为,缺乏足够的管理和监督是金融改革失败的主要原因。早期中国的利率市场化改革主要是放松利率管制,增加人民币利率的浮动幅度,但是由于国有银行的高度垄断,市场竞争力较弱,利率市场化改革应该打破银行业的高度集中,鼓励市场进入(Fu and Heffernan,2009)。信贷市场没有形成充分竞争的市场基础,民间借贷不规范,中小企业贷款难等问题日益突出,竞争性的市场利率难以形成。中国的利率市场化改革不仅仅是利率的本身问题,还需要培育有广度、有深度的市场基础。

(1)鼓励民营资本进入金融领域,推动金融领域的市场化改革。规范发展民间融资,鼓励和支持民间资金参与地方金融机构改革,允许民间资本进入

金融服务业,以及民间借贷合法化。让市场机制配置资源,风险和收益相匹配,引入竞争,提升金融服务水平,国有银行业也将面临更大的挑战,金融产品定价会更合理,有利于存贷款利率的市场化。

(2)提高商业银行管理水平和经营效率,鼓励金融创新。要建立充分竞争的市场,通过设立分行和银行兼并等措施,促进银行的竞争,加强国有银行的资产和负债管理,使银行建立起利益-风险的自我平衡约束机制。商业银行应积极参与国内和国际竞争,增加对风险、融资成本的敏感程度,促进金融创新,提升服务质量,促进合理利率水平和利率结构的形成。

(3)发展小额贷款公司、村镇银行,以及农村资金互助社等金融组织。为缓解中小企业融资难题,2008年银监会出台了《关于小额贷款公司试点的指导意见》,鼓励有实力的出资人向中小企业融资,其利率可根据市场资金状况灵活调整。对于温州符合条件的小额贷款公司还可改制为村镇银行,有利于增加贷款公司资金的来源。

(4)完善法律监管体系和进行金融机构改革。加强金融机构的监管和加快金融机构的改革(Lardy,1998),提高金融机构的管理水平和经营效率,降低商业银行的不良贷款,提高资金的使用效率,使利率真正反映资金运用的水平。

(5)建立完善的信用评级体系。中国应该成立权威的信用评级机构,包括对商业银行和企业的经营状况和资信进行评估,这在利率水平的确定中起着十分重要的作用。不同信用等级的银行和企业所获得的利率是不同的,如中央银行对商业银行的贷款和商业银行对企业的贷款应该考虑不同的信用等级采取差别利率。这也是在利率市场化过程中应该做的一项工作。

第五节 房贷利率和外币利率的市场化

房地产业是我国国民经济的重要行业,中国的建筑和房地产业的增加值约占 GDP 比例的 10%。房地产既是消费品,也可以是投资品。1998 年以后,我国取消了住房实物分配制度,实施按揭买房的政策,国家金融部门对房地产的支持力度不断加大。

1998 年,当时贷款基准利率超过 10%,个人购房意愿不强,住房制度改革进展不大,人民银行决定对居民住房贷款实行优惠利率。1999 年 9 月,人民银行调整个人住房贷款的期限和利率,将个人住房贷款最长期限从 20 年延长到 30 年,同时对自营性个人住房贷款实行优惠利率,设有 5 年以下和 5 年以上两个档次的固定利率,5 年以下的贷款利率为 5.31%,5 年以上的贷款利率为 5.58%。为了鼓励居民个人买房,2002 年 2 月 21 日中国人民银行又下调了住房贷款利率,两个档次的利率分别下调为 4.77% 和 5.04%。

同时,国家对公积金贷款期限也作了相应调整,5 年以上的公积金贷款利率按 4.59% 执行,5 年以内的按 4.14% 执行。2002 年 2 月 21 日开始,中国人民银行再次降低个人住房公积金贷款利率水平,5 年以下(含 5 年)由现行的 4.14% 下调为 3.6%,5 年以上由现行的 4.59% 下调为 4.05%。我国住房公积金的存款利率水平和我国存款利率的调整基本上是保持同步的,其目的也是要适应我国宏观经济调控的趋势。住房公积金存款利率调整影响住房消费,利率上调,促进消费;利率下调,买房成本下降。

一、房贷利率的变化

自 1998 年以来,我国个人住房贷款余额高速增长,由 2004 年 18 018.5 亿元上升到 2018 年 6 月底 238 400 亿元。14 年间,个人住房贷款余额增长了约 12.23 倍。个人住房贷款增长率同比波动较大,增速较高,但是近年来个人住房贷款的增速有所下降(图 7-7)。

国家在促进房地产业平稳、快速发展的同时,房地产业出现了投资势头过猛、房地产价格持续上升的现象。为了防范房地产泡沫,中国人民银行开始提高利率,压缩投资和需求,在提高贷款利率的同时,也提高了个人住房的贷款利率。

2004 年 10 月 29 日,把个人住房的商业贷款利率分别提高到 4.95% 和

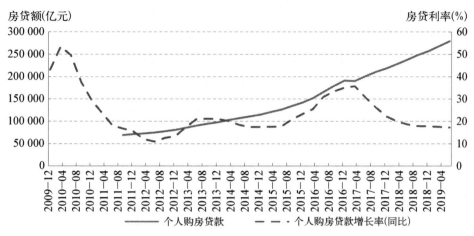

图 7-7　个人购房贷款及增长

数据来源：Wind 数据库。房贷额为左轴，房贷利率为右轴。

5.31%；住房公积金贷款利率提高到 3.78% 和 4.23%。央行希望通过提高贷款利率，压缩住房需求，以保持房地产市场的平稳发展。由于投资增长过快、货币信贷投放过多、外贸顺差过大等矛盾仍然比较突出，2005 年 3 月，人民银行对个人住房贷款的利率定价机制进行了市场化调整。2005 年 3 月 17 日，中国人民银行调整了商业银行自营性个人住房贷款政策，将住房贷款优惠利率回归到同期贷款利率水平。同时，人民银行实行下限管理，下限利率水平为相应期限档次贷款基准利率的 0.9 倍（表 7-5）。中国人民银行决定，自 2006 年 8 月 19 日起继续上调金融机构人民币存贷款基准利率。同时，中国人民银行进一步推进商业性个人住房贷款利率市场化，将其利率下限由贷款基准利率的 0.9 倍调整到 0.85 倍。由于住房贷款的期限通常都要高于 5 年，因此住房贷款利率上升幅度为：5.814%－5.751%＝0.063%，和贷款利率上升的幅度相比，涨幅不大，国家对住房消费有一定的保护和支持。

2007 年 3—12 月，央行 6 次上调人民币存贷款基准利率，房贷利率相应上升，进一步控制投资和物价的上涨。2008 年 9 月国际金融危机爆发，2008 年 10 月 27 日起，金融机构对居民首次购买自住房和改善型普通自住房提供贷款，其贷款利率的下限可扩大为贷款基准利率的 0.7 倍，最低首付款比例调整为20%。这些措施表明,央行对商业银行的利率管制越来越松,商业银行将获得更大的存款和贷款利率自主定价权。2008年12月,国务院办公厅下发《关于促进房地产市场健康发展的若干意见》,全方位刺激楼市,楼市又迎来了一波上涨的高潮。2009年6月,银监会下发《关于进一步加强按揭贷款风险管理的通知》,提示房地产信贷的风险;2010年上半年,颁布"国十一条",调控房地产;2010年下半年,首套房首付上调、加息等政策陆续出台,商业贷款首套房首付统一调至30%,之前90平方米首付20%的优惠取消,各银行将首套房优惠利率调至八五折,甚至一些银行取消了优惠利率。

2010—2012年,国家采取多项措施控制房地产的过度投资和房价的过快上涨,包括提高利率、提高首付款的比例和限购等措施。2013年我国经济进入新常态,中央继续加强和完善房地产市场的调控,我国也从重点发展房地产,转向强调经济结构的调整和转型升级,继续对房地产市场采取多种措施控制房价的上涨,保持房地产市场平稳健康的发展。2013—2014年个人住房商业贷款利率不断上升,但2015年又有所下降。2017年,我国房地产政策坚持"房子是用来住的,不是用来炒的"基调,从传统的需求端调整向供给侧增加进行转变,限购限贷限售叠加土拍收紧,供应结构优化,调控效果逐步显现。2018年3月"两会"强调"房住不炒",坚持强调住房的居住属性;2018年7月中央政治局会议强调"坚决遏制房价上涨"。2019年,继续强调"房住不炒"。实际上,自2015年10月24日至今,房贷的贷款基准利率是:一至五年(含五年)期限的为4.75%,五年以上期限的为4.90%。由于绝大多数房贷期限都是五年以上,4.90%成为买房贷款基准利率。

表7-5 个人住房的商业贷款利率　　　　　　　　　　单位:%

	6个月以下(含)	6个月至1年(含)	1年至3年(含)	3年至5年(含)	5年以上
1996年5月1日	9.72	10.98	13.14	14.94	15.12
1996年8月23日	9.18	10.08	10.98	11.7	12.42

续　表

	6个月以下(含)	6个月至1年(含)	1年至3年(含)	3年至5年(含)	5年以上
1997年10月23日	7.65	8.64	9.36	9.9	10.53
1998年3月25日	7.02	7.92	9	9.72	10.35
1998年7月1日	6.57	6.93	7.11	7.65	8.01
1998年12月7日	6.12	6.39	6.66	7.2	7.56
1999年6月10日	5.58	5.85	5.94	6.03	6.21
2002年2月21日	5.04	5.31	5.49	5.58	5.76
2002年2月21日(优惠利率)		4.77	4.77	4.77	5.04
2004年10月29日	5.22	5.58	5.76	5.82	6.12
2004年10月29日(优惠利率)		4.95	4.95	4.95	5.31
2006年4月28日	5.40	5.85	6.03	6.12	6.39
2006年4月28日(优惠利率)	4.59	4.97	5.13	5.20	5.43
2006年8月19日	5.58	6.12	6.30	6.48	6.84
2006年8月19日(优惠利率)	4.74	5.20	5.36	5.51	5.81
2007年3月18日	5.67	6.39	6.57	6.75	7.11
2007年3月18日(优惠利率)	4.81	5.43	5.58	5.73	6.04
2007年5月19日	5.85	6.57	6.75	6.93	7.20
2007年5月19日(优惠利率)	4.97	5.58	5.74	5.89	6.12
2007年7月21日	6.03	6.84	7.02	7.20	7.38
2007年7月21日(优惠利率)	5.13	5.81	5.97	6.12	6.27
2007年8月22日	6.21	7.02	7.20	7.38	7.56
2007年8月22日(优惠利率)	5.28	5.97	6.12	6.27	6.43
2007年9月15日	6.48	7.29	7.47	7.65	7.83
2007年9月15日(优惠利率)	5.51	6.20	6.35	6.50	6.66
2007年12月21日	6.57	7.47	7.56	7.74	7.83
2007年12月21日(优惠利率)	5.58	6.35	6.43	6.58	6.66

续 表

	6个月以下(含)	6个月至1年(含)	1年至3年(含)	3年至5年(含)	5年以上
2008年9月16日	6.21	7.20	7.29	7.56	7.74
2008年9月16日(优惠利率)	5.28	6.12	6.20	6.43	6.58
2008年10月9日	6.12	6.93	7.02	7.29	7.47
2008年10月9日(优惠利率)	5.20	5.89	5.97	6.20	6.35
2008年10月30日	6.03	6.66	6.75	7.02	7.20
2008年10月30日(优惠利率)	5.13	5.66	5.74	5.97	6.12
2008年11月27日	5.04	5.58	5.67	5.94	6.12
2008年11月27日(优惠利率)	3.53	3.91	3.97	4.16	4.28
2008年12月25日	4.86	5.31	5.40	5.76	5.94
2008年12月25日(优惠利率)	3.40	3.72	3.78	4.03	4.16
2010年10月20日	5.10	5.56	5.60	5.96	6.14
2010年10月20日(优惠利率)	4.335	4.726	4.76	5.066	5.219
2010年12月27日	5.35	5.81	5.85	6.22	6.4
2011年2月10日	5.60	6.06	6.10	6.45	6.6
2011年4月6日	5.85	6.31	6.40	6.65	6.8
2011年7月7日	6.10	6.56	6.65	6.90	7.05
2012年6月8日	5.85	6.31	6.40	6.65	6.8
2012年7月6日	5.60	6.00	6.15	6.40	6.55
2014年11月22日	5.60	5.60	6.00	6.00	6.15
2015年3月1日	5.35	5.35	5.75	5.75	5.9
2015年5月11日	5.10	5.10	5.50	5.50	5.65
2015年6月28日	4.85	4.85	5.25	5.25	5.4
2015年8月26日	4.60	4.60	5.00	5.00	5.15
2015年10月24日	4.85	4.85	5.25	5.25	5.4

资料来源:www.pbc.gov.cn。

为了推进住房利率的市场化改革,中国人民银行2019年8月25日宣布,自2019年10月8日起,新发放商业性个人住房贷款利率以最近一个月相应期限的贷款市场报价利率为定价基准加点形成。定价基准转换后,全国范围内新发放首套个人住房贷款利率不得低于相应期限LPR(按2019年8月20日5年期以上LPR为4.85%);二套个人住房贷款利率不得低于相应期限LPR加60个基点(按8月20日5年期以上LPR计算为5.45%),与我国个人住房贷款实际最低利率水平基本相当。同时,人民银行分支机构将指导各省级市场利率定价自律机制及时确定当地LPR加点下限。加点数值应符合全国和当地住房信贷政策要求,体现贷款风险状况,合同期限内固定不变。

目前,贷款市场报价利率有1年期和5年期以上两个期限品种。1年期和5年期以上的个人住房贷款利率有直接对应的基准,1年以内、1年至5年期个人住房贷款利率基准,可由贷款银行在两个期限品种之间自主选择。长期房贷利率基于5年期LPR,单独报价,因城施策给予地方自由性。参考基准确定后,可通过调整加点数值,体现期限利差因素。个人住房贷款定价基准从贷款基准利率转换为LPR,以更好地发挥市场作用,促进市场化贷款利率的形成。

房贷利率除了商业贷款利率,还有公积金贷款利率。1999年9月21日,国家对公积金贷款期限作了相应调整:5年以上的公积金贷款利率按4.59%执行;5年以内的按4.14%执行。2004年10月29日公积金贷款利率开始上调。2006年8月19日,在存贷款利率水平提高的情况下,也上调了住房公积金存款利率水平,有利于住房消费,体现了国家对住房消费的支持。由于我国房地产价格处于较高水平,公积金存款利率上调更多地体现了对消费者预期和信心的引导,对减轻消费者还贷的压力来说影响不大。

2007年,我国住房公积金的贷款利率水平和我国贷款利率的调整基本上保持同步,其目的也是要适应我国宏观经济调控的趋势(表7-6)。住房公积金贷款利率调整影响了住房消费,因为利率上调,买房的利息支付则增加,每月还贷的压力上升。

表 7-6　个人住房的公积金贷款利率　　　　　　　　　　单位：%

	5年以下（含5年）	5年以上
1997年1月	7.65	8.1
1999年9月21日	4.14	4.59
2002年2月21日	3.6	4.05
2004年10月29日	3.78	4.23
2005年3月17日	3.96	4.41
2006年4月28日	4.10	4.59
2007年3月18日	4.32	4.77
2007年5月19日	4.41	4.86
2007年7月21日	4.50	4.95
2007年8月22日	4.59	5.04
2007年9月15日	4.77	5.22
2008年9月16日	4.59	5.13
2008年10月9日	4.32	4.86
2008年10月30日	4.05	4.59
2008年11月27日	3.51	4.05
2008年12月25日	3.33	3.87
2011年4月6日	4.2	4.7
2011年7月7日	4.45	4.9
2012年6月8日	4.2	4.7
2012年7月6日	4	4.5
2014年11月22日	3.75	4.25
2015年3月1日	3.5	4.00
2015年5月11日	3.25	3.75
2015年6月28日	3.0	3.5
2015年8月26日	2.75	3.25

资料来源：www.pbc.gov.cn。

为了防范房地产泡沫,中国人民银行提高利率,压缩投资和需求,在提高贷款利率的同时,也就相应提高了个人住房的贷款利率。提高利率包括提高商业银行的贷款利率、提高第二套住房贷款利率的上浮区间。同时,一些商业银行还提高了第二套住房的首付和二手房的首付,甚至一些商业银行停止对二手房的信贷。相反,2015年中国经济下行压力较大,央行持续下调基准利率,公积金贷款利率也随之下调。

我国住房公积金存款每年结息一次,每年6月30日为职工缴存的住房公积金结息日。住房公积金存款利率由人民银行制定,在结息年度(指上年7月1日至本年6月30日)内缴存的住房公积金按照人民银行规定的活期存款利率计息,上年结转的住房公积金本息,按照人民银行三个月整存整取利率计息。每年6月30日结息后,将住房公积金利息自动转入住房公积金本金,所得利息并入本金起息,且个人住房公积金不征收利息税。住房公积金制度有利于满足职工单位职工住房的基本要求,贷款利率比较低,减轻了买房的部分成本。

二、外币存款利率的市场化改革——外币利率自主定价权增加

我国外币利率市场化改革是一个渐进的过程,先是外币贷款利率的市场化,然后是外币存款利率的市场化,美元贷款利率变动见图7-8。2000年9月21日,我国开始实行外汇利率管理体制改革,放开了外币贷款利率,同时规定

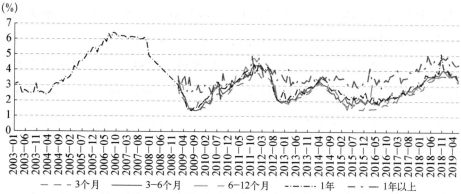

图7-8 美元贷款利率(1年期:2003年1月至2019年6月;其他:2009年1月至2019年6月)
数据来源:CEIC数据库。

300万美元以上的大额外币存款利率由金融机构与客户协商确定。

2002年3月,我国将境内外资金融机构对中国居民的小额外币存款,纳入人民银行现行小额外币存款利率管理范围,实现中外资金融机构在外币利率政策上的公平待遇。外币利率自主定价权增加,境内外币利率市场化也在进一步推进。中国银行美元、欧元、英镑和日元的存款利率变动较大,利率水平出现相互交错的情形,反映了市场对资金供求的影响(见图7-9)。

图7-9　大额美元1年期存款利率(2003年1月—2019年6月)
数据来源：CEIC数据库。

2003年7月,中央银行放开了英镑、瑞士法郎和加拿大元的外币小额存款利率管理,由商业银行自主确定。2003年11月,对美元、日元、港币、欧元小额存款利率实行上限管理,商业银行可根据国际金融市场利率变化,在不超过上限的前提下自主确定。2004年11月18日,上调境内商业银行一年期美元小额外币存款利率上限0.3125个百分点,调整后利率上限为0.875%；人民银行不再公布两年期美元、欧元、日元、港元小额外币存款利率上限,改由商业银行自行确定并公布两年期小额外币存款利率。我国的外币小额存款利率呈现先下降后上升的趋势(图7-10)。自2014年3月1日起,上海自贸区开始放开小额外币存款利率上限。

在资本账户开放的过程中,外币利率市场化改革有利于本外币利率之间的协调和联动,形成合理的本外币利率水平和利率结构。金融市场上的利率是相互联系、相互制约的,我国外币存款利率要受人民币存款利率和国际金融

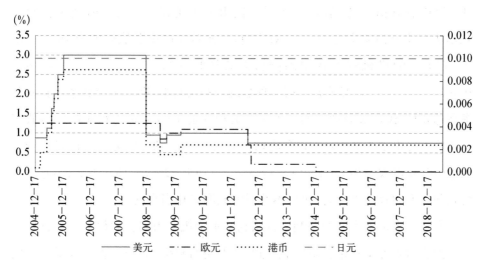

图 7-10　主要外币 1 年期的存款利率：2004 年 12 月 17 日—2019 年 9 月 12 日
数据来源：CEIC 数据库。日元为右轴，其他为左轴。

市场外币基准利率的影响。国际金融危机时期人民币 1 年期的存款利率为 2.25%；美联储的联邦基金利率为 0—0.25%；欧元的基准利率为 2%；日元的基准利率为 0.1%；港币的基准利率为 0.5%。而我国央行 2005 年 12 月 28 日规定美元、欧元、日元、港币等 1 年期存款利率水平的上限分别为：3.000%，1.250%，0.010 0%，2.625%。当时商业银行也基本上执行的是上限存款利率水平。由此可以看出，我国美元和港币存款利率不仅高于人民币存款利率，而且远高于美联储和中国香港的基准利率；欧元和日元存款利率低于人民币存款利率，也分别低于欧元区主导利率和日元的基准利率，这种利率之间的不一致性可能会导致套利资本的流动。

　　投机资本流入主要是套利或套汇，或两者兼而有之。我们通过一个简单的实例来说明投机资本怎样获利的。第一是套利，假定人民币和美元是固定汇率，且 1 美元＝7 元人民币，人民币的利率是 4%，美元的利率是 2%，人民币利率比美元利率高 2 个百分点。如果有 100 万美元的投机资本流入中国，则在中国投资获得的收益比在美国投资要高 2 个百分点，即多获得收益为 100（4%－2%）＝2 万美元。第二是套汇，假定人民币利率和美元利率都是 4%，且人民币有升值趋势,假定一年后人民币由 1 美元＝7 元升值到 1 美元＝6 元,人民币升值幅度为 14.3%,对应地,美元对人民币贬值幅度为 16.7%,则 100 万美元的投机资本在中国能够多获得收益为:$100\times 7(1+4\%)/6-100(1+4\%)=17.3$ 万美元。第三种是既套利又套汇,即人民币利率比美元利率高,同时人民币又升值。假定人民币的利率是 4%,美元的利率是 2%,假定一年后人民币由 1 美元＝7 元升值到 1 美元＝6 元,则 100 万美元的投机资本在中国多获得收益为 $7\times 100(1+4\%)/6-100(1+2\%)=19.3$ 万美元,它等于套利和套汇的收益之和,投机资本获得的利润是相当高的。

实际上投机资本能否获利可以从利率平价机制得出。假设 i_t,i_t^* 分别是指本国货币和外国货币投资时在 t 到 $t+1$ 期的利率,$E(\dot{S})$ 表示本币汇率的预期变动率[①],则根据利率平价:$E(\dot{S})=i_t-i_t^*$,也就是说汇率的预期变动率等于国内外利差。因此,在人民币贬值、美元升值预期的条件下,即人民币的预期贬值率 $E(\dot{S})>0$,为了防止投机资金的套利,国内利率应该比美元利率高。假定人民币预期贬值率为 a%,则国内利率应该比美元利率高 a%,套利资金则不会获得利润。只要人民币贬值预期超过人民币和美元之间的利差,投机资本会不断流出。相反,在人民币升值、美元贬值预期的条件下,即人民币的预期升值率 $E(\dot{S})<0$,为了防止投机资金的套利,国内利率应该比美元利率低。假定人民币预期升值率为 a%,则国内利率应该比美元利率低 a%,套利资金则不会获得利润。只要人民币升值预期超过人民币和美元之间的利差,投机资本会不断流入。如果人民币一年升值在 10% 左右,则美元利率应该比人民币利率高 10%（忽略交易成本）,则套利资本不能够获得利润。

国际金融危机前,随着人民币利率的上调和美元利率的下调,人民币和美元的利差越来越小。如 2006 年 8 月 19 日金融机构一年期存款基准利率上调 0.27 个百分点,由当时的 2.25% 提高到 2.52%。当时联邦基金利率为 5.25%,与我国一年期的存款利差为 2.73%。为应对次级债危机,美联储于 2007 年 9

---

① $E(\dot{S})$ 大于 0,表示人民币贬值,$E(\dot{S})$ 小于 0,表示人民币升值。

月 18 日进行了四年来的首次降息,宣布下调联邦基金利率,由原来的 5.25%下调至 4.75%,中美利差不断缩小。随后,美国在半年多的时间内连续降低利率导致中美利差缩小,并出现利率倒挂。

因此如果考虑我国当时的实际情况(不考虑交易成本),国外投机资本投资在国内的收益率为 $i-E(\dot{S})$[人民币利率+人民币对美元升值的幅度 $(E(\dot{S})<0)$],它包括利息收益和人民币升值后货币的汇兑收益;投资在国外的收益率为美国的利率 i^*。因此当(人民币利率+人民币对美元升值的幅度)=(美元的利率),则投机资本在国内投资的收益率和在国外投资的收益率相等,投机资本不会流入。当(人民币利率+人民币对美元升值的幅度)<(美元的利率),则投机资本在国内投资的收益比在国外投资的收益小,国外投机资本不会流入。当(人民币利率+人民币对美元升值的幅度)>(美元的利率),则投机资本在国内投资的收益比在国外投资的收益大,投机资本流入会获得更高的收益。总结起来,结果如下(见表 7-7)。根据利率平价理论,$E(\dot{S})=i-i^*$,可以得到:$(i-i^*)+(-E(\dot{S}))=0$,因此在利率平价成立的条件下,投机资本是不能够获得利润的。当 $(i-i^*)+(-E(\dot{S}))\neq 0$,投机资本可以获得投机利润,其中利差收益为 $(i-i^*)$,如果符号为正,表示收益,如果符号为负,表示损失;汇兑收益为 $(-E(\dot{S}))$,同样如果符号为正,表示收益,如果符号为负,表示损失。当 $(i-i^*)+(-E(\dot{S}))>0$,投机资本流入国内,可以获得投机利润;当 $(i-i^*)+(-E(\dot{S}))<0$,投机资本流出国内,可以获得投机利润(见表 7-7)。

表 7-7 投机资本的套利和套汇

资本流入:$(i-i^*)_{套利}+(-E(\dot{S}))_{套汇}>0$		
$(i-i^*)_{套利}>0$, $(-E(\dot{S}))_{套汇}>0$	$(i-i^*)_{套利}>0$, $(-E(\dot{S}))_{套汇}<0$ $\lvert i-i^*\rvert>\lvert -E(\dot{S})\rvert$	$(i-i^*)_{套利}<0$, $(-E(\dot{S}))_{套汇}>0$ $\lvert i-i^*\rvert<\lvert -E(\dot{S})\rvert$
既能套汇又能套利	套利的收益大于套汇的损失	套汇的收益大于套利的损失

续 表

资本流出：$(i-i^*)+(-E(\dot{S}))<0$		
$(i-i^*)<0,$ 套利 $(-E(\dot{S}))<0$ 套汇	$(i-i^*)>0,$ 套利 $(-E(\dot{S}))<0$ 套汇 $\|i-i^*\|>\|-E(\dot{S})\|$	$(i-i^*)<0,$ 套利 $(-E(\dot{S}))>0$ 套汇 $\|i-i^*\|<\|-E(\dot{S})\|$
既能套汇又能套利	套汇的收益大于套利的损失	套利的收益大于套汇的损失

从人民币和美元的基准利率，以及人民币升值的趋势来看，2007—2010年热钱流入中国的动力较强。在我国投机资本既有套利又有套汇的机会，因为人民币利率和美元对人民币的贬值幅度之和都大于美元的利率。

当然，投机者还可以利用远期交易套利和套汇。同样假设 i_t 和 i_t^* 分别是指本国货币和外国货币投资时在 t 到 $t+1$ 期的利率，F_t 和 S_t 分别是指本国货币对外国货币的远期汇率和即期汇率，则抵补利率平价为 $i_t-i_t^*=(F_t-S_t)/S_t$，$f(\dot{S})=(F_t-S_t)/S_t$ 表示汇率的远期对即期汇率的变动率，是远期外汇贴水（forward discount），则有 $f(\dot{S})=i_t-i_t^*$。也就是说如果抵补利率平价存在，汇率的远期贴水等于国内外利差，即 $i_t-i_t^*-f(\dot{S}_t)=0$，投机资本没有获利机会。如果 $i_t-i_t^*-f(\dot{S}_t)>0$，则投机资本流入有获利机会，假定即期人民币和美元汇率是1美元=7元人民币，人民币的利率是4%，美元的利率是2%，人民币利率比美元利率高2个百分点，假定1年期人民币对美元远期汇率是1美元=7.1元。远期贴水为 $f(\dot{S})=(F_t-S_t)/S_t=(7.1-7)/7=0.014\,286$，因此有 $i_t-i_t^*-f(\dot{S}_t)=0.005\,714>0$，这意味着投机资本流入，能够获利。在现实生活中，具体操作是这样的，100万美元在即期外汇市场上兑换得到700万元人民币，投资在人民币资产上，在远期外汇市场上购买102万美元的远期合约，远期汇率是1美元=7.1元。一年后，人民币资产投资获得 $700×(1+4\%)=728$ 万元人民币，同时执行远期合约购买102万美元：$102×7.1=724.2$ 万元人民币，最终获利：$728-724.2=3.8$ 万元人民币。投机者通过远期外汇市场投机获利是无风险、无成本的，能够获得净利润3.8万元人民币。从上面投机资本获利两种方式能够看出,通过远期外汇市场获利是无风险的,只要满足 $i_t - i_t^* - f(\dot{S}_t) > 0$,就能够获利。而预期汇率变动是有风险的;也就是说年初预期 $(i - i^*) + (-E(\dot{S})) > 0$,如果年末和预期的一致,则能够获利,如果年末和预期的不一致,即出现 $(i - i^*) + (-\dot{S}) < 0$,将会亏损。长期以来我国人民币汇率持续升值,人民币汇率单向变动,投机者获利机会较大,这也是投机资本流入的重要原因。

由于国际金融危机时期人民币对美元汇率保持相对稳定,根据利率平价的原理,人民币存款利率和美元的存款利率应该保持一致,这样投资者就不能够获得套利。国内美元存款利率也应该和国际金融市场的美元存款利率相同,投机者就不能够获得利差,否则必然会引发资本流动,导致国内外外币利率趋向于一致。当然,由于存在资本管制和投机的交易成本,国内外的利率水平并不会完全相同,但会保持变动的趋势一致。如果美元存款利率和人民币存款利率不一致,美元利率较高,在人民币对美元汇率稳定的情况下,存美元比存人民币合算,同样地,国内美元存款利率高于国外美元存款利率,资本会流向国内(这要取决于利差和资本流动的成本)。为了消除投机套利机制,随着人民币利率下调和国际金融市场外币利率下调,国内外币存款利率也会相应下调。如 2008 年 12 月 21 日,我国中、工、建行同时下调外币存款利率,其中中行对美元、英镑、港币、加拿大元、瑞士法郎、澳大利亚元和新加坡元的各档储蓄利率均进行了调整,港币和美元一年定存利率分别由此前的 2.625% 和 3.0% 下调至 0.70% 和 0.95%;而工商银行在此次调降后的美元和港币的一年期存款利率分别为 1.25% 和 1%,要高于其他银行。农行自 2008 年 12 月 23 日起,也下调了美元和港币小额存款利率,下调后的利率与中行相同。随后,其他商业银行也分别下调了外币存款利率,部分外资银行的存款利率要高于中资银行。

在人民币对美元汇率保持稳定的情况下,外币的贷款业务也优于人民币贷款业务,借外币更合算①(图 7-11)。对银行和企业来说,外币业务优于人民币

---

① 不仅是 2009 年,2007 年也出现过借美元比借人民币合算现象,因为人民币升值的条件下,将来实际还款会减少,美元贷款比人民币贷款合算(陆前进,2019)。

业务,借外币更合算,但是借外币也有一定的不确定性,企业借外币贷款,面临一定的交易成本,并且人民币对美元汇率也是小幅波动的,仍然存在汇率风险。

图 7-11　国内美元贷款利率和人民币贷款利率

数据来源:CEIC 数据库。

总结起来,我国的外币存款利率有以下特点:一是商业银行的外币存款利率和人民币的存款利率形成机制有所不同,外币存款利率的市场化程度较高;二是美元、欧元、日元和港币等存款利率已经放开,商业银行有更大的自主权决定外币存款利率;三是外币存款利率和人民币存款利率、国际金融市场外币存款利率变动往往会出现套利利差,随着国内外利率水平的调整,商业银行外币存款利率必须进行相应的调整,提高外币存款利率的市场化程度。

第六节　中央银行利率体系和基准利率的确定

为推进中央银行利率体系建设,人民银行不断改革再贴现利率和贴现利率的生成机制。我国于1986年开始正式开展对商业银行的票据再贴现业务,再贴现利率是在同期各档次银行贷款利率的基础上下浮5%—10%;1996年5月起,改为再贴现利率在相应档次的再贷款利率基础上下浮5%—10%;1998年3月

21日,人民银行改革了再贴现利率和贴现利率的生成机制,规定再贴现利率作为独立的利率档次由中央银行确定,贴现利率在再贴现利率的基础上加0.9个百分点生成;1998年7月1日将再贴现利率由6.03%降至4.32%,贴现利率的最高加点幅度提高为2个百分点;1998年12月规定,贴现利率最高限为同期银行贷款利率(含浮动)。再贴现利率成为中央银行一项独立的货币政策工具,服务于货币政策需要。再贷款是货币政策工具之一,主要用于调节金融机构的短期头寸。

一、再贷款

中央银行运用再贷款手段保持基础货币的稳定,以控制货币供应量。中央银行对商业银行再贷款数额的变化引起中央银行资产的变化,进而导致流通中现金或商业银行在中央银行的存款准备金的变化,或是两者同时变化,引起基础货币的变化。

1984年10月,中国人民银行下发《信贷资金管理试行办法》,人民银行对专业银行实施再贷款,分为计划内贷款和临时性贷款两个档次。规定从1985年起,中国人民银行对专业银行的计划内贷款利率按月息3.9‰执行,临时性贷款按月利率4.2‰计息。1987年1月1日起,人民银行对专业银行1985年1月1日以后发放的贷款实行期限利率。贷款期限分为三类:一是日拆性贷款(原临时贷款),期限最长不超过20天,按月利率5.4‰计息;二是季节性贷款,最长不超过4个月,按月利率5.7‰计息;三是年度性贷款(原计划内贷款),期限为一至二年,按月利率5.4‰计息(见表7-8)。

表7-8 中国再贷款利率的调整

调整日期	期 限 种 类	
	计划内贷款	临时性贷款
1985年1月1日	3.9‰(月息)	4.2‰(月息)
	年度性贷款利率	季节性贷款利率	日拆性贷款利率
1987年1月1日	6.48%	6.84%	6.48%

续　表

调整日期	期　限　种　类			
	年度性贷款利率	季节性贷款利率	日拆性贷款利率	
1987年9月21日	7.2%	6.84%	7.2%	
1987年12月①	7.2%	6.84%	6.48%	
1988年9月1日②	8.28%	7.56%	6.84%	
1989年2月1日	10.44%	9.72%	9.0%	
1990年3月21日③	9%			
1990年8月21日	7.92%			
1991年4月21日	7.2%			
	20天内	3个月内	6个月内	1年期
1993年5月15日④	8.46%	8.64%	8.82%	9.0%
1993年7月11日⑤	10.08%	10.26%	10.44%	10.62%
1995年1月1日	10.26%	10.44%	10.71%	10.89%
1995年7月1日	10.44	10.62%	10.98%	11.16%
1996年5月1日	9%	10.08%	10.17%	10.98%
1996年8月23日	9%	9.72%	10.17%	10.62%
1997年10月23日	8.55%	8.82%	9.09%	9.36%
1998年3月21日	6.39%	6.84%	7.02%	7.92%
1998年7月1日	5.22%	5.49%	5.58%	5.67%
1998年12月7日	4.59%	4.86%	5.04%	5.13%
1999年6月10日	3.24%	3.51%	3.69%	3.78%
2002年2月21日	2.70%	2.97%	3.15%	3.24%
2004年3月25日	3.33%	3.6%	3.78%	3.87%
2008年1月1日	4.14%	4.41%	4.59%	4.68%
2008年11月27日	3.06%	3.33%	3.51%	3.60%
2008年12月23日	2.79%	3.06%	3.24%	3.33%

续 表

调 整 日 期	期 限 种 类			
	20天内	3个月内	6个月内	1年期
2010年12月26日	3.25%	3.55%	3.75%	3.85%
2015年10月24日	2.9%	3.2%	3.4%	3.5%

注：① 1988年规定,逾期贷款按日利率3‰计收利息;人民银行各省市分行可根据当地银根松紧情况,在规定利率的基础上向上浮动5%；② 1988年8月30日,逾期贷款日利率由3‰调整为5‰；③ 1990年3月21日起,贷款不再划分档次；④ 逾期贷款日利率为4‰。⑤ 逾期贷款日利率为5‰。
资料来源：孔宪勇(1994)。原始数据来源www.pbc.gov.cn。CEIC数据库。

1998年,人民银行灵活运用再贷款手段,增强商业银行资金供应能力。1998年1月,中国人民银行向国有商业银行发放再贷款780亿元。1998年末再贷款余额比年初下降1972亿元,剔除因财政部发行2700亿元特别国债和向国有商业银行注入资本金后相应导致再贷款减少的因素,全年再贷款比上年少收回1459亿元,等于增加了商业银行的资金供应。1999年对金融机构再贷款增加1222亿元,占当年基础货币增加额的30%。

再贷款利率缺乏弹性会给金融机构造成套利机会,而且低于货币市场利率的再贷款利率会导致基础货币的过多投放。2004年3月25日起,中国人民银行对金融机构实行再贷款浮息制度,即中国人民银行在国务院授权的范围内,根据宏观经济金融形势,在再贷款(再贴现)基准利率基础上,适时确定并公布中央银行对金融机构贷款(贴现)利率加点幅度,提高了中央银行引导市场利率的能力。

再贷款的功能也不断发生转变,开始主要满足商业银行的融资,扩大货币供给。随着我国货币政策工具的完善,中央银行再贷款不再是日常融资的主要工具,主要是针对"三农"、小微企业、民营企业等的贷款,特别是我国进入经济新常态,中央银行再贷款加大了对农业和小微企业的贷款[1](见图7-12)。

---

[1] 2018年6月28日,发布《中国人民银行办公厅关于加大再贷款再贴现支持力度 引导金融机构增加小微企业信贷投放的通知》,进一步完善信贷政策支持再贷款、再贴现管理,将不低于AA级的小微、绿色和"三农"金融债,AA+、AA级公司信用类债券纳入信贷政策支持再贷款和常备借贷便利(SLF)担保品范围。

2018年第二季度,增加支农支小再贷款和再贴现额度共 1 500 亿元,下调支小再贷款利率 0.5 个百分点,改进优化信贷政策支持再贷款管理,引导金融机构增加对小微企业的信贷投放,降低小微企业融资成本。2018 年 6 月末,全国支农再贷款余额为 2 522 亿元,支小再贷款余额为 944 亿元,扶贫再贷款余额为 1 553 亿元,再贴现余额为 1 901 亿元。2018 年 10 月 22 日,为改善小微企业和民营企业融资环境,人民银行决定在 2018 年 6 月再贷款和再贴现额度 1 500 亿元的基础上,再增加再贷款和再贴现额度 1 500 亿元,支持金融机构扩大对小微、民营企业的信贷投放。也就是说,人民银行通过再贷款和再贴现等再融资形式进一步定向支持小微企业和民营企业。

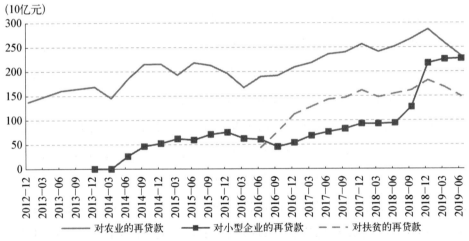

图 7-12 中央银行对农业、小型企业和扶贫的再贷款

数据来源:CEIC 数据库。

二、再贴现

1985 年,人民银行颁布了《商业票据承兑、贴现的暂行办法》,规定各金融机构在资金不足时,可以向人民银行办理再贴现业务。于 1986 年开始正式开展对商业银行的票据再贴现业务,1986 年 8 月 1 日起,再贴现利率按同档次贷款利率降低月息 0.3‰执行。1987 年 1 月 1 日起,为了鼓励票据承兑贴现,再贴现利率按同档次再贷款利率降低 5%—10% 计收利息。由于受到种种条件

的限制,其发展速度不是很快。截至 1993 年底,全国再贴现贷款余额为 48.66 亿元,仅占同期央行再贷款余额的 0.49%。因此,再贴现这一政策工具的作用不大。

1998 年 3 月改革再贴现利率和贴现利率的形成机制,放开了贴现和转贴现利率。从 1998 年 3 月起,再贴现利率不再与同期再贷款利率直接挂钩,而是作为一种独立的利率体系。同时,下调了再贴现利率;延长了再贴现的最长期限,使其与票据承兑及贴现的期限保持一致。贴现利率在再贴现利率的基础上加 0.9 个百分点生成;1998 年 7 月 1 日将再贴现利率由 6.03% 降至 4.32%,贴现利率的最高加点幅度提高为 2 个百分点;1998 年 12 月规定,贴现利率最高限为同期银行贷款利率(含浮动)(表 7-9)。再贴现利率成为中央银行一项独立的货币政策工具,服务于货币政策的需要。

表 7-9 中国再贴现利率的调整

调 整 时 间	再贴现利率(%)	调 整 时 间	再贴现利率(%)
1986 年 8 月 1 日	*	2001 年 9 月 11 日	2.97
1987 年 1 月 1 日	**	2004 年 3 月 25 日	3.24
1998 年 3 月 21 日	6.03	2008 年 1 月 1 日	4.32
1998 年 7 月 1 日	4.32	2008 年 11 月 27 日	2.97
1998 年 12 月 7 日	3.96	2008 年 12 月 23 日	1.8
1999 年 6 月 10 日	2.16	2010 年 12 月 26 日	2.25

* 按同档次贷款利率降低月息 0.3‰ 执行。 ** 按同档次中央银行贷款利率下浮 5%—10%。
资料来源:www.pbc.gov.cn。

为了发挥再贴现政策的作用,促进商业票据承兑、贴现与再贴现业务的开展,1999 年 6 月 10 日,人民银行将再贴现利率由 3.96% 下调到 2.16%,下调 1.8 个百分点,下调幅度达 45%。同时,增加对各分行再贴现额度,再贴现业务量大幅增长,年末央行再贴现票据余额达到 502 亿元,同比增加 169 亿元,增长 51%。为进一步理顺利率体系,以利于票据市场的健康发展,从 2001 年 9 月 11 日起,中国人民银行将再贴现利率由 2.16% 提高到 2.97%。为控制基础货币投放,中国人民银行从 2004 年 3 月 25 日起,将再贴现利率提高 0.27 个百分点。

同样,近年来中央银行的再贴现也加大了对农业和小微企业的融资,特别是 2018 年以来,再贴现余额上升较大(图 7-13)。随着我国利率市场化体系的不断完善,中央银行再贷款和再贴现作为提供商业银行流动性主要手段的功能有所下降,但是在解决民营企业和小微企业融资难等方面能够发挥更大的作用。当然,作为央行提供流动性的一种手段,中央银行的再贷款与再贴现还能够发挥最后贷款者的功能。

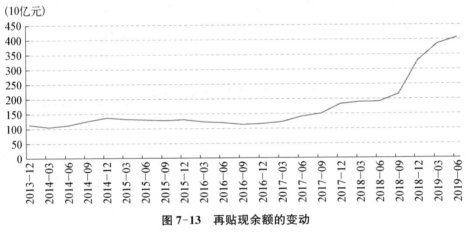

图 7-13　再贴现余额的变动

数据来源:CEIC 数据库。

三、我国基准利率体系的选择

基准利率是指金融市场上具有普遍参照作用的利率,其他利率水平或者金融资产的价格均可以根据这一利率水平来确定。基准利率是利率市场化和利率传导机制中的重要组成部分。"十三五"规划指出,未来我国货币政策转型的方向是构建利率走廊,实行价格型的货币政策调控。2015 年 10 月,我国放开存款利率浮动上限,为我国货币政策由数量型向价格型的转变创造了良好的条件,在此基础上,构建一套以中央银行政策利率为核心、中央银行可以有效控制的多层次、有弹性、能够充分反映市场供求关系的基准利率体系,是实现货币政策成功转型的关键所在。基准利率应当是建立在充分的市场流动性、良好的市场主体以及多元参与市场结构基础上的货币市场利率,形成以基准利率为核心的利率体系(李杨,2015),其应当满足相关性、可控性、传导性和稳定性要求。

在价格型货币政策调控下,当局的政策目标通过设定的基准利率逐层传导至微观主体以达到相应的政策目的,而基准利率是沟通政策工具传导各个环节的桥梁和纽带。因此基准利率必须同政策工具保持紧密的相关性,在货币当局对政策工具进行操作时基准利率应当能够发生相应的变动,这样才能够保证政策利率的有效传导和货币政策目标的实现。基准利率在满足同货币当局政策利率相关的同时,也必须满足可控性,也即货币当局能够对基准利率施加控制和影响。由于基准利率是价格型货币政策实施过程中政策利率传导的桥梁和纽带,因此基准利率必须保证货币政策在各个环节传导的畅通,具有优良的传导功能。最后,为了保持金融市场运行的稳定,基准利率应当具有相当的稳定性,以避免带来金融市场的急剧波动和混乱。

从 2015 年底以来我国的货币政策操作实践来看,我国价格调控的实现方式主要是利率走廊,主要的政策着力点在于努力强化以常备信贷便利(SLF)和中期信贷便利(MLF)为代表的政策利率体系,作为构建利率走廊的调控基础。在我国利率市场化改革初步完成的基础上,未来我国货币政策框架转型的重点在于疏通政策利率向其他市场的传导机制(易纲,2016),要疏通政策利率向其他市场的传导机制,构建合理的适合我国国情的基准利率体系以及疏通利率的传导机制十分重要。而当前我国面临的主要问题在于缺乏真正的统一的基准利率。有学者认为,我国应当将 Shibor 作为短期基准利率体系的核心,将存贷款作为中长期基准利率体系的核心。Shibor 于 2007 年 1 月 4 日正式创建,是由信用等级较高的银行报出的人民币拆出利率计算的算术平均利率,其为单利、无担保、批发性利率。当前 Shibor 报价银团由 18 家报价银行组成,报价银行是公开市场一级交易商或外汇市场做市商,在中国货币市场上人民币交易相对较为活跃、信用披露比较充分的银行。当前我国 Shibor 报价品种主要有隔夜、一周、两周、一个月、两个月、三个月、半年、九个月以及一年的期限品种。我们选取 3 个月的 Shibor 和 3 个月的定期存款利率做比较，3 个月的 Shibor 可以看作是操作目标，定期储蓄利率可以看作是中间目标，两者之间的走势见图 7-14。

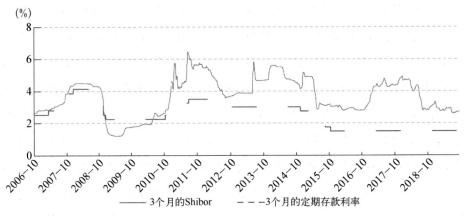

图 7-14　3 个月 Shibor 和 3 个月的定期存款利率

数据来源：iFinD 数据库和 CEIC 数据库。

经检验两个变量的原变量是不平稳的，但一阶差分都是平稳的，从两者之间的回归结果来看，两者之间存在稳定的协整关系，回归结果的残差是平稳的。

$$Depositrate = 2.147\ 707 - 0.000\ 703t + 0.413\ 987 Shibor$$

$$T = (97.823\ 39)\quad (-107.076\ 0)\quad (77.430\ 64)$$

$$R2 = 0.826\ 169\quad a-R2 = 0.826\ 062$$

$$SE = 0.347\ 286\quad F-Statistic = 7\ 692.283$$

Shibor 和储蓄利率（depositrate）变动方向一致，存在长期稳定的关系，误差修正模型为：

$$\Delta Depositrate = -0.000\ 403 + 0.223\ 454 \Delta Shibor - 0.002\ 800 ECTt-1$$

$$T = (-0.961\ 351)\quad (18.446\ 12)\quad (-2.312\ 672)$$

R2＝0.098 077　　a－R2＝0.097 518

SE＝0.023 829　　F－Statistic＝175.347 0

从误差修正模型来看,短期内 Shibor 对存款利率也有显著影响,当利率偏离长期均衡水平时,会以 0.28% 的速度向均衡水平回归,长期均衡是稳定的,从这个角度来看,Shibor 是适合作为中央银行的操作目标。我们再对这两个变量做格兰杰因果检验,结果显示二者互为对方格兰杰原因。

还有人指出,我国基础利率体系仍然不够完善、基准利率体系建设受到体制性、机制性因素制约,应当大力发展国债市场、完善国债利率期限结构,健全反映市场供求关系的国债收益率曲线。从国债市场的角度来看,国债的信用等级高,国债利率也常常作为货币市场的主要利率,起到传递货币政策信号的作用。图 7-15 是 3 个月的国债利率和 3 个月定期利率的比较。

图 7-15　3 个月国债收益率和 3 个月定期存款利率

数据来源：iFinD 数据库和 CEIC 数据库。

同样从定期存款利率和 3 个月的国债到期收益率(treasurebond)两者之间的回归结果来看,两者之间也存在稳定的协整关系,回归结果的残差是平稳的。

Depositrate＝4.281 934－0.001 158t＋0.213 449　treasurebond

T＝(92.548 21)　(－106.099 8)　(18.882 23)

R2＝0.874 751　　a－R2＝0.874 630

SE=0.282 130　F-Statistic=7 214.571

三个月的国债收益率和储蓄利率变动方向一致,也存在长期稳定的关系,误差修正模型如下:

ΔDepositrate=-0.000 271+0.007 435Δtreasurebond-0.001 608ECTt-1

T=(-1.338 583)　(1.576 017)　(-1.672 474)

R2=0.002 585　a-R2=0.001 617

SE=0.012 298　F-Statistic=2.668 589

从误差修正模型来看,短期内国债利率对存款利率没有显著影响,从这个角度来看,国债利率不适合作为中央银行的操作目标,因为短期内国债利率对存款利率影响不显著。我们再对这两个变量做格兰杰因果检验,结果显示两者没有显著格兰杰因果关系,因此国债利率不能够有效影响储蓄利率。

也有学者提出应当以银行间债券市场回购利率作为短期基准利率,以金融机构一年期存款利率和三年期国债收益率分别作为中期和长期的基准利率。

同样从实证研究来看,定期存款利率和 7 天的回购利率(repo)两个变量(见图 7-16)之间也存在稳定的协整关系:

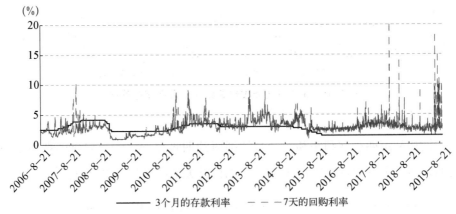

图 7-16　7 天的回购利率和 3 个月定期存款利率:2006 年 8 月 21 日—2019 年 9 月 19 日

数据来源:iFinD 数据库和 CEIC 数据库。

Depositrate=2.974 679−0.000 684t+0.213 893repo

T=(118.056 2) (−69.485 43) (31.076 74)

R2=0.608 224 a−R2=0.607 984

SE=0.519 470 F−Statistic=2 535.195

回归结果显示回购利率和储蓄利率变动方向一致,也存在长期稳定的关系,误差修正模型如下:

ΔDepositrate=−0.000 413+0.000 350Δrepo−0.001 682ECTt−1

T=(−0.943 052) (0.828 697) (−1.948 212)

R2=0.001 219 a−R2=0.000 605

SE=0.024 971 F−Statistic=1.984 291

同样,从误差修正模型来看,短期内回购对存款利率也没有显著影响,尽管当利率偏离长期均衡水平时,会以 0.168% 的速度向均衡水平回归,但短期内回购利率对存款利率影响不显著,因此回购利率不适合做中央银行的操作目标。我们再对这两个变量做格兰杰因果检验,结果显示二者也没有格兰杰因果关系,因此 7 天的回购利率不能够有效影响储蓄利率[①]。

还有学者认为常备信贷便利(SLF)、中期信贷便利(MLF)等货币政策新工具对引导中期货币市场利率具有十分重要的作用,在构建基准利率体系的时候应当充分重视。总结上面的观点,我们可以看到,在基准利率的选择和基准利率体系的构建上,Shibor、国债的收益率和 7 天的回购利率被普遍认为是较好的用于构建基准利率体系的基准利率,但是从实证结果来看,Shibor 更适合作为货币政策的操作目标。因此说,在未来,要构建我国有效的基准利率体系,实现货币政策的成功转型,进一步培育 Shibor 以及完善我国的货币市场十分必要。

总之,未来我国基准利率的选取和基准利率体系的构建方式不唯一,但最

---

① 这里的实证方法只是提供了一个研究思路,因为我国的存贷款利率一直没有市场化,可能也是国债利率和 7 天回购利率不是存贷款利率的格兰杰原因的缘故。

终选取的基准利率种类以及基准利率体系都应当符合我国经济发展的实际，满足相关性、可控性、传导性以及稳定性的性质。

从整个利率体系的构建和人民币利率市场化改革完善来看，我们初步形成了货币市场利率体系、中央银行利率体系和存贷款市场的利率体系，利率市场化改革取得了显著成就，放开了存贷款利率的变动幅度，利率市场化的要点是体现金融机构在竞争性市场中的自主定价权（周小川，2012），由市场供求来调节，完成利率市场化的关键一步。尽管如此，利率市场化改革仍有待进一步完善。

一是进一步完善利率体系的建设，增强中央银行调控利率和货币市场利率、存贷款市场利率之间的联动关系，利率市场化的最终目标是达到不同金融市场间有效的资金融通（黄益平等，2016）。要进一步完善中央银行利率体系、货币市场利率体系和存贷款市场利率体系，完善利率的期限结构。中央银行调控基准利率要能够有效地传导到货币市场利率和存贷款市场利率。中央银行要逐渐依赖基准利率来调控货币市场的利率，因为基准利率直接影响着银行的存贷款利率水平和结构。继续发挥中央银行再贷款和再贴现对"三农"、小微企业、民营企业等的贷款支持。

二是逐步形成市场主导的合理的金融产品的收益率曲线。收益率曲线是商业银行中长期贷款、中长期债券，特别是中长期固定利率贷款和固定利率债券定价的重要参考。形成完整合理收益率曲线需要大力发展货币市场和中长期债券市场，一方面需要优化各期限国债结构，逐步实现国债余额管理和滚动发行，增加短期国债发行的数量和频率；另一方面，还需要大力丰富金融产品，鼓励发展直接融资特别是金融债券、企业债券市场、CD和商业票据市场，允许商业银行和企业发行短期和长期债务工具等，从而引导金融市场向纵深发展。

三是完善人民币利率的形成机制。完善贷款利率的报价体系和货币市场利率的招投标体系，引入更多的金融机构参与报价体系和招投标体系，完善金融机构的自律机制，增加利率的市场化程度，形成合理化的利率水平。

四是完善利率的传导机制。利率市场化改革还需要利率变动能够有效地传导到实体经济,提高微观经济主体对利率的敏感程度,利率变动能够影响微观主体的消费和投资行为,最终影响总需求。同时,也要提高微观经济主体的利率风险管理能力。

五是利率与汇率的关系。利率与汇率之间的变动经常会出现套汇和套利的情况发生,需要协调利率和汇率之间的关系,充分发挥市场机制的作用,逐步形成合理的市场化的利率水平和汇率水平。本国市场决定的借贷利率对本国货币政策和国际利率、汇率的反应要及时。随着利率的市场化改革和资本账户的开放,货币政策的工具操作和国外利率和汇率的变化,直接影响着货币市场的利率,影响着银行的信贷资金成本。

六是利率与价格水平的关系。利率和价格水平的关系主要体现在名义利率、实际利率和通货膨胀率之间的关系上,要使实际利率处于正的水平,促进资源的有效配置,必须控制通货膨胀。一方面,通货膨胀导致实际利率下降,不利于资源的有效分配;另一方面,也严重干扰了居民和企业的预期,导致金融产品的定价不稳定和不合理。

参考文献

[1] 黄益平、纪洋和谭语嫣,《利率市场化的最后一步》,《中国金融》,2016年第3期。
[2] 姜波克和陆前进,《开放经济下货币市场调控》,复旦大学出版社,1999年。
[3] 孔宪勇,《利率管理实用大全》,中国金融出版社,1994年。
[4] 李扬,《存款上限放开后 利率市场化还要解决五个问题》,2015年6月26日,来源:凤凰财经(http://finance.ifeng.com/a/20150626/13800765_0.shtml)。
[5] 陆前进,《中国货币政策调控机制转型及理论研究》,复旦大学出版社,2019年。
[6] 陆前进和卢庆杰,《中国货币政策传导机制研究》,立信会计出版社,2006年。
[7] 吴晓灵,《应加大贷款利率下浮幅度》,《商》,2012年第2期。
[8] 谢平,《P2P监管要无罪推定 部分监管可外包给IT公司》,《财经界》,2014年第8期。
[9] 易纲,《中国改革开放三十年的利率市场化进程》,《金融研究》,2009年第1期。
[10] 中国人民银行,《中国人民银行货币政策报告》有关各期,www.pbc.gov.cn。
[11] 周小川,《逐步推进利率市场化改革》,《中国金融家》,2012年第1期。
[12] Fry, M. J., 1995, *Money, Interest and Banking in Economic Development*, Second Edition. Baltimore: The Johns Hopkins University Press.
[13] Lardy, N. R., 1998, *China's Unfinished Economic Revolution*, Brookings Institution

Press.

[14] McKinnon, R., 1973, *Money and Capital in Economic Development*, Washington: The Brookings Institution.

[15] Shaw, E. S., 1973, *Financial Deepening in Economic Development*, Oxford University Press.

[16] Tuuli, K., 2009, Has the Chinese Economy Become more Sensitive to Interest Rates? Studying Credit Demand in China, *China Economic Review*, 20(3), 455-470.

[17] Fu, X. and Heffernan, S., 2009, The Effects of Reform on China's Bank Structure and Performance, *Journal of Banking & Finance*, 33(1), 39-52.

[18] Hong, Y., Lin, H., Wang, S., 2010, Modelling the Dynamics of Chinese Spot Interest Rates, *Journal of Banking & Finance*, 34(5), 1047-1061.

第八章

全球金融网络演化与上海国际金融中心建设

樊潇彦　复旦大学经济学院经济学系

本章将通过回顾全球经济板块重构与五大国际金融中心演化的历史,并通过分析全球投资网络的最新数据,深入探讨和重新审视上海国际金融中心建设的历史使命、功能定位和发展指标。希望本章的分析和研究能为更稳、更好地推进新时期的对外开放以及上海国际金融中心建设,提供一定的支持和借鉴。

第一节 全球经济板块重构与五大国际金融中心演化

经过四十年的改革开放,中国经济取得了举世瞩目的快速增长,世界经济的版图也因此而改变。

从图8-1所示的联合国发布的统计数据中可以看到:(1) 2018年中国GDP为13.6万亿美元,达到美国GDP的66%;(2) 中国占世界总产出的份额从1970年的4%上升到2018年的28%,而美国则从1970年的57.5%下降到2018年的42%,其他主要发达国家的GDP占比也都有所下降;(3) 中国经济实力的增强与工业,尤其是制造业占主导的产业结构密不可分,2008年之前我国采矿、制造和公用事业的产出占比一直在40%左右,2018年下降到34%,而发达国家从1970年以来一直呈现出"去工业化"的倾向,2018年日本和德国的泛工业化产出占比均为23%左右,美国为15%,英国、法国则只有12%左右;(4) 与工业生产能力相对应的是强大的出口能力,2018年德国和中国的净出口分别为2 433亿和1 032亿美元,日本自1980年代以来出口也基本是连年顺差,2018年顺差为127亿美元,而英国和法国则是出口逆差国,2018年美国的贸易逆差更是高达6 382亿美元。

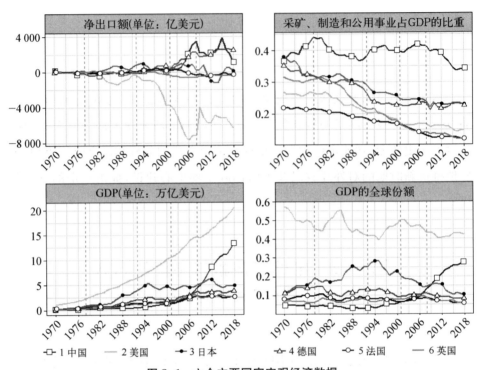

图 8-1　六个主要国家宏观经济数据

数据来源：联合国，National Accounts Main Aggregates Database。

除了实体经济层面，过去四十年国际金融体系也经历了很大的变化。1971年布雷顿森林体系解体之后，主要国家之间的汇率开始自由浮动，伦敦作为全球最大的离岸美元中心迅速成为全球最大的外汇交易中心。此后两次石油危机使各国先后放弃利率管制和资本流动管制，全球范围内的金融创新和资本流动迅速兴起，尤其是1980年代之后迅速出现了第二次金融全球化浪潮。下面通过分析英美德法日五个发达国家的宏观金融数据，试图解读背后所隐含的伦敦、纽约、法兰克福、巴黎和东京五大国际金融中心功能与地位的演化趋势。从图8-2中可以看到：

首先，近40年主要发达国家的贷款与GDP之比都在上升，说明商业银行体系持续发展。其中英国在20世纪80年代和1997—2011年，贷款产出比上升很快，说明撒切尔政府时期的"金融大爆炸"政策和加速的全球一体化进程，

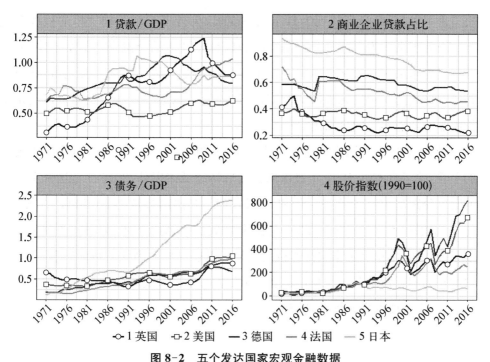

图 8-2 五个发达国家宏观金融数据

数据来源：Jordà-Schularick-Taylor Macrohistory Database。

都使英国所提供的贷款服务远远超过自身实体经济的需求，使伦敦成为全球最大的银行间市场和国际银行业中心。

其次，全部贷款中商业企业贷款占比持续下降，说明发达国家存在"脱实向虚"的过程，这与我们在图 8-1 中看到的"去工业化"趋势相一致。这里需要指出的美国商业企业贷款占比一直稳定在 0.4 左右，同时贷款产出比也稳定在 0.6 左右，说明美国的商业银行体系对实体经济的支持非常稳定。结合图 8-1 中美国泛工化产业比重下降可以推测，美国的商业银行体系对包括科技创新和房地产在内的第三产业的支持力度在上升。

再次，主要发达国家的负债率（债务/GDP）普遍上升，其中日本从 1990 年泡沫经济破灭之后负债率迅速上升，2016 年债务余额是 GDP 的 2.4 倍，远远超过美国 1.1 倍、英国 0.9 倍、法国 1.0 倍和德国 0.7 倍的水平。这一现象与日本近 30 年的长期衰退、日益严重的人口老龄化，以及极为宽松的财政和货币政策密不可分,最终都体现为日本国债规模、央行资产和基础货币的极度膨胀。因此东京作为全球日元交易中心和以日元计价的金融资产的交易中心,并不代表东京作为国际金融中心在市场功能和制度体系方面非常完备,而只是历史形成的一种日元价值的沉淀,与纽约代表美国作为全球金融资产的定价中心的功能不可同日而语。

最后,主要发达国家相对股价指数从20世纪80年代以来都有不同程度的上涨,除了日本在1990年股市崩盘之后持续低迷以外,2016年德国和美国的股价分别是1990年的8.2倍和6.8倍,英国和法国分别为3.6倍和2.5倍。此外,德国和美国的股价从2008年的金融危机中迅速反弹,英国和法国则恢复很慢,反映出这些国家实体经济的恢复和发展差异。因此从目前来看,美国纽约作为国际性的股权交易中心、德国法兰克福作为欧洲区域性的股权交易中心,具有重要的资本配置功能。

第二节　对全球直接投资与证券投资网络的实证分析

2008年金融危机爆发以来,世界各国的政界、学界和业界都普遍意识到全球金融一体化在提高效率、创造财富的同时,也隐藏了巨大的风险。2009年时任英格兰银行金融稳定执行主任的Haldane(2009)指出,金融机构之间的资金借贷和交易关系形成了一张庞大而复杂的金融网络,全球一体化和金融创新都使这个网络的覆盖范围、资金规模和结构的复杂程度不断上升,最后不仅超出了所有业内交易者的想象,也超出了各国央行和国际机构的掌控。把全球金融体系视为"复杂而脆弱(complex and fragile)的金融之网"的观点引起了广泛而巨大的反响,之后很多金融学、宏观经济学和网络科学领域的世界一流的学者都开始从金融网络的视角重新审视和描述金融体系,分析网络特征在金融风险的产生、传染和放大方面发挥的作用,最终探索和改进实践中的政策工具和监管框架。

我们所关心的全球金融体系可以描述为一张金融网络(financial network)，各个国家或地区就是网络中的结点(node)，国家或地区之间的直接投资和证券投资就形成了结点之间的边(edge)，附录中给出了金融网络的定义描述和四种常用的度量结点重要性的指标[①]。在网络分析中，对各种中心性指标的比较直观的解释是：(1) 出度中心性体现了结点对其他结点的影响力，主要的资金流出国和供给者(如英国)就会有较高的出度中心性；(2) 入度中心性表示受到其他结点影响的程度，主要的资金流入国和需求者(如中国)的入度中心性就会较高；(3) 如果任意两点之间的最短路径都经过某个结点，那么它的中介中心性就会很高。例如离岸金融中心往往由于宽松的金融监管成为资金从最初的供给地流向最终的需求地之间的中转站；(4) 特征向量中心性高的结点往往具备规模和位置的综合优势，在整个金融网络中有很大的影响力，如英国、美国等全球金融中心。

数据方面，IMF 的协调直接投资调查(Coordinated Direct Investment Survey，CDIS) 和协调证券投资调查(Coordinated Portfolio Investment Survey，CPIS)是分析全球投资网络的最好的数据来源[②]，这两个调查分别涵盖了 2009 年和 2001 年以来全球 200 多个国家和地区的双边投资数据。下面我们将基于对全球直接投资和证券投资网络的分析，揭示全球金融体系演化的重要特征，并提出未来一段时期上海建设国际金融中心的具体发展指标。

一、基于全球直接投资网络的分析

表 8-1 中列出了 2009 年、2013 年和 2018 年，中国和英美德法日五个主要国

[①] 关于网络统计指标更为详细和权威的介绍可参见戈伊尔(2010)、杰克逊(2011)、沃瑟曼和福斯特(2011)等社会和经济网络的教材和专著，对近年来金融网络研究的系统综述可参见 Cohen-Cole et al.(2012)和 Glasserman and Young(2016)。

[②] 国际清算银行(BIS)和 OECD 等国际组织和机构也提供了国家间双边投资的数据，但前者主要是银行间投资，后者则以 OECD 国家的直接投资为主，投资类别和地区范围都相对较窄。

家在全球直接投资网络中的 4 种中心性指标(具体的定义和计算方法参见附录),下面重点解读 2018 年指标的相对排序,以及 2009—2018 年指标的变化。

表 8-1 六个主要国家全球直接投资网络中心性指标

	年 份	1. 出 度	2. 入 度	3. 中 介	4. 特征向量
中国	2009	50	154	0.067	0.943
	2013	64	150	0.064	1.000
	2018	69	179	0.072	1.000
	变动	19	25	0.005	0.057
德国	2009	64	51	0.006	0.824
	2013	71	80	0.022	0.891
	2018	79	88	0.021	0.822
	变动	15	37	0.015	−0.003
英国	2009	68	53	0.010	0.831
	2013	78	29	0.005	0.689
	2018	84	81	0.018	0.874
	变动	16	28	0.008	0.043
美国	2009	69	72	0.028	0.871
	2013	78	66	0.019	0.877
	2018	86	77	0.018	0.855
	变动	17	5	−0.010	−0.016
法国	2009	67	51	0.010	0.818
	2013	78	47	0.008	0.780
	2018	82	60	0.008	0.803
	变动	15	9	−0.002	−0.015
日本	2009	59	30	0.004	0.673
	2013	64	29	0.003	0.661
	2018	70	30	0.002	0.624
	变动	11	0	−0.002	−0.050

注:根据 IMF 的 CDIS 数据,用 R 软件计算。变动是指 2009 到 2018 年间指标的变化。

首先来看2018年各国各项指标的相对排序。中国的出度中心性是69,与日本相当,但远低于英美德法四国;同时我国的入度中心性是179,远高于其他五国。这说明在直接投资方面,我国有吸收外资的巨大优势,但在对外投资方面的地位和话语权还有待于提高。中介中心性和特征向量中心性的排序与入度中心性一致,说明在全球直接投资网络中我国具备一定的枢纽地位,也具备较强的综合影响力。

其次从十年的变化来看,我国的四种中心性指标都有所上升,尤其是作为综合性指标的特征向量中心性,上升幅度高于其他五国上升。这一变化说明2009年以来我国通过提高对FDI的吸引力、促进对外直接投资(ODI)等政策,提高了作为全球资本流动枢纽的地位,在全球直接投资网络中具有很大的综合影响力。其他五个国家分为两种情况:(1)德国和英国的4项中心性指标都在稳步提升,即使2012年爆发的欧债危机也没有什么影响;(2)与2009年相比,2018年美国、法国、日本三国的中介中心性和特征向量中心性两项指标均有所下降,从一个侧面反映出上述三国在全球直接投资网络中地位的整体衰落。

二、基于全球证券投资网络的分析

表8-2中列出了2018年,我国和五个主要国家在全球证券投资网络中的4种中心性指标,从中可以看到:(1)中国的出度中心性是108,与日本相当,但低于英国、德国、法国、美国四国。2018年日本对外证券投资的出度中心性是六个国家中最低的,说明日本并不是金融资本的主要流出国和供给者。(2)在入度中心性方面我国是61,明显低于其他五个国家,反映出我国证券市场的开放程度不高、对境外金融资本的吸引力有限。(3)在中介中心性方面,我国与德国和日本相当,低于法国和美国、远低于英国。(4)在特征向量中心性方面,我国也是与日本相当,低于德国、法国、美国三国,英国的特征向量中心性水平也是最高的。

表 8-2 2018 年六个主要国家全球证券投资网络中心性指标

	1. 出度	2. 入度	3. 中介	4. 特征向量
中国	108	61	0.006	0.950
英国	128	69	0.022	1.000
德国	112	65	0.006	0.979
法国	119	67	0.011	0.985
日本	104	65	0.006	0.960
美国	121	69	0.013	0.997

注：根据 IMF 的 CPIS 数据，用 R 软件计算。

其次从表 8-3 的变化来看：(1) 2009 年与 2001 年相比，我国出度和中介中心性保持不变、入度和特征向量中心性明显上升，说明通过对外开放、吸引国际金融资本，提升了我国在全球证券投资网络中的影响力。英国、德国、法国、日本四国除了德国和日本的中介中心性略有下降外，其他中心性指标普遍上升。但美国虽然出度和入度都略有上升，说明双向投资规模在上升，但中介和特征向量中心性都在下降，说明美国在全球证券投资网络中的枢纽地位和影响力已经开始下降。(2) 2018 年与 2009 年相比，我国所有 4 项中心性指标都明显上升，说明金融危机后我国积极融入全球证券投资网络，金融地位和影响力在大幅提升。近十年来日本各项指标保持稳定并略有上升。英国、德国、法国、美国四国虽然出度和入度小幅上升，但四国的中介中心性都在下降，法国的特征向量中心性也有所下降，说明 2008 年金融危机和此后的欧债危机对英国和法国的全球金融中心地位产生了显著的负面影响。

表 8-3 全球证券投资网络中心性指标的变化

2009 年与 2001 年相比				
	1. 出度	2. 入度	3. 中介	4. 特征向量
中国	0	19	0.000	0.083
英国	26	10	0.012	0.005

续　表

2009 年与 2001 年相比				
	1. 出度	2. 入度	3. 中介	4. 特征向量
德国	20	7	−0.002	0.031
法国	30	8	0.004	0.042
日本	13	4	−0.004	0.017
美国	11	6	−0.011	−0.014
2018 年与 2009 年相比				
	1. 出度	2. 入度	3. 中介	4. 特征向量
中国	108	7	0.006	0.526
英国	13	6	−0.002	0.005
德国	15	6	−0.002	0.000
法国	13	7	−0.001	−0.008
日本	22	10	0.002	0.030
美国	13	7	−0.005	0.011

注：根据 IMF 的 CPIS 数据，用 R 软件计算。

第三节　上海国际金融中心建设的历史使命与政策措施

一、上海国际金融中心建设的历史使命

早在 2008 年金融危机之后，党中央、国务院就已经意识到了全球经济金融格局将要发生的巨变，提出了中国从"做大"到"做强"的战略目标的转换。在此背景下我们就能更好地理解，为什么此后提出的科技创新政策是实现"制造大国"到"制造强国"转变的关键，以及为什么人民币国际化和国际金融中心建设是实现"地区性金融大国"到"全球性金融强国"的前提和基础。2009 年，国务院发布了《关于推进上海加快发展现代服务业和先进制造业建设国际金

融中心和国际航运中心的意见》(国发〔2009〕19号),明确提出,"到2020年,将上海基本建成与我国经济实力和人民币国际地位相适应的国际金融中心",并在多层次金融市场体系、金融机构体系、金融人力资源体系、法律法规体系,以及金融发展环境等方面给出了具体目标。自此,上海开始了承担国家使命的国际金融中心建设的历程。

经过近十年的努力,上海国际金融中心建设取得稳步进展。根据上海市人民银行发布的《上海市金融运行报告(2018)》,具体来看:(1) 在市场体系方面,2017年上海金融市场交易总额达到1 438万亿元,金融业增加值占上海GDP总值的比重超过17%。对内上海进一步巩固了以金融市场体系为核心的中国金融中心的地位,全国直接融资总额中的85%来自上海金融市场;对外则初步形成了全球性人民币产品创新、交易、定价和清算中心,并成为全球金融要素市场最齐备的金融中心城市之一。(2) 在机构体系方面,目前在沪持牌金融机构总数达到1 537家,各类外资金融机构占上海金融机构总数近30%。总部设在上海的外资法人银行、合资基金管理公司、外资法人财产险公司均占内地总数的一半左右。(3) 在制度创新方面,上海一直走在我国金融对外开放的最前沿,证券"沪港通"、黄金国际板、"债券通"等相继启动,银行间债券、外汇、货币等市场加快开放,人民币海外投贷基金、跨境ETF等试点顺利推出。(4) 在法治环境方面,上海金融法治环境不断完善,上海市人大颁布实施了《上海市推进国际金融中心建设条例》,上海在全国率先推出《上海国际金融中心法治环境建设》白皮书,金融审判庭、金融检察处(科)、金融仲裁院、金融纠纷调解中心等陆续成立,人民银行金融消费权益保护局落户上海。(5) 在人才建设方面,金融人才高地建设取得新进展,截至2017年上海已有35万名左右金融从业人员。可以说,上海用十年的努力奋进,较好地完成了党和国家赋予的建设国际金融中心的"一期工程"。根据英国独立智库Z/Yen集团发布的第24期"全球金融中心指数"(GFCI),2018年上海全球金融中心排名升至全球第5位,较2007年提升了19位,体现了上海国际金融中心地位的快速确立和提升。

表 8-4　GFCI 排名变动

	2007 年		2018 年	
	评分	排名	评分	排名
纽　约	760	2	788	1
伦　敦	765	1	786	2
香　港	684	3	783	3
新加坡	660	4	769	4
上　海	576	24	766	5
东　京	632	9	746	6
悉　尼	639	7	734	7
北　京	513	36	733	8
苏黎世	656	5	732	9
法兰克福	647	6	730	10

数据来源：历年 GFCI 报告。

二、上海国际金融中心建设的功能定位与发展指标

（一）上海国际金融中心建设的功能定位

在第一节对全球金融中心的介绍的基础上，借鉴卡西斯(2011,2012)、埃森格林(2014)、弗里登(2017)等金融史著作，我们在表 8-5 中总结了 150 年来五大国际金融中心的发展历程。以史为鉴，我们将从三个方面分析和展望上海国际金融中心建设的目标和功能定位。

表 8-5　五个发达国家金融中心发展历程

	伦　敦	纽　约	法兰克福	巴　黎	东　京
1871—1914	唯一的全球性金融中心	区域性金融中心			
1919—1939	全球性金融中心，但相对衰落	超越伦敦成为最大的全球性金融中心	区域性金融中心		

续 表

	伦敦	纽约	法兰克福	巴黎	东京
1944—1970	稳步发展				
1971—1990	高速发展	快速发展	快速发展	快速发展	快速发展
1991—2008	快速发展	高速发展	快速发展	快速发展	衰退和停滞
2009至今	基本恢复	迅速恢复	迅速恢复	恢复缓慢	停滞

首先,从国际金融中心建设与国家经济实力之间的关系来看,历史经验表明,国家经济实力的增强对于金融中心的崛起是一个必要而非充分条件。1914年美国的GDP已经是英国GDP的2.5倍,人均GDP比英国高20%,但纽约取代伦敦成为世界最大的金融中心是以第二次世界大战之后1944年布雷顿森林体系的建立为标志的,这一过程花了30年。因此我们对上海国际金融中心建设,既要有信心、也要有耐心,做到把握大势、稳步推进、坚持不懈、砥砺前行。

其次,从服务国内实体经济与拓展国际金融市场的关系来看,历史经验表明,各国国际金融中心的成长,都必须依托于、服务于国内实体经济的发展。例如,17—18世纪的阿姆斯特丹服务于荷兰的海上贸易,大力发展保险和证券市场;18—19世纪的伦敦服务于国内的工业革命和全球贸易与投资,商业银行与保险业务、债券和外汇市场都得以迅速发展;19—20世纪的美国服务于国内铁路、石油等资本密集行业的扩张,发展出了全球最大的证券和期货交易所,1970年代之后纳斯达克市场的发展和风险投资等金融创新,使得美国的科技创新与苏联、日本和德国等主要竞争对手相比,获得了源源不断的金融支持,成就了美国全球科技霸主的地位。正如金融史学家尤瑟夫·卡西斯所言,上海的优势是根植于本土金融活动,上海将上升到国际金融中心非常高的位置。

最后,从风险与危机管控与国际金融中心层级结构的关系来看,尤瑟夫·卡西斯认为,上海目前的地位与18世纪的巴黎、19世纪后期的法兰克福、20世纪初的纽约,以及20世纪70—80年代的东京具有一定的可比性,处于一个快速上升的、挑战者的地位。从历史经验来看,新兴国际金融中心应当注重制度创新和金融稳定,并与其他金融中心展开合作,构建更为友好和稳定的外部金融环境。历史经验表明,国际金融的体系结构非常稳健,即使是经济危机和金融危机也很难改变各国在国际金融中心层级中的排序,但军事冲突对失败方的打击是巨大而持久的。例如,19世纪伦敦和巴黎的角逐,最终以1870年普法战争中法国的失利而告终;20世纪初,伦敦和纽约的角逐则以两次世界大战英国国力的绝对衰退为终结。

(二)上海国际金融中心建设的发展指标

在清晰目标定位的基础上,结合对全球投资网络的实证分析结果,我们对上海在未来一段时期国际金融中心建设过程的发展指标,提出三点建议。

首先,在全球直接投资网络方面,目前我国占据全球直接投资网络中的有利地位,在提升实体投资影响力方面,应该向德国学习。在当前开始实施全球产业布局、优化全球投资结构的同时,还是需要高度重视和继续保持对FDI,尤其是对高端制造业和服务业的海外资本的吸引力,以巩固和提升国家未来的生产力和竞争力。"制造是立国之本、科技是强国之器",全球化的实体投资必须服务于这一根本理念,上海的国际金融中心的建设也必须服务于这一国家战略。具体而言,如果未来五到十年我国在全球直接投资网络中的四项中心性指标,可以分别排到全球第三或第四的水平,而且上海吸引FDI和对外ODI的规模在全国城市排名中进入前两名,那么上海就会在"国际直接投资金融中心"建设中取得了比较好的成绩。

其次,在全球证券投资网络方面,虽然近十年来我国在全球证券投资网络中的地位和影响力都有所上升,但与英美等传统全球金融中心相比还有一定的差距。未来一段时期,美国受特朗普政府"让资本回流美国"和整体金融紧缩政策的影响,在全球金融网络中的地位和影响力可能会进一步下降;同时英国受欧洲经济增长乏力和自身脱欧因素的双重影响,地位可能会继续下降,这对我国进行全球证券投资和金融资产布局将是一个重要的历史机遇。当然,上海在服务于金融资本走出去的同时,也要积极探索和稳步推进证券和金融市场的对外开放,加快金融工具、金融组织和金融业态的发展和创新,以及全面高效的政策法规和监管体系的建设。在具体排名方面,如果未来五到十年我国在全球证券投资网络中的四项中心性指标,可以分别排到全球第五或第六的水平,而且上海的金融资本双向流动规模在全国城市中名列前茅,那么上海就会进入"国际证券投资金融中心"的核心团队。

最后,在未来五到十年,我们可以通过加强与德国、法国和日本等发达国家的合作,通过加快上海与法兰克福、巴黎和东京等世界金融副中心金融市场的互联互通,减少我国在"金融和平崛起"之路上的阻力、提升上海在全球金融中心网络中的影响力,稳步推进我国从金融大国向金融强国转变的历史进程,加快实现上海从区域金融中心向世界金融中心迈进的世纪梦想。

三、新时代上海国际金融中心建设的政策措施

下面我们从开启"人民币国际化"的新征程、服务"一带一路"倡议,以及完成上海新时代"三大任务"的角度,总结近三年来上海在离岸金融中心、区域金融中心和科创金融中心建设中的成功做法和经验,并结合国内外的一些具体做法和案例,探讨上海未来可能采取的制度创新和政策措施[①]。

（一）开启"人民币国际化"的新征程、促进离岸金融中心建设

首先在人民币跨境交易和离岸业务发展方面,根据中国银行发布的跨境人民币和离岸人民币指数,总体来看,从2011—2015年人民币的跨境交易结算和离岸市场交易快速发展,这一势头在2016年下半年人民币贬值过程中有所放缓和回落,截至2018年第二季度已经基本恢复并持续发展(参见图8-3)。具体到上海,根据中国人民银行《2018年人民币国际化报告》,2017年上海人民币跨境支付系统直接参与方48家,大额支付系统处理业务10 752万笔,同比增长9.1%,收付额高达2.82万亿元,超过广东和北京居全国首位。此外,上

---

① 关于上海国际金融中心建设,近年来上海和国内很多学者都做了深入的理论探讨,也给出了很好的政策建议,比较有代表性的包括贾德铮和朱文生(2017)、孙福庆和刘亮(2018)、吴大器(2017)、周宇和孙立行(2017)等。本报告借鉴和参考了上述研究,在此一并致谢。

海自贸区共开立 FT 账户 7.02 万个,当年累计收支总额 7.65 万亿元。跨境双向人民币资金池累计 769 家,收支总额 9 761.50 亿元。自贸区企业境外直接投资中方协议投资额累计达到 694.00 亿美元。自贸区内共有 95 家企业开展跨国公司外汇资金集中运营管理业务。

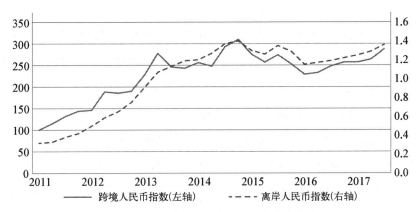

图 8-3　中国银行跨境和离岸人民币指数

数据来源：iFinD 数据库,季度数据。

其次,看储备货币。根据 IMF 提供的数据(图 8-4),在各国央行的外汇储备中美元始终占据主导地位,占比从 1995 年的 59% 上升到 2000 年的 71%,2008 年金融危机前有所下降,但金融危机之后非常平稳,目前保持在 62% 左

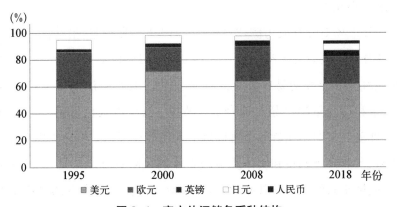

图 8-4　官方外汇储备币种结构

数据来源：IMF COFER Database。1995 年的欧元占比为德国马克、法国法郎和荷兰盾等货币之和。

右。欧元最初诞生时占比为18%,金融危机前达到26%,之后由于欧债危机有所下降,2018年占到21%左右。英镑占比从1995年的2%上升到2018年的4.4%,而日元则从1995年的6.7%下降到2018年的5%左右。2015年人民币加入SDR后经过两年的发展,2018年在世界各国储备货币中的份额达到1.9%。

总之,上海国际金融中心建设与我国金融对外开放紧密相连,金融市场的扩大开放将为上海国际金融中心建设注入源源不断的动力。当前,国际投资者投资配置向人民币资产倾斜的趋势非常明显,现在是加快上海国际金融中心建设、在上海形成万商云集局面的大好时机。

(二)服务"一带一路"倡议、完善区域金融中心建设

自2013年习近平主席提出"一带一路"倡议以来,我国成立和发展了四大国际金融机构和组织以积极推进具体实施,具体包括:金砖国家开发银行、亚洲基础设施投资银行、丝路基金和上合组织开发银行。其中金砖国家开发银行总部2014年设在上海,初始资金规模为1 000亿美元,主要用于金砖国家应急储备安排,以帮助五国更好地稳定本国汇率和国际金融局势。金砖银行落户于上海将从加强国际金融机构建设、促进国际资本流动、加快人民币产品创新、发展上海金融市场以及提升人民币国际地位等诸多方面极大地推动上海国际金融中心建设。

以证券市场对外开放为例,2018年上海与"一带一路"沿线国家的金融合作和对外开放主要有三大举措:一是2018年3月,以人民币计价结算的原油期货在上海国际能源交易中心正式挂牌交易。上海原油期货上市不到3个月,交易量和持仓量均已超过迪拜原油期货,稳步迈入世界前三的行列。未来,还将推动更多商品期货和金融期货引入境外交易者,更好地服务国际大宗商品贸易、产业升级调整和实体及金融企业的风险管理。二是2018年6月1日起,A股被正式纳入MSCI指数,进一步顺应了国际投资者的投资需求。截至6月11日,沪港通和深港股的日均净流入达到36.1亿元,比今年前5个月的日均净流入提高了167%。目前证监会正会同有关部门和沪深交易所研究

新的制度和工具安排,以便尽快将 A 股纳入 MSCI 指数的权重从 5% 提高到 15% 左右,其中包括股票收盘价格的产生机制、规范停复牌制度及创造条件允许境外投资者参与股指期货交易等。三是 2018 年 12 月 14 日"沪伦通"正式启动,上海证券交易所与伦敦证券交易所之间实现了互联互通,符合条件的两地上市公司,可以发行存托凭证(DR)并在对方市场上市交易,直接促进证券投资项下人民币的输出和回流。上述举措都将极大地促进人民币金融资产的国际交易、加快人民币国际化的进程。

(三)完成上海新时代"三大任务"、加快科创金融中心建设

早在 2014 年 5 月,习近平总书记就首次提出"上海要加快建成具有全球影响力的科技创新中心"。2018 年 11 月 5 日上午,习近平总书记在首届中国国际进口博览会开幕式上发表主旨演讲,提出"增设上海自由贸易试验区新片区、在上海证券交易所设立科创板并试点注册制、实施长江三角洲区域一体化发展国家战略"等三大任务,特别强调"在上海证券交易所设立科创板并试点注册制,支持上海国际金融中心和科技创新中心建设,不断完善资本市场基础制度。"

在政策实施层面,中国人民银行上海总部的《上海市金融运行报告(2018)》以专栏的形式总结了过去五年间,上海在加快建设"具有全球影响力的科技创新中心"方面所采取的具体措施以及取得的初步成果。未来三到五年,我们建议以科创金融中心建设为核心,上海在资金、技术和市场方面可以做以下尝试:(1)积极探索"上海系列科创基金"的筹集、运营、管理和上市模式。(2)围绕大数据金融、区块链技术等最新金融科技的发展与应用,全面提升和构建上海金融科技的核心竞争力;(3)积极探索和不断完善上海科创证券市场和科创金融中心建设,与各方携手共创未来的科技强国、世界的金融之都。

附录:金融网络的基本概念和度量指标

首先,关于网络的严格定义来自数学中的图论,包括结点和边两个要素[1],记为 $G =$

---

[1] 也可以称为顶点(vertices)和链接(links)。

(N, E)。当没有重复边的时候,我们可以用邻接矩阵 $G = [g_{ij}]_{i,j \in N}$ 来描述一个网络,其中 i,j 是网络中的结点,g_{ij} 就是它们之间的关系。在投资网络中,i 和 j 为国家(或地区),g_{ij} 为 i 对 j 的直接投资或证券投资额。

其次,在网络分析中四个常用的中心性指标为:

1. 出度中心性(Out-degree Centrality):国家(或地区)i 对外投资占全球总投资的比重。

$$dg_i^{out} = \frac{\sum_j g_{ij}}{\sum_{ij} g_{ij}}$$

2. 入度中心性(In-degree Centrality):国家(或地区)j 吸引的投资占全球总投资的比重。

$$dg_i^{in} = \frac{\sum_i g_{ij}}{\sum_{ij} g_{ij}}$$

3. 中介中心性(Betweeness Centrality):用 $\#l_{kj}$ 表示结点 k,j 之间有几条最短路径,$\#l_{i \sim kj}$ 表示这些最短路径中有几条经过 i,$\#L$ 为最大的总边数。

$$bt_i = \frac{\sum_{i \neq j, k \neq j} (\#l_{i \sim kj} / \#l_{kj})}{\#L}$$

4. 特征向量中心性(Eigenvector Centrality):邻接矩阵 G 的最大特征值 λ_{max} 所对应的特征向量 $\vec{e}$ 的第 i 个元素 e_i。

$$\lambda_{max} \vec{e} = G\vec{e}$$

参考文献

[1] 艾瑞克·霍布斯鲍姆,《1875—1914:帝国的时代》,贾士蘅译,中信出版社,2017年。

[2] 巴里·埃森格林,《资本全球化:一部国际货币体系史(原书第2版)》,麻勇爱译,机械工业出版社,2014年。

[3] 贾德铮和朱文生,《国际金融机构体系与国际金融中心建设研究》,复旦大学出版社,2017年。

[4] 杰弗里·弗里登,《20世纪全球资本主义的兴衰》,杨宇光等译,上海人民出版社,2017年。

[5] 马修·杰克逊,《社会与经济网络》,柳茂森译,中国人民大学出版社,2011年。

[6] 尼尔·弗格森,《货币崛起》,高诚译,中信出版社,2012a年。

[7] 尼尔·弗格森,《罗斯柴尔德家族》,顾锦生译,中信出版社,2012b年。

[8] 桑吉夫·戈伊尔,《社会关系——网络经济学导论》,吴谦立译,北京大学出版社,2010年。

[9] 斯坦利·沃瑟曼和凯瑟琳·福斯特,《社会网络分析:方法与应用》,中国人民大学出版社,2011年。

[10] 孙福庆和刘亮,《转型国家的国际金融中心建设:上海国际金融中心建设的实践与经验》,上海社会科学院出版社,2018年。

[11] 吴大器,《2017年上海国际金融中心建设蓝皮书》,上海人民出版社,2017年。

[12] 尤瑟夫·卡西斯,《资本之都:国际金融中心变迁史(1780—2009年)》,陈晗译,中国人民大学出版社,2011年。

[13] 尤瑟夫·卡西斯和艾里克·博埃,《伦敦和巴黎:20世纪国际金融中心的嬗变》,王开国、艾宝宸译,汉语大词典出版社,2012年。

[14] 中国人民银行,《2018年人民币国际化报告》,2018年。

[15] 中国人民银行上海总部,《上海市金融运行报告(2018)》,2018年。

[16] 周宇和孙立行,《"一带一路"建设与人民币国际化新机遇:兼论与上海国际金融中心的协同发展》,上海社会科学院出版社,2018年。

[17] Cohen-Cole, E., Kirilenko, A. and Patacchini, E., 2012, Strategic interactions on Financial Networks for the Analysis of Systemic Risk, In: Fouque, J. P. and Langsam, J. (eds.), *Handbook of Systemic Risk*, Cambridge University Press.

[18] Glasserman, P. and Young, P., 2016, Contagion in Financial Networks, *Journal of Economic Literature*, 54(3), 779-831.

[19] Haldane, A. G., 2009, Rethinking the Financial Network, Speech delivered at the Financial Student Association Conference in Amsterdam.

第九章

中国教育发展70年：基于宏观数据的分析[*]

王弟海

复旦大学经济学院经济学系

北京大学数量经济与数理金融教育部重点实验室

[*] 本文发表于《财经智库》2019年第8期。

教育在一个国家的社会经济发展过程中具有非常重要的地位和作用。一方面,一国公民的受教育程度本身就是该国社会经济发展水平的重要体现,是构成一国社会质量指数的重要子指标(林卡,2010;崔岩和黄永亮,2019),教育发展状况(包括国家教育制度、教育基础设施、个人受教育条件,以及教育的社会经济地位)对于提高一国公民整体素养水平和促进社会文明发展具有非常重要的作用;另一方面,根据内生经济增长理论和人力资本理论,教育作为一种人力资本,是推动经济增长的重要因素(Schultz,1961;Becker,1964;Lucas,1988),教育的发展对于一国的经济发展至关重要。本文重点分析了新中国成立以来我国教育的发展状况,包括国家教育经费投入、教学规模、各级教育毕业人数,以及整体教育人力资本的发展历程和现状,并通过国际横向比较,探讨我国教育发展中存在的问题,以期为未来我国教育发展提出有益建议。

第一节 我国教育经费支出的变化趋势和现状

一、我国教育经费支出规模和构成的变化趋势

新中国成立以来,我国政府教育投入的绝对规模不断增加。1952—1978年,我国公共财政教育经费支出[①]总体呈上升趋势,从11.62亿元增加至76.23亿元;按1952年不变价格计算约为73.43亿元,较1952年实际增长5.3倍,实

---

① 根据《中国统计年鉴》解释,本文公共财政教育经费1992—2012年包括教育事业费、基建经费、教育附加费、科研经费和其他经费,2012年起包括教育事业费、基建经费和教育费附加。本文1952—1992年的公共教育经费是指国家财政预算内教育经费,包括教育事业费、科研经费、基建费用和其他经费。

际年均增长7.3%。1978年改革开放之后,我国经济持续高速增长,教育投资也随之快速增长。2018年我国公共财政教育经费支出为32 446亿元,按照1952年不变价格计算,约为3 824.3亿元,较1978年增长50.7倍,年均增长10.4%;较1952年增长328.1倍,年均增长8.9%,明显高于同期实际GDP年8.36%的增速。

公共教育经费占财政收入和财政支出比重的变化直接显示出国家财政安排中教育所处的地位,也在一定程度上反映出国家财政对教育的支持程度(图9-1)。1952—1978年,我国公共教育经费占当年国家财政收入(以下简称"公共教育经费财政收入占比")和财政支出的比重(以下简称"公共教育经费财政支出占比")分别从6.68%、6.75%微增至6.73%、6.79%。在此期间,受宏观经济形势、财政预算体制、教育经费管理体制等变化的影响,公共教育经费占财政收入和财政支出比重出现较大波动(图9-1),最低值为4.23%、4.24%(1970年),最高值为9.39%(1960年)、9.50%(1961年)。1978年之后,在"划分收支,分级包干"的新财政体制背景下,我国积极推动教育经费管理体制改革[①]。1985年,《中共中央关于教育体制改革的决定》明确了基础教育"由地方负责、分级管理"的人权、事权原则,并提出"中央和地方政府的教育拨款的增长要高于财政经常性收入的增长,并使按在校学生人数平均的教育费用逐步增长"。1993年,《中国教育改革和发展纲要》明确要"继续完善分级办学、分级管理的体制",并提出了两个更为重要的目标:国家财政性教育经费占国民生产总值的比例达到4%和各级财政支出总额中教育经费所占比例达到15%。受此类政策推动的影响,1995年公共财政教育经费财政收入占比上升到17.51%,财政支出占比上升到16.02%。1995年之后,分税制改革的实施使得地方财政收入受到影响,但中央和地方教育投入的事权却并没有改变。2001年,《国务院关于基础教育改革与发展的决定》进一步明确了"地方负责、分级管理、以县为主"的教育

---

① 1980年4月,教育部先后颁发《关于实行新财政体制后教育经费安排问题的建议》和《教育部部属高等学校"预算包干"试行办法》,改变了原来由财政、教育等各部门联合下达指标的方式,规定教育经费拨款由中央和地方两级财政切块安排,预算包干制成了各地教育行政部门的预算体制。

管理体制。受这两方面的影响,1995—2018 年公共教育经费财政收入占比一直维持在 15.5%—17.7%,公共教育经费财政支出占比维持在 13.8%—16.3%。

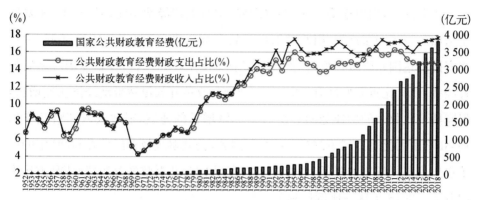

图 9-1 我国公共财政教育支出及其在财政收入和支出的占比:1952—2018 年

注:公共财政教育经费以 1952 年价格计算,并采用了对数形式。
资料来源:国家公共财政教育经费名义数值 1952—1989 年数据来自《新中国五十年统计资料汇编》,1990—2016 年数据来自《中国统计年鉴(2018)》,2017—2018 年数据从网上获得。国家财政支出名义数值数据来自 CEIC 数据。

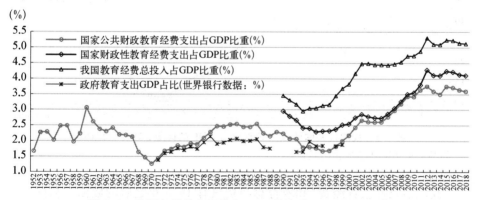

图 9-2 我国各类教育经费占 GDP 的比重:1952—2018 年

资料来源:国家公共财政教育经费名义数值 1952—1989 年数据来自《新中国五十年统计资料汇编》,国家公共财政教育经费支出、国家财政性教育经费支出和教育经费总支出;1990—2016 年数据来自《中国统计年鉴(2018)》,2017—2018 年数据从网上获得;名义 GDP 数据来自 CEIC 数据;政府教育支出 GDP 占比数据来自世界银行《世界发展指标》。

教育经费占 GDP 的比重是另一个常用来衡量教育财政支出相对规模的指标。新中国成立之初,我国公共财政教育经费占 GDP 的比重(以下简称"公共财政教育经费 GDP 占比")一直维持在 1.5%—2.5%,1960 年上升至 3.1%;

之后受3年自然灾害的影响,公共教育经费出现第一次下降;后又受"文化大革命"的影响,公共财政教育经费GDP占比持续下降至1.3%。1971年全国教育工作会议上,周恩来要求在《会议纪要》中写上:"经费不能逐年减少,还要逐年增加",当年国家计委、财政部追加了教育事业费3.5亿元。1972年起,中央在安排下达国家财政预算时,把教育事业费支出单列一款,专款专用。之后教育经费GDP比重开始回升(图9-2)。然而,改革开放虽然带动经济快速增长,但同期税收收入的增速却明显落后于经济增长的速度,财政收入和财政支出在GDP中的比重持续下降(图9-3)。因此,公共财政教育经费在GDP中的比重也出现不同程度的降低。1997年之后,我国公共财政教育经费GDP占比重回升势。2018年这一比例达到3.60%。

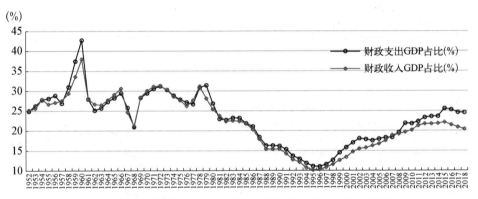

图9-3　我国公共财政收入和支出占GDP的比重:1952—2018年
资料来源:IECI数据库、国家统计局。

我国财政性教育经费[①]和教育总经费只有1990年之后的数据。从图9-2可以看出,两者的GDP占比的变化趋势同公共财政性教育经费GDP占比的变化趋势基本相同。1990年国家财政性教育经费GDP占比为2.96%,1995年下降到最低点2.29%,此后呈现波浪形上升趋势,2012年超过4%,首次实

---

① 根据《中国统计年鉴(2017)》的解释,国家财政性教育经费包括公共财政预算教育经费、各级政府征收用于教育的税费、企业办学中的企业拨款、校办产业和社会服务收入用于教育的经费,以及其他属于国家财政性教育经费。根据《中国统计年鉴(2017)》表格中的核算方法,全国教育经费总投入包括国家财政性教育经费、民办学校中举办者投入、社会捐赠经费、事业性收费和其他教育经费。

现了我国《教育法》中规定的到 20 世纪末我国国家财政性教育经费占 GDP 比例达到 4%的目标,2018 年达到 4.11%。教育总经费 GDP 占比 1990 年为 3.46%,1994 年达到最低点 2.95%,之后呈上升趋势,2002 年超过 4.5%,2018 年达到 5.12%。教育总经费 GDP 占比之所以出现较大幅度上升,除了公共财政教育经费的快速增加外,还因为非公共财政的国家教育经费大幅度增长(见图 9-4)。2012 年,非财政支出的教育经费从 76.5 亿元大幅增加至 283.3 亿元,之后持续保持较高的规模,在 GDP 的比重也基本维持在 0.5%左右。不过,2006 年之后,非公共财政的国家财政教育经费支出的增速开始低于 GDP 增速,2012—2018 年非财政性支出的国家教育经费 GDP 占比基本稳定在 1.0%左右。

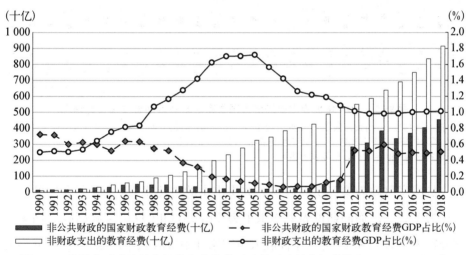

图 9-4　我国非财政性教育经费和非公共财政的财政教育经费投入:1990—2018 年

注:非公共财政的国家财政教育经费包括各级政府征收用于教育的税费、企业办学中的企业拨款、校办产业和社会服务收入用于教育的经费,以及其他属于国家财政性教育经费;非财政性支出的教育经费包括民办学校中举办者投入、社会捐赠经费、事业性收费和其他教育经费。

资料来源:作者根据《中国统计年鉴》数据计算所得。

二、公共教育经费支出的国际比较

根据世界银行数据,2014 年中国国家财政教育经费 GDP 占比为 4.08%。同期世界平均水平为 4.9%,OECD 国家和高收入组国家平均都为 5.2%,中高收入组国家和中等收入组国家平均为 4.1%。由此可见,经过近 40 年的发展,中国国家财政教育经费GDP占比基本同中高收入国家平均水平持平,但低于高收入组国家平均水平和世界平均水平。在欧美主要国家中,中国仅高于日本(3.6%);金砖国家中,印度和俄罗斯低于中国,但巴西和南非高于中国(见图9-5)。

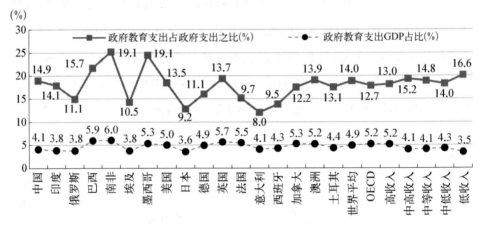

图9-5　2014年世界主要经济大国国家财政教育经费支出占比情况

注:① 印度、中高收入国家、中等收入国家为2013年数据,俄罗斯为2012年数据,埃及为2008年数据。② 中国这两个占比数据在《世界发展指标》中缺失,此处数据来自图9-2。
资料来源:世界银行,《世界发展指标》。

从国家财政教育经费在政府公共支出中的占比来看,2014年我国的这一占比为14.9%。而同期世界平均水平为14.0%,OECD国家和高收入国家平均分别为12.7%和13.0%,中高收入组国家和中等收入组国家比较高,分别为15.2%和14.8%。2014年欧美发达国家的国家财政教育经费政府公共支出占比都不是很高,基本在9%—14%,低于中国和世界平均水平;金砖国家中的印度和俄罗斯都低于我国,但巴西和南非都高于我国。由此可见,同世界其他国家相比,我国国家财政教育经费政府公共支出占比低于其所在的中高收入组国家平均水平,相当于中等收入组国家的平均水平,但高于世界平均水平、高收入组国家平均水平和发达国家水平。

从人均国家财政教育经费支出的绝对水平来看,我国财政教育支出仍然较低,不但低于发达国家水平,而且也低于中高收入组国家的平均水平和世界

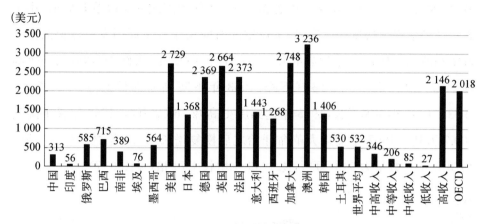

图 9-6　2014 年世界主要经济大国人均国家财政教育经费支出情况

注：印度、低收入、中低收入、中高收入国家、中等收入国家为 2013 年数据，俄罗斯为 2012 年数据，埃及为 2008 年数据。

资料来源：作者根据世界银行《世界发展指标》数据计算所得。

平均水平。从图 9-6 可知，2014 年我国人均国家财政教育经费支出只有 313 美元，低于世界平均水平 532 美元，中高收入组国家平均水平 346 美元。而同期发达国家都在 1 000 美元以上，OECD 国家和高收入组国家平均分别为 2 018 美元和 2 146 美元，远高于我国；金砖国家中，除印度外，其他三个国家都高于我国。

第二节　我国各级教育发展趋势和现状

一、小学教育发展趋势和现状

新中国成立之初就把普及教育作为教育重点。1949 年通过的具有临时宪法意义的《中国人民政治协商会议共同纲要》中提出"有计划有步骤地实行普及教育"，中央在一些与教育密切相关的重要文件中，如 1958 年发布的《关于教育工作的指示》，都将普及小学教育作为我国社会和教育发展的首要任务。70 年代前半期，中央不仅重视普及小学教育，甚至试图普及初中教育乃至高中教育(廖其发,2019)。在这一思想指导下,从新中国成立至改革开放前,小学教育规模呈现出快速增长趋势,不过中间有时由于政策原因发展过快而出现调整和波动。1949 年小学数量为 34.68 万所,1958 年"大跃进"达到第一个高峰 77.7 万所,之后 5 年略有下降,1963 年下降到局部最低点 70.8 万所。1963—1965 年飞速增长,1965 年达到历史高峰 168.2 万所,1966 年又下降到 100.7 万所。1967 年文化大革命开始之后恢复增长,1975 年之后持续下降,1978 年小学数量为 94.9 万所,比 1949 年增长 1.74 倍(见图 9-7)。

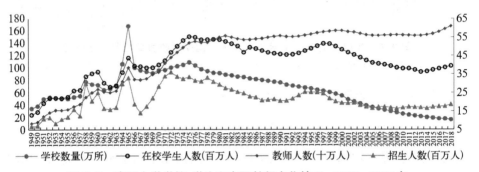

图 9-7　我国小学学校、学生和专职教师变化情况：1952—2018 年

资料来源：《新中国五十年统计资料汇编》、CEIC 数据库。右轴为教师和招生人数,左轴为其他。

小学专任教师[①]数量也出现类似的波动性增长。除 1960—1962 年、1965—1970 年外,1949—1978 年小学教师数量整体呈现快速上升趋势,从 1949 年的 83 万人增加到 1978 年的 523 万人。39 年增长 5.30 倍,年均增长 4.8%。1949—1978 年小学招生人数、在校人数也呈现同样的变化趋势,除 1960—1962 年、1965—1970 年外,其他年份均在快速增长。1949 年小学招生人数为 680 万,在校人数为 2 439.1 万。到 1978 年时,小学招生人数增长到 3 315 万人,年平均增长 4.15%;在校人数增加到 14 620 万人,年平均增长 4.93%。相对应地,师生比从 1949 年的 29.0 上升到 1952 年的 35.6,后下降到 1978 年的 28.4。从小学教育的普及率来看,1949 年小学净入学率在 20%左右[②],1952 年提

[①] 专任教师是指给学生上课的教师,不包括学校行政和后勤服务人员,以下都简称为教师。
[②] 根据《全国教育事业发展统计公报》的定义,小学净入学率,是指小学教育在校学龄人口数占小学教育国家规定年龄组人口总数的百分比,是按各地不同入学年龄和学制分别计算的。

高到 49.2％，1957 年提高到 67.1％，1970 年提高到 90.0％，1978 年达到 95.5％；小学在校学生人数占适龄人口之比（以下简称适龄人口在学率）1970 年就高达 107.6％[①]，1978 年为 112.1％。由此可见，改革前我国小学教育就基本普及全部适龄人口。

改革开放之后，我国小学规模先下降后上升再下降的趋势（见图 9-7）。原因主要有：一是，改革前在人民公社集体生产形式下，很多农村学校都由集体组织兴办，且集体组织还会对学生一定的学费补贴，改革开放后农村实行家庭联产承包责任制，集体组织的收入不断下降且没有保障，这使得很多原来由集体组织兴办的学校被合并或撤销，对学生的学费补贴也被取消（张路雄，2006），这导致改革开放前期小学规模快速下降；二是，计划生育政策带来生育率的下降是导致改革开放后期小学规模下降的主要原因；三是，1986 年《义务教育法》颁布和 9 年义务教育的全面实施也在一段时间内影响了小学发展。在以上三种因素的影响下，1978—1990 年我国小学招生人数和在校人数分别由 3 315 万人和 14 620 万人下降到 2 060 万人和 12 240 万人；1991—1998 年在国家义务教育逐渐全面实施的影响下，小学学生规模招生人数和在校学生人数分别上升到 2 460 万人和 14 000 万人；1998—2018 年招生人数和在校学生人数分别下降到 1 870 万人和 10 340 万人。

1978—2018 年，小学教师数量基本趋于稳定，仅从 1978 年的 520.4 万人增长到 2018 年的 609.2 万人，40 年增长 16.6％，年均增长 0.38％；小学学校数量却从 94.9 万所减少到 16.2 万所；生师比从 1978 年的 28.0 下降到 2018 年的 17.0。小学入学率一直上升，1999 年达到 99.1％，之后一直维持在 99％以上，2018 年为 99.95％；小学适龄人口在校率基本保持在 100％以上，小学教育被完全普及（图 9-8）。

总体来看，我国小学教育在这 70 年中得到迅速发展。小学教育在改革开

[①] 各级学校适龄人口在校率等于各级教育学校注册人数除以该教育水平适龄人口总数。小学适龄人口在校率超过 100％可能是因为我国幼儿教育的相对不足，很多地方都存在未到小学入学年龄而提前进入小学就读的现象。另一个可能的原因是，改革初期我国还存在留级制度，很多超龄学生也在小学就读。

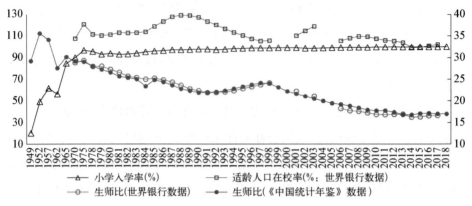

图 9-8 我国小学师生比、入学率和在校生占适龄人口比重：1952—2018 年

资料来源：1949—2017 年数据都来自历年《中国统计年鉴》，2018 年从网上获得。

放前的发展主要体现在学校数量、教师数量和学生规模扩张上，基本实现普及教育，但由于教师数量增速不如学生规模快，这使得小学生师比在很长一段时间都很高，学生班级过大，严重影响教学质量。20 世纪 80 年代之后由于生育率下降和人口结构变化，小学学校数量和学生规模都在下降，小学教育的发展主要体现在教师数量的增长和生师比改善等质量上。

二、中学教育发展趋势和现状

1949—2018 年中学教育的发展大致可分为四个阶段（见图 9-9、图 9-10 和图 9-11）。

（一）第一阶段：1949—1957 年的初步发展阶段

新中国成立初期，国家把人口占绝大多数的农村人口的教育普及作为教育工作的重点，提出"有计划有步骤地普及儿童初等教育"的目标。由于农村教育的工作重点是普及小学教育，但由于小学毕业生的知识技能无法适应农业生产的要求，因而这一时期的农村中学也得到迅速发展（余宇和单大圣，2019）。根据我国教育部数据，1949 年中学学校数量为 5 261 所，其中普通中学 4 045 所，普通高中学校 1 597 所，初中 2 448 所，中专学校 216 所。1957 年中学数量增长到 1.24 万所，其中普通中学 1.11 万所，普通高中 2 184 所，初中

第九章 中国教育发展70年：基于宏观数据的分析

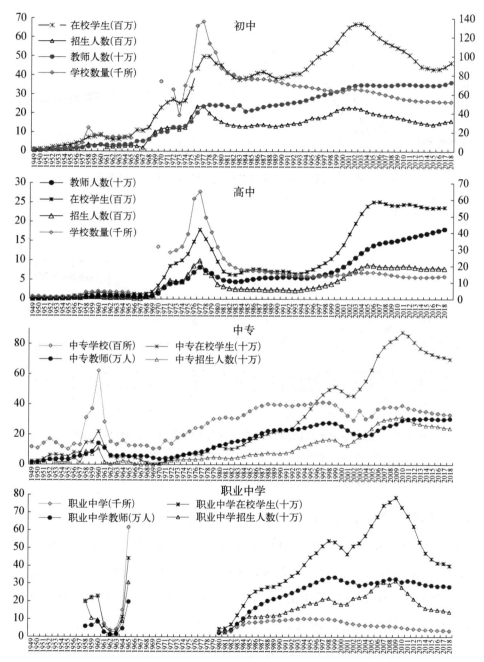

图9-9 我国各类中学学校、学生和专职教师变化情况：1949—2018年

资料来源：《新中国五十年统计资料汇编》、CEIC数据库。学校数为右轴，其他为左轴。

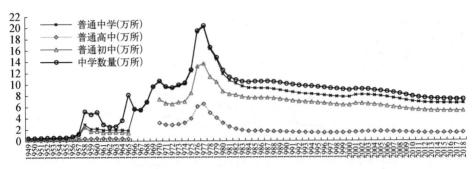

图 9-10　我国各类中学学校数量变化情况：1949—2018 年

资料来源：2000 年前数据来源《新中国五十年统计资料汇编》，2000—2017 年数据来自《中国统计年鉴》2018 年从网上获得。

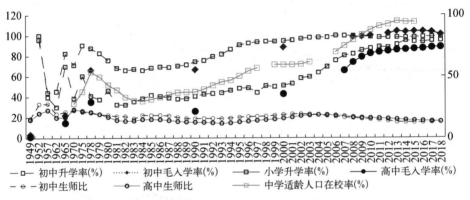

图 9-11　我国中学生师比、入学率和升学率的变化情况：1952—2018 年

资料来源：初中和高中毛入学率数据来自历年《全国教育事业发展统计公报》，中学适龄人口在校率数据来自世界银行《世界发展指标》，其他数据来自历年《中国统计年鉴》；原始数据来自我国教育部。生师比在右轴，其他在左轴。

8 912 所，其他中学变化不大①。这段时间初中教师数量也从 1949 年的 5.2 万人增长到 1957 年的 19.4 万人，在校学生由 83.2 万人增长到 537.7 万人，招生人数由 34.12 万人增长到 217 万人；高中教师从 1949 年的 1.4 万人增长到 1957 年的 4.0 万人，在校学生由 32 万人增长到 90.4 万人，招生人数由 7.11 万增长到 32.3 万人；中专教师从 1949 年的 1.6 万人增长到 5.8 万人，招生人数和在校学生分别从 9.7 万人和 22.9 万人增长到 12.3 万人和 77.8 万人。由于学

---

① 本文的其他中学包括职业中学和中等专科学校（即中等技术学校和中等师范学校）。

校和学生规模增长速度远超教师增长速度,这一时期初中和高中的生师比分别由 1949 年的 15.8、14.8 上升到 1957 年的 27.2、22.6。由于小学和初中相对比其高一级别教育的快速发展,小学升学率(初中录取小学人数比)和初中升学率(高中录取初中人数比)分别由 1952 年的 96% 和 100% 下降到 1957 年的 44.2% 和 39.7%。

(二)第二阶段:1958—1965 年的调整阶段

1957 年在毛泽东同志"教育必须为无产阶级政治服务,必须与生产劳动相结合"的教育方针指导下,这一时期中学规模经历了一个扩大、调整、缩减、扩大的波动过程,特别是职业中学变化非常大。1958 年"大跃进"时中学数量猛增到 5.06 万所,其中普通中学增加到 2.89 万所,普通初中增加到 2.48 万所,普通高中增加到 4 144 所,中专增加到 3 113 所;增长最快的是中等职业学校,一年增长 2.0 万所。1959—1960 年中学学校总量维持 5 万所左右,但普通中学略有下降。1961 年中学总量减少到 2.91 万所,其中普通中学 1.90 万所,初中 1.46 万所,高中和中专变化不大,职业中学减少 1.5 万所。1962—1963 年中学总量基本维持在 2.5 万所左右,1965 年激增到 8.1 万所,其中普通中学为 1.81 万所,初中数量 1.46 万所,高中数量 4 100 所,中专 1 265 所;增长最快的仍然是职业中学,1965 年达到 6.2 万所。这段时间初中、高中和非普通中学的教师数量和学生规模也有类似的变化。其中,初中教师 1958 年增长到 25.4 万人,再增长到 1960 年的 34.6 万人,然后下降到 1962 年的 31.8 万人,最后增长到 1965 年 37.9 万人;招生人数和在校学生人数分别从 1958 年的 378.3 万人和 734.1 万人增加到 1960 年的 364.8 万人和 858.5 万人,然后调整到 1962 年的 238.3 万人和 618.9 万人,最后增长到 1965 年的 299.8 万人和 803.0 万人,初中生师比由 1958 年的 28.9 下降到 1965 年的 21.2;高中教师从 1958 年 5.1 万人调整到 1965 年 7.8 万人,招生人数和在校学生人数分别从 56.2 万人和 117.9 万人调整到 45.9 万人和 130.8 万人,高中生师比由 22.6 下降到 16.8。中专教师从 1958 年的 6.9 万人增长到 1960 年的 14.2 万人再调整到 1965 年的 5.5 万人,招生人数和在校学生人数分别从 89.5 万人和 147 万人增长到 1960 年的

106万人和221.6万人,再调整到20.8万人和54.7万人。变化最大的职业中学教师人数从1958年的6万人下降到1962年的1.3万人,再增加到1965年的19.7万人;招生人数和在校人数分别从1958年的100万人和200万人变化到1961年61.2万人和219万人,再增加到1965年的306万人和443.3万人。1965年小学升学率和初中升学率分别提高到86.5%和70%;初中毛入学率和高中毛入学率分别由1949年的3.1%和1.1%提高到1965年的22.0%和14.6%[①]。

(三) 第三阶段:1966—1977年"文化大革命"期间的快速发展

在"教育革命"和普及教育政策推动下,在"村办小学、生产队办初中、公社办高中"的办学方针指导下,中学教育特别是农村中学教育在这一时期得到飞速发展[②]。这一期间中学学校发展有两个特征:一是农村普通中学总体数量得到极大的发展,二是非普通中学大量减少,特别是职业中学被撤销。1966—1967年中学调整,从1965年的8.1万人下降到1967年的5.48万人,但普通中学从1.8万所增加到5.35万所,普通中学占中学总数之比达到97.6%,这一时期很多农村的职业中学被并入普通中学。1968—1977年,大量职业中学都被撤销或合并,只保留普通中学和少量的中专学校,1977年中学数量增长到20.38万所,普通中学增长到20.12万所,其中初中13.64万所,高中6.49万所,中专学校2 485所。1978年,初中教师增长到244.1万人,招生人数和在校学生人数分别增长到2 006万人和4 995.2万人,生师比为20.45;高中教师增长到74.1万人,招生人数和在校学生人数分别增长到692.9万人和1 153.1万人,高中生师比1975年上升20.96;中专教师8.7万人,招生人数和在校人数分别为36.6万人和68.9万人。小学升学率和初中升学率分别提高到87.7%和40.9%;初中毛入学率和高中毛入学率分别提高到66.4%和35.1%。根据世

---

① 根据《2018全国教育事业发展统计公报》,毛入学率是指某一级教育不分年龄的在校学生总数占该教育国家规定年龄组人口数的百分比。由于包含非正规年龄组(低龄或超龄)学生,毛入学率可能会超过100%。本文中这一数据来自历年《全国教育事业发展统计公报》。

② 很多学者通过研究认为,尽管"文革"对整个教育事业和教育领域带来很大的破坏性,但如果单纯从农村教育说,"文革"十年又是中国农村教育普及发展比较快的十年。(杜成宪和丁钢,2004;劳伦·勃兰特和托马斯·罗斯基,2016,第七章《改革时期的教育》)。本文的数据也从一定程度证实了这一结论。

界银行数据,中学适龄人口在校率为54.89%。这说明到1978年,我国中学教育也得到较大发展,初中适龄人口中已经有超过2/3的人进入初中学习,全部中学适龄人口也有接近2/3的人在中学阶段学习。但高中教育发展还不足,其在适龄人口中的普及率还不高。

(四) 第四阶段:1978年之后义务教育的普及阶段

这一时期中学教育的发展基本以普通中学为主,学校数量总体呈下降趋势,教师数量呈上升趋势,学生规模上初中先上升后下降,高中呈上升趋势(见图9-9)。改革初期同小学一样,由于农村实行联产承包制使得农村集体经济组织的收入较少,很多改革开放前由集体经济组织办的中学学校都由于集体经济组织的收入下降而被迫合并和撤销,这导致1978—1985年普通中学学校数量快速下降,初中和高中学校分别从11.31万所和4.95万所下降到7.59万所和1.73万所。与此同时,中等职业教育中学开始重建和扩大,中专学校从2 760所增长到3 557所,职业中学也从1980年开始重建,当年为3 314所,1985年达到8 070所。这一时期各类中学的教师人数和学生规模也出现了类似的变化。其中,初中教师人数、在校学生和招生人数分别由244.1万人、4 995.2万人和2 006.0万人下降到216.0万人、3 964.8万人和1 349.4万人;高中教师人数、在校学生和招生人数分别由74.1万人、1 553.1万人和692.9万人下降到49.2万人、741.1万人和257.5万人[①]。中专教师人数、在校学生和招生人数分别由9.9万人、88.9万人和44.7万人增长到17.4万人、66.8万人和157.1万人;职业中学教师人数、在校学生和招生人数分别从1980年的2.3万人、30.7万人和45.4万人增长到14.1万人、116.1万人和229.5万人。1986年《义务教育法》颁布和九年义务教育的全面实施使得普通中学教育这种下降

[①] 1978—1985年期间中小学生人数都出现急剧下降,主要有三方面原因:第一,农村家庭联产承包责任制的实施减少了农村集体组织的收入,这使得很多原来由农村集体主办的中小学校被合并或撤销,学校距离太远导致很多农村学生辍学;第二,农村集体组织收入的下降也使得原来由于集体组织所提供的学费补贴被迫取消,学校的学杂费也几乎完全由学生自己承担,学生上学的经济负担加大;第三,家庭联产承包责任制使得小孩能作为家庭劳动力从事农业劳动,从而也导致学生辍学。在这些因素影响下,我国中小学和幼儿园,特别是中学的学校数量和教师人数也在改革初期出现了快速下降。

趋势得以遏制。不过，由于新生人口数量的下降，1986年之后中学学校数量仍呈下降趋势，但降速有所减缓。到2018年中学总量为7.25万所，相对1985年减少3.24万所。其中，普通高中、初中、职业中学和中专学校分别为1.37万所、5.20万所、3 431所和3 322所，相对1985年分别减少3 618所、2.85万所、4 639所和2 35所。2018年初中教师人数、在校学生和招生人数分别为363.9万人、4 652.6万人和1 602.6万人，高中教师人数、在校学生和招生人数分别为181.3万人、2 375.4万人和792.8万人；职业中学教师人数、在校学生和招生人数分别为28.3万人、401.1万人和140.3万人，中专教师人数、在校学生和招生人数分别为30.5万人、699.4万人和241.9万人。非普通中学占高中阶段在校学生人数和招生人数的比重分别为31.0%和32.5%。这一时期初中和高中的生师比总体呈波动性下降趋势，2018年分别下降到12.79和13.10。小学升学率和初中升学率分别提高到2018年的99.1%和95.2%；初中毛入学率和高中毛入学率分别提高到100.1%和88.8%。中学在校人数占适龄人口比重在1984年达到最低点30.17%，之后呈上升趋势，2015年我国中学适龄人口在校率为94.30%（见图9-10）。目前，基本所有适龄学生都能接受初中教育和约90%的适龄人口能接受高中教育。

表9-1 我国中学各种教育指标的变化：1949—2018年

时间段	学校数量（万所）	教师人数（十万）	在校学生（百万）	招生人数（百万）	生师比	升学率（%）	毛入学率（%）
初中的变化量							
1949—1978	110.68	23.89	49.95	20.06	4.66	40.90	63.30
1949—1957	6.46	1.42	5.38	2.17	11.92	39.70	−3.10
1957—1965	5.08	1.85	2.65	0.83	−6.53	30.30	22.00
1965—1978	99.14	20.62	41.92	17.06	−0.72	−29.10	44.40
1978—2001	−47.61	9.45	15.19	2.82	−1.22	12.00	−66.40
2001—2018	−13.53	2.53	−18.62	−6.85	−6.45	42.30	100.90
1978—2018	**−61.13**	**11.98**	**−3.43**	**−4.03**	**−7.67**	**54.30**	**34.50**

续 表

时间段	学校数量（万所）	教师人数（十万）	在校学生（百万）	招生人数（百万）	生师比	升学率（％）	毛入学率（％）
高中的变化量							
1949—1978	**47.62**	**7.27**	**15.53**	**6.93**	**6.16**	**5.89**	**34.00**
1949—1957	0.59	0.26	0.90	0.32	7.80	56.15	−1.10
1957—1965	1.93	0.38	0.40	0.14	−5.83	−10.59	14.60
1965—1978	45.10	6.63	14.22	6.47	4.19	−39.67	20.50
1978—2001	−34.31	0.99	−1.48	−1.35	−4.23	72.91	−35.10
2001—2018	−1.21	9.73	9.70	2.35	−3.63	−78.80	88.80
1978—2018	**−35.52**	**10.72**	**8.22**	**1.00**	**−7.86**	**−5.89**	**53.70**

数据来源：作者计算所得。

总体来看，如表9-1所示，改革前我国中学教育发展主要体现在规模（包括学校数量、教师人数和学生规模）的快速增长上，学校数量和学生规模快速发展主要是因为适龄人口人数的快速增长以及国家对中学教育的重视，教师规模的扩大则基于学生规模扩大和学校数量扩张所带来的双重需求增加的影响。改革后，由于学生人数和学校数量都出现下降趋势，初中教育包括教师和学生人数等规模扩大方面的需求已基本满足，其发展主要体现在教学质量的提高，以及中学教师数量的增长上。改革后高中教育包括学校、教师和学生等规模方面，以及生师比等质量方面都在发展。

三、高等教育发展趋势和现状

中华人民共和国成立以来，我国高等教育发展可以分为五个阶段。

第一阶段是1949—1957年的初步发展阶段。中华人民共和国成立初期，我国高等教育规模非常小。1949年全国只有高校205所，高校教师1.61万人，当年本专科招生人数和在校人数分别只有3.1万人和11.9万人，研究生招生人数和在校人数分别为242人和629人，高校生师比为7.3，高等教育毛入学率为0.26%。1949年高校实行的仍然是新中国成立前那种各地单独招生的方式,1950年在同一地区实行了高校联合招生,1951年在全国实行统一招生(范光基,2011)。1952年为了适应社会主义工业化建设的需求,全国高校院系调整,新建和整合了一大批工科院校并大幅度增加工科学生招生数量,同时大幅缩减综合大学与文科高校数量。该年我国高校总数调整为201所,高校教师增加到2.7万人,本专科招生人数和在校人数分别增加到7.9万人和19.1万人,生师比下降到7.07。1957年高校数量上升到229所,教师增加到7万人左右,本专科招生人数和在校人数分别上升到10.6万人和44.1万人,生师比继续下降到6.06。由于高考人数由1952年的7.3万人增加到1957年的25.2万人,大学录取率由91.0%下降为41.67%,高中升学率为56.1%[①]。

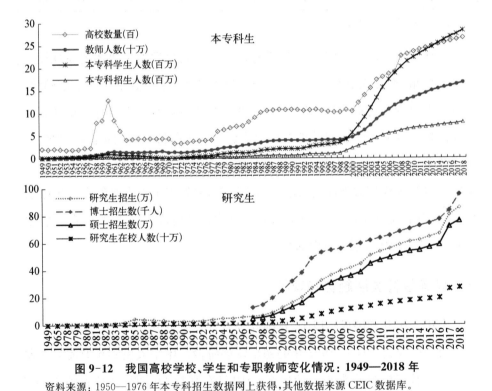

图9-12 我国高校学校、学生和专职教师变化情况:1949—2018年

资料来源:1950—1976年本专科招生数据网上获得,其他数据来源CEIC数据库。

---

① 大学录取率为当年本专科录取人数除以报考人数,高中升学率为当年本专科录取人数除以高中毕业人数。由于存在复读生和不参加当年高考的高中毕业生存在,这两个数据不一定相等。

第二阶段是1958—1960年"大跃进"时期和1961—1965年的调整时期。1957年中央开始下放一些农业、医学学院的管理权限,同时提高地方政府对中央部属高校的分级管理权限,调动了地方政府的办学积极性。这一因素同1958—1961年的"大跃进"一起导致高等教育出现盲目增建高校和扩大招生规模的现象,并由此引发就业难度加大、教学质量下降等相关问题。之后,中央在经济领域提出的"调整、巩固、充实、提高"指导方针在高等教育上同样开始实行(李硕豪和陶威,2017)。为此,高校数量从1958年的791所激增到1960年的1 289所,1965年调整到434所;高校教师从1957年的7.0万人激增到1961年15.81万人,1965年调整到13.8万人;高校本专科招生人数和在校学生人数则从10.6万人和43.96万人增加到1960年的32.0万人和96.0万人,再调整到16.4万人和67.46万人;1965年研究生招生人数和在校人数分别达到1 456人和4 546人;生师比则从6.3上升到1960年的8.1,再下降到4.9。1965年高考人数继续上升到45万人,大学录取率下降到36.3%,高中升学率下降到45.6%,大学毛入学率为1.95。

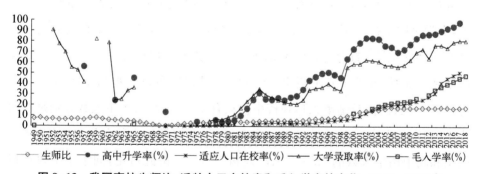

图 9-13　我国高校生师比、适龄人口在校率和毛入学率的变化:1949—2018年
数据来源:高校适龄人口在校率数据来自《世界发展指标》,生师比由作者计算,高中升学率来自历年《中国统计年鉴》,毛入学率数据来自历年《全国教育事业发展统计公报》,大学录取率根据图9-12中的招生数据和网上获得历年报考数据计算得到。

第三阶段是1966—1976年"文化大革命"的停滞时期。1966年毛主席号召"学制要缩短,教育要革命",教育部也在同年发出推迟高校招生的通知。1968年毛主席又在"七二一"指示中要求从工农群众中选拔优秀人才到大学学习,同时号召广大知识青年到农村接受贫下中农再教育。在这些重大政策的影响下,我国高校数量从1965—1970年一直维持434所,1977年减少至404所;这一时期高校教师变化不大,基本在13万—16万人。在学生招生方面,1966—1976年废除高考,1966—1971年停止高校招生,其中1970年通过推荐面试招生形式招收4.2万人,同年在校人数为4.8万人。1972—1976年全国恢复高校招生,但实行推荐工农兵上大学的招生形式,1970—1976年共招收工农兵大学生约82万人。这一时期研究生招生也基本上被停止。由于招生人数的锐减,这段时期的生师比很低,基本在3.0以下;高校适龄人口在校率也很低,1970年仅为0.12%,1976年略微上升到0.57%。

第四阶段是1977—1998年的恢复、发展和改革时期。在改革开放的社会主义经济建设形势下,在"教育要面向现代化、面向世界、面向未来"的教育改革发展方向指导下,我国教育也开始了新的发展和改革阶段。1977年我国恢复全国统一高考,当年报考人数573万人,高校招生27万人,大学录取率为4.7%;高校本专科学生人数为62.68万人,大学适龄人口在校率为0.65%;教师人数为1.84万人,高校共有404所。1978年本专科招生人数增加到40.2万人,大学录取率提高到6.6%,高中升学率为5.89%;本专科学生在校人数增加到85.6万人,高等教育毛入学率达到2.7%;教师人数增加到2.06万人,高校激增到598所;该年研究生招生10 708人,研究生在校人数为10 934人。不过,1978年我国高校适龄人口在校率仍只有0.72%,高校招生人数分别是同期小学、初中和高中的1.21%、2.00%和5.80%;在校学生人数分别是同期小学、初中和高中招生人数的0.59%、1.71%和5.51%。由此可见,同中小学教育相比,我国高校在改革前的发展严重滞后。

在经过改革开放初期高等教育的恢复和重建之后,1985年颁布的《中共中央关于教育体制改革的决定》进一步提出改革并扩大高等学校办学自主权,我国高等教育进入改革开放前期的第一个快速发展阶段。1985年我国高校增加到1 016所,1986—1998年基本维持在1 020—1 080所,1998年为1 022所。高校教师从34.4万人增长到40.7万人,20年间年均增长3.46%。招生人数和在校学生分别从 61.9 万人和 170.3 万人,增长到 108.4 万人和 340.9 万人,年增长率分别为 5.08% 和 7.15%。相应的生师比也从 4.95 上升到 8.38。大学录取率、高中升学率和高校适龄人口在校率分别上升由 35.2%、31.5% 和 2.42% 上升到 33.8%、46.1% 和 5.96%。

第五阶段是 1999—2018 年的深化改革和飞速发展时期。1998 年前后我国高等教育发展进入新阶段,这一时期国家在高等教育发展方向上有两个突破:一是在质上强调要办世界一流高校,以"211"工程和"985"工程为标志,国家加大对入选两个工程高校的支持力度;二是在量上强调要扩大高校规模,高等教育进入大众化发展阶段。1999 年《关于深化教育改革全面推进素质教育的决定》明确提出高校毛入学率达到 15% 的发展目标后,以"院校扩招"和"院校合并"为标志,我国进入高校扩招高潮,这使得 2000 年之后我国高校学校数量、教师人数和学生规模进入增长最快的时期。1998—2018 年,我国高校从 1 022 所增加到 2 663 所,增长 1.61 倍;高校教师从 40.7 万人增加到 167.3 万人,增长 3.11 倍,年均增长 7.32%;本专科招生人数和在校人数分别增长到 791 万人和 2 831 万人,年平均增长率分别为 10.4% 和 11.2%;研究生招生人数和在校人数分别从 7.25 万人和 19.9 万人增长到 85.8 万人和 273.1 万人,年增长 13.1% 和 14.0%(图 9-12、图 9-13)。大学录取率和大学毛入学率分别上升到 80.9% 和 48.1%,高校适龄人口在校率 2017 年为 51.0%。不过,由于大学学生扩招太快,教师人数增长相对较慢,高校生师比 2018 年已经上升到 17.56。总体来看,无论学生规模指标还是普及率等指标都表明,改革开放之后,特别是 1998 年之后,我国高校规模发展速度惊人,而且发展最快的时期正好也是我国实行高等教育产业化改革和我国加入 WTO 的 2000 年之后[1]。因此,高校数量的发展可能同我国的改革开放政策、国家经济发展水平以及国家对外开放程度有关。

---

[1] 尽管 2004 年时任教育部部长周济曾明确表态认为,中国政府从未把教育产业化作为政策,但学界还是普遍认为从 1998 年以来,我国实际上实行的是高等教育产业化和市场化的政策。如史秋衡(2002)、汪孝德和周克清(2001)等都认为我国 1999 年以来实行了教育产业化政策。有关这方面综述可参阅倪嘉敏等(2012)。

四、幼儿教育发展趋势和现状

由于认识上的误差,长期以来国家都错误将幼儿教育当作减轻妇女工作的托儿工作(吕萍,2008),因而同其他各级教育相比,我国幼儿教育的发展一直相对落后。首先从幼儿学校数量来看(图9-14),1950年我国幼儿学校大约为1799所,该年教师人数和在校学生人数分别为0.2万和14万,绝对规模都小于中小学校数量。幼儿教育生师比为82.4,幼儿入园率只有0.4%。1951—1957年幼儿学校快速发展,从1799所增长到16420所,教师人数和在校学生人数分别增加到5万人和108.8万人,生师比也下降到21.76。1958—1960年受到"大跃进"和人民公社化运动的影响,农村掀起大办教育的高潮,在"队队有幼儿园和小学,社社有初中,县县有高中"口号指引下,我国各地幼儿园特别是农村幼儿园急剧增加,1958年激增到69.5万所,教师人数和学生人数分别增长到134万人和2950.1万人,生师比仍只有22.0,基本变化不大。1960年幼儿园数量达到78.5万所,教师和在校学生分别为134万人和2933.1万人,生师比为21.9。由于幼儿园数量增长过快,师资和物质等各方面条件都无法跟上,因此,1960年之后幼儿学校被缩减和调整。1961年幼儿园数量调整到6.03万所,教师人数和在校学生也迅速分别缩减到11.7万人和289.6万人,生师比上升到24.8。1962—1965年幼儿园数量维持在1.7万—1.9万所,教师人数也基本维持在7万人左右,在校学生维持在150万人左右,生师比上升到27.6,幼儿入园率为4.2%。1966年之后受到"文化大革命"的影响,幼儿教育几乎中断,这一时期幼儿教育的数据也缺失。到1973年时,幼儿园数量下降到4528所,接近1953年水平;教师人数和在校学生分别为8.5万人和245万人,生师比上升到28.8。1974—1976年幼儿教育规模急剧扩大,幼儿园数量增加到44.27万所,教师人数和在校学生也激增到51.4万人和1395.5万人,生师比下降到27.1。1977—1978年再次调整,幼儿教育规模大约缩减一半。1978年幼儿园数量减少到16.40万所,教师人数和在校学生下降到27.7万人和787.7万人,生师比上升到28.44,幼儿入园率为10.6%(见图9-15)。

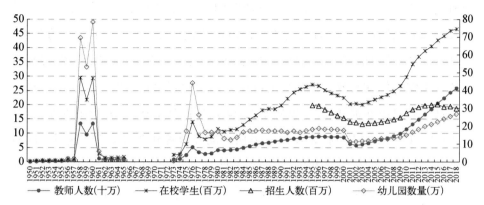

图 9-14 我国幼儿教育学校数量、学生和教师人数的变化情况:1950—2018 年
资料来源:CEIC 数据库;原始数据来源我国教育部。学校数量为右轴,其他为左轴。

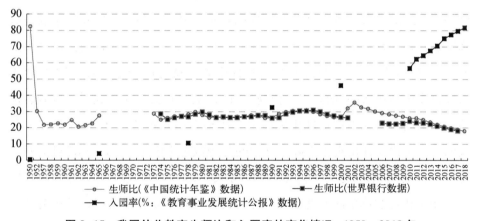

图 9-15 我国幼儿教育生师比和入园率的变化情况:1950—2018 年

总体来看,1950—1978 年幼儿园数量约增加 16.2 万所,年平均增长 17.5%;幼儿教师增加 27.5 万,年平均增长 19.3%;幼儿在校人数共增加 773 万人,年均增速为 15.5%。不过,同其他级别教育规模相比,幼儿教育规模仍然很小,在校人数分别是同期小学、初中和高中在校人数的 5.4%、15.8% 和 50.7%;幼儿教师人数分别是小学、初中和高中的 5.3%、11.3% 和 37.4%;幼儿适龄人口在校率也远低于同期中小学教育(见表 9-2)。

改革开放后,我国幼儿教育总体上保持着非常快的增长,其增速远高于同期的中小学教育。1978 年之后我国幼儿学校发展大概可分为三个时期。第一个时期为1978—1996年。改革开放初期国家教育的重点在九年义务教育的普及上,幼儿教育没有被纳入义务教育范围之内。尽管1979年召开的"全国托幼工作会议"提出,要"坚持'两条腿走路'的方针,恢复、发展、整顿、提高各类托幼组织",但幼儿教育仍然被定位在为妇女减轻负担的"托儿"层次。这一时期幼儿教育虽然被恢复,但发展不大,幼儿学校基本在17万所附近浮动,其中1981—1983年下降到12万—13万所。幼儿教师和在校学生在这段时间有所增长,教师人数从1978年的27.7万人增长到1996年的88.9万人,在校学生从787.7万人增长到4 656.4万人。幼儿入园率1990年达到32.6%。第二个时期是1997—2001年。这一时期随着经济的发展和家庭生育率的下降,家庭对幼儿教育越来越受到重视,幼儿教育的定位已经从"托儿"上升到"学前教育"的高度,幼儿教育也受到各个层次的重视。其实,早在1987年国家就正式确定幼儿教育是社会主义教育事业的重要组成部分,但又把它当作福利事业的一部分(吕萍,2008),经济上的重视程度和支持力度仍然不够。1996年国家教育委员会颁布的《幼儿园工作规程》正式把幼儿教育提高到了基础教育的地位。但由于幼儿工作正规化过程中一些私立幼儿园被调整,1997—2001年我国幼儿规模反而出现了下降。其中幼儿园数量下降17.56万所,教师人数下降了25.9万人,在校学生下降了644.5万人。1999年颁发的《中共中央国务院关于深化教育改革全面推进素质教育的决定》提出,要积极发展以社区为依托的、公办与民办相结合的幼儿教育,要因地制宜地制定优惠政策(如土地优惠使用、免征配套费等),支持社会力量办学。第三个时期是2001年之后,由于社会力量和民办幼儿教育的兴起,幼儿教育规模一直上升,幼儿园数量、幼儿教师人数和幼儿在校人数和招生人数迎来了新一轮快速增长时期。到2018年,我国幼儿学校达到26.7万所,比2001年增长15.5万所,年平均增长5.25%;幼儿教师达到258.1万人,比2001年增长195.1万人,年平均增长8.65%;幼儿招生人数和在校人数达到1 863.9万人和4 656.4万人,比2001年分别增长165.7万人和2 634.6万人,年平均增长率分别为5.03%和1.71%。幼儿教育生师比从2000年的26.22下降到18.04,幼儿入园率上升到81.7%。

表 9-2 我国历年各级教育的招生人数和在校人数

年 份	幼 儿	小 学	初 中	高 中	高 校
学校数量（万所）					
1949	0.180[a]	34.68	0.244 8	0.159 7	0.020 5
1965	1.923	168.19	1.399 0	0.411 2	0.043 4
1978	16.40	94.93	11.313 0	4.921 5	0.059 8
2000	17.58	55.36	6.270 4	1.456 4	0.104 2
2018	26.67	16.18	5.200 0	1.370 0	0.266 3
教师人数（万人）					
1949	0.2[a]	83.5	5.2	1.4	1.61
1965	6.2	385.7	37.9	7.8	13.8
1978	27.7	522.6	244.1	74.1	20.6
2000	85.6	586.0	328.7	75.7	46.3
2018	258.1	609.2	363.9	181.3	167.3
招生人数（万人）					
1949	—	680	34.12	7.11	3.1
1965	—	3 296	299.9	45.9	16.4
1978	—	3 315	2 006.0	692.9	40.2
2000	1 531	1 947	2 263.3	472.7	220.6
2018	1 864	1 867	1 602.6	792.8	791.0
在校人数（万人）					
1949	14[a]	2 437.5	83.2	20.7	11.9
1965	171.3	11 621	803.0	130.8	67.5
1978	787.7	14 624	4 995.2	1 553.1	85.6
2000	2 244	13 013	6 167.8	1 201.3	556.1
2018	4 656	10 034	4 652.6	2 375.4	2 831

续 表

	适龄人口在校率(%)			
	幼 儿	小 学	中学(初中和高中)	高 校
1970	2.28[b]	107.6	28.00	0.13
1978	8.77	111.6	53.63	0.72
2000	44.07	110.3[c]	59.65	7.62
2017	85.96	102.1	94.3[d]	51.0

数据来源:适龄人口在校率来自世界银行《世界发展指标》,其他数据来自 CEIC 数据库。
注:a 是 1952 年数据,b 是 1974 年数据,c 是 2001 年数据,d 是 2015 年数据。

总体来看,改革开放后我国幼儿教育得到巨大发展,1978—2018 年我国幼儿园数量增长 62.7%,幼儿教师人数增长 8.3 倍,幼儿在校人数增长 4.9 倍,幼儿教育的普及率已达到 80% 以上(表 9-2)。但是,幼儿教育在质量和普及率方面同其他教育相比仍有差距。根据世界银行的数据,2017 年我国小学适龄人口在校率为 102%,而幼儿教育适龄人口在校率只有 86%;2018 年幼儿教师人数只有初中教师的 70% 和小学教师的 42%。幼儿教育的生师比也是所有级别教育中最高的,比小学、初中和高中分别高出 6.1%、4.9% 和 34.5%。此外,我国幼儿教育中民办教育的比例也是最高的。根据《2018 年全国教育事业发展统计公报》数据,2018 年在校学生规模结构中,幼儿教育的民办规模占 49.1%,而小学、初中、高中和高等教育的民办规模分别只有 16.4%、11.8%、6.1% 和 12.1%。

五、我国各级教育的入学率和生师比的跨国比较

从各级教育适龄人口在校率来看,目前我国幼儿教育和小学教育基本接近发达国家水平,中学教育和高等教育还存在一定的发展空间。总体来说,2016 年我国各级教育的适龄人口在校率基本都位于中高收入组国家的平均水平,但低于高收入国家和欧盟国家的平均水平(表 9-3)。具体来看,我国幼儿教育的适龄人口在校率为 83.7%,低于欧盟国家的平均水平(96.1%),略高于高收入组国家(83.2%),高于 OECD 国家平均水平(79.7%)和中高收入组国

家(74.1%),远高于中等收入组国家平均水平(50.4%)和世界平均水平(49.3%)。在金砖国家中,我国的这一数据低于俄罗斯的和巴西的,但高于印度的和南非的。全球小学适龄人口在校率平均水平为104.1%,且几乎所有国家的小学适龄人口在校率都在100%以上。我国小学适龄人口在校率(100.9%)同世界其他国家一样,都基本达到饱和状态。我国中学适龄人口在校率为95.0%,低于欧美发达国家水平,也低于欧盟国家平均水平、高收入国家平均水平和OECD国家平均水平,甚至低于俄罗斯、巴西、南非等金砖国家,比中高收入组国家平均水平仅高出2个百分点。我国高等教育的适龄人口在校率(48.4%)也明显过低,不但普遍低于欧美发达国家,也大大低于欧盟国家平均水平、高收入国家平均水平和OECD国家平均水平,以及金砖国家中的俄罗斯和巴西,甚至低于中高收入组国家平均水平。

表9-3　2016年世界主要经济大国各级教育适龄人口在校率　　(单位:%)

国　家	幼儿教育	小学教育	中学教育	高等教育
中　国	83.7	100.9	95.0ª	48.4
印　度	12.9	114.5	75.2	26.9
俄罗斯	88.7	102.1	104.8	81.8
巴　西	95.7	113.9	101.5	50.5
南　非	25.5	102.3	100.4	20.5
埃　及	29.9	103.6	85.9	34.4
墨西哥	70.6	103.9	97.3	36.9
美　国	71.9	101.4	98.8	88.8
日　本	86.8	98.2	102.4	63.6
德　国	108.5	103.0	101.9	68.3
英　国	110.9	101.4	152.2	59.4
法　国	105.1	102.0	103.1	64.4
意大利	98.2	100.4	102.8	63.0

续 表

国　家	幼儿教育	小学教育	中学教育	高等教育
西班牙	95.4	103.9	127.9	91.2
加拿大	—	101.4	113.0	67.0
澳大利亚	168.6	101.3	153.8	121.9
韩　国	97.9	97.0	99.7	93.8
土耳其	30.3	101.3	103.0	103.7
世界平均	49.3	104.1	76.8	37.5
中高收入	74.1	103.0	93.0	50.7
中等收入	50.4	105.1	78.1	35.0
中低收入	34.5	106.4	69.6	24.2
低收入	21.2	100.3	40.9	8.7
低、中收入组	44.9	104.3	72.6	31.7
高收入	83.2	102.6	108.5	77.1
欧　盟	96.1	102.5	114.3	68.4
OECD	79.7	101.9	106.6	74.4

注：a 为 2013 年数据。
资料来源：世界银行，《世界发展指标》。

与世界主要经济大国各级教育的生师比相比（见表9-4），我国小学和中学师生比处于较为合理的水平，但幼儿教育和高等教育明显偏高。2016年我国幼儿教育生师比（19.1）明显高于高收入组国家（14.4）、欧盟国家（12.7）和OECD国家（15.1）的平均水平，也高于中高收入组国家（17.3）和中等收入组国家（18.1）的平均水平，比世界平均水平高出1.4个百分点，略低于中低收入组平均水平国家（19.4），且低于巴西之外的其他金砖国家。我国小学生师比为16.5，略高于高收入组国家平均水平（12.4）、欧盟国家（12.7）和OECD国家（15.7）的平均水平，但低于中高收入组国家的平均水平（18.5），且在所有金砖国家中是最低的，远低于世界平均水平。我国中学生师比为13.5，低于世界平均水平和中高收入国家的平均水平,略高于高收入组国家平均水平(12.8)和欧盟国家平均水平(12.1),但比 OECD 国家平均水平(13.8)略低。我国的大学生师比为 16.8,同欧美主要经济大国相比,除了法国和意大利之外,其他主要欧美经济大国的生师比均低于我国。在金砖国家中,俄罗斯低于中国,而印度、巴西和南非都高于中国。

表 9-4　2016 年世界主要经济大国各级教育的生师比

国　家	幼儿教育	小学教育	中学教育	初中教育	高中教育	高等教育
中　国	19.1	16.5	13.5	12.3	15.1	16.8
印　度	20.1[a]	35.2	28.5	27.0	30.2	23.7
俄罗斯	—	20.6	8.8[d]	—	—	10.3
巴　西	16.6	20.3	16.6	17.4	15.6	19.5
南　非	29.6[b]	30.3[a]	26.8	11.2[e]	—	—
埃　及	26.9	23.1	14.8	16.9	12.6	23.9[b]
墨西哥	25.0	26.7	16.3	20.0[a]	11.9[a]	9.7[a]
美　国	13.8[a]	14.5[a]	14.7[a]	14.7[a]	14.7[a]	12.4[a]
日　本	27.3	15.9	11.2	12.4	10.3	6.9
德　国	7.2	12.1	12.0	11.0	14.5	7.6
英　国	20.0[b]	15.1	19.4	21.3	18.2	15.8
法　国	20.3[c]	18.2[c]	12.9[c]	14.7[c]	11.2[c]	21.3[c]
意大利	12.0	11.1	10.0	10.2	10.0	20.3
西班牙	13.6	13.0	11.6	11.9	11.3	12.0
加拿大	—	—	—	—	8.8	9.2
韩　国	13.3	16.3	13.8	14.2	13.6	14.6
土耳其	17.0[a]	18.4[a]	18.5	17.8[a]	19.1[a]	40.7[a]
世界平均	17.7	23.5	17.1[a]	16.9	17.5	—
中高收入	17.3	18.5	14.4	13.8	15.3	—
中等收入	18.1	23.8	18.1	17.2	19.4	—
中低收入	19.4	28.7	22.5	21.1	24.5	—

续　表

国　家	幼儿教育	小学教育	中学教育	初中教育	高中教育	高等教育
低收入	29.2	39.5	21.9	26.0	16.7	—
高收入	14.4	14.2	12.8	13.1	12.5	—
欧　盟	12.7	13.3	12.1	11.9	12.4	—
OECD	15.1	15.5	13.8	14.3	13.4	—

注：① 数据来自世界银行的《世界发展指标》。② a 为 2015 年数据，b 为 2014 年数据。c 为 2013 年数据，d 为 2012 年数据，e 为 2010 年数据。

第三节　教育人力资本发展情况

一、中小学和中专毕业人数变化

1949—1978 年我国小学毕业人数从 64.6 万人增长到 2 287.9 万人，年均增长 13.1%。1978 年之后，由于人口结构变化，小学毕业人数经历了先下降、再上升、然后又下降的趋势（图 9-16）。2018 年我国小学毕业人数为 1 616.5 万人，比 1978 年减少了 600 多万人。

1949—1978 年，我国初中毕业人数从 21.9 万人增长到 1 692.6 万人，年均增长率为 16.2%。1978—2018 年初中毕业人数略呈波动性下降趋势，2018 年初中毕业人数为 1 616.5 万人，比 1978 年减少 324.8 万人。

1949—1978 年，我国高中毕业人数总体呈上升趋势，从 1949 年的 6.1 万人增长到 1978 年的 685.2 万人，年平均增长 22.4%。改革开放初期，高中毕业生开始下降，1985 年达到局部最低点 196.6 万人；1986—1997 年基本保持在 220 万—250 万人；1997—2008 年高中毕业人数从 204.9 万人增长到 836.1 万人，之后又略呈下降趋势。2018 年我国高中毕业人数 779.2 万人，比 1978 年增加了 96.5 万人。不过 1979 年我国高中毕业人数是文革和改革开放冲击下的非正常结果，如果同改革初期的最低点 1985 年相比较来看，2018 年我国高中毕业人数增长 2.96 倍,增长仍非常显著。

改革开放前,我国中专毕业人数规模相对较小,且波动幅度比较大。1949年我国中专毕业大约为 7.2 万人,1961 年上升到 34 万人,1970 年下降到历史最低点 2.8 万人,1977 年再度上升到 34 万人,1978 年为 23.2 万人。1978 年之后,我国中专毕业人数增长趋势明显,但同样也具有较大的波动性。1981 年中专毕业人数增长到 60.5 万人,1983 年下降到 37.5 万人,2000 年又增加到 150.7 万人,2004 年下降到 140.6 万人,2011 年增加到历史最高峰 270.2 万人,2018 年再度下降到了 218.5 万人。1978—2018 年,我国中专毕业人数增长 8.42 倍,年均增长率为 5.77%。2018 年我国中专毕业人数大约相当于普通高中毕业人数的 28%左右。

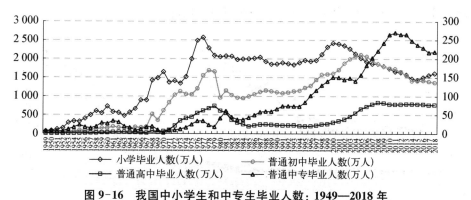

图 9-16 我国中小学生和中专生毕业人数:1949—2018 年

注:普通中专毕业生人数为右轴,其他为左轴。
资料来源:CEIC 数据库;原始数据来自我国教育部。

二、高等教育毕业人数变化

高等教育毕业人才是我国科技发展和科学进步的标志。1949—1978 年,我国高等教育毕业人数大起大落,且总体规模不大。1949 年我国本专科生毕业人数 2.1 万人,研究生毕业人数 107 人。本专科毕业人数 1964 年达到 20.4 万人,1971 年降到 6 000 人。1972—1977 年连续 6 年增长,1977 年达到 19.4 万人,1978 年又下降到 16.5 万人。1949—1978 年我国每年毕业的研究生人数只在1956年超过2 000人,达到2 349人,其余年份都在2 000人以内。另外,1970—1977年受"文化大革命"影响,我国研究生毕业人数都是0,1978年研究生毕业人数为9人。

1978年改革开放后,我国高等教育发展迅速,本专科毕业生人数一直呈现上升趋势。其中,1978—2001年为我国高等教育恢复和低速发展阶段,与此相应,1978—2001年我国本专科毕业人数和研究生毕业人数都呈现波动性上升趋势,本专科毕业生人数从16.5万人增长到了103.6万人,年平均增长率为8.32%。2001年后我国高等教育进入高速增长阶段。受1998年开始的高等教育产业化和高考扩招的影响,从2001年开始,我国本专科毕业人数几乎以几何级数速度增长。2018年达到753.3万人,比1978年增长44.7倍,年平均增长10.0%;比2001年增长了6.27倍,年平均增长12.4%。

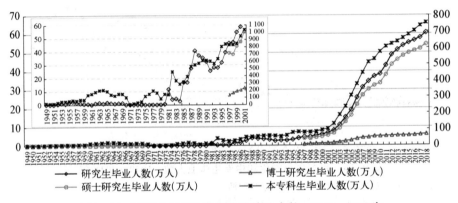

图9-17 我国本专科生和研究生毕业人数:1949—2018年

注:本专科毕业人数为右轴,其他为左轴。
资料来源:CEIC数据库;原始数据来自我国教育部。

改革开放后,我国研究生教育的发展几乎是零起点。1978年我国研究生毕业人数只有9人,1981年剧增到1.17万人,1982—1984年下降到2 756人,1985年突增到1.7万人,1988年达到40.8万人。1989—1992年研究毕业人数连续下降,1992年降到2.57万人,之后恢复增长。2001年我国研究生毕业人数为6.78万人,其中博士毕业生1.29万人,硕士毕业生5.49万人。1992—2001年我国研究生毕业人数增长1.64倍,年均增长率11.1%。由于从1998

年之后我国研究生也开始扩招,因此,2001年之后研究生毕业人数也几乎是以几何级数增长。2018年研究生毕业人数达到60.4万人,较2001年增长7.91倍,年均增长14.7%,其中博士研究生为6.07万人,较2001年增长3.71倍,年均增长率9.54%;硕士研究生54.4万人,较2001年增长8.90倍,年均增长率14.4%。

三、全国平均受教育年限化

随着我国各级教育规模的扩大,以及各级学校招生人数和毕业人数的增加,我国劳动人口的人均受教育年限逐渐增加,我国的教育人力资本不断提高。根据历年《中国统计年鉴》和《新中国五十年统计资料汇编》中的数据,作者用两种方法估算了1982—2017年我国15岁以上人口的人均受教育年限(见图9-17)。可以看出,无论使用哪种测算方法,我国人均受教育年限的增长都很明显。根据我国分省加总数据的测算结果,1982年我国15岁以上人口的平均受教育年限大概为5.27年,相当于小学5年级毕业水平。2003年上升到8.09年,相当于9年制教育的初二水平。如果按照《中国统计年鉴》全国数据测算结果,1991年我国15岁以上人口的年平均受教育年限为6.25年,这比用

图9-17　我国教育人力资本的变化:1982—2016年

注:"平均教育年限:分省数据加总"根据王弟海等(2008)中29个省的平均受教育年限的数据和各省历年15岁以上人口数据计算得到,"平均教育年限:全国数据计算"根据历年《中国统计年鉴》的关于全国各级小学毕业人数和全国15岁以上总人数计算得到。

资料来源:作者根据原始数据计算得到。

分省数据加总测算的结果(6.66年)低0.41年;2003年上升到7.91年,比分省加总数据低0.18年;2016年上升到9.08年,大概相当于9年制的义务教育水平。同1982年相比,2016年我国15岁以上平均受教育年限提高了70%。

Barro and Lee(2013)测算了1950—2010年世界主要经济大国15岁以上人口人均受教育年限(见图9-18)。同作者根据《中国统计年鉴》数据测算结果相比,Barro and Lee(2013)测算的数值在早期年份相对更高些,作者测算结果在晚近年份更高些,两者测算结果的数值误差基本在1年以内。按照Barro and Lee(2013)测算的结果,1955年我国15岁以上人口平均受教育年限仅有1.61年,1980年上升到5.31年。这一数值表明,在改革开放初期,我国15岁以上人口平均达到小学毕业水平。这一结果也表明,到改革开放前,我国基本实现了普及5年制小学教育的发展水平。Barro and Lee(2013)测算的我国2010年15岁以上人口平均受教育年限为7.95年,相对于1980年提高50%。上述几种测算结果都显示,改革开放以来,我国15岁以上人口人均受教育年限都提高显著,表明我国的教育人力资本在显著提高。

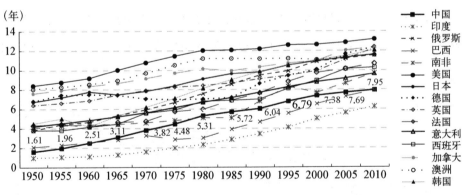

图9-18 世界主要经济大国15岁以上人口人均教育年限的变化:1950—2010年

资料来源:Barro and Lee(2013)。

四、人均受教育年限的跨国比较

根据Barro and Lee(2013)的测算结果,2010年24个发达国家的平均水平为11.30年,其中美国为13.18年,德国、英国、加拿大和韩国等发达国家都在12年以上,意大利比较低,只有9.63年①。而根据作者测算,到2016年我国15岁以上人均受教育年限仅为9.08年,只相当于美国1955—1960年的水平,澳大利亚和加拿大1965—1970年的水平,日本1975—1980年的水平,英国、俄罗斯和韩国1985—1990年的水平。在金砖国家中,2010年俄罗斯15岁以上人口人均受教育水平已经达到发达国家平均水平,为11.53年;南非人均受教育年限为9.69年,比发达国家中的意大利还要高。巴西15岁以上人口人均受教育水平为7.89年,同我国2010年的水平接近;印度比较低,只有6.24年。另外,2010年世界15岁以上人口的平均受教育年限为7.89年,发展中国家为7.20年。由此可见,如果按照Barro(2013)数据来看,2010年我国平均教育水平仍然比较低,只比世界平均高0.06年。

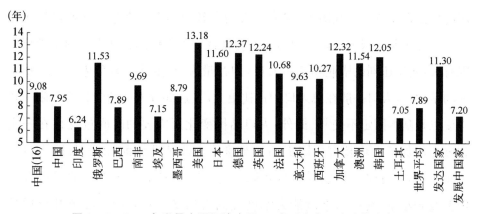

图9-19　2010年世界主要经济大国15岁以上人口人均教育年限

注:世界平均是按照全球146个国家所有人口的平均,发达国家为24个发达国家人口的平均,发展中国家为其他122个国家人口的平均。

资料来源:中国(16)是作者根据《中国统计年鉴(2017)》数据估计的我国2016年人均教育年限。其他数据来自Barro and Lee(2013)。

Barro and Lee(2013)的测算结果只到2010年。从前面的分析可知,2010—2016年我国的教育水平仍然在快速发展,那么以2016年的水平来看,我国目前的人均教育水平是否接近发达国家呢?从图9-17中可知,2016年我

---

① 从图9-18中可以看出,意大利的人均受教育年限一直比较低。

国15岁以上的人口受教育年限为9.07年。即使不考虑《中国统计年鉴》数据的估值比Barro and Lee(2013)更高这一因素,9.07年的人均受教育年限仍然比2010年发达国家的平均水平要低2.25年。另外,根据图9-18的发展趋势,2016年发达国家的人均受教育水平可能还在提高。从图9-18中还可以发现,即使是我国2016年人均教育年限为9.07年,这也只相当于美国1955—1960年的水平、澳大利亚和加拿大1965—1970年的水平、日本1975—1980年的水平、英国、俄罗斯和韩国1985—1990年的水平。因此,如果同发达国家相比,从我国人口的平均受教育年限来看,我国的教育发展水平还仍有待大力发展。

不过,需要指出的是,作为一个有着14亿人口的发展中国家,我国在短期内将人均受教育年限提高到9年,这种成就是非常了不起的。但未来这种发展趋势是否能持续?我国15岁人口人均受教育年限未来是否能够再持续提高?这可能存在很大困难。因为人均受教育年限不但同新增人口的受教育年限有关,而且还同已毕业和工作人员(即存量人口)的受教育年限有关。更重要的是,存量人口一般在总人口中占比更大,且这部分人员的受教育年限一般来说也是基本固定不变[1]。此外,人口结构变化所需要的时间过程也在一定程度上增加了人均教育年限提高的难度。在改革开放前,由于我国人口出生率很高,且存量人口的受教育年限很低,所以,只需新增人口的受教育年限普及到小学、初中水平就能大幅度提高人均受教育年限。改革开放后随着新增人口占比的下降,且存量人口受教育水平已经较高,高中教育和高等教育的发展和高校扩招成了我国人均受教育水平提高的主要途径。2017年高等教育适龄人口在校率已经达到50%,且目前高校生师比已经上升到16.8,学生规模过大和师资力量的不足已经大大影响了高校教学质量和高校毕业学生的质量。因此,未来通过高校扩招来继续提高人均受教育年限难度很大。

---

[1] 除非重新再接受教育,否则,已毕业人员的受教育年限可能终生不变。

第四节 主要结论和政策建议

一、主要结论

中华人民共和国成立70年来我国教育水平得到持续快速发展,教育经费投入稳步增长,各级教育的规模和全国人力资本增长迅速。改革开放前中小学教育的发展主要体现在规模的扩张上,改革开放后主要体现在师资队伍等质量的提高上。改革开放后幼儿教育和高等教育在数量和规模上都得到很大发展,但师资等质量方面发展不足。同世界各国相比,当前我国教育水平已经达到中高收入组国家的平均水平,但同发达国家还有一定差距,未来人均受教育年限的进一步提高存在困难。

第一,从教育经费投入上来看,从中华人民共和国成立以来,随着经济的不断增长,我国教育经费投入不断增加。1952—2018年,公共财政教育经费支出(按1952年不变价格)年均增长9.2%,占财政支出的比重在1989年之后基本维持在14%—16%,其占GDP的比重2018年大约为3.6%。近年来随着经济的发展,非财政性教育经费和非公共财政教育经费也出现较大幅度的增长,2012年财政性教育经费GDP占比超过4%,达到我国《教育法》中规定的4%的目标,2018年这一占比为4.11%;教育总经费GDP占比则在2002年就已经超过4.5%,2018年大约为5.12%。从国际比较来看,目前我国国家财政性教育支出GDP占比仍低于发达国家水平,人均国家公共财政教育支出费用更低,不但低于发达国家和世界平均水平,也低于中高收入组国家的平均水平,在金砖国家中也仅高于印度。

第二,从各级教育的学校数量、教师数量、学生规模等指标来看,新中国成立以来,我国教育数量和规模得到很大的发展,但在不同时期发展重点不同。改革开放前我国中小学教育的发展非常迅猛,1965年小学净入学率达到84.7%,1970年小学适龄人口在校率超过100%,基本完成普及工作。初中毛入学率也在 1978 年达到了 88.6%。不过,受"文化大革命"的影响,高中教育在改革开放前发展不是很顺利,改革开放后又受家庭联产承包责任制等的影响,在校学生出现不同程度的下降,直到 2000 年高中毛入学率才超过 80%,2011 年中学教育适龄人口在校率超过 90%。幼儿教育和高等教育在改革开放之前发展都严重不足,特别是高等教育,1978 年高校适龄人口在校率仅为 0.72%,幼儿教育人数占适龄人口的比重也只有 8.77%。改革开放后,我国对教育体制进行了一系列的改革,加之人们对教育逐渐重视,2000 年之后,幼儿教育和高等教育快速发展。到 2018 年,幼儿教育入园率达到 81.7%,高等教育毛入学率达到 48.1%。

第三,从教育所带来的人力资本发展来看,中华人民共和国成立 70 年来,教育的快速发展使得我国人均受教育年限大幅度提高。根据 Barro and Lee(2013)的测算,我国 15 岁以上人口平均受教育年限已经由 1950 年的 1.61 年提高到 2010 年的 7.95 年。作者根据《中国统计年鉴》数据的估测结果则显示,2016 年我国 15 岁以上人均受教育年限大概为 9.08,平均已达到 9 年义务教育的水平。改革开放前我国人力资本的提高主要得益于小学和初中教育的扩张和普及。改革开放后我国人力资本的提高一方面得益于人口更替中更多中小学毕业生的加入和文盲人口的消亡;另一方面,得益于高中、中专和大学毕业人数的快速增长。尽管我国人力资本得到很大提高,但同发达国家相比还有很大差距。更令人担忧的是,作为一个世界超级人口大国和发展中国家,我国未来人均受教育年限的进一步提高如果单靠高校的扩招来实现,可能难以维系。

二、几点政策意见和建议

第一,针对我国教育经费相对不足,特别是人均教育经费过低的现状,本章认为可从两方面来解决教育经费 GDP 占比过低和人均教育经费支出不足的问题:一是进一步提高政府特别是地方政府非财政收入(包括政府性基金收入、国有资本经营收入和社会保险收入)对教育的投入。我国政府收入特别是地方政府收入中的非财政收入占比很高①,且这部分收入随着地方经济发展增长而增长,但目前这部分收入中的教育经费支出占比很小。二是适当增加国家公共财政预算中教育支出的占比,增加对贫穷和边远地区的教育财政资助,以缓解这些地区因经济发展落后而带来的地方教育经费不足问题。三是进一步鼓励企业拨款,社会捐款和赞助经费,鼓励民办学校。首先,可以通过制定各种政策鼓励和支持企业和社会捐款赞助中小学教育,同时在物质(如税收优惠等)和精神(如社会声誉等)方面激励各界社会力量来共同发展教育。其次,还可以尝试放开高等教育方面的垄断权,在民办大学毕业生达到同公立大学同样的教育水平,应准许给予他们国家承认的学历和学位证书,以此鼓励民间资金进入教育领域。

第二,为了提高我国教育经费使用的绩效,在既定的教育支出下能够促进我国未来教育事业最优发展,应该根据我国各级教育的现状和不足,按照不同级别教育自身所具有的义务(普及)教育和升学(精英)教育的差异性特征要求,通过制定和健全各项教育制度和法规,有区别有针对性地制定政策发展我国各级教育。对于中小学教育,其规模和数量都已经得到充分发展,目前所面临的主要问题是如何推进其内涵式发展和教学资源的合理配置。内涵式发展,一方面应注重通过物质和精神两方面的因素来提高教师的社会地位,增强激励机制,提高中小学校教师的道德修养、学识素养和教学水平;另一方面,还应该通过教育制度和法规恰当界定中小学教育中义务(普及)教育和升学(精英)教育两者之间的内容和边界,协调好学校、教师和家长在中小学义务教育中的权利和义务,提高中小学教育的整体教育模式、教学方式和教育水平。目前我国(初)中小学校其实同时承担这义务(普及)教育和升学(精英)教育的双重功能,而这两种教育的目的和方式其实存在差异,因此其教学方式和管理制度也应该区别对待。以义务教育为主的中小学校应该按照就近原则入读,而

---

① 根据冯俏彬(2017)的估计,2011—2016 年我国非财政性收入(包括政府性基金收入、国有资本经营收入和社会保险收入)占政府收入比重都在 35% 以上,2016 年达到了 50%。其中政府性基金收入占政府收入的比重都在 20% 以上,且这部分大都属于地方政府收入。

以升学教育为主的优质中小学校可以在全县市区内通过统一考试竞争优选入学。优质教学资源的分配问题主要有两个方面：一是优质教学资源在同一城镇内不同县市的分配问题，如区别对待普通中小学校和优质中小学校的入学原则；二是中小学校在城乡之间的配置问题，特别要注意避免边远乡区由于生源不足导致其中小学校减少甚至被撤销，从而使得这些地区的小孩上学更难、更远。

对于幼儿教育，基于其普及性教育不足的特征以及我国的现状，规模和数量仍是未来一段时间的发展重点，但质量的提高也是一个重要问题。幼儿教育数量和规模的发展首先要提高幼儿园的数量和入园儿童的人数，提高幼儿教育在校人数占适龄人口的比重，增加幼儿教师的数量和质量。在质量方面，由于处于幼儿教育中的学生一般都没有自我保护能力，因此要加强对幼儿学校的资质管理，防止乃至杜绝虐待儿童事件发生；提高幼儿教师的道德素养和爱心，对儿童没有爱心的人不应从事幼儿教育；提高私立或民办幼儿学校的门槛和标准。

对于高等教育，尽管目前我国高校的适龄学生在校率相对其他发达国家还略低，但师资力量的配备不足是一个迫切需要解决的问题。因为我国高校的生师比不但高于其他发达国家甚至某些发展中国家，而且也高于我国中小学校的生师比。提高我国高校生师比可以通过简化高校行政管理，减少高校行政人员，增加专任教师来实现。另外，高等教育发展中还需要注意职业技能型教育和学术研究型教育、大众教育和精英教育的区别，提高职业技能教育的专业型高校数量和招生规模，减少学术研究型的综合型高校数量和规模。这样既可以通过扩大专业型高校招生来发展高校规模，又可以通过有针对性的教育方式和内容来提高高校教学质量。

第三，由于2017年我国高校在校学生人数占适龄人口之比达到51.0%，且高校毕业生质量下降和就业方向错位（王昕宇等，2018），高校生师比过高，高校招生的数量扩张不宜再继续。因此，未来人力资本的提高应该注重于高中教育（包括相当高中教育的中等职业教育）的扩张和普及上。另外，提高我国的人力资本不宜盲目依靠提高人均教育年限这一数量指标上,还应该注重给定教育年限下人力资本质量的提高及其社会适应性和经济绩效问题。为此,本文提出两条建议:一是除了高等教育外,国家可以大力发展初中教育后的中等职业教育(即相当高中教育的中专、职高、技校等)和高中教育后的高等职业教育(高考后的大专等);二是高等教育中应该区分专业性高校和综合性高校的不同发展。综合性教育应注重社会精英人才和研究型人才的培养,其关键在于人才质量的培养,其数量和规模不宜过大,不应该也不可能普及。高等职业教育和专业型高校在保证其人才培养的社会实用性和经济绩效的情况下,更侧重于数量和规模的扩张。

参考文献

[1] 崔岩和黄永亮,《中国社会质量研究——不同阶层社会质量评价分析》,《浙江大学学报》,2019年第2期。
[2] 杜成宪和丁钢,《20世纪中国教育的现代化研究》,上海教育出版社,2004年。
[3] 范光基,《我国高考制度的历史演变及其对现代高考改革的启示》,《福建教育学院学报》,2011年第3期。
[4] 冯俏彬,《中国制度性交易成本与减税降费方略》,《财经智库》,2017年第2卷第4期。
[5] 劳伦·勃兰特和托马斯·罗斯基,《伟大的中国经济转型》,方颖译,格致出版社和上海人民出版社,2016年。
[6] 李硕豪和陶威,《我国高等教育改革历程回顾与建议》,《现代教育管理》,2017年第3期。
[7] 廖其发,《新中国70年义务教育的发展历程与成就——兼及普及教育》,《西南大学学报(社会科学版)》,2019年第5期。
[8] 林卡,《社会质量理论:研究和谐社会建设的新视角》,《中国人民大学学报》,2010年第2期。
[9] 吕萍,《建国以来我国关于幼儿教育事业发展的政策述评》,《中国青年政治学院学报》,2008年第2期。
[10] 倪嘉敏、王璇和林涛,《高等教育产业化研究述评》,《四川教育学院学报》,2012年第10期。
[11] 史秋衡,《论高等教育产业化趋势》,《厦门大学学报(哲学社会科学版)》,2002年第9期。
[12] 佘宇和单大圣,《农村教育体制改革70年发展及前瞻》,《行政管理改革》,2019年第6期。

[13] 王弟海、龚六堂和李宏毅,《健康人力资本、健康投资和经济增长——以中国跨省数据为例》,《管理世界》,2008 年第 3 期。

[14] 汪孝德和周克清,《我国教育产业化的层次性及其发展方向》,《财经科学》,2001 年第 1 期。

[15] 王昕宇、莫荣和马永堂,《我国高校毕业生就业质量分析》,《中国劳动》,2018 年第 41 期。

[16] 张路雄,《困境与出路:现代化市场化进程中的中国教育体制》,《社会科学论坛》,2006 年第 8 期。

[17] Barro, R. J. and Lee, J. W., 2013, A New Data Set of Educational Attainment in the World, 1950-2010, *Journal of Development Economics*, 104, 184-198.

[18] Becker, G. S., 1964, *Human Capital*, Columbia University Press.

[19] Ehrenberg, R. G. and Brewer, D. J., 1994, Do School and Teacher Characteristics Matter? Evidence from High School and Beyond, *Economics of Education Review*, 13, 1-17.

[20] Eide, E. and Showalter, M. H., 1998, The Effect of School Quality on Student Performance: A Quantile Regression Approach, *Economics Letters*, 58, 345-350.

[21] Lucas, R. E., 1988, On the Mechanics of Economic Development, *Journal of Monetary Economics*, 22, 3-42.

[22] Schultz, T. W., 1961, Investment in Human Capital, *American Economic Review*, 51, 1-17.

[23] Strauss, R. and Sawyer, E. A., 1986, Some New Evidence on Teacher and Student Competencies, *Economics of Education Review*, 5(1), 41-48.

第十章

中国医疗卫生健康发展70年：
基于宏观数据的分析[*]

王弟海

复旦大学经济学院经济学系
北京大学数量经济与数理金融教育部重点实验室

---

[*] 本章由国家社会科学基金重大项目（项目批准号：19ZDA069）和教育部基地重大项目（项目批准号：15JJD790009）资助，作者表示感谢。

国民健康在一国经济和社会发展中具有非常重要的地位，它是人类生活的基本需求之一，也是一个社会发展程度的重要体现。在《联合国千年宣言》中提出的八个千年发展目标（millennium development goals）中，有三个目标是同健康有关。正如格罗斯曼（Grossman，1972 等）和福格尔（Fogel，1994 等）等研究所表明，居民的健康医疗卫生状况同一国的经济发展程度和居民的收入水平直接相关，经济发展和收入水平决定了居民的健康状态。另一方面，健康作为一种人力资本，对一国的经济增长也具有重要影响（Barro and Sala，1995；Barro，1996；王弟海，2012；王弟海等，2016 等）。因此，健康既是各国经济增长和经济发展的目标，也是经济增长的结果（Ravallion and Chen，1997；Schultz，1999；Sen，1999；Squire，1993 等）。自中华人民共和国成立以来，我国一直重视居民健康问题。在过去经济 70 年的发展过程中，我国居民的医疗卫生设施和居民总体健康状态得到了迅速改善和提高。本章主要分析新中国成立 70 年来，特别是改革开放后，我国医疗卫生状况和居民总体健康水平的变化趋势和现状[1]。本章分析表明，1949 年以来，无论是从医疗卫生经费的投入来看，还是从居民的各种健康指标来看，我国居民的医疗卫生健康状况都得到了显著的改善和提高。不过，我国居民的健康医疗卫生状况同发达国家相比仍存在差距，仍有改善和提高的余地。

本章的结构安排是：第一节主要分析我国健康医疗卫生费用的变化情况；第二节讨论我国居民医疗卫生资源供给的变化情况；第三节研究我国居民健康水平的变化情况；第四节是本章的主要结论。

---

[1] 限于数据的可获得性，本章分析有的从 1949 年或 1950 年开始，有的从 1978 年开始，有的甚至从 1990 年开始分析。

第一节 我国健康医疗卫生费用的支出情况

这一节主要分别从国家总体层面和居民个人层面来分析我国健康医疗卫生费用及其结构的变化情况和现状。

一、国家健康医疗卫生总费用及其 GDP 占比

1949 年中华人民共和国刚成立时,我国医疗卫生资源和国家的健康经费投入都非常有限,居民健康状况和国家医疗卫生设施都很落后。1950 年 8 月第一次全国卫生工作会议确定了"面向工农兵、预防为主、团结中西医"的卫生工作方针。此后,中国内地逐步建立起由公费医疗、劳保医疗、合作医疗组成的政府主导的低水平福利性医疗保障制,我国健康医疗卫生费用总支出(以下按照惯例,简称为卫生总费用)也不断增长起来[①]。图 10-1 和图 10-2 分别显示了 1952—2018 年我国卫生总费用和卫生总费用占 GDP 的比重(以下简称"卫生总费用 GDP 占比")的变化情况。从图中可以看出,1952 年我国卫生总费用只有 8.54 亿元,占当年 GDP 的比重为 1.26%。到 1978 年时,卫生总费用名义值增加到 110.21 亿元,按照 1952 年不变价格计算为 106.17 亿元,较 1952 年实际增长 11.43 倍,年平均增长率为 10.18%,卫生总费用 GDP 占比增长到 3.02%。到 2018 年时,我国卫生总费用达到 57 998.30 亿元,按 1952 年不变价格计算为 6 833.3 亿元,较 1978 年增长 63.36 倍,年实际增长 10.97%,卫生总费用 GDP 占比提高到 6.39%。1952—2018 年,卫生总费用增长 800 倍,年实际增长 10.66%。

[①] 根据《中国统计年鉴》和《中国卫生和计划生育统计年鉴》的解释,卫生总费用指一个国家或地区在一定时期内,为开展卫生服务活动从全社会筹集的卫生资源的货币总额,按来源法核算。它反映一定经济条件下,政府、社会和居民个人对卫生保健的重视程度和费用负担水平,以及卫生筹资模式的主要特征和卫生筹资的公平性、合理性。它按照来源可分为政府卫生支出、社会卫生支出和个人现金卫生支出三部分。

第十章 中国医疗卫生健康发展70年：基于宏观数据的分析

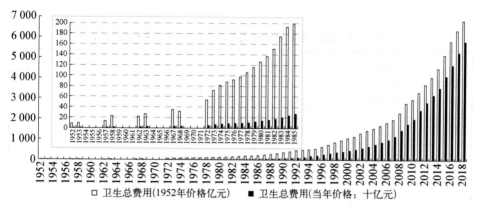

图 10-1 我国卫生总费用的变化：1952—2018 年

数据来源：2018年数据从网上获得，1952—1977年卫生费用数据来自杜乐勋等（2009），其他数据来自历年《中国统计年鉴》。当年价格计算的总费用单位为左轴，1952年价格计算的总费用单位为右轴，单位都是亿元。

表10-1进一步给出了不同时期我国卫生总费用的增长情况。从表10-1中可以看出：改革前的第一个五年计划期间和1968—1978年，我国卫生总费用增长都比较快，增长率都超过10%，远高于同期经济增长率。但1958—1968年卫生总费用增长不大，仅从23.6亿元增长到35.2亿元，年平均增长率只有3.2%，不过仍超过同期的实际经济增长率。改革后，由于经济增长和人们生活水平的提高，我国卫生总费用增长更加迅速。表10-1显示，改革后任何一个时期内的实际增长速度都超过10%，且都高于同一时期的经济实际增长率。实际上，除了1984—1985年、1993—1995年和2003—2007年等少数几年外，其他年份卫生总费用的增长率都高于实际经济增长率。图10-2还显示，改革后40年内卫生总费用实际增长速度也较改革前相对平稳。

就我国卫生总费用GDP占比的具体变化情况来看，图10-2显示，1952—2018年我国卫生费用GDP占比总体呈现上升趋势。"一五"计划初期的1952年，经济发展水平和人民生活水平都很低，国家的医疗卫生资源很有限，卫生总费用GDP占比仅有1.26%。"一五"期间，随着我国针对政府部门和事业单位工作人员的公费医疗制度，以及针对企业职工的劳保医疗制度的建立和实施，卫生总费用GDP占比逐渐提高到1958年的1.77%，1963年进一步提高到

表 10-1 我国主要年份的卫生总费用及其年平均增长率

年份	名义值（亿元：当年价格）	实际值名义值（亿元：1952年价格）	实际增长倍数（倍）	年平均实际增长率（％）	GDP实际增长率（％）	GDP占比（％）
1952	8.54	8.54	—	—	—	1.26
1958	23.24	23.64	1.77	18.50	11.93	1.78
1968	35.16	32.38	0.37	3.19	1.87	2.04
1978	110.21	106.17	2.28	12.61	8.23	3.02
1990	747.39	365.89	2.45	10.86	8.31	4.00
2000	4 586.63	1 061.83	1.90	11.24	9.65	4.62
2010	19 980.39	2 953.27	1.78	10.77	10.13	4.98
2018	57 998.30	6 833.30	1.31	11.06	7.18	6.39

数据来源：2018 年数据从网上获得，1952—1977 年卫生费用数据来自杜乐勋等（2009），其他来自历年《中国统计年鉴》。增长倍数是指该行年份对上一行年份的增长倍数，年平均增长率是指该行年份同上一行年份间的平均增长率。

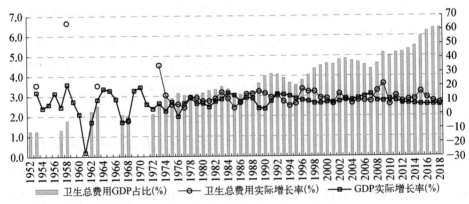

图 10-2 我国卫生总费用 GDP 占比的变化：1978—2018 年

数据来源：2018 年数据从网上获得，1952—1977 年卫生费用数据来自杜乐勋等（2009），其他来源历年《中国统计年鉴》。左轴为卫生总费用 GDP 占比，右轴为其他。

2.5%。随着国家公费医疗费用的逐步高升,政府财政支出负担不断加重,国家开始采取了一些政策和措施控制公费医疗开支,如 1965 年公布的《关于改进公费医疗管理问题的通知》规定合理使用药品和节约经费开支等措施,公费医疗费用得到一定控制,1968 年卫生总费用 GDP 占比下降到 2.06%。1968 年之后,尽管城镇医疗费用得到控制,但根据毛泽东同志"把医疗卫生工作重点放到农村去"的指示,农村合作医疗迅速在全国推广,卫生总费用仍保持上升态势。1978 年时我国卫生总费用 GDP 占比提高到 3.02%,但仍低于世界卫生组织规定的 5% 的国际标准。

1978—2018 年我国卫生总费用 GDP 占比总体上保持着更快的增长趋势,其中也经历了几次大的波动。如图 10-2 所示,1978—1983 年主要受居民收入水平提高带来的对健康医疗服务需求的增加,卫生总费用快速增长,其增长率高于 GDP 增长率,这一时期的卫生总费用 GDP 占比由 3.02% 上升到 3.48%。不过,改革开放后农村实行的家庭联产承包责任制使得农村集体组织收入不断下降,由农村集体组织经济支撑的农村合作医疗逐渐衰退、萎缩甚至消失,这导致卫生总费用开始下降。以上供给方面导致卫生总费用下降的因素和居民医疗服务需求上升的因素一起,导致我国卫生总费用增长率在 1984 开始下降。1984—1986 年卫生总费用增长率比 GDP 增长率下降得更快,卫生总费用 GDP 占比下降到了 3.07%。1986 年之后,一方面,经济增长和收入水平的提高使得居民对健康越来越关注,医疗服务和医药救治的需求量不断提高;另一方面,随着医疗卫生体制市场化改革的进行,医疗卫生部门和单位的自主权越来越大,医疗服务供给不断增加,同时医疗服务和医药用品等价格也不断上涨。这两方面因素使得我国居民的医药费用快速上升,卫生总费用也迅速增长,同时这一期间经济增长出现下降。因此,1986—1991 年,卫生总费用 GDP 占比由 3.07% 上升到 4.10%。1992 年 9 月国务院下发的《关于深化卫生医疗体制改革的几点意见》提出"建设靠国家,吃饭靠自己",卫生部也根据这一精神要求医院"以工助医、以副补主"。因此,尽管 1992—1999 年我国经济增长率下降,但 1992—1996 年卫生总费用增长率也以更大幅度下降,因而卫生总费用GDP占比在这一期间下降。1996年我国开始实行职工医疗保障制度改革[①]，这之后的几年内政府卫生支出、社会卫生支出和个人卫生支出都大幅度增长，卫生总费用增长率突然大幅度提高，并高于同期GDP增长率。这一期间我国卫生总费用GDP占比从1995年的3.81%稳步提高到2002年的4.85%。2002—2007年虽然我国经济已经恢复高位增长，但随着医疗制度改革的完成和推广，个人卫生支出增长和社会卫生支出增长快速下降，卫生总费用增长率也快速下降。2007年卫生总费用GDP占比下降到局部低点4.35%。2007—2017年，虽然GDP增长率呈现下降趋势，我国卫生总费用增长率也下降，但卫生总费用增长率高于GDP增长率，这一期间我国卫生总费用GDP占比又进入上升区间。2011年我国卫生总费用GDP占比上升到5.15%，第一次达到世界卫生组织5%的国际标准。2018年这一占比为6.39%。总之，由于我国长期经济增长和居民收入水平的提高，健康在国家经济和居民生活的地位越来越重要，卫生总费用GDP占比总体也就不断上升。

二、国家卫生总费用结构的变化

在我国健康医疗卫生总费用增长的过程中，国家卫生总费用的结构也发生了变化。根据《中国统计年鉴》的分类，我国卫生费用支出包括个人现金卫生支出、政府卫生支出和社会卫生支出三部分。政府卫生支出指各级政府用于医疗卫生服务、医疗保障补助、卫生和医疗保险行政管理、人口与计划生育事务支出等各项事业的经费。社会卫生支出是指社会各界对卫生事业的资金投入，包括社会医疗保障支出、商业健康保险费、社会办医支出、社会捐赠援

[①] 1994年，国家体改委、财政部、劳动部和卫生部共同制定《关于职工医疗制度改革的试点意见》，经国务院批准，在镇江和九江两市进行医疗改革试点。1996年4月，国务院办公厅转发国家体改委、财政部、劳动部和卫生部四部委发布的《关于职工医疗保障制度改革扩大试点的意见》，要求扩大"两江试点"工作；1997年在全国58个城市中开始医疗保障试点工作；1998年12月，国务院发布《国务院关于建立城镇职工基本医疗保险制度的决定》，要求在全国范围内建立覆盖全体城镇职工的基本医疗保险制度，标志着我国城镇基本医疗保险制度基本确立。1999年这一制度正式实施。

助、行政事业性收费收入等。个人现金卫生支出指城乡居民在接受各类医疗卫生服务时的现金支付,包括享受各种医疗保险制度的居民就医时自付的费用,它反映了城乡居民医疗卫生费用的负担程度。由于《中国统计年鉴》只有1978年之后的数据,图10-3和图10-4分别显示了1978—2018年我国卫生总费用中个人现金卫生支出、政府卫生支出和社会卫生支出在卫生总费用的占比情况以及各自的增长率。由图10-3和图10-4可知,1978—2018年,我国卫生费用总支出中个人现金卫生支出部分先上升后下降,政府卫生支出部分则先小幅度上升再显著下降然后再显著上升,社会卫生支出部分也出现先下降后小幅度上升趋势。

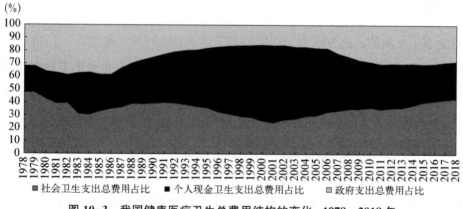

图10-3 我国健康医疗卫生总费用结构的变化:1978—2018年

数据来源:《中国统计年鉴(2018)》,其中2018年数据从网上获得。

1978年在计划经济体制下,我国卫生费用总支出主要由政府和社会承担。其中,社会卫生支出占比为47.7%,接近卫生总费用的一半;政府卫生支出占比和个人现金卫生支出占比分别为32.16%和20.4%。改革开放初期,由于家庭联产承包责任制的实行使得农村集体组织经济收入下降,农村医疗合作中由农村集体组织负担的医疗费用无法保证,政府财政支出和个人消费支出的卫生费用不断增长,个人现金卫生支出占比和政府卫生支出占比都不断提高,而社会卫生支出占比相应下降。在1987年左右,我国居民的卫生总费用基本变为由个人、社会和政府三者均摊局面,政府卫生支出、社会卫生支出和个人

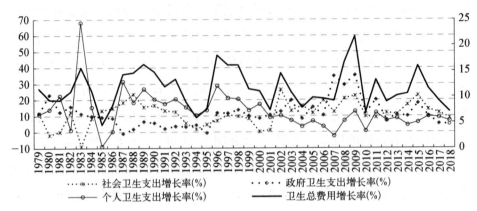

图 10-4　我国卫生总费用及其各构成部分的增长率：1979—2018 年

原始数据来源：《中国统计年鉴(2018)》，其中 2018 年数据从网上获得。卫生总费增长率为右轴，其他增长率为左轴。

现金卫生支出的占比分别为 33.53%、36.16% 和 30.31%。这之后一直到 2001 年左右，随着城镇医疗制度的市场化改革，政府财政和国有企业出资的卫生支出费用都不断下降，个人现金卫生支出每年基本上都以超过 10% 的速度在增长，个人现金支出占卫生总费用的比重直线上升；政府卫生支出和社会卫生支出的增长率都相对较低，政府卫生支出占比和社会卫生支出占比都在下降。到 2001 年时，个人现金卫生支出占比达到最高峰 60%，政府卫生支出占比和社会卫生支出占比分别为 16% 和 24%，几乎都处于历史最低位。2001—2017 年，随着城镇职工医保、新农合制度、城乡居民医保制度这三项医保制度实施和推广，我国逐渐形成了社会化的"全民医保"体系，个人现金卫生支出占比在此过程中一直下降，社会卫生支出占比则一直上升，政府卫生支出占比在 2003—2011 年上升，但 2011—2017 年基本保持不变。到 2011 年前后，我国健康卫生支出的构成重新出现由个人、社会和政府三者均摊局面。2018 年我国政府卫生支出、社会卫生支出和个人现金卫生支出的占比分别为 28.3%、43.0% 和 28.7%。经过 40 年的医疗改革之后，我国目前的卫生费用结构又基本回到 1978 年，只不过个人出资比例较 1978 年约高 8 个百分点，社会出资比例约下降 4 个百分点。

三、人均卫生费用支出及其在个人消费支出中的占比

中华人民共和国成立初期,我国人民收入水平还很低,医疗经费非常有限,人均卫生费用支出及其在消费中的比重也很少。1952年我国人均卫生费用大约为1.5元,人均卫生总费用占人均消费支出的比重为1.86%[①]。到第一个"五年计划"完成时的1957年,我国人均卫生费用上升到2.18元,以1952年不变价格计算为2.12元,年平均实际增长7.4%,其占人均消费的比重上升到2.02%。"大跃进"时期人均卫生费用增长更快,到1963年时人均卫生费用提高到4.51元,以1952年价格计算为3.89元,年平均实际增长率为10.6%,占人均消费之比上升到3.63%。1964—1976年人均卫生费用增速有所下降,1976年为10.04元,按1952年价格计算为9.87元,这期间实际增长率为7.4%,人均卫生总费用占人均消费支出之比为5.87%。到1978年时,我国人均卫生费用按1952年不变价格计算达到11.03元,同1952年相比实际增长6.35倍,年平均实际增长率为8.0%,人均卫生费用占人均消费支出之比提高到6.22%。

1978年改革开放以后,随着经济增长和人均收入快速增长,无论是个人现金卫生支出还是人均卫生总费用支出都在快速增长,个人现金卫生支出占个人现金消费支出的比重和人均卫生总费用占人均消费支出的比重也都在上升。如图10-5和图10-6所示,1978年我国人均卫生总费用为11.45元,其中个人现金卫生支出为2.34元,人均卫生总费用占人均消费支出的比重和个人现金支出占个人现金消费支出的比重分别为6.22%和1.55%。到1990年时,人均卫生总费用和个人现金卫生支出分别增长到65.4元和23.4元,按1978年不变价格计算分别为36.31元和12.97元;人均卫生总费用占人均消费支出的比重和个人现金支出占个人现金消费支出的比重分别为7.85%和3.04%。2001年人均卫生支出和个人现金支出进一步分别增长到393.80元和236.15

---

① 由于无法找到1978年前我国个人现金卫生支出的数据,改革前的人均卫生费用支出情况仅能分析人均卫生总费用的变化情况。

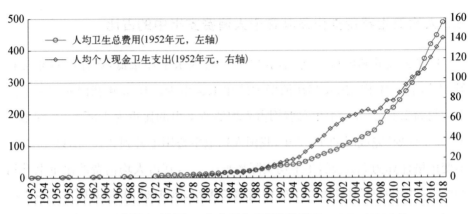

图10-5 全国人均健康卫生费用支出的变化情况：1952—2018年

① 数据来源：2018年数据从网上获得，1952—1977年卫生费用数据来自杜乐勋等（2009），其他数据来自历年《中国统计年鉴》。② 图中人均卫生总费用数据以1952年的实际价格计算。它等于人均名义卫生总费用除以消费物价指数（CPI，基期为1952年），其中，名义人均卫生支出数据等于卫生总费用除以同期人口量。③ 人均卫生总费用为左轴，人均个人现金卫生支出为右轴。

图10-6 全国人均卫生费用支出占比的变化趋势：1952—2018年

数据来源：2018年数据从网上获得，1952—1977年卫生费用数据来自杜乐勋等（2009），其他来自历年《中国统计年鉴》。

元左右，按1978年不变价格计算分别为108.81元和65.25元左右，人均卫生支出占人均消费支出的比重增长到9.88%，个人现金支出占个人现金消费的比重达到最高峰7.66%。到2018年时，我国人均卫生总费用和个人现金卫生支出继续增长到4 148.10元和1 195.50元左右，按1978年不变价格计算分别为620.01元和177.94元，人均卫生支出占人均消费支出的比重增长到16.77%，个人现金支出占个人现金消费的比重下降到7.29%。按不变价格计算，1978—2018年我国人均卫生消费支出和人均卫生现金消费支出分别增长了19.38倍和12.23倍，年平均增长率分别为7.82%和6.67%，而人均卫生总费用和个人现金卫生支出分别增长了约53.15倍和75.07倍，年平均增长率分别为10.49%和11.43%。1978年以来我国居民人均医疗卫生费用快速增长，一方面是由于居民消费水平提高之后，大家对健康的需求也在提高；另一方面是因为我国城乡医疗制度的改革，特别是城市医疗保险制度改革，对个人医疗救治行为和医院治疗和收费行为的影响，造成我国居民个人现金卫生支出快速地增长。

同样由于数据的缺失，图10-7和图10-8分别只显示20世纪80年代中期以来，我国城乡居民人均个人现金卫生支出及其占人均消费现金支出比重的变化情况。从表10-6中可以看出，从1980年代以来，无论是农村还是城镇，由于居民消费现金支出在增加，居民的人均个人现金卫生支出都在增加，且它占人均现金消费支出的比重基本上也在增加。城镇居民的人均个人现金卫生支出1981年约为3.5元，按照1978年价格计算约为3.2元，它占城镇人均现金消费支出的比重为0.77%。1990年城镇居民人均个人现金卫生支出增长到约26元，按照1978年价格计算约为12元，占城镇人均现金消费支出的比重为2%。2000年城镇居民人均个人现金卫生支出增长到约318元，按照1978年价格计算约为73元，占城镇人均消费支出的比重为3.1%。按照不变价格计算，1985—2000年我国城镇居民人均个人现金卫生支出增长了约20倍，它占人均城镇消费支出的比例增长了3倍多。2018年我国城镇居民人均个人现金卫生支出增长为2 046元，按照1978年价格计算约为314元，其占人均现金消费支出的比重提高到7.84%。按照不变价格计算，2000—2018年我国城镇居民人均个人现金卫生支出增长了3.30倍，年平均实际增长8.42%。不过，城镇居民人均个人现金卫生支出占人均消费的比例在2000年之后并没有一直上升，它在2005年达到最高峰（7.56%），2005—2013年来这一比例在下降，2013—2018年又有所上升。同1981年相比，2018年我国城镇居民个人现金卫生支出实际增长了99.6倍，年平均实际增长率为13.27%，同期城镇居民人均消费支出实际增长率为8.83%;城镇居民个人现金卫生支出占人均现金消费支出的比重约提高7个百分点。

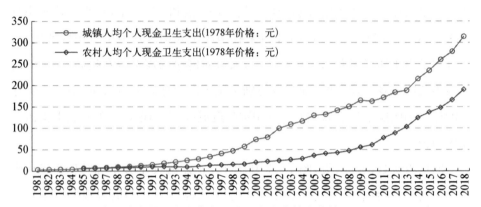

图10-7　全国城乡居民人均个人现金卫生支出的变化情况:1981—2018年
原始数据来源:历年《中国统计年鉴》。

图10-8　全国城乡居民个人卫生现金支出占其消费支出的比重:1981—2018年
原始数据来源:历年《中国统计年鉴》。

我国农村居民的人均个人现金卫生支出1985年约为7.6元,按照1978年价格计算约为5.8元,它占农村人均消费支出的比重为2.8%。1990年农村居民的人均个人现金卫生支出增长到19元左右,按照1978年价格计算约为8.8元,其占农村人均消费支出的比重为3.26%。2000年是这一支出增长到88元左右,按照1978年价格计算约为20元,占农村人均消费支出的比重为3.1%,相对于1990年反而下降。按照不变价格计算,1985—2000年农村居民人均个人现金卫生支出增长了约2.5倍,其占农村人均消费支出的比重也增长了1.2倍。2018年我国农村人均个人现金卫生支出为1 240元,按照1978年价格计算约为190元,占人均现金消费支出的比重为10.23%。按照不变价格计算,2000—2018年我国农村居民人均个人现金卫生支出增长了大约8.50倍,年平均实际增长率为13.25%。除了1993—1995年和2014—2016年以外,我国农村人均个人现金卫生支出占人均现金消费的比例从1985年以来基本一直都在增加。同1981年相比,2018年我国农村居民个人现金卫生支出实际增长了32.9倍,年平均实际增长率为11.2%,同期农村居民人均现金消费支出实际增长率为6.38%;农村居民个人现金卫生支出占人均现金消费支出的比重约提高了10个百分点。

四、政府卫生费用支出及其在政府财政支出总的占比

自中华人民共和国成立以来,我国政府财政支出中用于健康医疗卫生支出的部分一直在增加。图10-9和图10-10分别给出了1952—2018年我国政府卫生费用支出及其在各类占比的变化情况。从图10-9和图10-10中可以看出,无论是政府卫生费用支出总额还是人均政府卫生支出费用都在增长,而政府卫生费用支出占政府财政支出的比重也在增长。

改革前的1952—1978年,我国政府卫生费用支出总额和人均政府卫生费用支出都呈直线增长,而政府卫生费用支出占政府财政支出之比、占卫生总费用之比和占GDP之比都出现了波动性上升的趋势。中华人民共和国刚成立时,我国政府卫生费用支出总额和人均政府卫生费用支出水平的绝对水平都很低。1952年我国政府卫生费用支出总额大约为2.45亿元,人均支出只有0.43元。政府卫生费用支出占政府财政支出的比重为0.68%,占当年的GDP比重为0.57%,不过占整个卫生总费用的比重达28.7%。到1958时,政府卫生费用支出总额和人均政府卫生费用支出分别增长到4.88亿元和0.74元,分别增长了99.5%和73.8%。政府卫生费用支出占政府财政支出的比重提高到0.91%,占当年的GDP比重反而下降为0.45%,占整个卫生总费

用的比重也下降到20.7%。1968年时,政府卫生费用支出总额和人均政府卫生费用支出分别继续增长到9.45亿元和1.11元,10年间分别增长了93.6%和62.7%。政府卫生费用支出占政府财政支出的比重和占当年GDP的比重分别提高到1.54%和0.69%,占整个卫生总费用的比重也上升到29.2%。到改革开始时的1978年,我国政府卫生费用支出总额和人均政府卫生费用支出分别增长到35.44亿元和3.68元,以1952年不变价格计算分别为34.14亿元和3.55元,较1952年分别增长12.92倍和7.26倍,年平均实际增长率分别为10.67%和8.49%。政府卫生费用支出占政府财政支出的比重、占当年GDP的比重和占整个卫生总费用的比重分别上升到3.16%、0.96%和32.16%。

改革后我国政府卫生费用支出和人均政府卫生费用总体仍保持着快速增长趋势,但政府卫生费用支出占政府财政支出之比、占GDP之比以及占卫生总费用之比总体上并没有呈现增长趋势,而且中间由于医疗制度改革的影响,还曾经一度下降。1978年我国政府卫生支出总额为35.4亿元,人均政府卫生支出为3.68元,政府卫生费用支出占政府财政总支出之比、占GDP之比以及占卫生总费用之比分别为3.16%、0.98%和32.2%。到了1990年,政府卫生费用支出总额和人均政府卫生支出分别增长到187.3亿元和16.38元;按1978年不变价格计算分别为104.0亿元和9.10元,1978—1990年的年平均实际增长率分别为9.39%和7.83%;政府卫生支出占政府财政总支出的比重、占GDP的比重以及占卫生总费用的比重分别为6.07%、0.98%和25.6%。2000年时,政府卫生费用支出总额和人均政府卫生支出分别增长到709.5亿元和55.98元;按1978年不变价格计算分别为200.0亿元和15.78元,1990—2000年的年平均实际增长率分别为6.75%和5.66%;政府卫生支出占政府财政总支出的比重、占GDP的比重以及占卫生总费用分别下降到4.47%、0.71%和15.47%。这一时期由于我国医疗制度的改革,政府卫生费用支出相对于经济增长来说在下降,政府卫生费用支出的三个占比都在2000年前后达到最低点。我国医疗制度改革到2002年基本告一段落,因此2000年之后我国政府卫生支出有大幅度增长。到2018年时,我国政府卫生费用支出总额和人均政府卫生支出分别增长到 16 390.7 亿元和 1 174.6 元;按 1978 年不变价格计算分别为 2 448.38 亿元和 175.46 元,2000—2018 年年平均实际增长率分别达到 14.9% 和 14.3%;政府卫生费用支出占政府财政总支出的比重、占 GDP 的比重以及占卫生总费用的比重分别上升到 7.43%、1.82% 和 28.3%。在整个 1978—2018 年,按不变价格计算,我国 GDP 实际增长 36.8 倍,年平均实际增长 9.43%,财政支出总额实际增长 29.4 倍,年平均实际增长 8.82%,而政府卫生

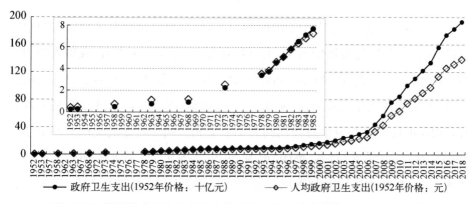

图 10-9　我国政府卫生支出和人均政府卫生支出的变化:1950—2018 年

数据来源:2018 年数据从网上获得,1952—1977 年卫生费用数据来自杜乐勋等(2009),其他来自历年《中国统计年鉴》。

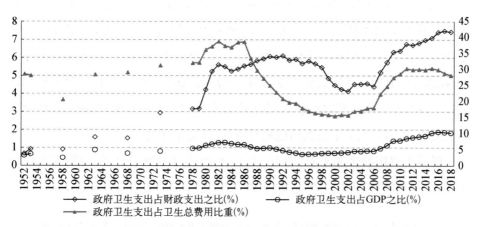

图 10-10　我国政府卫生支出各类占比情况的变化:1952—2018 年

数据来源:2018 年数据从网上获得,1952—1977 年卫生费用数据来源杜乐勋等(2009),其他来源历年《中国统计年鉴》。政府卫生支出占卫生总费用之比为右轴,其他为左轴。

费用支出实际增长约78.5倍,年平均增长11.5%,人均政府卫生支出实际增长47.7倍,年平均增长10.1%。政府卫生支出和个人政府卫生支出的实际增长速度远高于GDP和财政支出的实际增长速度。但政府卫生费用支出占政府财政总支出的比重、占GDP的比重以及占卫生总费用的比重则基本又回到1982年的水平。

五、健康医疗卫生费用及其结构状况的跨国比较

尽管我国医疗卫生费用自1949年以来,特别是自改革开放以来得到很大提高,但由于我国是发展中国家,人口基数大,人均收入水平低,我国人均卫生费用还很低,卫生总费用GDP占比相对于国家发展水平也不是很高。根据《中国卫生和计划生育统计年鉴(2015)》的数据(图10-11),按照购买平价计算,2015年我国人均卫生总费用约为762美元。同一时期的美国人均卫生总费用约为9540美元,日本、德国、英国、法国、加拿大、澳大利亚等国都在4000美元之上,西班牙和意大利等国在3000美元以上,韩国则为2556美元。金砖国家中俄罗斯、巴西和南非,以及发展中国家中的墨西哥、伊朗和土耳其等国人均卫生总费用也都在1000美元以上,其他发展中国家和人口大国如埃及(495美元)、印度(237美元)、印尼(369美元)等国都在500美元以下。同一时期的世界平均水平约为1300美元,高收入国家约为5280美元,中等收入国家约为560美元,中高收入国家为903美元,低收入国家约为98美元。由此可见,我国人均卫生总费用远低于发达国家和高收入国家水平,也低于世界平均水平和中高收入国家的平均水平,但高于中等收入国家平均水平;相对于其他金砖国家来说,我国人均卫生总费用也相对较低,只比印度高[①]。

就卫生费用的来源来看(图10-12),在2015年我国762美元(购买力平价计算,以下相同)的人均卫生总费用中,政府支付的费用为456美元,在人均卫

---

① 如果按照2015年官方汇率计算,我国人均医疗健康卫生费用只有425美元,世界的平均水平约为1002美元,高收入国家约为4874美元,中高收入国家约为457美元,中等收入组国家为257美元,低收入国家约为37美元。我国的人均卫生总费用仍是位于中等收入国家平均水平和中高收入国家平均水平之间。

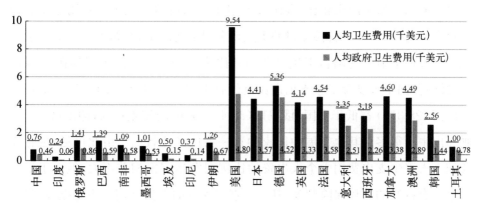

图 10-11　2015 年不同国家人均卫生支出总费用和人均政府卫生支出情况

注：① 数据来源：世界银行。② 纵坐标单位为千美元（按购买力平价计算）。

生支出总费用的占比为 59.8%，个人支付的费用为 307 美元，在人均卫生总费用的占比为 40.2%。其中，个人直接支付（out-of-pocket payments）的个人现金卫生费用为 246 美元，占人均卫生支出费用的 32.4%。在发达国家中，除美国（50.4%）和韩国（56.4%）之外，其他国家政府公共卫生支出占卫生总费用的比重一般都在 60% 以上。其中，法国、意大利、西班牙和加拿大都在 70% 以上，德国、英国和日本都在 80% 以上。金砖国家中，俄罗斯和南非的这一占比都高于中国，分别为 61.1% 和 56%，巴西和印度比中国低很多，分别只有 43.5% 和 26.5%。其他发展中大国和人口大国中，墨西哥（52.2%）和伊朗（53.4%）的这一占比高于 50%，埃及和印尼分别为 30.3% 和 38.8%，另外一些国家则基本上都在 30% 以下。由此可见，在居民卫生总费用的构成中，我国政府卫生支出的比重虽然比发达国家要低，但差距并不是很大。例如，作为同是经济大国和人口大国的美国，其政府公共卫生支出占卫生支出总费用之比就比中国还要低。同其他金砖国家相比，我国也只比俄罗斯略低，比其他金砖国家都高。在世界 10 大人口大国中，我国的这一数据排在第 2 位①。所以，同发

---

① 根据《国际统计年鉴（2017）》，2016 年世界人口最多的 11 个国家分别是中国（13.79 亿）、印度（13.24 亿）、美国（3.23 亿）、印度尼西亚（2.61 亿）、巴西（2.08 亿）、巴基斯坦（1.93 亿）、尼日利亚（1.86 亿）、孟加拉国（1.63 亿）、俄罗斯（1.44 亿）、墨西哥（1.28 亿）和日本（1.28 亿）。这些国家的人口总和达到 44.36 亿，占全世界人口（74.42 亿）的 59.6%。

展中国家和转型中国家相比,我国政府卫生支出占居民卫生总费用之比还是比较高。另外,就个人直接支付的个人现金卫生支出来看(如图10-12所示),我国个人现金卫生支出占卫生总费用之比为32.4%。发达国家都在20%左右,其中美国个人现金卫生支出占比也仅有11.1%;金砖国家中,南非(7.7%)和巴西(28.3%)都低于中国,俄罗斯(36.4%)同中国相差不大,印度(65.1%)则高出中国很多。其他发展中国家的这一占比都比较高。由此可见,尽管在我国个人卫生支出费用中个人出资的比例同发达国家相差不大,但由于发达国家具有良好的医疗保险制度,其个人直接支付的卫生费用并不是很高,我国个人直接支付费用相对比较高。

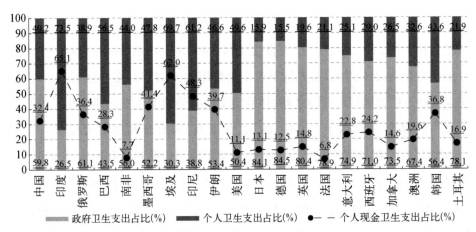

图 10-12　2015 年不同国家健康卫生费用总支出中政府支出和个人支出占比情况

注:① 数据来源:世界银行。② 政府卫生支出部分包括国内政府支出部分和国外援助部分。③ 日本和澳大利亚为 2014 年数据。

图 10-13 进一步给出了不同国家卫生总费用 GDP 占比的情况。由图 10-13 可知,2015 年我国卫生总费用 GDP 占比为 5.3%。发达国家的这一占比一般 9%—10%,其中,美国高达 16.9%,意大利和韩国则略低,分别只有 8.9% 和 7.4%。金砖国家中的俄罗斯(5.6%)、巴西(8.9%)和南非(8.2%)都高于中国,印度(3.9%)低于中国。其他发展中国家和人口大国中,伊朗为 7.5%,墨西哥为 5.8%,埃及为 4.2%,尼日利亚为 3.56%,亚洲国家中人口大国印尼、

孟加拉国和巴基斯坦则分别 3.4%、2.63% 和 2.69%。根据世界银行的《世界发展指标》,2015 年世界各国支出总费用 GDP 占比的平均水平为 10.57%,高收入国家平均为 12.28%,中等收入国家平均为 5.38%,中高收入国家为 5.77%,低收入国家平均为 6.21%①。由此可见,从世界各国的平均水平来看,目前我国医疗健康卫生支出占 GDP 的比重远低于发达国家水平,略低于中高收入国家和中等收入国家的平均水平,在金砖国家中只比印度高一点,但相对于亚洲、美洲和非洲的发展中国家,我国位居中等水平。

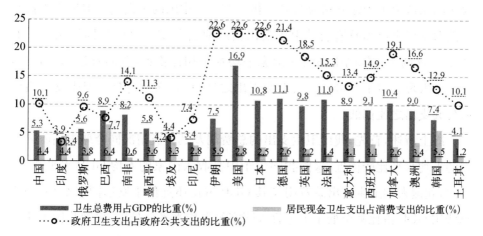

图 10-13 2015 年不同国家健康卫生支出费用在经济总量中的占比情况

注:① 数据来源:世界银行。② 日本和澳大利亚这两个国家的政府卫生支出占政府总支出的比重和居民卫生支出占居民消费支出的比重都是 2014 年数据。

图 10-13 还给出了个人现金卫生支出占个人消费支出的比例以及政府公共卫生支出占政府公共支出的比例。由图 10-13 可知,发达国家政府卫生支出占政府公共支出的比例一般都在 15% 以上,其中美国、日本和德国都在 20% 以上,意大利和西班牙比较低,分别为 13.4% 和 14.9%;发达国家的个人现金卫生支出占个人消费支出的比例一般为 2%—4%,其中法国最低,只有 1.4%,意大利和韩国则比较高,分别达到 4.1% 和 5.6%。发展中国家政府卫生支出占政府公共支出的比例相对发达国家比较低,一般都在 15% 以下,其中

① 低收入国家卫生费用包括国外援助的卫生支出,因此卫生总费用占 GDP 的比重比较高。

南非最高,达到14.1%,而印度和埃及都低于5%。发展中国家的个人现金卫生支出占个人消费支出的比例则相对发达国家较高,例如金砖国家中的巴西为6.4%,中国和印度都是4.4%,俄罗斯为3.8%,南非例外,只有0.6%。其他发展中国家中的伊朗为5.9%,墨西哥、埃及和印尼分别为3.6%、3.3%和2.8%。根据世界银行《世界发展指标》数据,2015年个人现金卫生支出占个人消费支出之比和政府公共卫生支出占政府公共支出之比的世界平均水平分别为3.06%和15.53%[①],高收入国家这两个指标分别是2.82%和18.64%,中高收入国家这两个指标分别为3.81%和9.97%。中国的个人现金卫生支出占个人消费支出之比和政府公共卫生支出占政府公共支出之比分别是4.42%和10.1%,这两个指标同中高收入国家平均水平相比都偏高,同发达国家相比,我国个人现金卫生支出占个人消费支出之比过高,而政府公共卫生支出占政府公共支出之比偏低。

综上所述,首先,我国卫生支出的总费用及其构成情况同全球中高收入国家的平均水平比较接近,这同我国位于中高收入国家的人均GDP水平相符。其次,我国人均卫生支出总费用及其GDP占比还远低于发达国家水平,卫生总费用GDP占比甚至低于中等收入国家的平均水平。最后,尽管我国卫生总费用中,目前政府出资的部分相对于其经济发展水平看来并不低,但个人直接支付的现金卫生支出占个人消费之比,以及个人现金支出占卫生总费用之比都偏高,这表明我国的医疗保险制度还有待于完善。

第二节 我国医疗卫生资源的变化和现状

中华人民共和国成立以来,我国的医疗卫生资源供给快速增加。本小节将从医疗机构数量、医疗床位数和医疗技术人员等方面分析我国医疗卫生资

[①] 2015年政府公共卫生支出占政府公共支出的比例的世界平均的数据确实,但2011年和2013年这一指标的世界平均水平都是15.53%。

源的发展情况。

一、医疗机构数量的变化

图 10-14 显示了 1949—2018 年我国各类医疗机构数量的变化情况。根据历年《中国统计年鉴》数据,1949 年各类医疗卫生机构总共才有 3 670 个[①],其中,医院 2 600 所、妇幼保健医院 9 所、专科疾病防治所 11 所,基层门诊部 769 所,其他医疗机构 251 所。到 1952 年时,各类医疗卫生机构总量增加到 38 987 个,其中医院 3 658 所,妇幼保健医院 2 379 所、专科疾病防治所 188 所,基层门诊部增加到 29 050 所,疾病预防控制中心 147 所。从"一五"计划开始,到 1978 年改革开始之前,我国医疗机构总数和各类医疗机构都经历了一次先快速上升,在 1958—1961 年"大跃进"时期达到局部最高峰。其中,妇幼保健医院在 1957 年达到 4 695 所,基层门诊部、医院和专科疾病防治所在 1961 年分别达到 21.76 万所、6 339 所和 735 所,疾病预防控制中心则在 1964 年达到 2 530 所。这些医疗机构然后又快速下降,大概在 1965 或者 1970 年达到最低值,之后又迅速上升。到 1978 年时,我国医疗卫生机构总数增加到 169 732 所,相对 1950 年增长 46.2 倍,平均年增长 14.67%。其中,医院增加到 9 293 所,相对 1950 年增长 2.32 倍,年平均增长 4.37%;妇幼保健医院增加到 2 571 所,相对 1950 年增长 6.04 倍,年平均增长 6.63%;专科疾病控制中心增加到 887 所,相对 1950 年增长 29.57 倍,年平均增长 12.86%;疾病预防控制中心增加到 2 989 所,相对 1950 年增长 49 倍,年平均增长 14.91%。其他基层医疗机构如乡镇卫生院、基层门诊部等也都有很大增长。由此可见,改革前我国各类医疗机构的发展速度很快,但波动性也很大。

---

① 根据《中国统计年鉴》解释,此处统计的医疗卫生机构是指从卫生(卫生计生)行政部门取得医疗机构执业许可证、计划生育技术服务许可证,或从民政、工商行政、机构编制管理部门取得法人单位登记证书,为社会提供医疗服务、公共卫生服务或从事医学科研和医学在职培训等工作的单位。医疗卫生机构包括医院、医学院校附属医院、基层医疗卫生机构、专业公共卫生机构、其他医疗卫生机构。统计的医院包括综合医院、中医医院、中西医结合医院、民族医院、各类专科医院和护理院,不包括专科疾病防治院、妇幼保健院和疗养院。

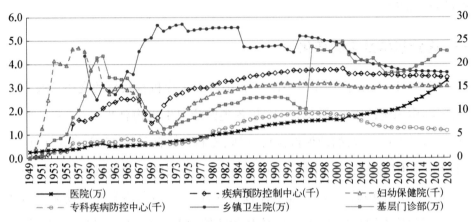

图 10-14　我国各类医疗机构数量的变化：1949—2018 年

注：① 数据来源：1949—2016 年数据来自历年《中国统计年鉴》和《新中国六十年统计资料汇编》；2018 年数据来自《2018 年我国卫生健康事业发展统计公报》。② 基层门诊所为右边纵坐标，其他为左边纵坐标。③ 2002 年前后统计口径不同。根据《中国统计年鉴》解释，2002 年及以后的各类卫生机构数为登记注册数。④ 2013 年起，医疗卫生机构数包括原计生部门主管的计划生育技术服务机构。⑤ 1996 年以前门诊部(所)不包括私人诊所。

1978 年改革开放之后，我国各类医疗机构更得到了持续稳定的发展。由于 2002 年后的统计口径发生变化，且 2002 年也正好是我国医疗制度改革完成时期，以下分析就以 2002 年为分界点，分析 2002 年前后两个阶段的发展情况。从图 10-14 可以看出，1978—2001 年和 2002—2018 年两个时期，医院、妇幼保健医院、专科疾病控制中心和疾病预防控制中心的变化呈现完全不同的变化趋势。在 1978—2001 年，这四类医疗机构基本都出现上升趋势，其中，医院增加到 16 197 所，相对 1950 年增长 0.74 倍，年平均增长 2.44%；妇幼保健医院增加到 3 132 所，相对 1950 年增长 0.22 倍，年平均增长 0.87%；专科疾病控制中心增加到 1 783 所，相对 1950 年增长 1.01 倍，年平均增长 3.08%；疾病预防控制中心增加到 3 813 所，相对 1950 年增长 0.28 倍，年平均增长 0.06%。需要指出的是，妇幼保健院和专科疾病控制中心其实已分别从 1999 年和 1997 年开始下降。但在 2002—2018 年，医院数量出现更快的增长趋势，从 2001 年的 1.78 万所增长到 2018 年的 3.30 万所，增长 0.85 倍，年平均增长 4.28%；妇幼保健医院数量变化不大，基本保持 3 000 所左右，2013 年之后可能因为统计原因略有增加,2018年为3 080所;疾病预防控制中心由2012年的3 580所减少到2018年的3 443所,专业疾病控制中心由2012年的1 839所下降到2018年的1 161所。后三类机构的下降可能同我国工业化和城市化过程中的人口集聚有关。因为根据《中国统计年鉴》中各类医疗机构拥有床位数来看,妇幼保健院和专科疾病防治中心的床位数都在增加,由此可以判断其全国总规模并没有下降,只是结构上进行了调整。

二、医疗技术人员和医疗床位数的变化

由于单个医疗机构的规模可能发生变化,而且我国人口总量也在变化,这使得医疗机构数量不能完全代表居民健康医疗卫生条件的变化,特别不能衡量人均年医疗条件的变化。下面分别从我国各类医疗机构的医疗技术人员数(包括总医疗卫生人员、医师和护士)和床位数以及人均医疗技术人员数和人均床位数来分析我国居民健康医疗资源供给的变化情况。

基于历年《中国统计年鉴》的数据,图10-15和图10-16分别显示了1949—2018年我国卫生人员数和人均卫生人数的变化情况,图10-17显示了1949—2018年我国医疗床位总数和人均医疗床位数的变化情况。从图10-15至图10-17中可以看出,无论是总量还是人均水平,1949年以来我国居民的医疗卫生资源得到显著改善和提高,不过不同时期和阶段增长的速度有一些差异。根据历年《中国统计年鉴》的数据,1949年我国城镇卫生人员、卫生技术人员、执业(助理)医生、执业医生以及医师护士人数分别为54.1万、50.5万、36.3万、31.4万和3.3万人(乡村医生和卫生人员没有统计数据)[①],各类医疗机构

---

① 根据《中国统计年鉴》解释,卫生人员是指在医院、基层医疗卫生机构、专业公共卫生机构及其他医疗卫生机构工作的职工,包括卫生技术人员、乡村医生和卫生员、其他技术人员、管理人员和工勤人员。一律按支付年底工资的在岗职工统计,包括各类聘任人员(含合同工)及返聘本单位半年以上人员,不包括临时工、离退休人员、退职人员、离开本单位仍保留劳动关系人员、本单位退聘和临聘不足半年人员。卫生技术人员包括执业医师、执业(助理)医师、注册护士、药师(士)、检验技师(士)、影像技师、卫生监督员和见习医(药、护、技)师(士)等卫生专业人员,但不包括从事管理工作的卫生技术人员(如院长、副院长、党委书记等)。执业(助理)医师是指师执业证"级别"为"执业助理医师"且实际从事医疗、预防保健工作的人员,不包括实际从事管理工作的执业助理医师。执业医师指师执业证"级别"为"执业医师"且实际从事医疗、预防保健工作的人员,不包括实际从事管理工作的执业医师。

床位总数和县级以上医疗床位数大概都只有8万张。1949—1978年我国各类卫生人员数和医疗床位数基本都在增长。从卫生人员数和床位数来看,1949—1958年和1970—1978年是两个增长较快的时期,且1960年左右卫生人员总数和医疗床位总数都由于大跃进的影响有一个明显的波动。1960—1970年增长较慢,甚至有时出现下降。1970年第一次有关于乡村医生和卫生人员的统计,当年乡村医生和卫生人员为477.88万,此后一直到1978年都基本保持不变。到1978年时,我国城镇卫生人员、卫生技术人员、执业(助理)医

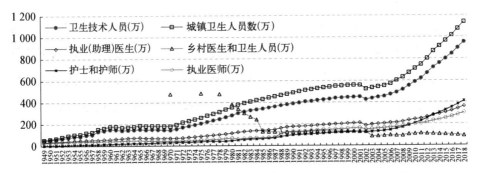

图 10-15　我国卫生技术人员、医师和护士总人数：1949—2018 年

注：① 数据来源：1949—2017 年数据来自历年《中国统计年鉴》和《新中国五十年统计资料汇编》,2018 年数据来自《2018 年我国卫生健康事业发展统计公报》；② 根据《中国统计年鉴》解释,2002 年及以后医生系执业(助理)医师数,护师(士)系注册护士数,故有所减少。

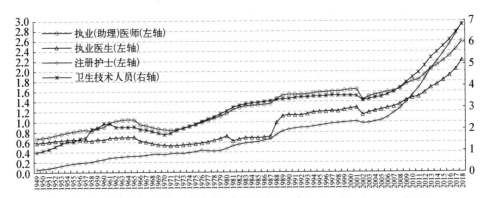

图 10-16　我国每千人口拥有的卫生技术人员、医师和护士：1949—2018 年

注：① 数据来源：1949—2016 年数据来自历年《中国统计年鉴》和《新中国五十年统计资料汇编》,2017—2018 年数据来自《2018 年我国卫生健康事业发展统计公报》；② 人均卫生技术人员数为右轴,其他变量为左轴。

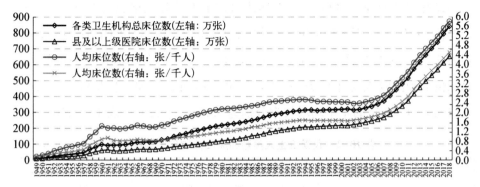

图 10-17 我国的医疗床位总数和人均床位数的变化：1949—2018 年

注：① 数据来源：1949—2016 年数据来自历年《中国统计年鉴》和《新中国 50 年统计资料汇编》，2017—2018 年数据来自《2018 年我国卫生健康事业发展统计公报》；② 机构总床位数和医院床位数为左轴，人均床位数为右轴。

生、执业医生以及医师护士人数分别为 310.6 万、246.4 万、103.3 万、61.0 万和 40.7 万人，1949—1978 年的年平均增长率分别分 6.21%、5.62%、3.67%、2.31% 和 9.05%，乡村医生和卫生人员下降到 477.70 万人；各类医疗机构床位总数和县级以上医疗床位数则分别增长到 204.2 万张和 109.3 万张，其年平均增长率分别为 11.59% 和 9.43%。由此可见，1949—1978 年我国卫生人员数和医疗床位数总量的增长非常快。

从人均水平来看，1949 年我国人均卫生人员数、人均执业医生、人均执业（助理）医师人数和人均注册护士人数分别为 0.93 位/千人、0.58 位/千人、0.67 位/千人和 0.06 位/千人，全国人均床位数为 0.16 张/千人，医院人均床位数为 0.15 张/千人。1949—1978 年，总体来看我国的人均医疗卫生技术人员和人均床位数都在增长，但在 1960 年有一个明显的波峰，而在 1960—1970 年有一个明显的下降阶段。1960 年的波峰是 1958 年"大跃进"运动的结果，1960—1970 年的下降是由于"大跃进"后进行的调整，以及这一时期人口的快速增长这双重影响带来的结果①。到 1978 年时，我国人均卫生人员数、人均执业医

---

① 根据《中国人口统计资料汇编》的资料，20 世纪 60 年代为我国人口增长率最快的时期。1962—1972 年这 10 年间，我国每年人口增长率都超过 2.2%，最高年份达到 3.3%。

生、人均执业(助理)医师人数和人均注册护士人数分别增长为2.56位/千人、0.63位/千人、1.07位/千人和0.42位/千人,1949—1978年的年平均增长率分别为3.55%、0.30%、1.63%和6.95%(表10-3);全国各类医疗机构中的人均总床位数和医院人均床位数在1978年也增加到2.12张/千人和1.14张/千人,1949—1978年的年平均增长率分别为9.40%和7.29%(表10-2、10-3)。

表10-2 我国卫生人员数和床位数的年平均增长率　　　　(单位:%)

时间(年)	城镇卫生人员	卫生技术人员	执业(助理)医师	执业医生	护士	总床位数	医院床位数
1949—1978	6.21	5.62	3.67	2.31	9.05	11.59	9.43
1978—2001	2.58	2.66	3.13	4.39	5.13	1.68	2.61
2002—2018	4.98	5.15	4.28	4.61	7.72	6.35	6.96

表10-3 我国人均医疗卫生人员和人均床位数的年平均增长率　　　　(单位:%)

时间(年)	卫生技术人员	执业(助理)医师	执业医生	护士	床位数	医院床位数
1949—1978	3.55	1.63	0.30	6.95	9.40	7.29
1978—2001	1.41	1.89	3.12	3.87	0.73	1.74
2002—2018	4.60	4.26	3.74	7.17	5.80	6.40

从图10-14中可以看出,1978年之后我国卫生人员数和医疗床位数一直在增长,且大约在2005年之后,有一个更快的增长速度。不过,由于2002年之后统计口径的变化,所有的数据在2001年之后有一个不连续的变化。为了避免统计口径变化的影响,以下分析以2001年分界点,分两个阶段讨论我国医疗人员数和医疗床位数的变化。根据《中国统计年鉴》数据,2001年我国城镇卫生人员数、卫生技术人员数、执业(助理)医生、执业医生以及医师护士人数分别增加到558.4万、450.8万、210.0万、163.7万和128.7万人,1978—2001年的年平均增长率分别分2.58%、2.66%、3.13%、4.39%和5.13%(表10-2);各类医疗机构床位总数和县级以上医疗床位数则分别增长到320.12万张和215.56万张,其年平均增长率分别为1.97%和3.00%。除执业医生外,其增长

率都小于1949—1978年时期。乡村医生和卫生人员数在1978—1985年快速下降,1985年只有129.30万人,之后直到2001年都变化不大,2001年为129.06万。就人均水平来看,2001年我国人均卫生人员数、人均执业医生、人均执业(助理)医师人数和人均注册护士人数分别增长为3.53位/千人、1.28位/千人、1.65位/千人和1.01位/千人,1978—2001年的年平均增长率分别为1.41%、3.12%、1.89%和3.87%。人均执业医生和人均执业(助理)医师人数的增长速度都比1949—1978年更快。2001年全国人均床位数增长到2.51张/千人,全国医院人均床位数增长到1.69张/千人,1978—2001年的年平均增长率分别为0.73%和1.74%,这两个增长速度都比1949—1978年慢很多。

在2002年我国医疗制度改革完成之后,我国卫生人员和医疗床位数迎来了1949年以来的又一次发展高潮。2002—2017年,我国城镇卫生人员数从2002年的523.8万增长到2018年的1 139.3万,年平均增长4.98%;卫生技术人员数从2002年的427.0万增加到2018年的952.9万,年平均增长5.15%;执业(助理)医生人数从184.4万增加到360.7万,年平均增长4.28%;执业医生从146.54万增长到301.1万,年平均增长4.61%;医师护士人数从124.7万增加到409.9万,年平均增长7.72%;不过乡村医生和卫生人员数从129.1万下降到了90.7万。各类医疗机构床位总数从2002年的313.6万张增长到2018年的840.4万张,年平均增长6.35%;县级以上医院床位数从222.2万张增长到651.97万张,年平均增长6.96%。这一期间我国各类医疗卫生人员总数和医疗床位数的增长速度远高于1978—2001年,其增长速度同1949—1978年相差不远。从人均水平来看,2002—2018年间,我国人均卫生人员总人数从3.32位/千人增加到6.83位/千人,年平均增长4.60%;人均执业医生人数从1.44位/千人增加到2.22位/千人,年平均增长4.26%;人均执业(助理)医师人数从1.44位/千人增加到2.58位/千人,年平均增长3.74%;注册护士人数从0.97位/千人增加到2.94位/千人,年平均增长7.17%。这些增长速度都远高于1978—2001年的速度,也高于1949—1978年的速度。各类医疗机构人均床位数从2002年的2.44张/千人增长到2018年的6.02张/千人,全国医院人均医疗床位数从2002年的1.93张/千人增长到2018年的4.67张/千人,其年平均增长率分别为5.80%和6.40%。这两个增长速度也都高于1978—2001年的速度,在人均水平远高于1949—1978年的情况下,其增长速度也同1949—1978年的相差不太大。

三、我国医疗卫生设施现状:国家比较

为了对目前我国医疗卫生资源条件的现状有更深的认识,这一小节利用世界主要经济大国和人口大国的医疗卫生资源条件做一个比较分析。图10-18显示了2015年世界主要经济大国和人口大国人均拥有的医生人数和护士助产士人数。从图中可以看出,2015年欧美发达国家每千人拥有的医生人数都在2.5—4.0之间,其中德国最高,达到每千人4.2位医生;金砖国家中俄罗斯比较高,达到每千人4.0位医生,巴西也有1.9位医生。其他发展中国家和人口大国都比较低,一般在1以下。中国2015年每千人拥有的医生达到3.6位,超过很多发达国家水平。据世界银行《世界发展指标》数据,2013年世界平均水平为每千人1.86位医生,高收入国家为每千人3.00位医生,OECD国家为每千人拥有2.86位医生,中高收入国家和中等收入国家分别为每千人3.00位和1.78位医生,中国2013年每千人拥有的医生为3.33位。从这些数据可以看出,目前我国人均拥有的医生数量相对世界其他国家来说是非常高的。

图10-18还显示,2015年欧美国家人均拥有的护士助产士人数都在每千人5.0位以上,其中德国、澳大利亚和日本都高达每千人13.8位、12.4位和11.2位,美国也有每千人9.4位。金砖国家中的俄罗斯、巴西和南非每千人拥有的护士助产士也都在6位以上,印度每千人拥有2.1位。其他人口大国和发展国家1.0位左右,其中孟加拉国和巴基斯坦分别只有0.5位和0.3位。中国每千人拥有的护士助产士为2.3位,远低于欧美国家水平,也低于金砖国家中的俄罗斯、巴西和南非,同印度差不多。据世界银行《世界发展指标》的数据,2013年世界平均水平为每千人拥有的护士助产士为3.14位,高收入国家为每千人8.68位护士助产士,OECD国家为每千人7.90位,中高收入国家和中等

收入国家分别为每千人3.35位和2.50位。中国2013年每千人拥有的护士助产士为2.03位。从这些数据可以看出,目前我国人均拥有的护士助产士相对世界其他国家非常低(见图10-18)。

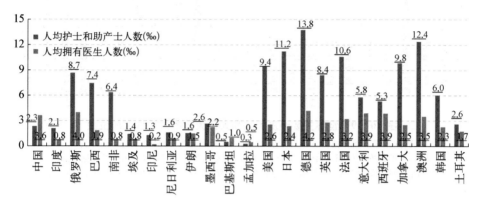

图10-18 2015年世界主要经济大国和人口大国人均医生和人均护士助产士

注:①数据来源:世界银行,《世界发展指标》;②纵坐标单位为每千人口拥有的医生数量和护士助产士人数;③印度为2016年数据,日本、埃及和伊朗为2014年数据,巴西为2013年数据,美国和土耳其的医生人数为2014年数据,美国的护士助产士数据和尼日利亚数据为2010年数据。

另外,通过观察人均医生数和人均护士助产士的人数比可以发现,一般在一个国家中,特别是发达国家,都是护士助产士人数要多于医生人数,但中国却是个例外。中国的人均医生人数是护士助产士人数的1.5倍多,而发达国家正好相反,其护士助产士人数是医生的2—4倍。发展中国家也只有孟加拉国和巴基斯坦是人均医生人数高于护士助产士人数。因此,中国的医生和护士人员的结构不合理。

由于世界银行的《世界发展指标》中各国人均医院床位数的数据不完整,图10-19给出了各国最新年份的人均医院床位数的数据。从图中可以看出,我国2011年人均医院床位数为每千人3.8张。同一时期欧美发达国家之间的差距比较大,美国、英国、意大利、西班牙和加拿大等国每千人的医院床位数只有3张左右,但日本、德国、法国和韩国等每千人拥有的医院床位数为6—13张。发展中国家一般都在每千人1张以下,巴西和南非达到每千人2张以上,俄罗斯为每千人9.7张(2006年)。2011年每千人拥有的医院床位数高收入国

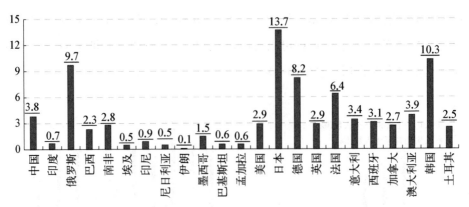

图 10-19 世界主要经济大国和人口大国的人均医院床位数

注：① 数据来源：世界银行，《世界发展指标》。尼日利亚为 2004 年数据，南非为 2005 年数据，俄罗斯为 2006 年数据，日本和韩国为 2009 年数据，澳大利亚和加拿大为 2010 年数据，巴基斯坦、埃及、印度尼西亚和伊朗为 2012 年数据，其他均为 2011 年数据；② 纵坐标单位为每千人拥有的床位数量。

家为 4.23 张，OECD 国家为 3.77 张，中高收入国家为 3.32 张，中等收入国家为 2.18 张。由此可见，我国人均拥有的医院床位数是比较高的，超过中高收入国家的平均水平，达到 OECD 国家的平均水平，距离高收入国家的平均水平也不远[①]。

第三节 我国居民健康状况的变化和现状

一、人口死亡率

图 10-20 显示 1949 年以来，我国人口死亡率的变化情况[②]。从图中可以看出，除个别时期外，在其他年份内，全国总的人口死亡率基本都在下降。在中华人民共和国成立的 1949 年，我国人口死亡率为 20‰，1952 年下降到

---

① 根据历年《中国统计年鉴》数据，2018 我国人均总床位数为每千人 6.02 张，人均医院床位数为 4.67 张。按照这一数据，我国已达到 2011 年高收入国家平均水平。

② 根据《中国统计年鉴》解释，死亡率（又称粗死亡率）是指在一定时期内（通常为一年）一定地区的死亡人数与同期内平均人数（或期中人数）之比，用千分率表示。死亡率的计算公式为：死亡率＝年死亡人口×1 000/年平均人口。

17‰,1957年进一步下降到10.8‰。但1958年我国人口死亡率开始上升,该年死亡率为11.98‰,1959年上升到14.59‰,1960年上升到最高峰25.43‰,超过1949年的死亡率。1961年死亡率开始下降,但仍达到14.2‰,仍高于1957年的水平。1962—1963年死亡率恢复到正常趋势,都在10.0‰,但1964年死亡率又上升到11.5‰。从1965年开始,我国人口死亡率开始恢复到正常趋势,且之后一直下降。到改革开放前夕的1977年,人口死亡率下降为6.87‰,2003年我国人口死亡率继续下降到6.4‰。值得注意的,2003年之后,我国人口死亡率开始上升,2014年达到改革后的最高峰7.18‰。2015—2016年又有所下降,2017—2018年有所上升,2018年我国人口死亡率为7.13‰。

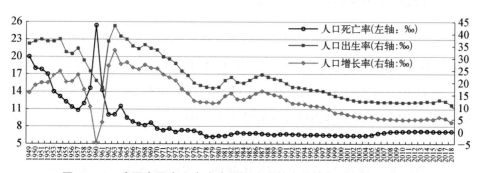

图 10-20　我国全国人口出生率和死亡率的变化情况:1949—2018年

注:① 数据来源:1949—2011年数据来自《中国卫生统计年鉴(2012)》,2012—2017年数据来自《中国统计年鉴(2018)》,2018年数据来自《2018年我国卫生健康事业发展统计公报》;② 纵坐标的单位为‰。

从死亡率来看,70年来我国居民的健康状况提高非常明显。1952—1978年,我国总人口死亡率下降了63%。但改革开放后的1978—2018年,我国总人口死亡率反而从6.25‰上升到7.13‰。不过,以全国平均人口死亡率来衡量健康状态会由于人口结构的变化而出现偏差。因为即使在个人健康状态和预期寿命不变的情况下,由于不同年龄的人群的死亡率并不相同,人口结构的变化会导致总人口死亡率的变化。例如,即使人均寿命不变,由于青年人群的死亡率一般都小于老年人群和婴幼儿人群,当人口出生率急剧上升而导致青少年人口增加时,全国平均人口死亡率就可能会下降;而当老年人口占总人口的比重越来越大时,全国平均人口死亡率可能就会有上升的趋势。由于我国在20世纪70年代末开始实行计划生育,1950—1970年间我国具有很高的人口出生率,70年代后期人口出生率突然下降,之后人口出生率则缓慢下降(如图10-20所示)。所以,1978年之前全国平均人口死亡率的快速下降可能部分受到人口结构变化的影响而加快。2000年之后,受到计划生育政策的影响,人口出现老龄化的趋势。因此,即使人们的健康状态没有变化,全国平均人口死亡率也会出现上升。为了更全面了解我国人口总体健康状况的变化情况,下面进一步通过其他健康指标来分析。

二、婴儿死亡率和孕产妇死亡率

表10-4进一步给出不同时期我国婴儿死亡率的变化情况,以及分性别人群在不同时期的预期寿命[①]。从表10-4中可以看出,新中国成立前,我国婴儿死亡率为200‰,即每100个当年出生的婴儿中平均有20个在当年就无法存活。在20世纪70年代初中期,我国婴儿死亡率下降到47‰。1981年婴儿死亡率进一步下降到34.7‰。2005年我国1岁以下婴儿的死亡率下降为19‰,2010年进一步下降到13.5‰。2018年我国1岁以下婴儿死亡率已经下降到6.1‰。1957—1981年,我国婴儿死亡率下降57.0%,1981—2018年婴儿死亡率下降了82.4%。

表10-4 我国不同时期的婴儿死亡率和不同人群的预期寿命

年份	婴儿死亡率(‰)	预期寿命(岁)		
		总体	男	女
1949年以前	200左右	35	—	—
1957	80.6	57	—	—

[①] 根据《中国卫生和计划生育统计年鉴(2017)》的解释,婴儿死亡率是指年内一定地区未满1岁婴儿死亡人数与同年出生的活产数之比。预期寿命是指某年某地区新出生的婴儿预期存活的平均年数,又称出生期望寿命或人均预期寿命,一般用"岁"表示。

续 表

年 份	婴儿死亡率(‰)	预期寿命(岁)		
		总 体	男	女
1973—1975	47.0	—	63.6	66.3
1981	34.7	67.9	66.4	69.3
1990	—	68.6	66.9	70.5
2000	32.2	71.4	69.6	73.3
2005	19.0	73.0	70.8	75.3
2010	13.1	74.8	72.4	77.4
2015	8.1	76.3	73.6	79.4
2018	6.1	77.0	—	—

注：数据来源：2015年男女预期寿命数据来自《中国统计年鉴(2017)》，2018年数据来源《2018年我国卫生健康事业发展统计公报》，其他年份数据来自《中国卫生和计划生育统计年鉴(2017)》。

根据世界银行数据，图10-21给出了1960—2017年我国男女性成年人口（指15—60岁人口）死亡率以及1岁以下婴儿死亡率。由图10-20和表10-5可知，1960—1962年我国成年男性死亡率大概在500‰，成年女性死亡率大概在400‰。这一期间1岁以下婴儿死亡率数据缺失，不过1969年婴儿死亡率为84.3‰，同年的男女性成年人口死亡率分别为280.1‰和240.3‰。1962年之后，我国成年男女性死亡率都在下降。到1978年，我国婴儿死亡率已下降到53.0‰，成年男女性死亡率分别下降到177.4‰和144.0‰，这三个数据相对于1969年分别下降了37.1%、36.8%和40.0%。1978年之后，我国1岁以下婴儿死亡率和成年男女性死亡率继续下降，到了2017年，我国1岁以下婴儿死亡率下降为8.0‰，成年男女性死亡率分别下降到90.8‰和66.1‰，这三个数据较1969年分别下降了90.5%、67.7%和72.5%。其中，1969—1978年，1岁以下婴儿死亡率、成年男性的死亡率和成年女性的死亡率分别下降了37.1%、36.8%和40.0%，1978—2017年这三个死亡率分别下降84.9%、48.8%和54.1%。

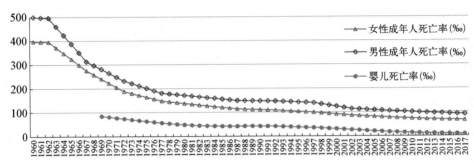

图 10-21　我国婴儿死亡率及成年人口死亡率的变化：1960—2017 年

注：① 数据来源：CEIC 数据库。原始数据来源：世界银行。② 纵坐标单位为‰。③ 成年人死亡率是指年按照当年的不同年龄组死亡率，当年 15—60 岁的成年男女在达到 60 岁以前死亡的概率。1 岁以下婴儿死亡率是指每 1 000 个出生时活着的婴儿在达到 1 岁之前死亡的人数。

表 10-5　我国婴儿及成年人的死亡率：1960—2017 年

年份	婴儿死亡率(‰)	成年男性死亡率(‰)	成年女性死亡率(‰)
1960	—	499.7	397.3
1969	84.3	280.1	240.3
1978	53.0	177.4	144.0
2000	30.1	91.8	123.6
2017	8.0	90.8	66.12

图 10-22 进一步显示了 1991—2018 年我国新生婴儿死亡率、婴儿死亡率、5 岁以下儿童死亡率和孕产妇死亡率的变化情况[①]。从图 10-22 中可以看出，包括孕产妇死亡率、各种年龄婴儿和儿童死亡率在内死亡率都出现下降趋势。这些数据表明，即使是在 1991 年之后，以这 4 种死亡率衡量的我国居民的健康状况也在不断地提高。其中，新生婴儿死亡率从 1991 年的 33.1‰以上下降到 2018 年的 3.9‰，下降了 88.2%；婴儿死亡率从 1991 年的 50.2‰下降

---

① 根据《中国统计年鉴》的解释，新生儿死亡率是指年内新生儿死亡数与活产数之比。新生儿死亡数是指出生至 28 天以内（即 0—27 天）死亡人数。孕产妇死亡率是指年内每 10 万名孕产妇的死亡人数。孕产妇死亡指从妊娠期至产后 42 天内，由于任何妊娠或妊娠处理有关的原因导致的死亡，但不包括意外原因死亡者。按国际通用计算方法，"孕产妇总数"以"活产数"代替计算。5 岁以下儿童死亡率是指年内未满 5 岁儿童死亡人数与活产数之比。活产数是指年内妊娠满 28 周及以上，娩出后有心跳、呼吸、脐带搏动、随意肌收缩四项生命体征之一的新生儿数。

到 2018 年的 6.1‰,下降了 87.8%;5 岁以下儿童死亡率从 61.0‰下降到 8.4‰,下降了 86.2%;孕产妇死亡率则从十万分之 80 下降到十万分之 18.6,下降了 77.1%。各种死亡率的下降率都超过了 80%。另外,从图 10-21 中还可以看出,除了孕产妇死亡率有少数几年提高之外,几乎所有的死亡率每年都在下降。其中,孕产妇死亡率在 2003 年度有较大幅度的上升,这可能同我国该年暴发非典疫情有关。

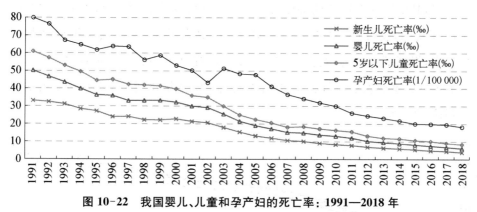

图 10-22　我国婴儿、儿童和孕产妇的死亡率:1991—2018 年

注:① 数据来源:1991—2017 年数据来自《中国统计年鉴(2018)》,2018 年数据来自《2018 年我国卫生健康事业发展统计公报》。② 纵坐标的单位:婴儿和儿童死亡率都是每千人中的死亡人数,孕产妇死亡率为每 10 万人中死亡人数。

三、人均预期寿命

表 10-4 中给出我国不同时期的人均预期寿命,图 10-23 进一步给出了 1960—2017 年我国居民人均预期寿命的变化趋势图。从表 10-4 和图 10-23 可以看出,新中国成立前我国人均预期寿命大概为 35 岁;1957 年左右我国居民预期寿命迅速上升到 57 岁;1960 年左右由于大饥荒的影响,人均寿命下降到 43.7 岁,其中男性预期寿命为 42.4 岁,女性预期寿命为 45.2 岁。1962 年之后我国人均预期寿命迅速上升。1970 年我国人均寿命迅速上升到 59.1 岁,略高于 1957 年,相对于 1962 年增加了 15.4 岁,人均寿命提高了 35.2%;其中男性人均预期寿命上升到 63.4 岁,增长了 21.2 岁,女性上升到 66.3 岁,增长了

21.1岁。到1978年时,我国人均寿命提高到65.9岁,其中男性人均预期寿命为64.5岁,女性为67.3岁。1949—1978年我国人均寿命提高了30.9岁。即使同1957年相比,1978年我国人均预期寿命也增加6.4岁,提高了15.6%。1978年之后我国人均寿命继续上升,到2000年时,我国人均寿命提高到72.0岁,男性人均预期寿命为70.4岁,女性为73.7岁;2005年进一步提高到73.0岁,其中男性为72.5岁,女性为75.6岁。到2017年时,我国人均寿命达到76.4岁,其中男性人均预期寿命为75.0岁,女性为78.0岁。同1978年相比,2017年我国人均预期寿命增加了10.6岁,提高了16.0%;其中男性增加了10.5岁,提高了16.2%,女性增加了10.7岁,提高了16.0%。根据《2018年我国卫生健康事业发展统计公报》的最新数据,2018年我国居民人均预期寿命已经到达77.0岁。

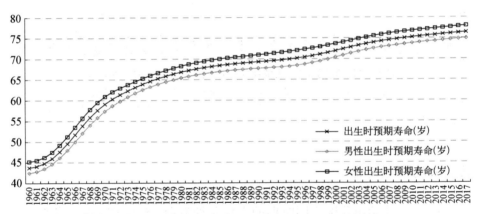

图10-23 我国居民出生时的预期寿命:1960—2017年

数据来源:CEIC数据库,原始数据来源于世界银行。

图10-23给出了1960—2016年我国男女新出生婴儿中能活到65岁的人口占同龄人口的比率。从图10-24中可以看出,1960—1962年我国男女新出生婴儿中能活到65岁的人口占同龄人口的比率基本变化不大之外,1962年之后这一比重都明显上升。具体来说,1960—1962年,我国男性新生婴儿中能活到65岁的人口占比大约为26.9%,女性新生婴儿大约为36.1%。1978年时,我国男性新生婴儿中能活到65岁的人口占比上升到66.4%,女性为72.1%。

到 2017 年时,我国男女新出生婴儿中能活到 65 岁的人口占比达到男性为 83.8%,女性为 88.0%。

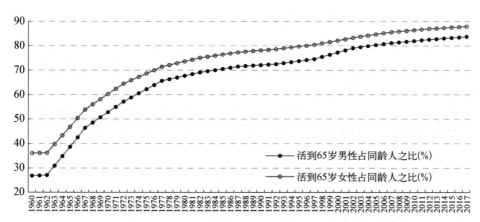

图 10-24　我国新生婴儿中能活到 65 岁以上的概率:1960—2017 年
数据来源:CEIC 数据库,原始数据来源于世界银行。

四、各种传染性疾病的发病率和死亡率

图 10-25 显示了 1950—2018 年我国甲乙类法定报告传染病的发病率和死亡率的变化情况。从图中可以看出,1950 年我国甲乙类法定报告传染病的发病率和死亡率都不算太高,发病率大概是 1.63‰,而死亡率大概是十万分之 6.7。但是 20 世纪 50 年代到 70 年代期间,我国甲乙类法定报告传染病的发病率和死亡率都在上升,传染病的发病率上升到 1970 年的 70.6‰,其死亡率也在 1955 年和 1965 年也分别高达十万分之 18.43 和十万分之 18.71。1970—1978 年甲乙类法定报告传染病的发病率和死亡率都显著下降,发病率下降到了 23.7‰,死亡率下降到了十万分之 4.86。1978 年同 1950 年相比,我国甲乙类法定报告传染病的发病率仍然上升了 13.5 倍,死亡率下降了 27.5%。1978 年之后,我国甲乙类法定报告传染病的发病率和死亡率基本都呈现下降趋势。从图 10-24 中可以发现,1978 年之后我国传染病的发病率和死亡率的变化趋势也可以分为两个阶段。1978—1996 年为传染病发病率和死亡率快速下降阶

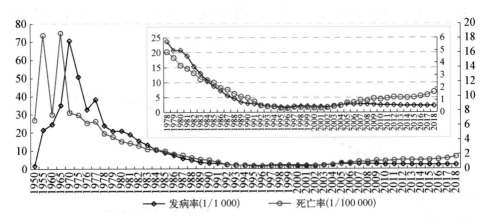

图 10-25　我国甲乙类法定报告传染病的发病率和死亡率：1950—2018 年

注：数据来源：《中国卫生和计划生育统计年鉴（2017）》，2017—2018 年数据来自《2018 年我国卫生健康事业发展统计公报》。① 2005 年起，流行性和地方性斑疹伤寒、黑热病调整为丙类传染病。② 2009 年甲型 H1N1 流感纳入乙类传染病。③ 2013 年 11 月 1 日起，人感染 H7N9 禽流感纳入法定乙类传染病，甲型 H1N1 流感从乙类调整至丙类。

段。这一期间传染病发病率从 1978 年的 23.7‰下降到 1996 年的 1.66‰，18 年间下降了 93.0%，年平均下降率为 13.7%。传染病发病率在 1996 年达到最低点。传染病死亡率从 1978 年的十万分之 4.86 下降到 1996 年的十万分之 0.33，18 年间下降了 93.2%，年平均下降率为 13.9%。传染病死亡率也在 1996 年达到最低点。1997—2018 年传染病的发病率呈现波动趋势，但波动幅度不大，基本在 2‰—3‰波动，2018 年传染病的发病率为 2.2‰，比 1996 年略有上升。同一时期，我国传染病的死亡率略微呈现上升趋势，但上升幅度不大。2018 年传染病的死亡率为十万分之 1.66，相对于 1996 年上升了 4.25 倍。1996 年之后我国传染性疾病死亡率的上升主要是有两方面的原因：一方面因为一些传染性疾病由于病毒进化和变异而导致其病死率（死亡人数除了染病人数）上升，如流行性脑脊髓膜炎的病死率由 1996 年的 5.58%上升到 2014 年的 7.2%，疟疾的病死率由 1996 年的 0.07%上升到 2014 年的 0.82%，艾滋病的病死率由 2004 年的 0.02%上升到 2018 年的 29.3%。另一方面，是因为一些传染病的发病率（或感染率）也在上升。例如 HIV（艾滋病病毒）感染者的发病率由 1997 年的十万分之 0.15 上升到 2016 年的十万分之 6.4，艾滋病的发病率由 1997 年的 10 万分之 0.15 上升到 2018 年的 10 万分之 4.60①。

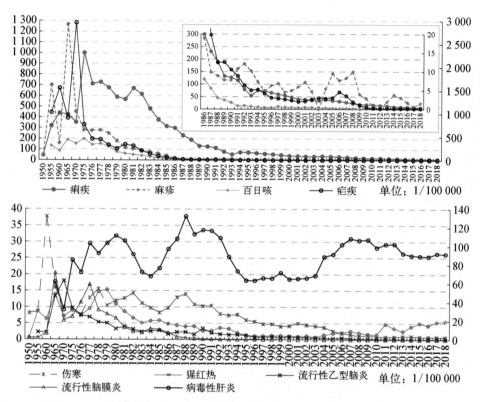

图 10-26　我国几类主要甲乙类法定报告传染病的发病率：1950—2018 年

数据来源：《中国卫生与计划生育统计年鉴(2017)》，2017—2018 年数据来自《2018 年我国卫生健康事业发展统计公报》。注：疟疾、流行性脑膜炎和病毒性肝炎是右边纵坐标，其他为左边纵坐标。

表 10-6　我国各类甲乙类法定报告传染病的发病率：1950—2018 年

（单位：1/100 000）

疾病＼年份	1950	1960	1970	1978	1980	1990	2000	2010	2018
病毒性肝炎		61.84*	32.23	92.39	111.47	117.57	64.91	98.74	91.73
肺结核						39.21a	43.75	74.27	59.0
梅　毒					0.01b	0.23	6.43	28.90	35.46

---

① 数据来源：2017 年《中国卫生和计划生育统计年鉴》和《2018 年我国卫生健康事业发展统计公报》。

续　表

疾病＼年份	1950	1960	1970	1978	1980	1990	2000	2010	2018
细菌性和阿米巴性痢疾	46.37	438.88	352.15	676.06	568.99	127.44	40.79	18.9	9.53
淋病					0.02[c]	9.49	22.92	8.07	9.54
猩红热	0.59	6.38	7.22	14.69	10.95	2.7	1.08	1.56	5.65
艾滋病						0.01[a]	0.02	2.56	4.60
布鲁氏菌病	0.23[d]	0.33	0.99	0.24	0.17	0.07	0.17	2.53	2.72
伤寒和副伤寒	8.17	37.75	9.96	15.58	11.94	10.32	4.19	1.05	0.77
流行性出血热		0.1	0.41	1.58	3.12	3.66	3.05	0.71	0.86
百日咳	133.82[d]	87.77	152.23	125.95	62.82	1.8	0.46	0.13	1.58
登革热						0.03	0.03	0.02	0.37
麻疹	44.08	157.51	450.47	249.44	114.88	7.71	5.93	2.86	0.28
疟疾	1 027.7[d]	1 553.9	2 961.1	325.37	337.83	10.56	2.02	0.55	0.18
流行性乙型脑炎	2.3[d]	2.18	18.02	5.39	3.31	3.43	0.95	0.19	0.13
狂犬病	0.32[d]	0.03	0.18	0.25	0.69	0.32	0.04	0.15	0.03
炭疽	0.46[d]	0.21	0.23	0.54	0.43	0.21	0.05	0.02	0.02
钩端螺旋体病		19.73*	11.14	2.14	3.67	2.59	0.32	0.05	0.01
流行性脑脊椎膜炎	1.94	6.91	20.97	32.18	23.44	0.89	0.19	0.02	0.01
血吸虫病							0.24[e]	0.32	0.01

注：① 数据来源：《中国卫生和计划生育统计年鉴(2017)》和《2018年我国卫生健康事业发展统计公报》。② * 为1965年数据，a为1998年数据，b为1981年数据，c为1982年数据，d为1955年数据，e为2005年数据。

图10-26和表10-6给出了1950—2018年我国一些主要传染性疾病的发病率变化情况。其中，表10-6列出了2018年我国发病率排名前18位的传染性疾病在某些年份的发病率数据。由于不是所有的年份都有完整的数据，为了看出各种传染疾病的变化趋势，图10-26给出了一些具有较完整年度数据的传染病的发病率变化趋势图。由图10-26可知，图中所列9种代表性传染疾病在1950—1978年都呈现先上升后下降的趋势；在1978—2018年，除病毒性肝炎外，其他传染性的发病率基本都呈现了非常明显的下降趋势。在改革

开放前的1978年同1950年相比,在表10-6中所列的传染性疾病中,只有很少几种的发病率在下降。其中,疟疾的发病率从1950年的十万分之1 027下降到1978年的十万分之337.8,百日咳的发病率由十万分之133.8下降到125.4,狂犬病发病率也略有下降,从十万分之0.332下降到十万分之0.25。其他传染性疾病的发病率都在上升,其中有的传染性疾病发病率上升的幅度甚至达到十几倍到数十倍数。例如,细菌性和阿米巴性痢疾从1950年的十万分之46.4上升到1978年的十万分之676.1,上升近14倍;麻疹的发病率由十万分之44.1上升到十万分之249.4,上升5倍左右;流行性脑脊椎膜炎由十万分之1.94上升到十万分之32.2,上升15倍多;猩红热由十万分之0.59上升到十万分之14.7,上升近24倍;流行性出血也由1960年的十万分之0.1上升到1978年的十万分之1.58,上升15倍多。不过,在此期间,除狂犬病的病死率由1955年的29.76%上升到1978年的99.7%外,其他传染性疾病的病死率都明显下降。如病毒性乙肝的病死率由1965年的0.33%下降到1978年的0.20%,细菌性和阿米巴性痢疾由1950年的4.22%下降到1978年的0.12%,麻疹由6.46%下降到0.4%,猩红热、流行性脑脊椎膜炎、流行性乙型脑炎、百日咳和布鲁氏菌病等疾病的病死率也都分别从8.34%、16.54%、27.35%(1955年数据)、0.74%(1955年数据)和0.12%(1955年数据)下降到0.08%、4.17%、11.01%、0.11%和0.04%。

1978—2018年,在图10-26所列的9种传染性疾病中,除病毒性乙肝的发病率呈现出周期性波动变化趋势,以及猩红热在2003年之后有上升趋势外,其他传染性疾病的发病率都有明显下降趋势。例如,细菌性和阿米巴性痢疾的发病率从1978年的十万分之676.6下降到2018年的十万分之9.53,猩红热的发病率由1978年十万分之14.69下降到2018年的十万分之5.65,麻疹从十万分之249.44下降到十万分之0.28,百日咳从十万分之125.95下降到万分之1.58,疟疾从十万分之325.37下降到十万分之0.18。其他如流行性脑脊椎膜炎、狂犬病、流行性乙型脑炎等的发病率,也都大幅度下降。在表10-6中所列的17种传染性疾病中,除了肺结核、布鲁氏菌病和三种性传染病(梅毒、淋病和艾滋病)的发病率在上升外,其他传染性疾病的发病率都在下降。即使是那些发病率上升的疾病,由于1978—2016年这些疾病的病死率在下降,且病死率的下降幅度超过发病率的上升幅度,其总体的死亡率也基本都在下降,只有艾滋病的死亡率一直在上升(如图10-27所示)。

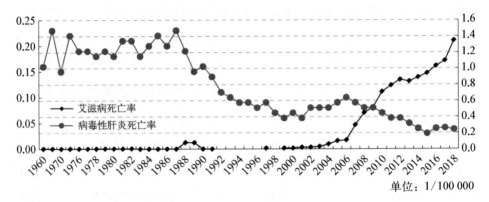

图10-27 我国病毒性肝炎和艾滋病的死亡率:1960—2018年

数据来源:《中国卫生与计划生育统计年鉴(2017)》和《2018年我国卫生健康事业发展统计公报》,本图数据系根据原始数据计算得到。

五、我国居民健康状况的跨国比较

虽然自1949年以来,特别是在1978年之后,我国居民健康状况在明显提高,但作为一个发展中国家,我国居民健康状态仍同发达国家有很大差距。首先,就儿童死亡率来看(如图10-28所示),根据世界银行《世界发展指标》的数据,2015年我国新生婴儿死亡率、1岁婴儿死亡率和5岁以下儿童死亡率分别为5.5‰、9.2‰和10.7‰,5岁儿童在5—14岁死亡率为2.9‰。发达国家的上述前3个指标都在7‰以下,5岁儿童在5—14岁死亡率都在1.5‰以下。其中,美国这4个指标分别为3.8‰、5.7‰、6.6‰和1.3‰,日本这4个指标则分别为0.9‰、2.0‰、3.0‰和0.8‰,德国则分别2.3‰、3.3‰、3.9‰和0.8‰。由此可见,中国婴儿死亡率指标远高于发达国家。在金砖五国中,俄罗斯(分别为3.5‰、6.8‰、8.0‰和2.5‰)的这4个指标也都比中国低;巴西(分别为8.2‰、14.0‰、15.7‰和2.5‰)同中国相差不多,前3个指标高于中国,但5岁儿童在5—14岁死亡率比中国低；印度（分别为26.4‰、36.2‰、45.2‰和6.7‰）和南非（分别为12.3‰、35.5‰、41.1‰和5.7‰）则都比中国要高出很多。在世界11个人口大国当中，只有美国、日本和俄罗斯的婴儿死亡率比中国低，墨西哥（分别为7.8‰、12.9‰、15.0‰和2.6‰）和巴西同中国比较接近，其他5国都比中国高出很多[①]。2015年新生婴儿死亡率、1岁婴儿死亡率、5岁以下儿童死亡率和5岁儿童在5—14岁死亡率这4个指标的世界平均水平分别为31.4‰、19.1‰、42.2‰和7.8‰，高收入国家这4个指标分别为4.6‰、3.1‰、5.6‰和1.1‰，中高收入国家这4个指标分别为4.6‰、7.5‰、14.8‰和3.0‰，中等收入国家这4个指标分别为31.8‰、19.2‰、39.2‰和6.6‰。所以，从婴儿死亡率来看，我国居民的健康状态比发达国家要落后很多，但在发展中国家要居于前列，即使是按照人均收入水平来看，我国婴儿死亡率也相对比较低，4个婴儿死亡率的指标都要低于中高收入国家的平均水平。

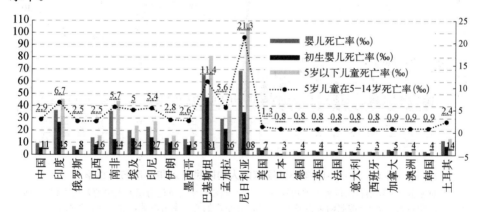

图10-28　2015年世界主要经济大国和人口大国的婴儿和儿童死亡率

注：① 数据来源：世界银行，《世界发展指标》。② 婴儿及儿童死亡率为每千人中的死亡人数，孕产妇死亡率为每万人中的死亡人数。人均GDP的单位为千美元（按照当年官方汇率计算）。③ 图中标识的数据是5岁以下儿童死亡率和5岁儿童在5—14岁死亡率。

---

① 根据《国际统计年鉴（2017）》，2016年世界人口最多的11个国家分别是中国（13.79亿）、印度（13.24亿）、美国（3.23亿）、印度尼西亚（2.61亿）、巴西（2.08亿）、巴基斯坦（1.93亿）、尼日利亚（1.86亿）、孟加拉国（1.63亿）、俄罗斯（1.44亿）、墨西哥（1.28亿）和日本（1.28亿）。这些国家的人口总和达到44.36亿，占全世界人口（74.42亿）的59.6%。

其次,从孕产妇死亡率来看(如图10-29所示),根据《世界发展指标》数据,2015年我国孕产妇死亡率为0.27‰,美国孕产妇死亡率为0.14‰,其他如澳大利亚、德国、日本和法国等发达国家都在0.1‰以下,韩国为0.11‰。因此,同发达国家相比,我国孕产妇死亡率仍然很高,几乎是发达国家的2—7倍。在金砖国家中,只有俄罗斯的孕产妇死亡率(0.27‰)略低于中国,巴西(0.44‰)是中国的1.6倍多,南非(1.82‰)和印度(1.74‰)远高于中国。在世界11大人口大国中,只有美国和俄罗斯的孕产妇死亡率比中国低。2015年孕产妇死亡率世界平均水平为2.16‰,高收入国家为0.13‰,中高收入国家为0.41‰,中等收入国家为1.80‰。由此可见,同婴儿死亡率指标一样,我国孕产妇死亡率指标要高出发达国家和高收入国家很多,但比发展中国家低,同时也低于我国人均收入所在的中高收入组国家的平均水平。

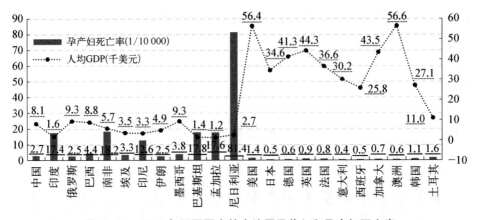

图10-29　2015年不同国家的人均国民收入和孕产妇死亡率

数据来源:世界银行,《世界发展指标》;② 孕产妇死亡率的单位为每万人中的死亡人数,人均国民收入的单位为千美元(按照购买力平价计算);③ 孕产妇死亡率为左轴,人均GDP为右轴。

最后分析人均预期寿命的国别比较情况。根据《世界发展指标》数据,图10-30显示了2015年世界主要经济大国和人口大国人均预期寿命和人均GDP的情况。由图10-30可知,除美国人均预期寿命(78.7岁)低于80岁外,其他发达国家的人均预期寿命基本上在80岁以上,其中女性预期寿命平均都在81岁以上,男性预期寿命基本都在78岁以上(美国为76.3岁)。2015年中国人均预期寿命为76.1岁,比美国低2.6岁,其中女性平均预期寿命为77.7岁,男性为74.6岁,比发达国家低2岁以上。中国人均预期寿命是金砖国家中最高的,只有巴西人均预期寿命(75.2岁)同中国比较接近,其他俄罗斯(71.2岁)、印度(68.3岁)和南非(62.0岁)都比中国低出5—12岁。其他发展中国家只有伊朗和墨西哥的人均预期寿命同中国比较接近。2015年男性预期寿命、女性预期寿命和总体人均预期寿命的世界平均水平分别为69.8岁、74.1岁和71.9岁,高收入国家这3个指标分别为77.8岁、83.1岁和80.3岁,中高收入国家分别为72.9岁、77.5岁和75.1岁,中等收入国家这3个指标分别为69.1岁、73.3岁和71.1岁。由此可见,我国人均预期寿命要显著低于发达国家水平,但比发展中国家的平均水平要高,特别是高于中国人均寿命所在的中高收入组国家的平均水平。

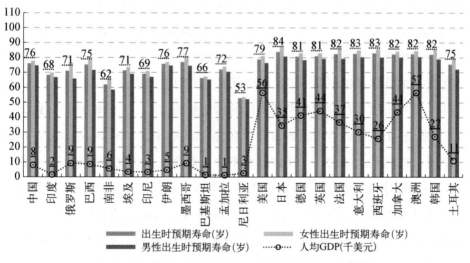

图10-30 2015年不同国家人均预期寿命和人口数量

注:① 世界银行,《世界发展指标》。② 人均国民收入的单位是千美元(按照当年汇率计算);人均寿命的单位为岁。③ 图中标识数据为出生时预期寿命。

第四节 本章主要结论

本章主要讨论新中国成立以来我国医疗卫生健康的发展状况。分析主要从卫生总费用及其结构的变迁、医疗卫生资源的演变和居民健康指标的变化三个方面进行了研究,同时本章还通过跨国比较分析,研究我国医疗卫生健康现状。本章的研究表明,新中国成立70年来,我国卫生总费用及其GDP占比都一直在迅速增长,国家医疗卫生资源日益丰富,医疗卫生人员和医疗床位数的总量和人均拥有量都在不断增长;以各种指标衡量的居民健康水平都在提高。但是,无论以哪种指标衡量,同发达国家相比,我国医疗卫生健康状况还存在一定差距。

卫生总费用及其结构的变化方面,从总量来看,1952—2018年,我国卫生总费用增长近800倍,年平均实际增长10.33%。其中,1952—1978年年平均实际增长率为10.18%,1978—2018年年平均实际增长10.97%。我国卫生总费用GDP占比也一直增长,从1952年的1.26%增长到1978年的3.06%,再增长到2018年的6.39%。在卫生总费用的结构方面,1952年时政府卫生费用占整个卫生总费用的比重为28.7%,由于数据缺失,个人现金卫生支出和社会卫生支出的具体占比不详;1978年政府卫生费用占比提高到32.16%,个人现金卫生费用支出和社会卫生费用支出的占比分别为47.14%和20.4%;到2018年时,政府、个人和社会出资的占比分别为28.3%、43.0%和28.7%,基本出现三者平分的结构。相对于1978年,目前个人现金支出的比例提高了8个百分点,而政府和社会出资占比分别下降了4个百分点。此外,人均卫生费用支出占个人消费支出的比例和个人现金卫生支出占个人现金消费的比例近70年来也一直在上升,政府卫生支出占政府财政支出的比例也基本呈现上升趋势,但改革后有段时间出现了下降。

同世界其他国家相比,在总量方面,目前我国卫生总费用GDP占比远低于发达国家,也低于中高收入国家和中等收入国家的平均水平,在金砖国家中只比印度高一点,相对于亚洲、美洲和非洲的发展中国家,我国位居中等水平。我国人均卫生总费用也远低于发达国家和高收入国家水平,且低于世界平均水平和高收入国家的平均水平,但高于中高收入国家平均水平;相对于其他金砖国家来说,我国人均卫生总费用也相对较低。在结构方面,尽管在我国人均卫生总费用中个人支付的比例同发达国家相差不大,但发达国家中由个人直接支付的卫生费用并不很高,只有20%左右,我国个人直接支付费用则高达32%。中国的个人现金卫生支出占个人消费支出的比重和政府公共卫生支出占政府公共支出的比重同中高收入国家平均水平相比都偏高,但同发达国家相比,我国前一个比重相对过高,而后一个比重则相对偏低。

从健康医疗卫生资源来看,我国各类医疗机构数总量从1949年的3 670所增长到1978年的16.97万所,再增长到2018年的99.74万所,其中医院数由2 600所增长到8 841所,再增长到33 009所。全国各类卫生人员总数从1949年的54.1万人增长到1978年的788.3万人,再增长到2018年的1 230万人,其中执业医生人数由36.3万人增长到103.3万人,再增长到360.7万人。全国医疗床位数由1949年的8.5万张增长到1978年的204.2万张,再增长到2018年的840.4万张,其中医院床位数由8万张增长到185.6万张,再增长到652.0万张。从人均水平来看,每千人拥有的卫生技术人员和人均执业医生分别从1949年的0.93人和0.58人增长到1978年的2.56人和0.63人,再增长到2018年的6.83人和2.22人;每千人拥有的人均总医疗床位数和医院床位数分别从0.16张和0.15张增长到2.12张和2.14张,再增长到6.02张和4.67张。无论是从总量来看还是从人均水平来看,我国的医疗卫生资源都迅速增长。唯一例外是乡镇卫生院数,改革前从1958年的4.36万所增长到1978年的5.50万所,改革开放后则一直下降到2018年的3.65万所。因此,我国农村医疗资源相对更少,农民看病更加不方便。

从跨国比较来看,相对于中高收入国家的人均水平来说,我国人均拥有的医疗卫生资源已经非常丰富。我国人均医生人数和人均医院床位数甚至超过很多发达国家和同一经济发展水平的发展中国家。但是,我国的人均护士助产士人数明显不足,其绝对水平低于很多发展中国家。护士助产士同医生人数的比例更是倒挂,医生人数高于护士助产士人数。这同很多发达国家和发展中国家的医护人数结构相反。因此,改变我国护士和医生人数比例倒挂这一不合理的医务人员结构,扩大护士人数是我国医院迫切需要解决的问题。

从我国居民的总体健康状态来看,以各种健康指标衡量的数据都表明,新中国成立70年来我国居民健康水平在显著提高。例如,总体人口预期寿命从新中国成立前的35岁提高到1981年的67.9岁,再提高到2018年的77.0岁。再如,我国婴儿死亡率从新中国成立前的200‰下降到1981年的34.71‰,再下降到2018年的6.1‰;成年男女性的死亡率分别从1960年的499.71‰和397.31‰下降到1978年的177.41‰和144.01‰,再下降到2017年90.01‰和66.12‰。又如,我国甲乙类法定报告传染病的发病率和死亡率改革前分别从1950年的1.63‰和十万分之6.7变化到1978年的23.73‰和十万分之4.86,改革后分别下降到2018年的2.19‰和十万分之0.76。

就跨国比较来看,我国目前居民健康状况也已经达到中高收入组的平均水平,比绝大多数的发展中国家居民健康水平要高,但同发达国家仍有很大差距。例如,我国婴儿死亡率、产妇死亡率指标都低于发展中国家,也低于中高收入组的平均水平,但要高于发达国家和高收入国家。我国人均预期寿命高于发展中国家水平,也高于中高收入组的平均水平,但显著低于发达国家水平。

综上所述,从1949年以来,特别是从改革开放以来,我国以各种死亡率和预期寿命等指标衡量的居民健康状态在显著提高。目前,我国居民健康水平比绝大多数的发展中国家居民健康水平要高,但同发达国家仍有很大差距,仍有待提高。

参考文献

[1] 杜乐勋、赵郁馨和刘国祥,《建国60年政府卫生投入和卫生总费用核算的回顾与展望》,《中国卫生政策研究》,2009年第10期。

[2] 国家统计局国民经济综合统计司,《新中国五十年统计资料汇编》,中国统计出版社,1999年。

[3] 国家统计局国民经济综合统计司,《新中国六十年统计资料汇编》,中国统计出版社,2010年。

[4] 国家卫生和计划生育委员会,《中国卫生与计划生育统计年鉴(2017)》,中国协和医科大学出版社,2017年。

[5] 宁吉喆,《国际统计年鉴(2017)》,中国统计出版社,2018年。
[6] 王弟海,《健康人力资本、经济增长和贫困性陷阱:一个理论分析框架》,《经济研究》,2012年第6期。
[7] 王弟海、黄亮和李宏毅,《健康投资能影响跨国人均产出差距吗?——来自跨国面板数据的经验研究》,《经济研究》,2016年第8期。
[8] 中国国家卫生健康委员会,《2018年我国卫生健康事业发展统计公报》,2019年5月22日。
[9] Barro, R. J., 1996, Health and Economic Growth, paper presented at the "Senior Policy Seminar on Health, Human Capital and Economic Growth: Theory, Evidence and Policies", Pan American Health Organization and Inter-American Development Bank, Washington, DC.
[10] Barro, R. and Sala-I-Martin, X., 1995, *Economic Growth*, McGraw-Hill.
[11] Fogel, R. W., 1994, Economic Growth, Population Theory, and Physiology: The Bearing of Long-Term Processes on the Making of Economic Policy, *American Economic Review*, 84, 369-395.
[12] Grossman, M., 1972, On the Concept of Health Capital and the Demand for Health, *Journal of Political Economy*, 80(2), 223-255.
[13] Ravallion, M. and Chen, S., 1997, What Can New Survey Data Tell Us about Recent Changes in Distribution and Poverty? *World Bank Economic Review*, 11 (2), 357-382.
[14] Schultz, T. P., 1999, Health and Schooling Investments in Africa, *Journal of Economic Perspective*, 13(3), 67-68.
[15] Sen, A. K., 1999, *Development as Freedom*. New York: Alfred A. Knopf, Inc.
[16] Squire, L., 1993, Fighting Poverty, *American Economic Review*, 83, 377-382.

第十一章

新中国70年是如何加强知识产权保护的？[*]

沈国兵　复旦大学世界经济研究所

---

[*] 本研究是教育部人文社会科学重点研究基地重大项目(17JJD790002)、国家社会科学基金重点项目(15AZD058)的资助。

第一节 经济制度环境与强化中国知识产权保护体系

中国知识产权保护的发展离不开国内外经济制度环境的大变革。根据国内外经济制度环境的变化,新中国加强知识产权保护大体上经历了三个阶段:中华人民共和国成立初期鼓励的中国知识产权保护;改革开放后兴起的中国知识产权保护;"入世"后不断强化的中国知识产权保护法律制度和行政与司法执法机制(沈国兵,2011)。

一、中华人民共和国成立初期象征性鼓励的中国知识产权保护

中华人民共和国成立后,于1950年8月颁布了有关发明权与专利权保护的中央政府管理条例,同年颁布了商标登记程序,尽管事实上很少有商标进行登记。1963年4月,中国公布了新的商标管理条例,要求商标进行登记,其目的旨在改善产品质量。并且,版权管理基于作品性质、文字数量与质量,以及印刷数量向作者提供报酬。但是,好景不长,随后而来的1966—1976年"文化大革命"造成中国知识产权保护体系完全瘫痪,科学家、艺术家和作家的专业活动被严重限制,知识产权补偿条例总体上被忽视或取消。在这段历史时期内,中国知识产权保护状况是受制于当时的国内经济制度环境的。

二、改革开放后兴起的中国知识产权保护

1978年改革开放后,中国颁布了符合大多国际标准的《专利法》《商标法》和《著作权法》,建立起培训官员、登记知识产权和判决争端的主要机构,在构

建和加强知识产权保护制度上迈出了很大一步。特别是，1979年中美之间达成了《贸易关系协定》(Agreement on Trade Relations)，在协定中具体阐明，中国将采用国际知识产权标准来保护美国贸易品所体现的知识产权。1980年，中国正式加入世界知识产权组织(WIPO)公约，成为WIPO的成员国之一。此后，中国在加入知识产权保护国际公约上取得了长足的进展，到2007年底几乎加入了所有主要的国际知识产权公约和协定。然而，处于国际知识产权保护的外在压力和引导下，中国加入的国际法律制度对于中国知识产权保护的执行机制来说是完全外生的，必须要经历一场炼狱式对接和融合的过程。

从20世纪80年代中期开始，中国就为当时的复关(恢复GATT地位)以及后来加入WTO在积极努力。由于美国在世界经济和贸易组织机构中特殊的主导地位，因而中国复关和"入世"基本上就是解决与美国的争端谈判问题。其中，围绕知识产权问题引发的争端是中美之间谈判的焦点之一。1986年，中美两国政府发起了发展中的知识产权磋商机制，1989年就中国《版权法》条文和范围达成谅解备忘录，经过六轮谈判后，中美双方于1992年1月就知识产权正式达成谅解备忘录，中国同意改善专利、商标、版权、商业秘密法律，以及加入主要国际公约。1994年后，美国抱怨主要集中在中国知识产权执行上而非其内容变化上，美国贸易代表向中国政府抱怨，中国企业正侵犯美国版权，具体如计算机软件、CDs、LDs和光碟等商品。1995年3月，中美达成中国知识产权保护协定，中国承诺公布所有法律、法规、管理条例和部门规章或者其他官方有关限制性文件。1996年6月17日，美中争端得到解决，中国加强了反盗版执行力度，关闭大量侵权的厂家和非法生产设备，查封未经授权的光盘和出版物，并增加对违反知识产权法的罚款力度。中国海关机构也加大执行力度，阻止成千上万张盗版CDs、LDs和VCDs非法出口到邻国，并且中国海关官员参加了几起美国组织的知识产权培训班。2000年11月，由43家著名商标企业在上海成立了中国第一家反盗版协会。国家版权局也建立了全国反盗版联盟，该联盟有权从事调查、搜集证据、汇报活动，甚至问题惩处。但是，加强知识产权执行在发展中国家成本是特别高昂的，它不仅需求稀缺的法律专业人才,而且需求稀缺的科学和工程专业人才参加这一行动。向中国政府游说加强知识产权保护的一个关键来源是在华外资企业、合资企业和中资企业成立的各种行业协会,来自这些行业协会对中国政府游说正督促着中国加强知识产权执行力度①。

三、"入世"后不断强化的中国知识产权保护法律制度

中美经过多轮磋商谈判之后,1999 年 11 月 15 日,中美两国政府签署了《中美关于中国加入世界贸易组织的双边协议》。这大大加快了中国加入 WTO 的进程。2001 年 12 月 11 日,中国正式加入 WTO 后,中国在国内知识产权法律制度上取得了一系列显著的进展。在专利方面,2001 年 7 月,中国第二次修正的《中华人民共和国专利法》施行,认定未授权的报价销售为违反专利所有权,并依据 TRIPS 协定更改和完善了部分条款。2008 年 12 月 27 日,中国第三次修正了《专利法》,于 2009 年 10 月 1 日起施行。2010 年 1 月 9 日,中国第二次修订了《专利法实施细则》,于 2010 年 2 月 1 日起施行。新的中国《专利法》加大了对侵权的惩罚力度,如新的《专利法》第七章第六十五条中增加了明确的处罚条款:"权利人的损失、侵权人获得的利益和专利许可使用费均难以确定的,人民法院可以根据专利权的类型、侵权行为的性质和情节等因素,确定给予一万元以上一百万元以下的赔偿。"

在商标方面,2001 年 10 月 27 日,《中华人民共和国商标法》第二次修正,同年 12 月 1 日施行,2002 年末修正其执行规则。修正后《商标法》遵从 TRIPS 协定,并做出不超过 50 万元的损害补偿,修正的执行规则允许地理标志登记,对著名商标保护给出更详细的阐释等。2013 年 8 月 30 日,中国《商标法》第三次修正,自 2014 年 5 月 1 日起施行。一是完善了商标注册、审查、续展制度,便利商标权利人;二是简化商标异议程序,维护商标权利的稳定;三是制止恶意注册商标,保护商标在先使用者;四是加强注册商标专用权保护;五

---

① 沈国兵,《中美贸易平衡问题研究》,中国财政经济出版社,2007 年,第 175 页。

是强化了注册商标使用的义务。2019年4月23日,中国《商标法》第四次修正,于2019年11月1日正式实施。一是明确注册商标须以使用为目的;二是加大对商标侵权的惩罚力度;三是强化对侵权材料工具的销毁。据此,中国在保护商标等知识产权上有了长足的进步。

在版权方面,2001年10月27日,《中华人民共和国著作权法》第一次修正。2002年9月15日起,中国《著作权法实施条例》施行。修正后的《著作权法》拓展了保护的作品、样式和范围,使之与TRIPS协定相一致。这些国内知识产权法律法规的修改和完善,为强化中国知识产权保护提供了有力的法律制度保障,已在很大程度上对强化中国知识产权保护的执行形成约束和规范。2010年2月26日,《著作权法》第二次修正,自2010年4月1日起施行。2013年1月30日,《著作权法实施条例》第二次修订,自2013年3月1日起施行。此次修改主要以提高罚款上限的方式加大行政处罚力度,从而打击著作权侵权行为。

四、"入世"后不断强化的中国知识产权保护的行政与司法执法机制

最好的法律制度没有有效的执行机制也是没有用的。中国知识产权保护的行政与司法执行机构从无到有,经历了一个分化和整合的历史过程。新中国成立后,在较长的一段时期内,中国知识产权保护的行政与司法执行机构基本上处于虚置状态。改革开放后,1978年、1980年和1985年,中国商标局、专利局和版权局先后成立。1998年,中国专利局更名为国家知识产权局,成为国务院的直属机构,主管专利工作和统筹协调涉外知识产权事宜。

第一,"入世"后中国知识产权保护的行政管理机构与执法体系发展态势。"入世"时,为遵守TRIPS协定,2000年8月中国第二次修正了《专利法》,2001年10月中国第二次修正了《商标法》和《著作权法》。2008年12月27日,中国第三次修正了《专利法》;2019年4月23日,中国第四次修正了《商标法》;2013年1月30日,中国第二次修订了《著作权法实施条例》。根据第三次修正后的中国《专利法》第一章第三条:国务院专利行政部门负责管理全国的专利工

作;统一受理和审查专利申请,依法授予专利权;省、自治区、直辖市人民政府管理专利工作的部门负责本行政区域内的专利管理工作。根据第四次修正后的中国《商标法》第一章第二条:国务院工商行政管理部门商标局主管全国商标注册和管理的工作;国务院工商行政管理部门设立商标评审委员会,负责处理商标争议事宜。根据第二次修正后的中国《著作权法》第一章第七条:国务院著作权行政管理部门主管全国的著作权管理工作;各省、自治区、直辖市人民政府的著作权行政管理部门主管本行政区域的著作权管理工作。据此,中国知识产权保护的行政管理机构与执法体系建立并逐步完善。

第二,"入世"后中国知识产权保护的司法保护体系发展态势。2000年9月,最高人民法院知识产权审判庭更名为最高人民法院民事审判第三庭,并正式成为最高人民法院独立建制的内设机构。这标志着中国知识产权司法保护部门正走向专业化路径。2004年11月,中国公布了《最高人民法院、最高人民检察院关于办理侵犯知识产权刑事案件具体应用法律若干问题的解释》,自2004年12月22日起施行。此次公布的解释对侵犯知识产权犯罪具体适用刑事责任的标准作出了详细和明确的规定,降低了知识产权刑事处罚的"门槛",加大了打击侵犯知识产权犯罪的力度,提高了知识产权刑事保护水平。2007年1月11日,最高人民法院发布《关于全面加强知识产权审判工作为建设创新型国家提供司法保障的意见》。2008年8月1日,最高人民法院发出《关于认真学习和贯彻〈国家知识产权战略纲要〉的通知》[1]。目前,全国法院单设知识产权庭298个,专设知识产权合议庭84个,共有从事知识产权审判的法官2 126人[2]。由此,中国知识产权司法保护体系基本建立。正如最高人民法院副院长曹建明大法官在2006年"知识产权司法保护国际研讨会"上表示,"中国已经成功建立的知识产权司法保护机制尽管尚有不甚完善之处,但它正在积极地、富有创造力地工作。"

---

[1] 国家知识产权局,《知识产权司法保护大事记》,2008-11-07,http://www.sipo.gov.cn/sipo2008/mtjj/2008/200811/t20081106_424362.html。
[2] 李飞和李剑,《司法护权、激励创新——三十年来全国法院知识产权司法保护工作综述》,《人民法院报》,2008年11月4日第8版。

第三,"入世"后中国知识产权保护的行政与司法执法机制相平衡模式。在中国保护知识产权的执法实践中,基本上形成了行政保护和司法保护两个途径并行运作、相互衔接的保护模式①。其中,行政执法保护是当前中国知识产权保护中最为重要的途径。具体来看,行政执法保护实行的是多头监管、分别保护的形式。也就是,由中国负责知识产权管理的行政执法部门各负其责、分别执行保护职能。实践中,国家知识产权局负责专利保护、集成电路布图设计保护,以及负责处理和协调与知识产权相关的国际事务;国家工商总局负责商标保护、地理标志保护;国家版权局负责著作权、软件著作权保护;农业部、林业局负责植物新品种保护;另外的职能部门分别负责知识产权的其他内容保护。在市场经济发展的初始阶段,实行多头监管、分别保护的行政管理与执法模式是有效的。但是,随着科技进步和中国市场经济的进一步发展,中国知识产权保护的对象变得日益交叉、复杂化。在此情况下,任何单一的行政执法部门都很难再进行有效的归口管理。而且,从国际上看,各国对知识产权最强有力的保护是司法保护而非行政保护。因此,中国要加强司法审查来监督行政管理机关的执法行为,防止行政机关滥用权力。由此,协调和强化中国知识产权保护的行政与司法执法机制相平衡模式成为当前亟须解决的凸显问题。

第二节 中国在不断发展中日益强化知识产权保护的建设

一、中国知识产权保护的国际制度建设:从被动接受到积极主动参与作为②

中国对知识产权保护制度的认知和发展,经历了从被动接受到积极主动

---

① 行政保护是指知识产权行政管理机关运用行政手段调处知识产权纠纷,制裁侵权行为。司法保护是运用司法手段来最终解决知识产权纠纷。行政保护与司法保护是呈相互补充的状态。
② 沈国兵,《中国知识产权保护制度在完善自身过程中成就了经济的辉煌》,《中国社会科学网》,2018年10月20日:http://econ.cssn.cn/jjx/jjx_shzyjjllysj/201810/t20181020_4720546.html。

参与作为的过程。客观地讲,改革开放之初,我们对知识产权保护制度是被动接受的。典型事例是,1979 年中国政府与美国谈判中美贸易协定时,首次遭遇到知识产权问题,美国方面强烈主张,知识产权保护应该是中美双边科技和贸易协定中不可分割的一部分,没有充分的知识产权保护,美国代表不能签署协定。中国方面最终极端不情愿地签署了包含他们未知的知识产权条款的协定。此次谈判后,中国开始掀起了首轮学习研究知识产权热,并于 1980 年加入世界知识产权组织(WIPO)公约,成为 WIPO 的正式成员国。此后,中国又批准了一系列知识产权保护国际公约或条约,从近乎空白走向一个广泛、系统保护知识产权的国家。

中国知识产权保护制度的快速引进服务于国家发展目标。1992 年中国建立社会主义市场经济体制后,中国知识产权保护已从外在被动接受转向自我主动参与。最为典型的是,1999 年根据中国和阿尔及利亚的提案,WIPO 在 2000 年召开的第三十五届成员大会上通过决议,决定从 2001 年起将每年的 4 月 26 日定为"世界知识产权日"。中国已批准了 WIPO 掌管的一系列知识产权保护国际公约和协定。2001 年 12 月 11 日中国加入 WTO。WTO 是推动中国知识产权保护制度改善的显著力量,引导着中国不断修正和完善知识产权法律法规,以便与 TRIPS 协定要求的标准相一致(沈国兵,2011)。而且,中国还加入了其他涉及知识产权的国际机构或国际公约。

在 WIPO 和 WTO 主导的知识产权保护国际法律制度环境下,中国已加入的知识产权保护国际公约主要有:第一,1980 年 6 月,中国加入世界知识产权组织公约(WIPO Convention);1985 年 3 月,中国加入工业产权保护的巴黎公约(Paris Convention);1992 年 10 月,加入文学与艺术作品保护的伯尔尼公约(Berne Convention);1994 年 1 月,加入专利合作条约(PCT);1989 年 10 月,加入商标国际注册马德里协定(Madrid Agreement);1995 年 12 月,加入商标国际注册马德里议定书(Madrid Protocol),并于 2003 年 4 月 17 日起,施行马德里商标国际注册实施办法;1994 年 8 月,加入商品与服务国际分类尼斯协定(Nice Agreement);1996 年 9 月,加入工业设计国际分类洛迦诺协定

(Locarno Agreement);1997 年 6 月,加入国际专利分类斯特拉斯堡协定(Strasbourg Agreement);1993 年 4 月,加入保护录音制作者日内瓦公约(Geneva Convention);1995 年 7 月,加入微生物存放布达佩斯条约(Budapest Treaty);2007 年 6 月,加入世界知识产权组织版权条约(WIPO Copyright Treaty,WCT);2007 年 6 月,加入 WIPO 表演和录音条约(WIPO Performances and Phonograms Treaty,WPPT)。此外,中国还是新加坡条约(Singapore Treaty)、商标法条约(Trademark Law Treaty,TLT)和华盛顿条约(Washington Treaty)的签字国。第二,中国已加入世界贸易组织管理的 TRIPS 协定。2001 年 12 月 11 日,中国加入 WTO,成为 TRIPS 协定的签约国。第三,中国已加入其他涉及知识产权的国际机构或国际公约。1995 年 11 月,中国成为亚太经合组织(APEC)成员国;1992 年 7 月,中国成为世界版权公约(Universal Copyright Convention,UCC)成员国;1999 年 4 月,中国加入国际植物新品种保护公约(UPOV Convention)。

二、中国知识产权保护的执法机制建设:不断增强行政与司法保护

中国知识产权保护的行政与法律执法体系在不断完善中。中国知识产权保护的行政与司法执行机构从无到有,经历了一个分化和整合的历史过程。改革开放后,1978 年、1980 年和 1985 年,中国商标局、专利局和版权局先后成立。1998 年,中国专利局更名为国家知识产权局,成为国务院直属机构,主管专利工作和统筹协调涉外知识产权事宜。根据中国《专利法》《商标法》和《著作权法》,国务院专利行政部门负责管理全国的专利工作;国务院工商行政管理部门商标局主管全国商标注册和管理的工作;国务院著作权行政管理部门主管全国的著作权管理工作。据此,中国知识产权保护的行政管理机构与执法体系在不断完善之中,但是要考虑到作为发展中国家自身经济发展所处的阶段,基于 TRIPS 协定最低保护标准进行知识产权保护。

中国知识产权司法保护正全面走向专业化路径。1993 年 8 月,北京市高级人民法院、中级人民法院在全国率先设立知识产权审判庭。1994 年 6 月 16

日,中国国务院新闻办公室首次发表了《中国知识产权保护状况》白皮书,详细阐述了中国政府保护知识产权的基本立场和态度。7月5日,国务院做出《关于进一步加强知识产权保护工作的决定》,八届全国人大常委会第八次会议通过了《惩治侵犯著作权犯罪的决定》。同年9月,最高人民法院发布《关于进一步加强知识产权司法保护的通知》。1996年10月,最高人民法院成立知识产权审判庭,负责审理各类知识产权案件,指导监督全国的知识产权审判工作。在北京、上海、天津、广东、福建、江苏、海南和四川,以及一些城市中级人民法院也相继建立了知识产权审判庭。没有知识产权审判庭的法院,则成立一个固定小组来处理知识产权案件。2004年11月,中国公布了《最高人民法院、最高人民检察院关于办理侵犯知识产权刑事案件具体应用法律若干问题的解释》,降低了知识产权刑事处罚的"门槛",加大打击侵犯知识产权犯罪的力度。2007年1月11日,最高人民法院发布《关于全面加强知识产权审判工作为建设创新型国家提供司法保障的意见》。2008年6月5日,中国国务院发布了《国家知识产权战略纲要》。2008年8月1日,最高人民法院发出《关于认真学习和贯彻〈国家知识产权战略纲要〉的通知》。2014年8月31日,中国人大委员会通过《关于在北京、上海、广州设立知识产权法院的决定》,截至12月28日,北京、广州、上海三地知识产权法院成立。至2016年7月7日,知识产权审判"三合一"工作在全国法院全面推开。截至2017年底,共设立北京、上海、广州三个知识产权法院和天津、南京、武汉等15个知识产权法庭。2018年3月5日,李克强总理在《政府工作报告》中指出:"强化知识产权保护,实行侵权惩罚性赔偿制度。"这些标志着中国知识产权司法保护部门正全面走向专业化路径,将有效提升知识产权专业化审判水平。

三、中国知识产权保护的自律机制建设:行业协会与知识产权所有者自我保护

与美国保护知识产权的行业协会细化和力量集中相比,中国的行业协会组织力量比较薄弱,而且各个协会力量分散,多为半官方组织,没有形成严格

的行业自律约束机制。全国性的知识产权行业协会数量较少、力量分散。目前,在中国从事知识产权保护影响较大的全国性行业协会有九个:(1)国际保护知识产权协会中国分会(AIPPI-China);(2)中国知识产权研究会(CIPS);(3)中国发明协会(CAI);(4)中华全国专利代理人协会(ACPAA);(5)中华商标协会(CTA);(6)中国版权协会(CSC);(7)中国音乐著作权协会(MCSC);(8)中国专利保护协会(PPAC);(9)中国软件联盟(CSA)。全国性知识产权行业协会多为半官方组织,难以形成保护知识产权的外在压力和内在自律机制。如果这些保护知识产权的全国性行业协会是介于政府和企事业单位之间的非政府组织,则它能够更好地反映行业保护知识产权的要求,对政府形成推动保护知识产权的外在压力,对企事业单位形成强化保护知识产权的内在自律约束。但是,一旦成为半官方性组织,则其保护机制功能就会缺损。因此,应淡化政府主要官员主导行业协会的作用,转而倡导企事业单位和个人积极参与行业协会组织体系建设,以增强民间行业协会自律约束机制和知识产权所有者自我保护意识[①]。

四、中国知识产权保护需要加强社会公众保护意识和政府反垄断规制建设

根据沈国兵(2011)研究表明,我国社会公众保护知识产权的意识还有待加强,主要表现在三个方面:一是对我国保护知识产权的现行法律法规的了解不够,也就不知道何谓合法保护和如何保护;二是对WTO保护知识产权的TRIPS协定知之较少、认识淡薄;三是我国民众针对知识产权滥用形成了一种侵权警示性信号。因此,应加强中国知识产权保护的现行法律法规和国际公约的宣传和普及,政府部门可考虑将知识产权常识教育纳入我国的普通义务教育课程。

同时,针对某些跨国企业利用知识产权垄断优势在华谋取高额垄断利润,

---

① 沈国兵,《与贸易有关知识产权协定下强化中国知识产权保护的经济分析》,中国财政经济出版社,2011年,第49—52页。

要合理地实施《反垄断法》,对知识产权滥用攫取的垄断利润进行强制性规制。在这方面,美国有比较成功的历史经验,比如1929年经济大萧条之后,美国政府加强了《反垄断法》的实施力度,对专利权做出了严格的限制规定(沈国兵,2011)。据此,中国跨国企业既要熟悉东道国知识产权法律规则,又要在遵守TRIPS协定下发挥灵活性;政府需要通过大幅减税、减少补贴来优化投资环境,在健全和充分发挥知识产权司法保护主导作用的同时,要健全防止滥用知识产权的反垄断审查制度。

第三节 新时代中国积极应对知识产权争端,保护知识产权愈发强健

一、中美新一轮知识产权争端:是保护知识产权之争还是遏制高科技发展[①]

围绕中国遵守和执行TRIPS协定问题,美国每年都对中国做出"入世"后年度评估报告,主要摩擦争端的焦点是:中国国内知识产权法律制度达标情况和中国国内知识产权保护执行情况。新一轮美中知识产权争端始发于2017年8月14日,当天美国总统特朗普签署一项行政备忘录,授权美国贸易代表罗伯特·莱特希泽针对"中国不公平贸易行为"发起调查,重点调查在技术转让领域里中国是否涉嫌违反美国的知识产权,通过调查以确保美国的知识产权和技术得到保护。2017年8月18日,莱特希泽宣布,将根据美国《1974年贸易法》第301条款,在涉及技术转让、知识产权和创新领域正式对中国启动"301调查"。莱特希泽此次着手对华"301调查",将依据"特别301条款",评估中国在知识产权问题上对美国可能造成的伤害。美国"特别301条款"是广义"301条款"的一种,该条款出处是美国《1974年贸易法》第182条,《1988年

---

① 沈国兵,《似是而非的"301调查",中国是如何加强知识产权保护的》,《澎湃新闻》,2018年4月17日:https://www.thepaper.cn/newsDetail_forward_2078645。

综合贸易与竞争法》第1303条对其内容做了增补。"特别301条款"专门针对那些美国认为对知识产权没有提供充分有效保护的国家和地区。美国贸易代表处(USTR)每年发布"特别301评估报告",全面评价与美国有贸易关系的国家的知识产权保护情况。根据"301调查",如果美国贸易代表认定某国贸易行为对美国的知识产权不利的话,美国有权单方面采取贸易制裁措施,比如征收高额关税和限制进口等。

2018年3月22日,USTR发布了对中国有关技术转让、知识产权和创新相关的行为、政策和做法的"301调查"结果后,美国总统特朗普签署备忘录,宣布将可能对从中国进口的600亿美元商品加征关税。4月3日,USTR确认中国一直在采取导致知识产权和技术转让、"窃取"的产业政策,宣布于7月6日开始对原产于中国的价值500亿美元进口商品加征25%的关税。3月23日、4月4日,中国分别给予反制措施。4月5日,美国总统特朗普要求USTR依据"301调查",额外对1000亿美元中国进口商品加征关税。4月6日,中国商务部和外交部被迫接连发声:中国将奉陪到底,我们不想打、但不怕打"贸易战"。4月8日,特朗普又在推特上称,双方将就知识产权达成协议。由此,围绕中国是否涉嫌违反美国知识产权的"301调查",中美新一轮知识产权保护争端会加剧中美贸易摩擦。

此次USTR发布的针对中国知识产权的"301调查",主要聚焦于四个问题:一是调查中国是否涉嫌使用许多政策工具,来控制或干预美国企业在中国的运作,要求或施压将技术和知识产权转移给中国企业;二是调查中国的法律、政策和实践是否涉嫌剥夺美国企业与中国企业在许可和其他技术相关的谈判中逐渐削弱美国企业在中国对其自身技术的控制力;三是调查中国是否涉嫌直接和/或不正当推动中国企业"系统性"投资和/或并购美国企业和资产,以获得前沿的技术、知识产权以及在中国认定的重要产业内实现相对大范围的技术转移;四是调查中国是否涉嫌通过网络窃取知识产权、商业秘密或机密商务信息,这些行为是否损害了美国企业的利益,而对中国的企业或商务机构提供了竞争优势。

但是，特朗普政府借助对中国有关涉嫌知识产权保护问题进行的"301调查"，目的是旨在遏制中国在创新发明和高科技领域的发展。第一，特朗普政府以中国"窃取"知识产权为名，着力打击中国的高科技产业。美方借口中国对知识产权保护不力，对中国启动"301调查"，并发布对中国企业出口禁令。如2018年4月16日，美国颁布出口禁令，禁止所有美国企业和个人以任何方式向中兴通信出售硬件、软件或技术服务，期限7年，立即执行，直到2025年。至此，这轮最初由宏观上指控中国是否涉嫌违反美国的知识产权、技术转让的调查事件，已夹杂着美国对中国企业发出出口禁令，使中美贸易摩擦由贸易领域转移到高科技产业领域的中国企业，对中国高科技发展产生了巨大冲击，中美在知识产权保护领域内的对抗也逐渐形成。第二，特朗普政府夸大中国企业"窃取"技术的力度，扩大了中美在知识产权保护领域中的摩擦风险。特朗普政府无视中国保护知识产权的事实，指责中国企业保护知识产权不力。经过40年快速的经济增长和显著的产业结构变化之后，中国企业日益强调发展品牌认知、质量声誉和产品创新。在这样的经济环境下，中方愈发加强知识产权保护领域内合作，推进包括《专利法》等法规的修订工作。西方企业和东亚的企业都会将一些成熟的工业技术转移到中国来合资开办企业，然后借助中国较低的生产成本，出口到美国和欧盟市场，从而形成中国出口"技术型产品"的假象，实际上都是中国加工组装出口的技术品。而美国严格管制出口自己独有的先进技术到中国，中国企业根本无法"窃取"到类似英特尔和波音等公司的核心技术。在中国技术发展过程中，知识产权保护争端问题呈现"倒U型"的发展态势，中国企业必须使用恰当的方法来加强知识产权保护[①]。典型的例子是，2003年1月23日，思科起诉华为侵犯其知识产权，华为迅速声明不存在侵权行为。尽管如此，华为还是停止在美国出售被思科指控的产品，转而与美国3COM公司结盟成立子公司，再由3COM为华为——思科诉讼案作证，否认华为侵权，并暗示思科的诉讼带有反竞争性质，持续一年半之久的诉

---

① 沈国兵，《"美国利益优先"战略背景下中美经贸摩擦升级的风险及中国对策》，《武汉大学学报（哲学社会科学版）》，2018年第5期。

讼最终以庭外和解而结束。究其原因,一是美国是依照判例断案的国家,二是华为不能失去美国市场。因此,华为选择庭外和解是以退为进的战略性选择①。因此,特朗普政府挑起的中美贸易摩擦已经不限于美中贸易不平衡,而是转向了借助知识产权保护不力和技术转让问题来遏制中国企业在创新发明和高科技领域的发展。

二、特朗普政府从推动CFIUS最新法案改革到发布企业出口禁令

第一,特朗普政府通过美国外国投资委员会(CFIUS)最新法案改革,公然实施技术遏制手段打压中国企业商业行为。美国凭借知识产权保护的国际竞争战略,不断施压中国增强知识产权保护、不得进行强制技术转让,以达到中国陷入出口中等技术商品的锁定效应。美国把知识产权战略作为国际竞争战略的一部分,以期强化知识产权的国际保护,从而建立技术转让壁垒,巩固其在国际竞争中的优势地位,并积极寻求建立统一的国际知识产权保护体系,推进知识产权保护制度国际化,从而在知识产权保护领域内构建对中国获得技术溢出和干中学效应的强大施压。CFIUS最新改革法案的提出者明确表示,此次改革主要是针对快速增长的中国对美直接投资。2018年伊始,蚂蚁金服集团收购美国速汇金公司失败、华为与美国电话电报公司合作破裂就是典型例证。未来中方在技术转让、知识产权保护上做出改革和改进的进程中,作为发展中国家,预计也将强烈诉求美方放松,乃至取消对华严格的出口技术管制政策,以及约束美国外国投资委员会对中资企业对美投资的恶意或差别审查等,以维护自身权益。究其原因,一是由美国商务部工业安全局拟定的针对关键技术和相关产品出口管制新框架,针对中国的意向较为明显,如果执行,意味着美国出口管制政策被大幅扩大和增强。二是CFIUS最新法案改革主要是针对快速增长的中国对美直接投资,是美国政府对中国企业进行技术封锁,

---

① Shen,G.,2018,China's firms need robust response to IPR accusations,*Global Times*,2018-04-15(8).[2018-07-25] http://www.globaltimes.cn/content/1098081.shtml.

以防止对美投资的中国企业从中获取可能的技术溢出①。

第二,中美经贸摩擦升级下特朗普政府对中国企业发布了企业出口禁令。美国时间 2018 年 4 月 16 日,美国商务部指控中兴通信违反了美国限制向伊朗出售美国技术的制裁条款,将中美经贸摩擦升级的第一张牌——出口禁令——罚给了中兴通信。对于中兴通信而言,禁令无疑是无法承受的。4 月 17 日,中国商务部做出回应。在 5 月 3 日至 4 日举行的中美经贸磋商中,中方就中兴通信案与美方进行了严正交涉。5 月 7 日,美国商务部长罗斯宣布,美国政府与中兴通信达成交易,美国同意暂时解除对中兴的制裁。但代价是,中兴通信需要再次缴纳 10 亿美元罚款,外加 4 亿美元委托给第三方托管,若被再次发现违规,托管的 4 亿美元也将被罚没。但是,6 月 18 日,美国重新启动针对中兴通信的销售禁令。事实上,中美双方都需要创造公平竞争的营商环境。美国作为知识产权保护领域内优势方,中美达成在加强知识产权保护领域内的经贸合作肯定对美方的收益远比对立更为重要②。2018 年 7 月 14 日,中兴通信已经向美国财政部缴纳了 10 亿美元罚金,并上交了 4 亿美元的保证金(若再违规该项资金将被没收)。加上 2017 年的 8.92 亿美元,中兴通信共需缴纳罚款 22.92 亿美金(约合人民币 146.8 亿元),才得以解除出口禁令。

三、加强知识产权保护是相对的,中国需要打造国际一流的营商环境应对摩擦

美国对知识产权保护的程度也是相对的,早期美国对来自外国的知识产权采取歧视性政策。在专利方面:1836 年之前,美国作为当时的技术净进口国一直限制对外国公民授予专利,1836 年这一限制被取消,但外国居民的专利申请费仍高出美国公民的 9 倍之多,这一歧视性政策直到 1861 年才被取消。美国是世界上很少实行"先发明制"的国家之一。这种不符合巴黎公约中国民

---

① 沈国兵,《特朗普政府"极限施压"策略剖析》,《学术前沿》,2019 年第 10 期。
② 沈国兵,《合作远比对立更重要:基于中美经贸摩擦三阶段的共识》,《清华金融评论》,2018 年第 7 期。

待遇原则的规定,损害了外国专利申请人的权益,但却大大增强美国国内专利发明人的竞争力。直到2013年3月16日,美国新的《专利法》生效,才结束了自1790年首次制定专利法以来所奉行的"先发明制",而改为"发明人先申请制"。在著作权方面:1891年前,美国著作权保护仅限于美国公民,外国著作权在美国仍受到各种各样限制。1989年美国才加入《伯尔尼公约》,这一时间比英国晚了100多年(沈国兵,2011)。

实践中,保护知识产权是双向的,而非中方单方面保护美方企业的知识产权,同样美方也需要严格保护中国企业的知识产权。中方在加强知识产权保护合作的同时,需要合理地实施《反垄断法》。中方在加强知识产权保护领域合作、推进包括《专利法》在内的相关法律法规修订工作的同时,需要清醒地认识到中国作为发展中经济,必须要考虑到自身经济发展的阶段,基于TRIPS协定保护标准进行知识产权保护,同时要合理实施《反垄断法》利剑,斩断跨国企业利用知识产权垄断优势在华谋取高额垄断利润的黑爪①。

我们需要清醒地认识到中美达成的一些共识是脆弱的,中方要坚定保护外商在华合法权益,强化知识产权保护,维护好外商在中国投资国际一流的营商环境,花大力气吸引他们留在中国,以期维持好我国与美国主导的全球价值链的全面挂钩。2018年11月5日,习近平主席在进博会演讲中指出,"中国将保护外资企业合法权益,坚决依法惩处侵犯外商合法权益特别是侵犯知识产权行为,提高知识产权审查质量和审查效率,引入惩罚性赔偿制度,显著提高违法成本。"据此,中国将以未来持续的进博会为契机,打造贸易自由化、投资便利化的国际一流的营商环境,促进与国际上游企业合作,让中国行业企业更好地对接国际先进制造业的中间品和资本品进口,形成跨国企业持续对华投资的吸引力。参照世界银行《2019年营商环境报告》,中国大陆已大幅上升、位列第46位。因此,中方需要打造国际一流的营商环境应对贸易摩擦,在扩大贸易、加强知识产权保护、鼓励外商投资和扩大中国金融市场开放上以合作姿

---

① 沈国兵,《合作远比对立更重要:基于中美经贸摩擦三阶段的共识》,《清华金融评论》,2018年第7期。

态积极化解对抗①。

四、中国加强知识产权保护的前景：新时代下强化知识产权保护愈发强健

2017年10月18日，习近平总书记在党的十九大报告中强调指出，"强化知识产权创造、保护、运用。"2018年3月5日，李克强总理在《政府工作报告》中强调指出，"强化知识产权保护，实行侵权惩罚性赔偿制度。"2018年4月10日，习近平主席在博鳌亚洲论坛2018年年会开幕式主旨演讲中强调，"加强知识产权保护。这是完善产权保护制度最重要的内容，也是提高中国经济竞争力最大的激励。""我们鼓励中外企业开展正常技术交流合作，保护在华外资企业合法知识产权。同时，我们希望外国政府加强对中国知识产权的保护。"事实上，经过改革开放40余年的经济增长和产业结构变化之后，中国经济正日益利用先进生产技术，同时需求也转向高质量的商品和服务。中国企业日益强调发展品牌认知、质量声誉和产品创新。在这样的经济环境下，知识产权条款和执行作为推进中国经济发展的重要性已日益凸显。西方企业和东亚的企业都会将一些成熟的工业技术转移到中国来合资开办企业，然后借助中国较低的成本，出口到美国、欧盟等市场，从而形成中国出口"技术型产品"的假象。实际上都是中国加工组装出口的技术品。随着习近平主席在博鳌亚洲论坛上宣布中国将扩大开放，加强知识产权保护举措后，可以预见，新时代下中国强化知识产权保护、建立更加完善的知识产权保护制度的信心和动力将更加强健。

现实中，中国一直在积极地为保护知识产权不懈地努力。2018年3月9日，最高人民法院院长周强作的《最高人民法院工作报告》显示，中国发布了知识产权司法保护纲要，各级法院审结一审知识产权案件68.3万件，促进大众创

---

① 沈国兵，《中美贸易摩擦的焦点和新动向》，《国际商务研究》，2019年第3期；转载于：《中国智库网》（国研中心），2019年6月20日，http：//www.chinathinktanks.org.cn/content/detail/id/tih76j20。

业、万众创新。正在探索在知识产权审判中适用惩罚性赔偿措施,着力解决侵权成本低、维权成本高等问题。依法审理"乔丹"商标争议行政纠纷、华为诉美国交互数字公司滥用市场支配地位等案件。2019年4月28日,国务院新闻办公室在举行的2018年中国知识产权发展状况新闻发布会上显示,一是中国正在打造知识产权强国建设。启动面向2035年的知识产权强国战略纲要的制定工作,完成《国家知识产权战略纲要》实施十年评估,完成重新组建国家知识产权局工作,实现专利、商标、原产地地理标志集中统一管理。版权工作由中央宣传部统一管理。完善最高人民法院知识产权法庭,持续优化审判资源配置。二是中国正在全面加强知识产权保护。中国《专利法》第四次修正案草案通过全国人大常委会第一次审议,草案明确建立侵权惩罚性赔偿制度,大幅提高侵权违法成本。积极推进著作权法修订,并启动商标法修订。《专利代理条例》《植物新品种保护条例》完成修订。制定了《"互联网＋"知识产权保护工作方案》①。据此,新时代下中国强化知识产权保护的脚步不会停下来,只会愈发稳健！新时代下中国强化知识产权保护、建立更加完善的知识产权保护制度的信心和动力将更加强健。随着习近平主席2018年4月10日在博鳌亚洲论坛上宣布中国将扩大开放,加强知识产权保护举措之后,可以预见,新时代中外企业开展正常的技术交流合作将会显著地增加和更加深化。

参考文献

[1] 国务院新闻办公室,《2018年中国知识产权发展状况新闻发布会在京举行》,2019年4月28日,http://www.sipo.gov.cn/xwfb/1138924.htm。

[2] 李飞、李剑,《司法护权、激励创新——三十年来全国法院知识产权司法保护工作综述》,《人民法院报》,2008年11月4日第8版。

[3] 沈国兵,《"美国利益优先"战略背景下中美经贸摩擦升级的风险及中国对策》,《武汉大学学报(哲学社会科学版)》,2018年第5期。

[4] 沈国兵,《合作远比对立更重要:基于中美经贸摩擦三阶段的共识》,《清华金融评论》,2018年第7期。

---

① 国务院新闻办公室:《2018年中国知识产权发展状况新闻发布会在京举行》,2019年4月28日,http://www.sipo.gov.cn/xwfb/1138924.htm。

［5］沈国兵,《似是而非的"301调查",中国是如何加强知识产权保护的》,《澎湃新闻》,2018年4月17日：https：//www.thepaper.cn/newsDetail_forward_2078645。

［6］沈国兵,《特朗普政府"极限施压"策略剖析》,《学术前沿》,2019年第10期。

［7］沈国兵,《与贸易有关知识产权协定下强化中国知识产权保护的经济分析》,中国财政经济出版社,2011年。

［8］沈国兵,《中国知识产权保护制度在完善自身过程中成就了经济的辉煌》,《中国社会科学网》,2018年10月20日：http：//econ.cssn.cn/jjx/jjx_shzyjjllysj/201810/t20181020_4720546.html。

［9］沈国兵,《中美贸易摩擦的焦点和新动向》,《国际商务研究》,2019年第3期。

［10］沈国兵,《中美贸易平衡问题研究》,中国财政经济出版社,2007年。

［11］Shen, G., 2018, China's firms need robust response to IPR accusations, *Global Times*, 2018-04-15(8). ［2018-07-25］http：//www.globaltimes.cn/content/1098081.shtml。

第十二章

新中国70年理论经济学的演变与发展

孙大权　复旦大学经济学院经济学系

理论经济学（包括马克思主义政治经济学和西方经济学）是高校经济学专业的基础课程①，也是国家经济政策的理论基础，它的演变与发展与新中国经济思想与经济政策的演变与发展息息相关。总结70年理论经济学演变的经验，对反思中国经济思想与经济政策的得失有重要的启示作用。本章重点在于梳理理论经济学演变脉络，尤其注重历史转折点的叙述，对于理论经济学具体内容的演变与发展论述相对较略。全文共分三部分，第一部分主要分析中华人民共和国成立至改革开始这一时期我国社会主义计划经济时期的理论经济学（1949—1978年），第二部分讨论了改革开放后我国理论经济学的发展和争论（1979—2019年），第三部分进行简短的总结。

第一节 社会主义计划经济时期的理论经济学（1949—1978年）

从1949年10月中华人民共和国成立，到1978年12月中共十一届三中全会召开，中国的主流理论经济学是苏联《政治经济学教科书》为代表的知识体系，但这30年间中国经济和政治变化巨大，因此，这30年的理论经济学发展又可分为五个小的时期，以下分别论述之。

一、苏联的与中国自编的《政治经济学》并行（1949—1954年）

1949年3月，中国共产党为筹建新中国召开了七届二中全会，会中决定全党干部应必读十二本马列主义著作。毛泽东指出："关于十二本干部必读的

---

① 本章所指理论经济学没有包括经济史、经济思想史、世界经济、人口资源与环境经济学。

书,过去我们读书没有一定的范围,翻译了很多书,也都发了,现在积二十多年之经验,深知要读这十二本书,规定在三年之内看一遍到两遍"(毛泽东,1996)。这十二种干部必读著作包括《社会发展简史》《政治经济学》《列宁斯大林论社会主义建设》三种与政治经济学理论直接相关者(毛泽东,1996)。而《社会发展简史》《政治经济学》均是采用苏联列昂节夫所著的中译本,三本干部必读经济理论著作均来自苏联,这体现了苏联的马克思主义经济学理论和思想体系开始全面传入,并深度影响中国。

1949年7月,苏联的列昂节夫所著的《社会发展简史·政治经济学》(干部必读)由北京解放社出版中译本。《社会发展简史》论述了谁是我们的祖先,原始共产主义,奴隶占有制度,封建制度,资本主义,从资本主义到共产主义的过渡时期,共产主义等社会发展的阶段,其内容属于广义政治经济学的范围。《政治经济学》论述了资本主义以前的社会特点,资本主义的发生、特点及其必然灭亡的规律,强调政治经济学是有阶级性、有党性、有战斗精神的科学。该书主体内容论述了政治经济学的资本主义部分,其附录《关于讲授政治经济学的几个问题》论述了政治经济学社会主义部分。此附录反映了斯大林的意见,提出了社会主义经济规律是客观产生的,价值规律在社会主义条件下也起作用等新观点。《社会发展简史》《政治经济学》作为"干部必读"著作产生了广泛的影响,其在最初出版的短短一年时间内平均每本印数达数十万册[①],它是新中国建立初期政治经济学理论的权威著作。

除列昂节夫所著的《政治经济学》是此时期干部教育的必读书外,一般国民教育的政治经济学教科书仍大多采用中国经济学家自编的政治经济学著作。

1949年3月,王思华著《政治经济学教程》由在哈尔滨的新中国书店出版。该书分为5编,(1)资本主义以前的社会经济,(2)资本主义经济,(3)帝国主义与资本主义的总危机,(4)中国经济,(5)社会主义经济。其第四、五两编内容为列昂节夫著《政治经济学》所无。1948年10月,王思华在此书《序言》

---

① 从1949年6月到1950年6月这一年的时间,"干部必读"印行总数达三百万册。参见中央编译局:《马克思恩格斯著作在中国的传播》,人民出版社,1983年。

中指出,"本教科书是在抗日战争期中着手来写的。当时(民国三十一年)在政治经济学的中国出版物中,最通俗与最流行的教科书,要算苏联名教授列昂节夫著的《政治经济学》了。但是他写的这本教科书对于中国读者来说,是不适宜的。因为它在内容上,既缺乏中国的经济材料,在叙述上,也欠扼要与简明。因此,在中国抗战青年的要求之下,为图弥补上述教科书的空隙与缺陷,我才着手写了这本教科书"(王思华,1949)。王思华在此明确指出了苏联列昂节夫所著的《政治经济学》这本教科书对中国读者"是不适宜的"。因此,他写作《政治经济学教程》的动机就是试图用中国化的政治经济学教科书取代苏联教科书。王思华写作此《序言》时是在 1949 年 3 月中共七届二中全会确立列昂节夫的《政治经济学》为干部必读书之前。说明中国经济学家不太满意苏联教科书的流行,并试图取代它。1951 年 7 月,王思华所著的《政治经济学教程》(修订本)由在沈阳的东北财经出版社出版。该书增加了大量的关于中国新民主主义经济的内容。王思华所著的《政治经济学教程》是新中国成立初期的重要教科书。

1949 年 8 月,沈志远所著的《新经济学大纲》(修订解放版)由生活·读书·新知三联书店出版。该书初版于 1934 年,其内容包括上篇"商品资本主义经济"和下篇"社会主义计划经济",它是中国最早的系统介绍马克思主义政治经济学理论的教科书。《新经济学大纲》(修订解放版)增加了关于中国新民主主义经济的内容,包括十二编:(1)前资本主义诸经济形态,(2)单纯商品经济,(3)资本与剩余价值论,(4)工资论,(5)再生产资本积累与经济危机,(6)资本循环与资本流转,(7)利润论,(8)信贷金融论,(9)地租论,(10)帝国主义论,(11)新民主主义经济,(12)社会主义的经济形态。沈志远著《新经济学大纲》(修订解放版)因其论述系统、内容丰富,许多高校将其选用为政治经济学课程的教科书。

薛暮桥所著的《政治经济学》(1942)论述了从原始社会到社会主义社会人类经济社会的发展历程。1949 年前后,该书被刘少奇批准用作全国干部读物和高中教科书。1949 年 8 月,新华书店出版的薛暮桥著《政治经济学》封面标注"高级中学第一年级上学期政治课本"。1951 年,人民出版社出版了此书的修订本，该书前后翻印达数百万册（薛暮桥，2011）。薛暮桥的《政治经济学》是新中国初期发行量最大的马克思主义经济学教科书之一。

1949年12月，中央人民政府政务院决定成立中国人民大学，以"接受苏联先进的建设经验，并聘请苏联教授，有计划、有步骤地培养新国家的各种建设干部"。1950年，苏联专家到校担任科学指导员，为中国教师讲课，指导编写教材。到1952年7月，该校拥有苏联专家47人，在全国高校中数量最多。1950年至1955年，先后有169名苏联专家来中国人民大学指导教学，培养了1 698名研究生（中国人民大学校史研究丛书编委会，2007）。从1950年开始，该校向全国招收由苏联专家授课和指导的进修教师，培养了大批社会主义经济理论人才。

1950—1952年，复旦大学青年教师蒋学模到中国人民大学向苏联专家学习政治经济学，1952年7月，蒋学模根据所学苏联专家的讲课内容编著《政治经济学讲话》（蒋学模，1952）。此书分为四篇，(1) 资本主义以前的生产方式，(2) 资本主义生产方式，(3) 社会主义生产方式，(4) 新民主主义生产方式。书中对社会主义经济制度的特点、性质进行了比较细致的分析。该书是新中国成立后由中国学者自己编写的第一本比较详细分析社会主义经济关系的广义政治经济学教材。1953—1954年，复旦大学政治经济学教研室编写了《政治经济学讲义》（上、下册），蒋学模为主要编写人员之一。该讲义下册为政治经济学社会主义部分，它全面吸收了斯大林《苏联社会主义经济问题》（1952）一书的主要观点。该书是新中国成立后中国学者自编的第一本系统论述马克思主义政治经济学的教材。

1954年，许涤新所著的《广义政治经济学》（第三卷）由生活·读书·新知三联书店出版。全书分为五章，(1) 新民主主义经济的历史前提，(2) 土地改革与城市改造，(3) 新民主主义经济的结构及其性质，(4) 新民主主义人民经济的生产交换与分配，(5) 过渡时期的基本法则及其历史倾向。1949—1956年，它是中国由新民主主义经济向社会主义经济过渡的时期，该书即是反映这一过渡时期社会经济变革的经济理论。

关于这一时期的西方经济学学科的变化。新中国成立后,立即对民国时期的学术与教育制度进行全面的改革。各高等学校用社会主义经济学课程体系全面代替民国时期所开设的西方经济学课程体系。西方经济学或停止开设,或变为选修课,民国时期的旧经济学者纷纷重新学习马克思主义政治经济学,成为新时代的新教师,一些旧经济学者主要从事经济思想史、经济史、外国经济等领域的教学与研究。1950年6月,北京大学经济学教授陈振汉给到美国的胡适去信说,经济学课程开始改变和马列化,"目前如经济学概论,经济分析等课程,均已取消(如清华大学),或改为选修课(如北京大学),下年起,全国各大学均将无此课程。以前吾人所学之理论,将仅在思想史中,或专题中得一位置,亦仅为批判式的。"北京大学原经济系主任赵迺抟也给胡适写信说,经济理论课竭力精简,学术水准日渐降低(曹伯言,2001)。反映出新中国成立初期中国经济学教育制度的剧变。

二、统一采用苏联《政治经济学教科书》(1955—1958年)

1954年,苏联科学院经济研究所编的《政治经济学教科书》(俄文)在苏联出版,1955年6月,中共中央编译局译的《政治经济学教科书》(中文)由人民出版社出版。当时中国正处于进行工业化建设和社会主义改造时期,急需向苏联学习社会主义建设和改造经验,因此,高教部通令全国高校一律采用《政治经济学教科书》一书。1955—1958年,"《苏联教科书》的观点,实际上是斯大林的观点支配了社会主义政治经济学的教学与研究"(蒋学模,2001)。

苏联《政治经济学教科书》是在斯大林和苏共中央直接领导下,由苏联经济学家集体花了将近20年时间才得以完成,它的出版,是苏联社会主义政治经济学体系形成的标志。教科书由三篇组成,(1) 资本主义前的生产方式,(2) 资本主义的生产方式,(3) 社会主义的生产方式,这是一本广义政治经济学教科书。其前两篇内容主要是依据马克思《资本论》和列宁的《帝国主义论》等经典作家的论述编写,从20世纪30年代就已经输入中国,新意不多。第三篇"社会主义的生产方式"论述了从资本主义到社会主义的过渡时期、社会主义的国民经济体系、各人民民主国家的社会主义建设三部分内容。这部分内容反映了苏联社会主义建设的经验,成为中国政治家、经济学家等各界人士关注和研究的重点。教科书的核心内容是论述了社会主义建设的各种规律,第一,社会主义的基本经济规律:"用在高度技术基础上使生产不断增长和不断完善的办法来保证最大限度地满足整个社会经常增长的物资和文化需要。"第二,国民经济有计划、按比例发展规律,就是用计划来指导经济,按比例地发展国民经济各部分,最合理最有效地利用物力、人力和财力。第三,劳动生产率不断提高规律,即劳动者是为自己的自由劳动,具有创造性。第四,按劳分配规律,即按照劳动质量和数量支付工资,实行计件工资、工资等级制。第五,有限制的价值规律,即社会主义存在商品生产、货币,价值规律将继续发生作用,但其作用应限制在一定范围内(苏联科学院经济研究所,1955)。

苏联的《政治经济学教科书》被奉为政治经济学理论的权威读物,对中国理论经济学科产生了长期和深远的影响,它成为其后中国经济学界讨论的前提和基础,其经典作用类似于西方经济学界对于凯恩斯《通论》的讨论。顾准是中国最早提出社会主义市场经济理论的经济学家,但他的代表作《试论社会主义制度下的商品生产和价值规律》的理论出发点是苏联教科书。顾准在此文中指出,实行经济核算制,就可以通过价格来调节产品生产与流通。最低限度的经济核算制:仅仅是为了产品的计价,促使企业注意成本、赢利、价格等问题,不能够发挥调节生产的作用。最高限度的经济核算制:"使劳动者的物质报酬与企业赢亏发生程度极为紧密的联系,使价格成为调节生产的主要工具。因为企业会自发的追求价格有利的生产,价格也会发生自发的涨落,这种涨落就实际上在调节着生产。同时全社会还有一个统一的经济计划,不过这个计划是'某种预见,不是个别计划的综合',因此他更富于弹性,更偏向于规定一些重要的经济指标,更减少他对企业经济活动的具体规定"(顾准,1957)。顾准在此提出的最高限度的经济核算制与社会主义市场经济体制非常相似,这是中国经济学家的重要理论创新。而关于经济核算制度的讨论,在苏联《政治经济学教科书》第33章就有详细的论述,该书指出:"节约制度是社会主的经营方法,其目的是以最少的消耗取得最好的成果"。"一切社会主义企业都实行节约制度。经济核算是社会主义国营企业和工艺合作社实行节约制度的最重要手段。""实行经济核算要靠利用价值规律"(苏联科学院经济研究所,1955)。顾准的创新在于,他将经济核算制度分为两种,最低限度的经济核算制与苏联教科书内容相同,最高限度的经济核算制是对苏联教科书的重大突破。

关于1955—1958年西方经济学科的变化。经济学界开始系统地批判资本主义国家流行的凯恩斯等经济理论,1957年,樊弘著的《凯恩斯的"就业利息和货币的一般理论"批判》由人民出版社出版,彪如著的《凯恩斯就业理论的批判》由湖北人民出版社出版,等等。为了更好地批判凯恩斯等西方经济学理论,学术界翻译出版了一批西方经济学经典原著。1957年2月,徐毓枬译,凯恩斯著的《就业、利息和货币通论》由生活·读书·新知三联书店出版。1958年,藤维藻、朱宗风译,哈耶克著的《物价与生产》,刘絜敖译、门格尔著的《国民经济学原理》,二书均由上海人民出版社出版;郭家麟译、张伯伦著的《垄断竞争理论》,潘源来译、马歇尔著的《国外贸易和国内价值纯理论》,二书均由生活·读书·新知三联书店出版。上述五种著作均是中国从近代以来首次出版的中译本,尤其是凯恩斯的《就业、利息和货币通论》在中国首次出版全文中译本,有重要的学术意义。

苏联教科书成为权威著作,西方经济理论仅仅只有供批判的用处,这引起了长期从事西方经济学教学与研究的经济学家的不满。1957年春,陈振汉、徐毓枬、罗志如、谷春帆、巫宝三、宁嘉风的《我们对于当前经济科学工作的一些意见》在《经济研究》第5期发表。陈振汉等六人均是民国时期从事西方经济学研究的著名经济学家,他们在"百花齐放、百家争鸣"的方针鼓励下集体发声,又在"反右运动"中受到集体的批判。批判者认为陈振汉等人的主要错误是,(1)"污蔑经典著作,企图复辟资产阶级经济学",陈振汉等认为"马克思主义经典作家没有为各国社会主义经济建设规定一套放之四海而皆准的方案"。他们主张"对待资产阶级经济学应该首先进行透彻的研究,然后来考虑是否可以批判地加以吸收和利用的问题",比如凯恩斯的乘数论、边际观念、统计学。

(2)"借口反对'教条主义',混淆发展马克思主义和修正主义的界限。"他们认为,"适用于一定历史时期的理论解释或理论总结,不一定适用于另一段历史时期。"(3)"对我国经济建设和财经领导同志的污蔑",他们认为,"目前的经济科学并没有起到指导实践的作用。事实上,我们目前的经济科学还是停滞在相当幼稚的阶段,除掉教条的搬运苏联教科书的一些东西外,就是一些现行制度的描述。"财经领导同志总结出了财政收支如果不能平衡,势必导致通货膨胀和物资供应紧张的规律,"连这样的规律还要从亲身经验里面去总结,我们的财经政策未免过于忽视既有的经济知识了"(中国人民大学经济系政治经济学教研室,1958)。"反右倾"运动开始后,通过批判,旧经济学者纷纷表态反对陈振汉等复辟资产阶级经济学的阴谋。民国时期的著名经济学家吴半农的观点具有代表性,他在《旧经济学者和资产阶级经济学》中指出:"旧经济学者为了认真地改造自己,应该首先在原则上否定资产阶级经济学。"陈振汉等人认为可以吸取乘数论、边际观念、统计学这三方面的西方经济学理论是荒谬的,"统计学是一门阶级性极强的社会科学","我个人觉得,对于象'计量经济学'这类无用的东西,是大可一笔抹煞的"(吴半农,1957)。

1957年夏,点名批判的社会科学领域里的资产阶级"右派"有陈振汉、费孝通、章乃器、沈志远、林里夫、顾准、吴承禧、李景汉、吴景超、陈达、陶大镛、李宝雯、刘不同、粟寄沧、杨荫溥、杨思正等。陈振汉主张应该批判与利用资产阶级经济学。社会学家费孝通主张发展农村商品流通、发展乡村工业以发展农村经济,他的《重访江村》"反对统购统销"(王珏,1991)。第一机械工业部特级工程师雷天觉指出:"资本主义经济,供销有价值法则自动调节,社会主义是手动调节,自动比手动好,手动一有毛病就坏。""社会主义生活好比洗淋浴,不是太热就是太冷,非常缺乏自动调节。""华尔街的势力这样大,是因为有一个证券交易所,交易所的活动起了一个客观价值的作用,价钱自定,用客观的方法决定价值"(中国人民大学经济系政治经济学教研室,1958)。雷天觉因反对计划经济而成为"右派"。1957年反右后,从事西方经济学的学者在政治上和学术上受到了进一步打击。

三、中国自编融入中国建设经验的政治经济学理论(1959—1965)

1958年,毛泽东在领导经济建设的过程中,多次建议全党要阅读苏联《政治经济学教科书》,1958年11月9日,毛泽东建议县级以上党委委员应阅读斯大林所著的《苏联社会主义经济问题》和《马恩列斯论共产主义社会》两本书,"将来有时间,可以再读一本,就是苏联同志们编的那本《政治经济学教科书》"(中共中央文献研究室,2013)。1959年8月15日,在中国共产党八届八中全会(庐山会议)上,毛泽东建议读《哲学小辞典》(第三版)和《政治经济学教科书》(第三版)(中共中央文献研究室,2013)。1959年12月10日至1960年2月9日,毛泽东会同陈伯达、胡绳、田家英、邓力群一起研读《政治经济学教科书》(第三版)下册,并发表了重要的讲话,毛泽东指出,苏联《政治经济学教科书》有严重缺点,有原则错误,但现在还不能说它完全错误,不能说它完全离开了马克思列宁主义(中共中央文献研究室,2013)。这本书写法不好,书生气十足。读起来没有兴趣,没有从分析矛盾出发,先下定义,不讲道理。有了这本书,供我们议论,是一大功劳。毛泽东对苏联的《政治经济学教科书》有比较全面的评价。

1959年底,中共中央宣传部召开政治经济学社会主义部分教材编写会议,要求突破苏联教科书的传统理论框架,总结和反映我国社会主义革命和建设经验,学习和贯彻毛泽东阅读苏联教科书所提出的意见,编写适合我国特点的政治经济学社会主义部分教材(王珏,1991)。1960年春,全国共编写了14本社会主义政治经济学教材,其中,中国人民大学经济系编写的《政治经济学(社会主义部分)》于1960年4月在内部发行,它是非常有特色的一本教材。它贯彻了毛泽东强调政治挂帅、群众路线、两条腿走路等经济理论与政策。中国人民大学何伟曾回忆指出:"我记得在'大跃进'年代,也曾提出要编中国自己的经济学,根据中国的总路线、'大跃进'、人民公社三面红旗,依据毛主席的《论十大关系》和《美帝国主义是纸老虎》等著作来编写中国的经济学,以便代替苏联的教科书。中国人民大学经济系就编了一个十六分册,在教学中试用,最后学生把它概括为'一盘棋、两条腿、纸老虎',实事上是一本时事政治常识读本,解释政策汇编。到60年代进行教材建设和恢复教育秩序时,又不得不采用苏联的教科书"(何伟,1997)。除北京的中国人民大学内部印行本外,与上海社会科学院、复旦大学等单位合作,姚耐、雍文远、蒋学模、苏绍智等编《政治经济学教材(社会主义部分)》(试用本)于1961年9月由上海人民出版社公开出版。1963年,该书又出版修订本。与前述中国人大版相比,该书理论性更强,不像政策汇编,但总体来看,该书仍然体现了当时左的思想与理论。另外,1959年11月起,中国科学院经济研究所所长孙冶方主持编写了《社会主义经济论》,1960年2月,有29人编写了约40万字的初稿,1961年上半年,37人完成了约110万字的二稿,1962年上半年和1963年上半年,孙冶方将《社会主义经济论》的主要内容在中国人民大学政治经济系进行了讲授(孙冶方,1998)。该书以最少劳动耗费取得最大有用效果作为红线,以生产过程、流通过程、社会的总生产过程作为叙述体例,相对苏联教科书有所突破。虽未公开出版,因孙冶方被批判,该书仍产生了一定影响。谷书堂曾在总结这段历史时指出:1958年后,经济学领域提出了"政治经济学中国化"的口号,并组织编写"中国式"的政治经济学,由于社会主义实践还刚开始及理论准备不足,加上奖金问题往往与政治问题联系在一起,所以,编出来的社会主义政治经济学教科书几乎都成了苏式计划经济体制与我国方针政策的混合体,有些甚至演变成了极"左"思潮的一个重要组成部分(谷书堂,2001)。

  随着"大跃进"运动的失败,1962年起,刘少奇等人主持了对经济、政治、思想等各方面"左"的工作的调整。1963年,中共中央宣传部常务副部长许立群在一次政治理论课教师会议上宣布停止使用各地自编的政治经济学教材,一律恢复使用苏联《政治经济学教科书》(蒋学模,2001)。

  中苏关系破裂后,1961年,中宣部、教育部提出对当代西方国家的经济学及其各种流派的理论也要编写教材,既要批判也要介绍。1962—1964年,商务印书馆出版了《当代资产阶级经济学说》共四册,该丛书说明,"高等学校经济系政治经济学专业,一般设有介绍和批判资产阶级经济学说的课程。本书就是为了适应这个课程教学参考的需要而编写的"(樊弘等,1962)。1962年,樊弘、高鸿业、严仁赓、罗志如编著的《当代资产阶级经济学说(第一册):凯恩斯主义》,1964年,高鸿业、范家骧、罗志如编著的《当代资产阶级经济学说(第二册):垄断经济学》,巫宝三、孙世铮、胡代光编著的《当代资产阶级经济学说(第四册):经济计量学》,严仁赓、范家骧、黄范章编著的《当代资产阶级经济学说(第五册):"人民资本主义"》。其中,巫宝三等编著的《当代资产阶级经济学说(第四册):经济计量学》介绍了经济计量学的产生和发展,建立模型、估算参数、验证理论、预测未来和规划政策等方法,斯通的市场需求模型、克莱因的经济周期模型、列昂节夫的投入产出分析等具体研究。该书是中国首次系统引进计量经济学理论,它具有重要的学术意义。

这期间,商务印书馆还出版了一批西方经济学重要著作的中译本。比如,1962年4月,藤维藻、朱宗风译,哈耶克著的《通往奴役之路》,同年11月,薛蕃康译,希克斯著的《价值与资本》和克莱因著《凯恩斯的革命》,1964—1965年,朱志泰、陈良璧译,马歇尔著的《经济学原理》(上、下册),等等。此外,商务印书馆还出版了西方经济学重要著作的选译本,1963年9月出版季陶达主编的《资产阶级庸俗政治经济学选辑》,1965年出版王亚南主编的《资产阶级古典政治经济学选辑》。这些著作主要是供批判用,但同时也有介绍西方经济学理论的作用。

四、十年动乱时期的极"左"政治经济学理论(1966—1976年)

1966—1976年的"文化大革命",是一场由领导者错误发动,被反革命集团利用,给党、国家和人民造成严重灾难的内乱。在经济思想领域,"四人帮"控制的理论战线主要是批判刘少奇和孙冶方的"修正主义经济理论",他们批判了刘少奇的"洋奴哲学"和"唯生产力论",批判了孙冶方"利润挂帅论""价值规律支配一切论""政治工作为生产服务论""企业自治论"(天津人民出版社,1971)。苏联《政治经济学教科书》也被当作修正主义样板大批特批(蒋学模,2001)。西方经济学科作为资产阶级经济学当然在批判和打到之列,这时期作为被批判用的西方经济学著作也很少出版。

在"文化大革命"期间,全国经济学教学和科研受到剧烈冲击。一方面,一些经济类院校停办,中国人民大学1970年10月停办,1973年彻底解散,1977年才恢复招生,1978年迁回原址。上海财经大学1972年撤销,1978年7月复校。经济研究机构撤销或下放"五七干校",中国农业科学院农业经济研究所于1970年撤销。中国科学院经济研究所1969—1972年整体下放信阳"五七干校"劳动。《经济研究》《经济学动态》等重要经济刊物停刊。另一方面,大量批判类通俗读物出版,如《帝国主义一定灭亡》《经济危机讲话》《船台上的政治经济学》《码头上的政治经济学》等。

在批判和打倒的同时,在"四人帮"主持和影响下重新编写了几本《社会主义政治经济学》教科书。1973年,上海《社会主义政治经济学》编写小组编写了《社会主义政治经济学》,北京大学经济系编《政治经济学(社会主义部分)征求意见稿》。1975年,北京市高等学校政治课政治经济学教材编写组编《政治经济学(试用稿)》,1976年,南开大学经济系、经济研究所编《政治经济学社会主义部分》,等等。在这些教科书中,最能体现"四人帮"极左理论的是1976年版的《社会主义政治经济学》,该书认为,社会主义政治经济学的基本任务是"分析新资产阶级特别是党内资产阶级的形成、发展和灭亡的过程。"社会主义生产关系的二重性是既有生长着的共产主义因素,又有衰亡着的表现为资产阶级法权的资本主义传统或痕迹。社会主义的商品货币关系和按劳分配是资产阶级法权,他们是产生资本主义的土壤,必须加以限制。价值和利润是诱发党内资产阶级的因素,物质刺激和利润挂帅是党内走资派复辟资本主义的路线(《社会主义政治经济学》编写小组,1976)。"四人帮"主持下的《社会主义政治经济学》已经完全违背了马克思主义政治经济学的基本原理,它只是其篡党夺权的工具,应该被彻底否定。

五、拨乱反正时期的经济理论(1977—1978年)

从1976年10月粉碎"四人帮"到1978年12月十一届三中全会期间,中国经济学界对"四人帮"的经济理论进行了系统的批判,首先,中国社会科学院经济研究所组织召开了14次会议对上海版《社会主义政治经济学》进行系统批判,出版了《"四人帮"对马克思主义政治经济学的篡改》(山西人民出版社,1978)一书。其次,林子力、有林写了《批判"四人帮"对"唯生产力论"的"批判"》(人民出版社,1978)一书,系统清算了"四人帮"在生产力与生产关系的关系方面的错误理论。最后,在于光远等人的组织下,召开四次关于按劳分配问题的讨论会,出版了《按劳分配理论讨论会四次会议纪要汇编》(中国财政经济出版社,1979)一书,对"文化大革命"的极左理论进行了彻底的批判,将"政治与经济的关系""按劳分配""唯生产力论"等理论拨乱反正。极左理论认为,政治在一定条件下决定经济;按劳分配导致结果不平等,是资产阶级法权。讨论会的学者一致认为,历史唯物主义是经济决定政治,生产力决定生产关系。按劳分配不会产生两极分化,也不是产生资本主义和资产阶级的经济基础。通过对"四人帮"错误理论的批判,并进行拨乱反正,这为改革开放后经济理论的发展奠定了基础。

第二节 改革开放时期理论经济学的演变与发展(1979—2019年)

改革开放时期的理论经济学可分为两个时期,(1)有计划的商品经济时期(1979—1991年),(2)社会主义市场经济时期(1992—2019年)。

一、有计划的商品经济时期的理论经济学(1979—1991年)

1978年12月,中国共产党第十一届三中全会的召开,会议决定停止使用"以阶级斗争为纲"的错误口号,全党的工作重点转移到社会主义现代化建设上来。中国进入改革开放的新时代,经济学出现了前所未有的繁荣局面。

(一) 政治经济学科的发展与贡献

改革开放初期,中国的政治经济学家积极投身改革开放所需要的经济理论研究,取得了一系列的重要成果。

第一,中国政治经济学家提出了"有计划的商品经济"这一全新的理论。1979年3月,卓炯在全国经济科学规划会议的一次座谈会中指出:"对计划经济和商品经济,我认为不能对立起来。计划经济和商品经济结合起来,就是计划商品经济"。同年4月,刘明夫在《社会主义经济的经济形式问题》指出:"社会主义经济是商品经济","商品经济同计划经济不是相互对立的","计划经济,在现代中国还只能建立在商品经济的基础上"。1979年4月,中国经济学界在江苏无锡召开了价值规律理论讨论会,会中有学者第一次明确提出了"社会主义经济是有计划的商品经济"。1979年6月,谢佑权、胡培兆在《从实际出发正确认识和有计划地利用价值规律》中最早明确提出:"社会主义经济是在公有制基础上的有计划的商品经济。"[1]1984年10月,中共十二届三中全会《关于经济体制改革的决定》明确指出,社会主义计划经济必须自觉依据和运用价值规律,是在公有制基础上的有计划的商品经济。"有计划的商品经济"由此成为中国经济体制改革的目标模式。"有计划的商品经济论"突破了从20世纪30年代就传入中国的"社会主义计划经济论",它是中国社会主义经济理论的重大突破,也是此后"社会主义市场经济论"得以提出的重要理论探索阶梯,这一理论成为中国改革开放初期经济体制改革的指导思想,对经济实践产生了重要的指导作用。

第二,薛暮桥、孙冶方等人对于中国社会主义经济建设的经验教训进行了系统总结。1979年12月,薛暮桥的《中国社会主义经济问题研究》由人民出版社出版,该书"力求运用马克思列宁主义的基本原理,来探讨我国社会主义革命和社会主义建设的历史经验,并研究现在还没有解决或者没有完全解决的一系列重大的经济问题,以加深对于社会主义经济运动规律的认识。"该书虽

---

[1] 卓炯、刘明夫、谢佑权、胡培兆等人的言论均转引自:王珏主编,《中国社会主义政治经济学40年》(第四卷),中国经济出版社,1991年,第26、27页。

未完成1955年中共中央宣传部部长陆定一给薛暮桥、孙冶方、于光远写一本政治经济学教科书的任务,但从名称和内容都可以看出是针对斯大林《苏联社会主义经济问题》而作。薛暮桥《中国社会主义经济问题研究》发行1 000万册,对理论和实践均产生了重要影响,是马克思主义政治经济学中国化的重要成果。与薛暮桥所著的《中国社会主义经济问题研究》相似,孙冶方《社会主义经济论稿》(1985)、于光远《中国社会主义初级阶段的经济》(1988)、卓炯《论社会主义商品经济》(1981)等著作也是马克思主义政治经济学中国化的重大理论成果。

第三,关于政治经济学的学科建设。在政治经济学教科书方面,1979年,谷书堂、宋则行主编,北方十三所高校编写了《政治经济学社会主义部分》一书。同年,蒋家骏、吴宣恭主编,南方十六所高校编写了《政治经济学社会主义部分》一书,这两本著作均是供高校政治经济学专业使用的教科书。它们的核心观点是,公有制＋有计划按比例＋利用价值规律,说明这两本教科书的主体思想还没有突破苏联教科书的理论;但是,这两本教科书在写法上均有创新,北方本由导论、生产过程、流通过程、再生产过程四篇构成,它是"过程分析法"的代表作;南方本按照生产、交换、分配、消费四个环节依次论述,它是"四环节法"的代表作。1980年,蒋学模主编的《政治经济学教材》作为高校马列主义理论课教材由上海人民出版社出版,该书对于第二次世界大战以后出现的一些新现象,对于社会主义建设中的一些新经验,力图作出新的理论概括。其后,该书根据我国社会主义建设实践和党关于社会主义建设的理论发展,对教科书不断进行修订,从1980—2001年,发行1 800万册(蒋学模,2001),它是中国现代使用最广泛的政治经济学教科书,对中国政治经济学理论的传播产生了深远的影响。1986年11月,厉以宁所著的《社会主义政治经济学》由商务印书馆出版,该书以社会主义有计划的商品经济体制为前提,论述了国民经济的运行、企业经济活动、个人经济行为、宏观经济与微观经济的协调、社会规范与个人行为的协调、发展目标与发展战略等六大问题,作者力图将传统政治经济学理论与现代西方经济学分析方法结合起来,是一本在方法、体系、观点方面均有创新的一本专著性教科书。

另外，1980—1981年，许涤新主编的《政治经济学辞典》三册由人民出版社出版，参加该辞典的编写的经济学者达368人，编写辞条近两千条，其所选内容大致按照许涤新"在广义政治经济学中求得中国化"的原则。该书是中国第一部系统的政治经济学辞典，它是政治经济学中国化在工具书方面的重要成果。

第四，在于光远倡导下，薛永应、熊映梧等人创立一门中国特有的理论经济学，即以研究生产力发展规律为研究对象的"生产力经济学"。传统政治经济学以生产关系为研究对象，而在社会主义建设中，如何处理生产力与生产关系的关系，生产力的自身规律等问题成为急需探讨的重要课题。1980年11月，成立了"中国生产力经济学研究会"（1995年更名为"中国生产力学会"），一批学者对生产力经济学的对象、性质、方法，以及生产力的构成因素与发展规律等问题进行了深入研究。生产力经济学的成立，对拓宽传统社会主义政治经济学的研究范围，深入研究生产力的发展规律有重要的学术意义。

第五，在经济体制改革的设计和具体政策主张方面，马克思主义经济学家从马恩原著中找到改革的理论指导。林子力在《资本论》中找到了雇工8人以下仍是个体劳动者身份的证据，为城镇私有小企业争得了某些合法生存空间（吴敬琏，2003）。1984年，张熏华在《马克思恩格斯全集》（第十八卷）中找到："消灭土地私有制并不要求消灭地租，而是要求把地租——虽然是用改变过的形式——转交给社会。"进而提出社会主义国有土地也应收取地租的重要政策。张熏华的文章得到了中央领导的重视（张熏华，2010），他找到的马克思恩格斯原著的观点，为城市国有土地出让收取出让费（租金）提供了理论依据。

（二）重讲与引进西方经济学

1979年3月30日，邓小平在《坚持四项基本原则》里指出："我们面前有大量的经济理论问题，包括基本理论问题、工业理论问题、农业理论问题、商业理论问题、管理理论问题，等等。列宁号召多谈些经济，少谈些政治。我想，对于这两方面理论工作的比例来说，这句话今天仍然适用。"又指出："我们已经承认自然科学比外国落后了,现在也应该承认社会科学的研究工作(就可比的方面说)比外国落后了。我们的水平很低,好多年连统计数字都没有,这样的情况当然使认真的社会科学的研究遇到极大的困难。"(邓小平,1994)邓小平在此虽未明确指出要学习西方经济学,但他号召大家在现代化建设的新时期多学习和研究经济理论,并承认中国社会科学(包括经济学)在许多方面落后了,这就为学习和借鉴西方经济学指明了方向。其后,中国社会科学院副院长、著名马克思主义政治经济学家于光远、许涤新具体组织和领导了学习引进西方经济学(详后),这说明,在思想解放和改革开放实践迫切需要新的理论背景下,从1979年开始,中国官方组织和支持了一系列的引进、培训西方经济学的活动。

1979年5月,北京大学陈岱孙、厉以宁,复旦大学吴斐丹、宋承先,中国人民大学李宗正、吴易风,武汉大学刘涤源、王治柱,南开大学钱荣堃、李竞能,辽宁大学宋则行,湖北社会科学院张培刚等17人发起成立"外国经济学说研究会"。公推许涤新为"研究会"名誉会长,陈岱孙为会长。研究会的基本宗旨是:"一、在马克思列宁主义和毛泽东思想的指导下,研究外国经济学说史和当代外国经济学说;二、批判资产阶级的庸俗经济理论和修正主义经济理论;三、学习外国经济学说中一切对于我国社会主义经济建设有用的东西,吸取一切可供我国借鉴的东西"(陈岱孙等,1979)。宗旨第三条明确指出要借鉴西方经济学一切有用的东西,这与此前对西方经济学只是批判,或批判附带介绍已经有了根本不同。

"外国经济学说研究会"成立不久,国务院财政经济委员会调查组理论与方法研究小组负责人于光远就委托"研究会"举办"国外经济学讲座",讲座从1979年11月到1981年春,全国43位经济学家在北京共举办60场讲座,培训了全国数百名经济理论人员。在43位经济学家中,厉以宁11讲,范家骧4讲,张培刚3讲,陈振汉、张隆高各2讲,其余38位经济学者每人讲授1讲,厉以宁为这次讲座做出了突出贡献。他们讲授内容大致有六个方面,(1) 宏观经济学、微观经济学、发展经济学,厉以宁讲宏观经济学、人力资本理论、消费经济学,张培刚讲微观经济学,范家骧讲西蒙等人的现代决策理论、经济增长论、发展经济学,宋承先讲经济增长论,陶大镛讲罗斯托的经济成长阶段论,吴易风讲福利经济学。(2)国际经济学,罗志如、厉以宁、姚曾荫、陈彪如、易梦虹、藤维藻讲国际贸易与国际金融理论。(3)国民经济核算与计量经济学,崔书香、闵庆全、萧嘉魁讲国民经济核算,戴世光讲国民收入统计方法论,杜度讲线性规划与经济分析,孙世铮讲经济计量学,高鸿业讲投入产出分析。(4)工业、农业、企业管理等应用经济学,陈振汉讲工业区位理论,安希伋讲农业经济学,张隆高讲企业管理思想,李宗正讲人口理论。(5)西方最新经济理论,张培刚、吴斐丹、胡代光、朱绍文、厉以宁、俞品根、蔡声宁讲熊彼特、后凯恩斯、货币主义、哈耶克、新制度经济学、激进经济学等当代西方经济思想,黄范章讲三十年代以来西方经济学界关于计划经济的论战,钱荣堃讲比较经济学。(6)苏联、东欧的经济思想,章良猷讲苏联经济思想的演变,苏绍智讲匈牙利经济学界论经济体制改革,赵人伟、荣敬本讲布鲁斯、锡克理论(外国经济学说研究会,1980—1981)。以上内容几乎涵盖了现代西方经济学的全部知识,它也是全面响应和执行邓小平学习研究基本经济理论、工业理论、农业理论、商业理论、管理理论以及统计知识等方面理论任务的结果。

43位经济学家从其学习工作经历可分为三部分:一是民国时期就已成名的著名经济学家,如张培刚、陈振汉、罗志如、宋则行、吴斐丹、戴世光、藤维藻、宋承先、张隆高、钱荣堃、姚曾荫等;二是新中国培养的从事西方经济学研究的学者,如厉以宁、吴易风等;三是新中国成立后,由海外归国的学者,如高鸿业等。主体部分是民国时期学习西方经济学,新中国又从事相关工作的学者。陈振汉、陶大镛曾被打为资产阶级"右派",他们能够重讲西方经济学,意味着他们的有些观点得到了重新认识。陈振汉等人在1957年认为,西方资产阶级经济学的乘数分析、边际分析、统计方法值得借鉴,在这次讲座中,"外国经济学说研究会"在《编者说明》指出:"资产阶级经济学中关于投资乘数的分析……国民经济核算方法……经济计量方法等等,都在一定程度上可供我们参考"(外国经济学说研究会,1980—1981)。说明西方经济学的作用得到了全新评价,中国从 1950 年几乎中断 30 年的西方经济学传统得到了延续。

"国外经济学讲座"在北京举办后,外国经济学说研究会将专家的讲稿汇集成为《国外经济学讲座》4 册公开出版,每一册均发行 23 000 册以上,它大大扩大了这次讲座的影响。其后,由陈岱孙、胡代光主编的《现代外国经济学说知识丛书》于 1980 年代初由人民出版社出版。包括:张培刚、厉以宁《宏观经济学和微观经济学》(1980),宋承先、范家骧《增长经济学》(1982),厉以宁《消费经济学》(1984),等等。这三本著作均是厉以宁等人将"国外经济学讲座"的讲稿扩充整理而成。其中,张培刚、厉以宁《宏观经济学和微观经济学》(1980)是中国人自编的第一本关于宏观经济学和微观经济学的专著,具有重要的学术意义。

1979 年 11 月到 1981 年春,"外国经济学说研究会"举办的"国外经济学讲座"及《国外经济学讲座》(四册)的出版,是中国在改革开放后重新系统学习和引进西方经济学的开始,它是中国当代经济学发展史的标志性事件。

1979 年 11 月至 1982 年 3 月,高鸿业译,萨缪尔森著《经济学》(上、中、下册)由商务印书馆出版,该书译自 1976 年美国出版的英文第 10 版,中文版与英文原版仅仅相差 3 年,也就是说,高鸿业是几乎同步引进西方最新最流行的教科书。高鸿业在《译者序》中指出:尽管本书在整个体系上基本上没有科学价值,仅在个别的概念、论点和方法上具有现实意义。本书仍不失为一本有用的参考书,主要体现在该书是资产阶级经济学的一本流行的概论性著作,内容丰富,涉及财政学、会计学、货币银行学、经济计量学、经济学说史等各学科内容,"本书能使我们在一本书中概略地洞悉现代资产阶级经济学的全貌"。该书尽管主要作为批判用的参考书而引进,在思想解放的大背景下,因其内容的新颖性、系统性,得到了中国读者的欢迎,产生了广泛的影响。高鸿业译,萨缪尔森著的《经济学》将美国最新的、流行的、系统的西方经济学知识体系完整地引入中国,这是中国引入现代西方经济学的又一重要事件。

1979 年,美国经济学家克莱因与中国社会科学院副院长许涤新商议在经济研究所办数量经济学培训班。1980 年 6—8 月,克莱因、邹至庄、刘遵义、萧政、粟庆雄、安德森、安藤等7位美国教授在颐和园举办了为期7周的数量经济学培训班,学员有林少宫、茅于轼等100人。在颐和园讲习班的推动下,1982年,中国数量经济学第一届年会在西安召开。同年,中国社会科学院数量经济与技术研究所成立(柳红,2010)。1984年,张寿、于清文编著的《计量经济学》由上海交通大学出版社出版。这是中国学者编著的第一本全面系统的计量经济学著作,对计量经济学在中国的发展起到很大的促进作用。同年,张守一等所著的《经济计量学基础知识》由中国社会科学出版社出版,该书系统介绍了计量经济学的基础知识。到1984年前后,现代西方经济学最重要的部分——计量经济学已经初步引进中国。

1984年,中国教育部与美国福特基金会达成中美经济学教育交流项目,在中国人民大学(1985—1995年)和复旦大学(1988—1993年)建立两个经济学研究生培养中心,美籍华人经济学家邹至庄为该项目的发起人和美方负责人,后来称这个培养中心为"福特班"。参加福特班的学员为来自不同高校和专业的在读硕士研究生,他们经过严格的考试进入培养中心,接受为期一年的英语、经济学、数量分析和计算机等方面的强化训练,由欧美教授直接讲授现代经济学理论,中国教师讲授政治经济学。福特班作为当时中国国内最为系统地讲授西方现代经济学理论的培训项目,培养了一批从事西方经济学教学和研究人才,为西方经济学在中国的传播做出了贡献,其作用类似于1950—1955年苏联专家在中国人民大学为中国培养了一批政治经济学教学与研究人才。

1979—1985年,中国理论经济学界学习和引进西方经济学的巨大转变,引起了学术思想界的关注。1985年11月2日,南京大学哲学系青年讲师马丁(真名宋龙祥)在《工人日报》发表《当代我国经济学研究的十大转变》,文章指出中国经济学研究已经产生了十大转变:(1)从批判经济学转向建设经济学;(2)从对经济政策的理论阐释转向科学分析;(3)从对当代西方经济学的排斥、否定转向分析借鉴;(4)从生产关系的研究转向生产力以及生产力和生产关系相互作用机制的研究;(5)从经济关系的一般研究转向经济运行机制的具体研究;(6)从经济的定性分析转向定量分析;(7)从理论经济学转向应用经济学;(8)从微观经济转向宏观经济、从短期规划转向长期战略的研究;(9)从孤立的单向度的经济学研究转向综合的多学科的社会经济研究;(10)从线形知识结构转向复合型知识结构。该文大致正确地归纳了中国经济学界正在学习和引进西方经济学的转型概况。文章发表后,引起了国际国内舆论的高度重视,秦柳方等人认为这是在贬低传统政治经济学,在经济理论领域搞资产阶级自由化,应批判和反击这种学习引进西方经济学风气,这就是"马丁事件",因当时是鼓励大胆探索经济改革理论与政策的大背景,该事件很快平息(柳红,2010)。"马丁事件"是中国理论界对学习与引进西方经济学出现的第一次重要的分歧与论争。

20世纪80年代开始,中国出现了以介绍而不是批判为主的关于西方经济学说的教材。1980年,张培刚、厉以宁著的《宏观经济学和微观经济学》由人民出版社出版,1982年,胡代光、厉以宁著的《当代资产阶级经济学主要流派》由商务印书馆出版,1983年,刘涤源、谭崇台著的《当代西方经济学说》由武汉大学出版社出版,1988年,宋承先编著的《现代西方经济学》由复旦大学出版社出版,1989年,罗志如等著的《当代西方经济学》由北京大学出版社出版,吴奎罡等主编的《新编西方经济学》由上海人民出版社出版。一些高校开设了介绍西方经济学的课程,1989年4月,国家教委启动编写财经类核心课程大纲,包括西方经济学、发展经济学、比较经济学、国际金融、货币银行、经济数学基础等10门,从此,现代西方经济学开始被引入中国的大学课程中(逄锦聚等,2010)[①]。

二、社会主义市场经济时期的理论经济学(1992—2019年)

1992年初,邓小平在南方谈话中指出:"计划多一点还是市场多一点,不是社会主义与资本主义的本质区别。计划经济不等于社会主义,资本主义也有计划;市场经济不等于资本主义,社会主义也有市场。计划和市场都是经济手

---

① 逄锦聚等,《新中国经济学教育60年:回顾与展望》,高等教育出版社,2010年,第17页。

段。社会主义的本质,是解放生产力,发展生产力,消灭剥削,消除两极分化,最终达到共同富裕。"判断姓社姓资的标准,"应该主要看是否有利于发展社会主义社会的生产力,是否有利于增强社会主义国家的综合国力,是否有利于提高人民生活"(邓小平,1993)。邓小平的谈话从理论上破除了社会主义必然是计划经济制度,资本主义必然是市场经济制度这一流传近百年的传统观念,为形成社会主义市场经济理论奠定了坚实基础。1992年10月,中国共产党第十四次全国代表大会明确把建立社会主义市场经济体制作为中国经济体制改革的目标,中国共产党在社会主义经济理论方面由此实现了一次重大突破。社会主义市场经济理论的提出和形成,直接影响和决定了中国理论经济学的发展。

(一) 中国经济学发展方向的探索和论争

1992年党的十四大确立了市场经济改革目标,一方面以苏联《政治经济学教科书》为主体的适应计划经济体制的传统政治经济学难以适应新形势,需要进行重建和改造;另一方面,林毅夫、樊纲、张维迎、张军等中青年经济学家要求采用与国际接轨的现代经济学方法。中国经济学向何处去?成为1990年代经济学界关注的焦点之一。1994年开始,经济学界出现了持续的关于中国经济学发展方向的讨论。

1994年,谷书堂向理论界提出"中国经济学走向何处?如何创造中国自己的经济学?"命题。他认为中国可以"创造出具有本国特色的发展经济学"(谷书堂,2009)。

1995年5月,樊纲在《经济科学现代化与中国化的再思考》中指出,经济学有基础理论和应用理论的差别,"经济学的基础理论本身具有普遍的、一般的科学意义,是无国界的、无'阶段性'、无'阶级性'的。""有条件、有'国界'、有利益差别的,是经济学理论的'应用'。""不应该有'中国特色的基础理论',也不应该有'到处适用的实际对策'"。"实现了基础理论的一般化意义上的'现代化'和'与国际接轨',同时实现了具体应用意义上的'中国化',我们中国经济学家才能以中国特色的东西,为人类的共同财富经济科学,添加上更多新的东西"(樊纲,1995)。

1995年9月,崔之元在《西方经济理论的范式危机——与樊纲先生商榷》中指出,西方经济学的基础理论,如行为理性、一般均衡理论、科斯定律等正处于范式危机之中,"说明目前并无普适的,为人们普遍接受的经济学'基础理论'。对理论普遍性的追求,不可混同于认定某理论已具有普遍性。因此,我们中国学者就不只有'应用''基础理论'的份儿,而且还有创造'基础理论'的任务"(崔之元,1995)。

1995年10月,樊纲在《经济研究》第10期发表《"苏联范式"批判》,文章梳理了1979—1989年中国经济学基础理论的发展现状,认为:"'苏联'已经不复存在了,而经济学当中的'苏联范式'仍然存在。苏联的'教科书'中的一些个别理论、提法、论断已经被我们抛弃了,但是作为一个'范式',它仍然在我们的经济学教学当中、在我们的研究论文中,被延用着,或者被'改头换面'地延用着。""苏联范式不等于'马克思主义经济学'",我们的确到了批判和抛弃"苏联范式"的时候了!同时,林毅夫在《经济研究》第10期发表《本土化、规范化、国际化》,主张研究对象的本土化,研究方法的规范化,研究成果的国际化。预言随着中国经济的崛起,中国将成为世界经济学的研究中心。《经济研究》同期发表樊纲和林毅夫的文章,前者为破,后者为立,说明该刊支持经济学的转型。

1996年初,吴易风在《当代经济研究》第2期发表《两种"范式危机"论》,吴易风指出,崔之元和樊纲的争论是西方经济学范式危机论与苏联范式危机论的争论,他支持崔之元,批评樊纲,认为樊纲"批判的实际上是马克思的经济理论"。如果按照樊纲等人的思路改革政治经济学教材,"我们的教科书就会成为西方经济学教科书的翻版,我们的一些经济学家就可能成为西方经济学洋行的小贩,我们的经济学领域就会成为西方经济学的殖民地半殖民地。"正确的教科书改革观是:既要坚持马克思主义经济理论,又要发展马克思主义经济理论。

1996年7月5日,张军在《少些无谓争论,多些务实研究》中指出,现在经济学界的"主义"之争,焦点是怎样对待来自西方的经济学。"'西方经济学'并不能简单地等同于'关于西方的经济学',它是现代社会的共同的知识存量,相对于我们对它的称呼来说,他更是一种方法,一种独特的研究行为的方法。""光靠嘴巴里唱着的主义(什么'西方'啊,'东方'啊)是无法实现中国的经济学的现代化的。少些无谓争论,多些务实研究,在今天恐怕具有非常的意义。"①

中国经济学界除了在报刊著文争论外,还召开了多次探讨"中国经济学发展方向"的学术讨论会。1995年10月20—21日,复旦大学经济学院与上海证券报社联合在复旦大学召开"中国经济学的发展"大型学术讨论会。得到了经济学界的热烈响应(张志雄,1996)。北京的于光远、董辅礽、茅于轼、樊纲等,上海的陈彪如、费方域、张志雄等,美国的孙涤等,复旦的蒋学模、宋承先、洪文达、尹伯成、袁志刚、张军、华民、石磊等参会。在会中,李扬认为,亚洲现象背后潜藏着有别于西方经济学的中国经济学逻辑,中国经济学家的愿望,就是要创造出有别于西方经济学概念体系的中国经济学。盛洪认为,从中华文化背景出发,可以创立一个"经济学的中国学派"。陈彪如不同意前述观点,他认为没有必要在西方经济学以外建立一个概念体系不一样的中国经济学。董辅礽、洪文达、尹伯成、袁志刚、张军等均赞同陈彪如的观点。华民总结会议共识是,(1)中国经济学必须发展,中国经济学定义为中国人研究的经济学和经济学在中国的应用。(2)中国经济学的发展离不开对西方经济学的学习和运用。(3)中国经济学的发展,离不开中国学者的勤奋和献身精神(张志雄,1996)。该会是新时期中国第一个讨论中国经济学发展的大型学术讨论会,出版了《中国经济学的寻根和发展》一书,带动了北京四次研讨会,推动了中国经济学的改革和发展。

1996年3月开始,参加复旦会议的于光远、董辅礽回到北京后,倡议召开专题研讨会,分别举行了"苏联经济学范式和俄罗斯经济学现状""经济学在中国的发展""学习外国经济学新思想""改革开放实践中各类新问题"等四次研讨会,并举办面向全国的"中国经济学向何处去"研讨班。1997年出版了由于

---

① 张军,《少些无谓争论,多些务实研究》,原载于《经济学消息报》,1996年7月5日,转载于《经济研究》,1996年第8期。

光远、董辅礽主编的《中国经济学向何处去》,书中收录了于光远、董辅礽、谷书堂、晓亮、魏杰、何伟、林子力、张卓元、盛洪、张维迎、厉以宁、樊纲等学者对中国经济学发展方向的议论。其中,董辅礽的观点具有代表性,他指出,"社会主义意味着公平,而市场经济则意味着高的效率,社会主义市场经济就是社会公平加市场效率,两者的结合就是社会主义市场经济。""西方经济学又可叫市场经济学","由于社会主义市场经济学根本上也是市场经济学,因此,我不相信能建立另一套和西方经济学根本区别的、连概念体系都不同的中国经济学。""我们有条件把西方经济学,特别是发展经济学里的一些有用的东西吸收过来,研究我们自己的问题。在这种情况下,我们可发展出一些好的、有用的理论"(董辅礽,1997)。

通过经济学界的多年多次讨论与争论,大家逐渐形成西方经济学就是市场经济学,中国的社会主义市场经济建设可以借鉴西方的市场经济学,特别是老一代马克思主义经济学家于光远等人既坚持马克思主义经济学基本原理不动摇,又支持学习引进西方经济学,主张政治经济学与西方经济学的兼容并蓄。在这种背景下,1998年11月,教育部确立经济学类八门必修核心课程为:政治经济学、西方经济学、货币银行学、国际经济学、财政学、统计学、会计学、计量经济学(逢锦聚等,2010)。这就从经济学教育制度上确立了政治经济学与西方经济学两门经济学均是中国理论经济学的构成部分,西方经济学由此在中国取得了合法的地位。

(二)政治经济学的变化与新发展

1992年,邓小平的南方谈话和中国共产党的十四大确立社会主义市场经济体制改革的目标,对传统政治经济学产生了巨大冲击,政治经济学理论出现了重要变化,这些变化集中体现在几种主流的政治经济学教材方面。

1993年5月,蒋学模主编的《政治经济学教材》(第7版)由上海人民出版社出版,该书是全国使用最广的公共政治理论课政治经济学教材。蒋学模在该书的第七版后记中指出:"邓小平同志的南方谈话和党的十四大,使人们对于象我国这样一个原来经济文化比较落后的国家走上社会主义道路之后,如何巩固和完善社会主义制度,如何开展社会主义建设,认识上为之耳目一新。正是这样的时代背景,促使我们对《教材》作一次全面修订。这次修订,总体结构上的变化,是把原来的《商品与货币》一章,从资本主义部分划出来,作为《对象》之后独立一章。理由大家都清楚,就不多说了。主要的变动集中在社会主义部分。修订的指导思想,是力图依照邓小平同志有中国特色社会主义理论和党的'十四大'精神来充实完善政治经济学的社会主义部分"(蒋学模,1993)。蒋学模在此明确指出了1993年版的修订是全面修订,内容和体例均有重要变化。

1993年8月,国家教委社科司组编,由吴树青、卫兴华、洪文达主编的《政治经济学》(资本主义部分),由吴树青、谷书堂、吴宣恭主编的《政治经济学》(社会主义部分)由中国经济出版社出版。此书为国家教委推荐高等学校财经类专业核心课程教材。吴树青等在该书前言中指出,"在对资本主义经济制度的分析上,既要肯定资本主义的历史局限性和过渡性,科学地阐明社会主义最终取代资本主义的历史必然性,又要如实地阐明它的历史进步性,以及它在发展过程中所创造的先进文明成果。在对待社会主义经济制度的分析上,既要科学地阐明社会主义制度的本质属性及其优越性,又要如实地肯定现阶段社会主义经济还发展得很不成熟,它的内在规律性还有待进一步认识,它的优越性还没有能够充分发挥出来"(吴树青等,1993)。这种实事求是地评价资本主义与社会主义经济制度的观点在以前的政治经济学著作中是罕见的。该书的资本主义部分着重分析了列宁逝世以来当代资本主义的变化。该书的社会主义部分从社会主义基本经济制度、社会主义市场经济体制、社会主义经济条件下的微观经济运行和宏观经济运行这样四个层次循序展开论述。不管是在体例上,还是在内容上,该书均是中华人民共和国成立以来政治经济学教材变化最大的一本。

2000年10月,由程恩富主编的《现代政治经济学》由上海财经大学出版社出版。除导论外,全书分为五编,第一编直接生产过程,第二编流通过程,第三编生产的总过程,第四编国家经济过程,第五编国际经济过程。该书的主要特点是将政治经济学的"资本主义部分"和"社会主义部分"使用统一框架贯穿始终,它是一本综合阐述资本主义和社会主义市场经济的马克思主义政治经济学。

2002年1月,逢锦聚、洪银兴、林岗、刘伟主编的《政治经济学》由高等教育出版社出版,该书是教育部高等教育司组编,作为高等学校经济学类核心课程教材。此书除导论外,分为三篇,(1)政治经济学一般理论,论述了生产力与生产关系、商品、货币、资本循环与周转、社会再生产、信用制度、竞争与垄断等一般理论;(2)资本主义经济,论述了资本主义经济制度的形成、特点及其发展趋势;(3)社会主义经济,论述了社会主义经济制度的建立、社会主义市场经济体制及其微观基础和宏观运行、经济增长、对外经济关系等问题。该书在体例和内容上比吴树青等主编的《政治经济学》(1993)又有了重要的变化,它不断修订再版,是中国高校经济类专业使用最广的政治经济学教材之一。

2011年5月,"马克思主义理论研究和建设工程"重点教材《马克思主义政治经济学概论》由人民出版社出版,该书由首席专家刘树成主编,吴树青、逢锦聚等全国政治经济学专家集体编写而成,全书除导论外,分为四篇,(1)商品和货币,(2)资本主义经济,(3)社会主义经济,(4)经济全球化和对外开放。该书在内容和体例上比前述逢锦聚等主编《政治经济学》又有了新的发展。

除在编著政治经济学教材方面不断创新与发展外,中国的政治经济学家还在马克思主义政治经济学基本理论方面有所创新,这里以孟捷作为代表予以说明,2001年,孟捷在《马克思主义经济学的创造性转化》(经济科学出版社)一书中,将产品创新作为生产力发展的重要形式与马克思主义资本积累理论联系起来,对马克思主义积累理论有重要的推进。2016年,孟捷在《历史唯物论与马克思主义经济学》(社会科学文献出版社)及其近年来的一系列文章里,对历史唯物主义进行新的阐释,使之可以运用于理解中国特色社会主义市场经济中政治关系、政治权力嵌入经济,成为基础的一部分这一典型现象;他将相对剩余价值生产作为理论参照系,解释社会主义市场经济的动态效率;他还试图以此参照系为前提,发展一个"马克思主义市场失灵理论",并基于此提出一个内生的国家理论。2018年,孟捷在《价值和积累理论》(社会科学文献出版社)一书中,对剩余价值论做了新的阐释,使之不仅可以解释现代市场经济中劳资之间的对抗性矛盾,而且可以在特定条件下解释两者之间的合作和在分配上的正和关系。

中国政治经济学家在新中国70年历史中的贡献得到了党和国家的高度肯定,2019年9月29日,国家主席习近平授予政治经济学家卫兴华"人民教育家"国家荣誉称号。卫兴华是中国人民大学经济学系教授,中国著名经济学家和经济学教育家,长期从事《资本论》研究,为马克思主义政治经济学中国化作出重要贡献,主编的《政治经济学原理》教材是全国影响力和发行量最大的教材之一。他提出的商品经济论、生产力多要素论等,在经济学界影响广泛。在新中国成立70周年前夕,中国政府授予卫兴华国家最高荣誉,这既是对卫兴华个人贡献的肯定,也是对中国政治经济学界众多马克思主义经济学家贡献的肯定。

(三) 西方经济学知识的普及与应用

前已指出,在20世纪80年代后期,一些高校已经开设西方经济学课程,到1992年邓小平南方谈话以后,越来越多的高校开设了西方经济学课程。1998年11月,教育部规定经济学类各专业的核心课程为政治经济学、西方经济学、计量经济学、国际经济学、货币银行学、财政学、统计学、会计学共8门;工商管理类各专业的核心课程为微观经济学、宏观经济学、会计学、统计学等9门(厉以宁,2000)。教育部的这一规定,意味着全国高校经济学类和工商管理类学生必须学习西方经济学,上述课程除政治经济学外,其余课程如计量经济学、国际经济学等均是西方经济学知识体系的一部分,也就是说,全国高校经济学类和工商管理类学生必须学习西方经济学整个知识体系。中国经济学和工商管理教育由此进入一个新阶段。

教育部虽然规定了各校必修的核心课程,但并未规定使用全国统一教材,各高校使用西方经济学教材大致分为三类,第一类是高鸿业主编的《西方经济学》,该书由教育部高教司组编,1996年2月由中国人民大学出版社发行第1

版,其后不断修订再版;此外,2012 年 12 月,"马克思主义理论研究和建设工程"重点教材《西方经济学》由高等教育出版社出版。这两本书的共同点是,它们均是由教育部等政府部门组织编写,在教材里的每一章的最后一节对该章内容进行专门评析,分别指出西方经济学的科学因素和阶级属性。第二类是直接使用欧美流行的经济学教科书,如,保罗·萨缪尔森、格里高利·曼昆、哈尔 R·范里安、奥利维尔·布兰查德等人所著的西文教科书,或使用中译本,或使用英文原版。第三类是中国经济学家自编的西方经济学教材,如,宋承先著的《现代西方经济学》(复旦大学出版社,1994、1997),厉以宁主编的《西方经济学》(高等教育出版社,2000),黄亚钧、郁义鸿主编的《微观经济学》(高等教育出版社,2000),黄亚钧、袁志刚主编的《宏观经济学》(高等教育出版社,2000),袁志刚编著的《西方经济学》(高等教育出版社,2010、2015),张维迎著的《经济学原理》(西北大学出版社,2015),陈钊编著的《微观经济学》(高等教育出版社,2016),等等,这类著作介绍西方经济学原理有中国学者自己的选择和体会,与使用原版不同;同时也没有第一类著作的专门分析与批判。这三种使用西方经济学教材的方式部分说明了各高校和任课教师对西方经济学的不同态度。

高等学校经济学和工商管理类(财经类)学生必修西方经济学,使西方市场经济知识得到了广泛传播。2007 年,全国有本专科在校生 1 884.89 万人,其中财经类学生是 361.45 万人,占全部在校生的 19.17%(逢锦聚等,2010)。以此估计,1999—2019 年,中国有 2 000 万左右的大学生必修了西方经济学课程。这些大学生是中国现在和未来经济建设的骨干,他们接受的知识对于中国的社会主义市场经济建设肯定会产生影响。

在学习和引进西方经济学过程中,中国的经济理论界和实际工作者借用了西方经济学有用的东西来解释和解决中国经济问题,黄范章列举的例子有:(1) 1992 年,采用西方"国民经济核算体系"(SNA),(2) 关于股份制和公司法人治理结构,(3) 关于"公共服务型政府",(4) 关于科学发展观,(5) 关于转变经济发展方式,(6) 关于刘易斯拐点和中等收入陷阱(张卓元等,2012)。方福前列举的例子有：(1) 1998年和2008年，中国两度实施扩大内需为目的的积极的财政政策，这参考了凯恩斯主义。(2) 2015年起，中国实施供给侧结构性改革，一些政策也参考了美国供给学派的一些政策建议(方福前等，2018)。

中国经济学家在将现代经济学的一般理论和中国经济实践的结合过程中，产生了许多重要的理论创新。林毅夫的"新结构经济学"是中国理论创新的代表之一。新结构经济学是林毅夫教授及其合作者提出并倡导的研究经济发展、转型和运行的理论。新结构经济学主张以历史唯物主义为指导，采用新古典经济学的方法，以一个经济体在每一个时点给定、随着时间可变的要素禀赋及其结构为切入点，来研究决定此经济体生产力水平的产业和技术以及交易费用的基础设施和制度安排等经济结构及其变迁的决定因素和影响。新结构经济学主张发展中国家或地区应从自身的要素禀赋结构出发，发展具有比较优势的产业，在"有效市场"和"有为政府"的共同作用下，推动经济结构的转型升级和经济社会的发展。新结构经济学自提出以来，获得了斯蒂格利茨、斯宾塞、贝克尔、诺斯、福格尔、阿克罗夫等10多位诺贝尔经济学奖得主的高度评价，被国际学界视为继"结构主义"和"新自由主义"之后的第三代发展经济学理论，受到许多发展中国家政府和知识精英的重视，对位于非洲、中亚、东欧的发展中地区和国家产生了重要的政策和实践影响[①]。

中国从事西方经济学教学和研究的学者为中国的改革开放作出了重要贡献，得到了中国政府的肯定与表彰。2018年12月18日，国家主席习近平授予厉以宁、林毅夫两位经济学家"改革先锋"荣誉称号。厉以宁是北京大学光华管理学院教授，他是我国最早提出股份制改革理论的学者之一，参与推动我国国有企业产权制度改革，主持起草证券法和证券投资基金法，参与推动出台"非公经济36条"，对我国经济改革发展产生了重要影响。林毅夫是北京大学教授，他植根于改革开放实际，自主创立并实践了新结构经济学理论体系，在国际上产生重要影响力；丰富完善农业经济学理论，重新构建发展中国家制度

[①] 关于新结构经济学的介绍来自"北京大学新结构经济学研究院"官方网站，http://www.nse.pku.edu.cn/xygk/xyjj/index.htm。

安排和宏观经济理论,为我国经济学理论创新作出了重要贡献。

(四)构建中国特色的理论经济学

2016年5月17日,习近平《在哲学社会科学工作座谈会上的讲话》中指出,"要按照立足中国、借鉴国外,挖掘历史、把握当代,关怀人类、面向未来的思路,着力构建中国特色哲学社会科学,在指导思想、学科体系、学术体系、话语体系等方面充分体现中国特色、中国风格、中国气派。"习近平又指出,构建中国特色的哲学社会科学,"要把握好三方面资源。一是马克思主义的资源,包括马克思主义基本原理,马克思主义中国化形成的成果及其文化形态,如党的理论和路线方针政策,中国特色社会主义道路、理论体系、制度,我国经济、政治、法律、文化、社会、生态、外交、国防、党建等领域形成的哲学社会科学思想和成果。这是中国特色哲学社会科学的主体内容,也是中国特色哲学社会科学发展的最大增量。二是中华优秀传统文化的资源,这是中国特色哲学社会科学发展十分宝贵、不可多得的资源。三是国外哲学社会科学的资源,包括世界所有国家哲学社会科学取得的积极成果,这可以成为中国特色哲学社会科学的有益滋养"(习近平,2016)。习近平的讲话为新时代理论经济学的发展指明了方向。中国理论经济学界已经涌现出了一批最新成果,如逄锦聚等著的《中国特色社会主义政治经济学通论》(经济科学出版社,2018),顾海良主编的《中国特色社会主义政治经济学史纲》(高等教育出版社,2019),蔡昉、张晓晶著的《构建新时代中国特色社会主义政治经济学》(中国社会科学出版社,2019),等等。中国理论经济学发展又开始了一个新的时期。

第三节 本章总结

中华人民共和国成立70年,中国的理论经济学发展经历了多次演变,大的转变有两次,即社会主义计划经济时期的理论经济学和社会主义市场经济时期的理论经济学,小的演变近十次,在这些演变过程中,我们可以得出三点一般性的认识：(1)政治对理论经济学的演变有直接的影响,毛泽东提倡学习和吸收苏联"教科书"的科学成份,邓小平的社会主义市场经济理论,习近平新时代中国特色社会主义思想,中国共产党的八大、十一届三中全会、十四大、十九大的决议,等等,都对中国理论经济学的发展有直接的影响。(2)理论经济学的任务是要更好地解释和解决中国的经济问题,中国的实际经济发展变化从根本上决定了中国理论经济学的发展。在新民主主义经济时期,中国有新民主主义经济理论;在社会主义计划经济时期,需要苏联的社会主义计划经济理论,同时也需要批倒西方资产阶级经济理论;在社会主义市场经济时期,需要传统政治经济学的创新,同时也需要学习与借鉴西方现代经济学;在新时代,中国已经成为世界第二大经济体,这就从客观上需要中国理论经济学有自己的学术体系和话语体系。经济基础决定了理论经济学的长期发展。(3)中国的理论经济学家在适应中国政治、经济的变化过程中,他们在各个时期均有代表经济学家发挥主观能动性,推动了中国理论经济学的发展,如马寅初提出的"新人口论",孙冶方的"价值规律第一论",卓炯、谢佑权、胡培兆等提出的"有计划商品经济论",薛暮桥、吴敬琏等的"社会主义市场经济论",张军、樊纲、盛洪等的"过渡经济学理论",林毅夫的"新结构经济学",孟捷的"马克思主义经济学的创造性转化论",等等。国家主席习近平授予厉以宁、林毅夫"改革先锋"荣誉称号,授予卫兴华"人民教育家"国家荣誉称号,中共中央宣传部等授予马寅初、卫兴华新中国成立70年来"最美奋斗者"荣誉称号。这是国家对中国理论经济学家为中国社会主义建设所作出贡献的充分肯定。

参考文献

[1] 曹伯言,《胡适日记全编》(八),安徽教育出版社,2001年。
[2] 陈岱孙等,《成立"外国经济学说研究会"创议书》,《经济学动态》,1979年第9期。
[3] 崔之元,《西方经济理论的范式危机——与樊纲先生商榷》,《中国书评》,1995年第7期。
[4] 邓小平,《邓小平文选》第2卷,人民出版社,1994年。
[5] 邓小平,《邓小平文选》第3卷,人民出版社,1993年。

[6] 董辅礽,《中国经济学的发展和中国经济学家的责任》,载于光远、董辅礽主编《中国经济学向何处去》,经济科学出版社,1997年。
[7] 樊纲,《经济科学现代化与中国化的再思考》,《中国书评》,1995年第5期。
[8] 樊弘等,《当代资产阶级经济学说:凯恩斯主义》第1册,商务印书馆,1962年。
[9] 方福前等,《引进西方经济学40年》(1978—2018),社会科学文献出版社,2018年。
[10] 谷书堂,《谷书堂文集》(上卷),经济科学出版社,2009年。
[11] 谷书堂,《经济学在中国的发展路径之探讨》,经济科学出版社,2001年。
[12] 顾准,《试论社会主义制度下的商品生产和价值规律》,《经济研究》,1957年第3期。
[13] 何伟,《中国经济学向何处去之我见》,载于光远、董辅礽主编《中国经济学向何处去》,经济科学出版社,1997年。
[14] 蒋学模,《蒋学模文集》,上海人民出版社,2001年。
[15] 蒋学模,《政治经济学讲话》,开明书店,1952年。
[16] 蒋学模,《政治经济学教材》(第7版),上海人民出版社,1993年。
[17] 厉以宁,《西方经济学》,高等教育出版社,2000年。
[18] 柳红,《八〇年代:中国经济学人的光荣与梦想》,广西师范大学出版社,2010年。
[19] 毛泽东,《毛泽东文集》第8卷,人民出版社,1999年。
[20] 毛泽东,《毛泽东文集》第5卷,人民出版社,1996年。
[21] 逢锦聚等,《新中国经济学教育60年:回顾与展望》,高等教育出版社,2010年。
[22] 《社会主义政治经济学》编写小组,《社会主义政治经济学》(未定稿第二版讨论稿),上海1976年9月印行。
[23] 苏联科学院经济研究所,《政治经济学教科书》,中共中央编译局译,人民出版社,1955年。
[24] 孙冶方,《孙冶方全集》第4卷,山西经济出版社,1998年。
[25] 天津人民出版社,《革命大批判文选——彻底批判修正主义经济理论》,天津人民出版社,1971年。
[26] 外国经济学说研究会,《国外经济学讲座》第1—4册,中国社会科学出版社,1980—1981年。
[27] 王珏,《中国社会主义政治经济学40年》第2卷,中国经济出版社,1991年。
[28] 王思华,《政治经济学教程》,新中国书局,1949年。
[29] 吴半农,《旧经济学者和资产阶级经济学》,《学术月刊》,1957年第11期。
[30] 吴敬琏,《吴敬琏自选集》,山西经济出版社,2003年。
[31] 吴树青等,国家教委社科司组编,《政治经济学》(资本主义部分),中国经济出版社,1993年。
[32] 习近平,《在哲学社会科学工作座谈会上的讲话》,《人民日报》,2016年5月19日第2版。
[33] 薛暮桥,《薛暮桥文集》第20卷,中国金融出版社,2011年。
[34] 张熏华,《经济规律的探索》,《张熏华选集》,复旦大学出版社,2010年。
[35] 张志雄,《中国经济学的寻根和发展》,学林出版社,1996年。
[36] 张卓元等,《新中国经济学史纲(1949—2011)》,中国社会科学出版社,2012年。

[37] 中共中央文献研究室,《毛泽东年谱(1949—1976)》第3、4卷,中央文献出版社,2013年。
[38] 中国人民大学经济系政治经济学教研室,《中国资产阶级右派经济言论批判参考资料》,中国人民大学出版社,1958年。
[39] 中国人民大学校史研究丛书编委会,《中国人民大学纪事》,中国人民大学出版社,2007年。

图书在版编目(CIP)数据

伟大复兴之路:经济学人眼中的中国发展70年/张晖明,王弟海主编. —上海:复旦大学出版社, 2020.6
ISBN 978-7-309-14803-9

Ⅰ.①伟…　Ⅱ.①张…②王…　Ⅲ.①中国经济-经济发展-文集　Ⅳ.①F124-53

中国版本图书馆CIP数据核字(2019)第288383号

伟大复兴之路:经济学人眼中的中国发展70年
WEIDA FUXING ZHI LU: JINGJIXUEREN YANZHONG DE ZHONGGUO FAZHAN 70 NIAN
张晖明　王弟海　主编
责任编辑/戚雅斯

复旦大学出版社有限公司出版发行
上海市国权路579号　邮编:200433
网址:fupnet@fudanpress.com　http://www.fudanpress.com
门市零售:86-21-65102580　团体订购:86-21-65104505
外埠邮购:86-21-65642846　出版部电话:86-21-65642845
上海四维数字图文有限公司

开本 787×1092　1/16　印张 27.75　字数 395 千
2020年6月第1版第1次印刷

ISBN 978-7-309-14803-9/F·2666
定价:88.00元

如有印装质量问题,请向复旦大学出版社有限公司出版部调换。
版权所有　侵权必究